U0016891

思想是生活的一種方式

一種方式

王汎森

中國近代思想史的再思考

目次

序

在進入正文前，我要先提幾點可能的疑問：我是不是在為中國沒有發展出抽象的哲學思維辯護？是不是傾向於將思想化約為生活？是不是在宣揚一種唯與生活發生關係的思想才有價值的想法？是不是認為重要的、具有原創性的思想家沒有價值，不必用心研究？答案都是否定的。我個人高度重視為何中國沒有發展出像希臘以來的那種抽象的思維。誠如克羅齊（Benedetto Croce, 1866-1952）所說的：「思想作為行動才是積極的，思想既不是對實在的模仿，也不是裝實在的容器」，同時他也強調「思想不在生活之外，甚至就是生活職能」。[1]那麼如果想了解思想在歷史發展中實際的樣態，則不能忽略「思想的生活性」與「生活的思想性」的問題。所以，一方面是「思想是生活的一種方式」，另一方面是「生活是思想的一種方式」。至於本書的標題之所以僅取前者（「思想是生活的一種方式」），只是為求簡潔方便而已。而不管哪一面，我所討論的都只是對傳統思想史視野的一種擴大，而不是對思想史工作的取代。

將近二十年前，我在〈思想史與生活史的交界〉一文中，便提到對「思想的生活性」、「生活的思想性」，以及這兩者之間往復交織，宛如「風」般來回往復的現象的興趣。但當時的想像相對比較簡單，後來在考慮這個問題時，「宇宙如網」的意象經常出現在我腦海中。此處所謂的「生活」，包括的範圍比較寬，其中當然也包括社會生活、經濟生活、政治生活。而我之所以特別強調「生活」這個面向，是因為即使是涉及經濟、政治、社會，我所側重的也還是在經濟生活、政治生活、社會生活的層面。

1　克羅齊著，田時綱譯，《作為思想和行動的歷史》（北京：商務印書館，2012），頁25。

一

　　在近代中國史學中,「思想的生活性」與「生活的思想性」之所以被忽略,可能與西方「哲學」觀念的傳入有關。「哲學」高踞學問的寶座之後,人們有意無意之間認為,要經過幾度從生活世界抽離之後的哲學,才是最高的真理。但如果我們想了解歷史的發展,則僅注意歷朝各代比較抽象的哲學,往往又未必能解釋歷史的真正變動。本書所關心的是「intellection」,是廣義的思想活動,是一切「思」之事物,是思想如微血管般遍布整個社會的現象。它們最初可能是來自一些具有高度原創性、概念性的哲學思想,但是它們在日常生活世界中,像血液在微血管中流通,形成了非常複雜的現象。

　　對於了解傳統中國的歷史而言,「思想的生活性」與「生活的思想性」,似乎是難以迴避的面向。而且,在傳統中的許多文本帶有濃厚的生活性。[2]儒家基本上是一種踐履之學,譬如宋明理學的文本,如果不在相當程度上從踐履的角度去把握,則必然會有所誤失。一直到近代反傳統運動之後,這個生活踐履的層面才被刻意忽略。近人研究歷史時,每每忽略傳統思想的生活性,也忽略了一旦加入生活的面向,思想史的理路便要相應地擴充及複雜化。譬如說其中有性質及內容的不同,光譜濃淡、思想高低之差異,或者說有不同的思想史層次(layers of concept)的存在。不同層次之間既有所區分,也有各種複雜的影響或競合關係。

2　如Martin Kern認為《詩經》中有一些篇章是禮儀展演的文本,詳見Martin Kern, "*Shi Jing* Songs as Performance Texts: A Case Study of 'Chu ci' (Thorny Caltrop)," *Early China* 25 (2000), pp. 49-111. 相關討論可見張節末、張妍,〈「自我指涉」:柯馬丁對《詩經》的解讀〉,《浙江學刊》,2013年第3期,頁81-90。

談「intellection」時，絕不能抹殺大思想家的關鍵地位。試想，如果把孔子、孟子、朱熹（1130-1200）、王陽明（1472-1529）等人，乃至近代的胡適（1891-1962）與陳獨秀（1879-1942）從思想史上抽掉，歷史又會變成什麼樣子呢？如果將程朱或宋明理學諸大儒都抽掉了，整個東亞近八百年的歷史又會是哪一種景色？歷史上有許多具有重大影響力的通俗文本或意識形態，往往是從具原創性的思想層層轉手而來的。譬如格林（T. H. Green, 1836-1882）的倫理學思想形塑了19世紀英國公務員的基本意識形態；又如熊彼得（Joseph Alois Schumpeter, 1883-1950）說過的，許多財政部長腦海中的東西，其實是從他讀過的經濟學教科書轉手而來的。所以在討論思想史時應該留意它有一個縱深，需要了解並處理思想在社會中周流的實況，免得誤將某種「思想的存在」自然而然地當作「歷史的現實」。

二

多年來我都這樣認為。第一，每一段歷史都不是單線的，其中都有各種力量同時在競合著，但並不表示當時沒有主旋律及次旋律之分，也不是沒有大論述與小論述之分。第二，我們應該從歷史中看出層次的分別。層次的分別當然不是像切蛋糕那樣整齊，各層次之間的分別與界域往往模糊難定，但是層次之分別多少是存在的，而且層次之別有時出現在相同人身上。譬如清代考證學最盛時，從事考證的人可能一方面作反宋儒的考證工作，但是在參加科舉考試時所攻習的仍是四書朱註。

層次之別有時出現在不同人群中。譬如在清代考證學當令之時，有一層官員、學者、地方讀書人是以生活化的理學作為其持

身的標準，如唐鑑（1778-1861）《清學案小識》中所列舉的大量
案例，或如清末民初沈子培（曾植，1850-1922）所觀察到的，
即使在考證學盛行的時代，「乾嘉以來朝貴負時望者，其衣缽有
二途。上者正身潔己，操行清峻，以彭南畇《儒門法語》為宗；
其次則謙抑清儉，與時消息，不蹈危機，以張文端《聰訓齋語》
為法。百餘年來漢官所稱賢士大夫之風氣在是矣。」[3]

對不同思想史層次的了解有助於我們澄清一種誤會，誤以為
思想史中所陳述過的即自然而然周流於一般人民腦海中，忽略了
其中可能存在的斷裂（conceptual lags）。譬如說會誤以為清代中
期以後，戴震（1724-1777）、阮元（1764-1849）、凌廷堪（1757-
1809）的新人性論已經是人們思想的公分母；或誤以為明清以
來，既然有崇商的思想家，那麼廣大士大夫世界應當是已經採取
了一種重商的觀點；或誤以為太虛法師（1890-1947）於民初提
出「人生佛教」之後，當時廣大佛教信徒已經接受了這個概念，
而忘了這是要等到幾十年之後，經印順（1906-2005）、證嚴等人
提倡「人間佛教」之後，才得以下及廣大的群眾、並產生有力的
行動。如果不分層次進行觀察，則往往會誤以為思想家所鼓吹
的，自然會被各個層次的人所接受，或誤以為浮在咖啡上淺淺的
一層奶油，早已經滲透到整杯咖啡中。

在「思想是生活的一種方式」或「生活是思想的一種方式」這
個大前提下，首先要考慮的是生活與思想／知識交織的現象。首
先，關心「文本」的「生活性」這個問題，有好幾個方面，譬如古
代有不少文本，本來就應該從「思想與生活」這個角度去領略。[4]

---

3 許全勝撰，《沈曾植年譜長編》（北京：中華書局，2007），頁87。
4 如Martin Kern, "*Shi Jing* Songs as Performance Texts: A Case Study of 'Chu ci'
（Thorny Caltrop）," pp. 49-111.

如果忽略了這一層，除了可能誤失它的意義，而且不能鮮活生動地理解文本及文本後面的活生生的意志與活動之外，也失去了揣摩、模擬它們的意義，失去了轉化自己心智與行動的機會。我個人所發表過的〈經學是生活的一種方式〉則是另外一種例子，它顯示在「使用」、「詮釋」等場合中，思想與生活交織的現象。我在這一篇文章中提到，抄《春秋繁露・祈雨篇》以祈雨，評論《春秋》以寓自己的出處進退等都是。又如明清學術轉型，一般多只將注意力集中在考證學的崛起，很少注意到迴向經典、迴向古代，在現實政治、人生態度及其他若干方面帶來的深刻改變。譬如它帶出一批新的政治語言、帶出一種新的想像政治的架構。在之前的一個階段可能是處於邊緣的，或陌生甚至不存在的語言及思考政治的架構，在此時來到歷史舞台中央，成為形塑輿論，合理化或排斥某種政治生活的態度。而這些影響，其實與考證學這種新學術的興起至少是一樣重要的。

　　歷代「經書」每每有其生活性，討論經書往往也同時在指涉現實。近代學者洪廷彥在〈經學史與歷代政治〉中討論何休（129-182）的《公羊解詁》。洪氏說該書的論點每每針對東漢末年社會政治的突出問題而發，如中央受宦官控制，如少數民族（羌族）的侵略。何休引用《公羊傳》的說法，認為應該要「先正京師」，即針對處理宦官專權的問題而發；何氏又說「乃正諸夏」，即是把首都以外的地方安定下來；最後是「乃正夷狄」，即是解決少數民族的問題。[5] 足見《公羊解詁》這一部書，既是東漢的，也是

5　洪廷彥在文中指出，何休及一大批士人認為漢朝搞了三、四百年的郡縣制，弄得朝廷快崩潰了，只有再封諸侯才能共同挽救這個局面。於是何休強調「興滅國，繼絕世」，這個「興滅國，繼絕世」語出《論語》，意思是把滅亡了的封建國家扶植起來，把已經斷絕了的諸侯世系恢復起來。《論語》裡有

跨越時空的；既是生活的，也同時是一部經典注釋之書。每一次
「用經」都是對自己生命的一次新塑造，而每一次的「用」，也
都是對經書的性質與內容的新發展，也直接或間接參與建構「傳
統」。所以，關於「用經」或「用史」的研究，是不可或缺的。

　　這個討論還可以延伸到另一個面向：「歷史的」與「思想的」
是否必然處於互相排斥的狀態？我認為答案應該是否定的。事實
上，從生活情境中所孕育出來的思想、哲學，也可能產生跨越時
代的影響。宋明理學的產生與唐末五代以來的政治、社會、思想、
人心有關，宋代大儒不滿唐末五代以來的亂局，並試著對此亂局
提出解方，而宋明理學即帶有這個解方的某些藥性，然而這並不
影響那一套思想後來成為跨越時空的思想資源。故一時的，也可
能成為永遠的，而事實上所有永遠的，最開始也與一時的歷史與
生活情境不能完全分開。舉例說，我們如果細看朱熹的生平的資
料，看朱氏成書或醞釀思想的過程，就可以印證前述的觀點。

<h1 style="text-align:center">三</h1>

　　本書中所收的文字多與近代思想史有關，包括〈從新民到新
人──近代思想中的「自我」與「政治」〉、〈「煩悶」的本質是
什麼──近代中國的私人領域與「主義」的崛起〉、〈五四運動
與生活世界的變化〉、〈中國近代思想中的「未來」〉，這些文章
所牽涉到的主題往往可以用許多不同的角度加以處理，但是收在

這個話，但是《公羊傳》裡沒有。何休注《公羊傳》的時候，偏偏把這段話
引來，要部分地恢復封建制。見洪廷彥，〈經學與歷代政治〉，《洪廷彥史學
文存》（北京：中華書局，2012），頁207-208。

這裡的幾篇文章往往傾向從存在的境遇、心靈氣質及心識感覺的層面入手。譬如本書中與「主義」有關的幾篇文章，「主義」當然是政治問題，但是在政治之外，它也與生活中實存的境遇、心識的感受密切相關。

如前所述，由於這幾篇文章多觸及近代中國的心靈危機與革命，所以我要在這裡略作一些申說。因為忽略了思想與生活面向的關係，所以我們對近代中國的心靈危機與革命也沒有足夠的把握。心靈革命當然與思想的變動密切相關，但兩者不總是同一回事。此處的「心靈」是指一些實存感受、生命意義、精神世界，甚至是一些尚不能稱之為思想的，佛家稱之為「心識」的東西。從晚清儒學解體開始，中國社會／思想產生了心靈（或精神）革命／危機。一方面是革命，同時是危機，是無所適從；是解體也是創造、啟蒙也可能同時有困擾，這些現象往往同時發生，有時候甚至出現在同一個人身上。

我們一向把對心靈世界的探索交給思想史，但是思想史對這個不太抽象、不太概念化的實存層面，也就是「思想是生活的一種方式」的部分，往往過於忽略。這個心靈的、實存的世界不只是對個人生命有意義，它與整個時代的歷程與抉擇，甚至與現實的政治都有分不開的關係。我們也可以說，政治的世界從來都不只是政治的，它還牽涉到許多個人的、心靈的、實存的、情感的、人生觀的層面。這裡我要引用杜威（John Dewey, 1859-1952）介紹威廉・詹姆士（William James, 1842-1910）學說的話：「知識裡面還有願望、意志，影響於他的『信仰的意志』」，[6]

6　杜威著，胡適口譯，《杜威五大演講》（合肥：安徽教育出版社，2005），頁237。

而願望、意志、信仰，都是包括政治在內的各種現實活動不可忽視的部分。所以當我們想更深入了解近代的巨變時，不能不對這個領域有比較深入的了解。

譬如，想了解清代政治意識形態時，我們不能不深入了解理學與名教綱常、忠孝節義結合之後，究竟產生了什麼樣的心靈或思想狀態。但我們很難在理學思想的研究中找到這方面的評估。有關這些大思想家的研究，大多在分析他們「理」、「氣」、「心」、「性」、「誠」、「仁」等方面的概念。

在探索五四之後的思想與日常生活世界時，我們便發現存在感受、生命氣質、人生態度、人生觀等方面的問題的重要性。〈五四運動與生活世界的變化〉一文即是探討五四新文化運動如何如毛細管般地影響人們的生活世界。〈從「新民」到「新人」〉則是討論個人的人生觀及內心結構，以及內心動力與態度之變化，如何與思想上的追求相互作用。〈「煩悶」的本質是什麼〉是在探討生命存在的感受、心靈的煩悶不安，如何成為時代思潮的「轉轍點」。這三篇文章最後卻都隱約指向一個關鍵的歷史發展：「主義時代」的來臨。

不管人們是否喜歡，主義式的政治與思想對過去8、90年的歷史影響最大，「主義時代」的來臨最重要的背景當然是為國家、為政治找出路，或是年輕人為了生活「找出路」。但「主義時代」的來臨不只是一個政治運動，同時也是思想史上的重大變化。如果只從政治來談主義，或是從擁護或譴責某種主義來談論它，以至於忽略了從思想史及生命存在感受、心靈困惑、生命意義的追求或生活史等角度去研究它，都將有所缺憾。

本書中〈「煩悶」的本質是什麼〉一文試著回答一個問題：為什麼一個時代集體的存在感受可能與政治有關？也就是為什麼

心靈的、思想的與生命存在方面的問題會影響到政治思想的抉擇？它牽涉到生活與思想之間可能存在著介面與介面互相轉接的關係，在〈「煩悶」的本質是什麼〉中討論透過「轉喻」或「轉轍點」，「生活史」與「思想史」或其他的介面套接在一起。每個時代的人都在體驗著他們的體驗，而如何體驗他們的體驗，便產生了介面銜接的可能。

在這篇文章中，我提到「轉喻」的觀念，即「意識到什麼是什麼」（conscious of something being something）。譬如意識到現實生活挫折的本質是什麼、意識到煩悶的本質是什麼。在極度無助的時代，或在新思想活躍的時代，「意識到什麼是什麼」的「轉喻」式行為可能變得比較活躍，而且更容易受到時代思潮的影響，進而傾向於把體驗到「什麼」是「什麼」的第二個「什麼」用新思潮給填滿。煩悶、生活挫折、日常小事的不如意可能被聯繫到一套更具理論性、更有延展性的思想系統，形成介面與介面的轉接。透過「轉喻」，使得生活的可以連接上思想的、主義的，因而一切存在的困境與煩悶便與政治主義有了連接，而且與現實行動形成最密切的關係。在這個格局下，日常生活的感受都直接或間接、近期或長遠地聯繫到一個清晰的藍圖，使得人們內心的意義感得到一種滿足。討論「主義」何以吸引人時，政治的層面當然是首要的，但我認為心靈的、存在的感受的層面也不可忽視，它們最後都歸到政治，像纖維叢一般纏繞在一起，故「主義」的崛起與近代中國心靈世界的革命與失落、啟蒙與困擾等有不可忽略的關係。

更具體地說，我是在討論近代思想中的「自我」與「政治」。近代主義式政治的興起，是一件非常關鍵性的大事。但是政治行動的主體是一個一個的個人，是我、是人生觀、是生命意義、是

生涯規畫等，這是一個包括心靈、情緒、感覺、內在自我等等非常廣泛的世界（人的存在是什麼？人的心靈是一堆雜草？）。國民黨在「主義」與「人生」方面的論述非常少，國民黨的刊物中也不斷提到青年的「苦悶」，但是認為青年之所以苦悶是因為信錯了共產主義，或沒有堅定信仰所致。在三民主義陣營方面，比較像是國民黨為了適應「主義」的時代，而勉力撐持出一套體系來。國民黨不像共產黨，有一個完整的思想系統擴充到各個層面。〈中國近代思想中的「未來」〉一文討論的是近代一種強大的「未來性文化」，還有這個強大的「未來性文化」對歷史解釋與歷史寫作的巨大影響，以及它對現代政治、文化所產生的超乎吾人所能想像的作用。

　　人的思想像風中飄逸的火焰，它很容易熄滅，或被各種思想或信仰的怒潮席捲而去，這個情形在下層生活世界尤其明顯。故本書中的另一條線索是如何了解下層生活世界的思想狀態，如〈儒家文化的不安定層〉。再來是〈思想是生活的一種方式〉，這篇文章除了是對思想與生活交光互影的各種面相的陳述之外，還講到「我在故我思」，即生活世界在思想的形成過程中所起的作用。我在文中特別強調了「轉喻」這一個觀念。人的大腦是一個最重要的「轉喻器」，在某些特定的時代條件下，「轉喻」活動變得異常活躍，人們更靈敏地意識到「什麼是什麼」，在這種時候，生活中的挫折或生命中的煩悶，每每會「轉喻」成對形形色色的思想體系的迎拒或發展出新的詮釋。譬如前面提到的〈「煩悶」的本質是什麼〉一文，我想用這篇文章來說明人如何「意識到什麼是什麼」，而將「生活」轉喻為「思想」，或將「思想」轉喻為「生活」。透過「轉喻」，「思想」與「生活」形成有機連結，不再截然二分。

　　本書的另一篇文章是偏於思想史方法論的反思：〈如果把概念想像成一個結構〉，乃是以思想「結構體」來思考晚清以來的一種思想複合性現象，而在無限多樣複合式的結構體之上有各種支配的理路，譬如愈來愈強的民族主義。

　　最後，在強調「思想」與「生活」時，不能不反省歷史寫作中「人的消失」的問題，故本書以〈人的消失?!〉一文作為總結。撰寫這一篇文章有一個最重要的機緣。我注意到，近百年史學思潮中有一條若隱若現的主線，便是否定「人」在歷史中的地位。而且近代歷史學太過傾向於從人的日常生活世界中抽離出來，太受過度抽象的、哲學化的思潮左右。沒有了「人」的歷史，也使得歷史這一門學問日漸遠離了它原初的任務。

四

　　如果將19世紀以來的知識區分為兩種，一種是「求知的」，一種是「受用的」。那麼從19世紀以來，史學家就比較難以安然地把「求知的」與「受用的」合而為一。但是在我個人的歷史信念中，這兩者是可能合而為一的，可以既是「求知的」，同時是「受用的」。當然「求知的」與「受用的」關係可以是無限多樣的，歷史對現實產生教訓的方式有千百種，不一定是在古今之間簡單地畫上等號，而往往是一種「關聯呼應」式的關係——將「求知的」結果作為「關聯呼應」（而不一定是原樣照搬）於我們的生命存在的養分。在這樣的前提下，不必為了「受用的」而犧牲「求知的」工作，也不必為了受用，而硬把古人打扮成現代人。當然，這樣一種態度下，也鼓勵每一代人隨時對古代歷史採取反思甚至批判的態度。

　　在校對這本論文集時，我因公而有一趟美國之行。在到達匹茲堡與費城時，陪同的友人不約而同地說，他們的城市最近經歷了一次復興，而當問起原因時，則無不與新市長的領導有關。即使城市復興牽涉到非常複雜的結構性因素，但是人們仍然不約而同地指出「人」才是振興這兩個老城市的主角，以後的「人」也可能使它們再度衰敗。無論如何，它們都說明了「人」是歷史的主人，並且應該對歷史書寫中「人的消失」這個現象再三致意。

　　本書所收各篇，大多成於過去幾年中，但開始構思，則遠在二十年前。其中〈思想是生活的一種方式〉及〈人的消失?!〉是北京大學「大學堂」的演講稿，也曾分別在高雄中山大學及台北的東吳大學講過。〈中國近代思想中的「未來」〉，是北京師範大學「國際高端對話暨學術論壇」中的講稿，〈如果把概念想像成一個結構〉則是該論壇的衍生物。在本書形成的過程中，我受到許多人的幫助，不在此一一致謝。聯經出版公司的林載爵先生、沙淑芬小姐，北京大學的韓笑先生，北京大學出版社的劉方女士、陳甜小姐及臺灣大學歷史所博士生陳昀秀出力尤多。2015年夏天，在寫完〈人的消失〉、〈思想是生活的一種方式〉、〈儒家文化的不安定層〉三篇的初稿之後，我病了一場，現在此書得以出版，實在是一個可貴的紀念。我過去教過的幾位學生，認為有將它們整輯在一起的價值，所以不揣淺陋，收拾成書，盼各界方家指正。

王汎森

民國一〇五年五月十日

民國一〇五年八月三十日改訂

思想是生活的一種方式

——兼論思想史的層次

　　過去我曾多次使用「思想史與生活史的交界」這個標題。但是近來我覺得以「交界」為題，仍將「思想史」與「生活史」想像得太區隔，是「一而二」，但我腦海中所構思的其實是一種「二而一」的現象。所謂「二而一」的意思是它既是思想的，同時也是生活的。譬如說在傳統中國，經學、思想與日常生活常常是融合無間的，只能以「思想是生活的一種方式」來描述。[1]

　　在進入這個主題之前，我要先說明，本文並不是要刻意忽略歷史上的大思想家，或刻意將思想化約為生活。我必須強調，如果我們把歷史上的思想家，如孔子、朱子等人從思想史上抽掉，東亞歷史將會變得非常難以想像。但是如果從歷史實際發展的角度出發，在談思想史的問題的時候，除了注意山峰與山峰之間的風景，還應注意從河谷一直到山峰間的立體圖景。「思想是生活的一種方式」這個提法，便是想對這個立體的思想圖景進行比較深入了解的一條進路。它希望了解思想在廣大社會中如微血管中血液周流之情形，因而也提醒我們注意不能隨便將思想視為實際。

　　史家認為思想史著作是依據新創性原則所寫成的，與微血管遍布的部分脫節，以至於對歷史的實際發展變得不可解。因為忽

1　多年前在《執拗的低音》中，我曾鄭重闡述法國學者阿道（Pierre Hadot, 1922-2010）的 *Philosophy as a Way of Life* 中的論點，目前這個標題當然受到多年前那段論述的暗示，但是我們關心的重點並不相同。有人建議或許可以借用「思想文化史」一詞來狀述這種新的思想史。我留意到「思想文化史」一詞，是英國史學家 Peter Burke 所提出的。首先，強調對思想生產的文化史研究，譬如對一群思想家活動的社會學或文化史探索，他們傾向於不把「思想」視為一種「天經地義」的東西，而是有一個產生的過程，有它的適合土壤。第二，他強調思想中涉及文化、生活、社會層面的部分，如馬丁‧路德教義如何說服人，從將重心置於純教義到重視實踐（practice）的轉變。後者也是本文所關心的重點之一，但我們關注的範圍並不完全相同。

略了上述的層面，連帶有許多通俗的思想文本、思想流傳方式與
渠道、思想下滲之層次等被忽略了。結合前述，可以導出一種思
想史的層次觀，即可以大略區分幾種不同層次的思想展現。再
者，由「思想是生活的一種方式」，推導出的另一個問題是「我
思故我在」的層面。

在「思想是生活的一種方式」這個主題下，應該討論的問題
非常多，本文只選擇以下七個方面的問題，它們分別是：一、思
想的生活性，生活的思想性；二、「思想的存在」與「歷史的事
實」；三、「降一格」的文本；四、思想史的層次；五、擴散、
下滲及意義的再生產；六、百姓的心識與「儒家文化的不安定
層」；七、「我在故我思」的現象。

一、思想的生活性，生活的思想性

我們如果對思想史採取一個定義：思想像微血管般遍布於社
會，有些地方比較稀疏，有些地方則非常濃密。人是會思想的動
物，不管那是高深的玄思，或是一些傅斯年（1896-1950）稱之為
「心識」的東西，它們都可稱之為思想（intellection），因此，我
們可以換一個角度定義思想史為「history of intellection」。此處
「intellection」的意思是指所有社會行動中有一個意義的層面，包
括感知（perceiving）、辨識（discerning）、認識（discernment）、理
解（understanding）、意義（meaning）、感覺（sense）、表示
（signification）等。所有的社會行為，都有一個思想的層面賦予
行為意義。[2] 如此一來，思想即與現實生活中的每一面都可能發生

2　Keith Michael Baker, "On the Problem of the Ideological Origins of the French

關聯，「我思故我在」與「我在故我思」都存在，二者可能周流
往復，互相形塑。

　　處理所謂「面向思的事情」[3]的歷史時，可以有種種不同的取
徑：哲學史、思想史、學術史、概念史、精神史等，不一而足。
而且，不管是哲學史、思想史中的哪一種取徑，都可以有別的取
徑所不能得到的好處。有些是高度理論、抽象的層面，或與生活
不完全相干的層面，有些則是與生活踐履交織在一起的。以中國
傳統思想為例，儒家思想特別重視踐履之學、是側近人生的，但
是近代的思想史研究，一心以趨向哲學的抽象化、理論化為高，
經此一番改變，思想史這門學問就像一具「頻寬」變得愈來愈窄
的雷達。所以本文是想從史學的角度來恢復思想中的生活層面。

　　法國學者皮耶・阿道筆下所還原的希臘哲學，充滿了各種精
神修鍊（spiritual exercise），更像是宋明理學強調的精神修鍊或
自我的提升（「你可以比你自己所想的好」），要去除激情、欲
望、奢華之念，宇宙及個人是一個整體，每一刻都要使自己更良
善，保持快樂狀態，而哲學在其中要扮演角色。但歐洲的中古時
代擺脫了這一面，中古人格部分的關懷被基督教吸收了，而哲學
所賸下的是思辯的部分。18世紀以後大學興起，大學中的哲學
教育是一種專業教育，故遺棄生活層面。因此皮耶・阿道說，18
世紀有創發性的哲學是在大學之外。[4]

Revolution," *Inventing the French Revolution: Essays on French Political Culture
in the Eighteenth Century*（New York: Cambridge University Press, 1990）, p. 13.

3　海德格爾著，陳小文、孫周興譯，《面向思的事情》（北京：商務印書館，
　　2010）。

4　Pierre Hadot, *Philosophy as a Way of Life: Spiritual Exercises from Socrates to
　　Foucault*（MA: Blackwell, 1995）, "Introduction," Ch. 1, 3, 4, 5.

　　我對傳統思想史研究的反思來自於幾個原因，最重要的是因為我覺得思想與歷史發展之間有一個重大的罅隙。一般思想史上所寫的內容，與當時一般社會思想所表現的現實裂開為兩層，現實如何？思想史如何？因何有互相合一之處、也有不合一處？在不合一之時，如果只注意較為抽象的思想概念的變化，那麼對歷史的實際發展往往無法理解。為了要了解現實中思想如何擴散、下滲，或思想與日常生活如何發生關聯，以及思想傳播的節點、渠道等問題，引發我思考本文中的種種問題。

　　因為思想是生活的一種方式，故它的範圍是立體的、非平面的。它的範圍至少包括以下幾個方面的問題：一、思想如何與生活發生關係？二、為使思想生活化，人們作了些什麼安排？這裡牽涉到自我技巧、自我修養的歷史。三、思想對社會產生何種影響？形成什麼樣外溢的、氣質的、偏好的成分？因為思想影響涉及一般人（包括下滲）的歷史，因此涉及形形色色的文本、管道、節點、場合。思想的下滲究竟影響到何種程度？所謂的政治思想，除了各個高峰之外，山脈呢？生活與思想的關係為何？都是我下一節要談的問題。

二、「思想的存在」與「歷史的事實」

　　前面提到如果思想史的雷達「頻寬」不夠，歷史的實際發展會顯得有點莫名其妙。以政治思想史為例，如果不考慮這方面的問題，會以為在思想史書中所出現過的即是歷史上的現實，因而困惑於這樣的問題：如果某些思想家的思想有影響，何以後來歷史的發展會是那樣？現代人撰寫的政治思想史（如蕭公權〔1897-1981〕），顯示出合乎近人「現代性」想像，或是自由主義的偏見

（liberal bias），每每是因為其思想新奇有創見才被寫入，以至於讀者感到不解：如果那樣的思想曾深及民間，何以在歷史發展中找不到它們的蹤影？譬如史家一提到晚唐思想就列述羅隱（833-909）的《兩同書》，寫到明末清初思想就一定是黃宗羲（1610-1695）的《明夷待訪錄》。這當然是必要的，但他們的思想在當時是否生根，是否形成建置性遺產（institutional legacy），卻並未被好好地回答。以《明夷待訪錄》為例，相比於盧梭（Jean-Jacques Rousseau, 1712-1778）《社會契約論》在完成以後即一紙風行，黃宗羲的《明夷待訪錄》長期影響甚微，並沒有產生建制性的遺產。所以如果一想到思想史上有《明夷待訪錄》，就誤以為它與清初以來的實際歷史密切相關，就會誤以思想的創新為實際發生的歷史。

　　《明夷待訪錄》在當時只是以抄本的形式偷偷流傳，並沒有形成大規模的流行，一直要到清朝後期才逐漸產生重大影響。日本漢學家宮崎市定（1901-1995）曾經寫過〈明夷待訪錄當作集〉，指出這一部書在傳鈔過程中曾經有過各式各樣的錯訛，以及怎樣夾雜了傳鈔之時的俗語等等。[5]可見思想在發展的過程中，從創生到在實際歷史中打開一扇門，也許要花一百年的時間，思想與現實生活之間往往有一段很長的距離。[6]又如呂思勉（1884-

---

[5]　宮崎市定，〈明夷待訪錄當作集〉，《東洋史研究》，第24卷第2號（1965年9月30日），頁85-88。

[6]　詳細論述請參見黃宗羲原著，王汎森導讀，《何以三代以下有亂無治：明夷待訪錄》（台北：大塊文化出版公司，2011）；王汎森，〈權力的毛細管作用——清代文獻中「自我壓抑」的現象〉，收入氏著，《權力的毛細管作用：清代的思想、學術與心態》（修訂版）（台北：聯經出版公司，2014），頁395-502。

1957）的《中國政治思想史》，書中講到宋代政治思想時幾乎只
有井田與封建，問題是宋代政治思想只有這一點點嗎？井田、封
建思想真的影響過宋代的政治運作嗎？它們曾經被相當程度的廣
大官員乃至百姓所理解嗎？

　　如果思想是生活的一種方式，那麼就有思想在生活中如何變
得「可行動化」（actionable）的問題。明末以來，在書院志或其
他地方常見到像呂坤（1536-1618）的《呂新吾先生理欲長生極
至圖說》或《呂新吾先生身家盛衰循環圖說》這一類的文本，把
思想通俗化、具象化、圖示化，即是為了把思想打進人們的生活
中所創造出來的文本。[7]清末以來，保守派與新派的分別，常常是
在要不要在日常生活中灌輸或激勵人們循守傳統的德目。對當時
一般青年而言，傳統德目愈來愈抽象，愈來愈與現實脫節，如何
有效地使這些德目深入身心並成為「可行動化」的資源，即是一
大問題。以宋明理學為例，在我過去的研究中很希望了解理學家
如何借助各種辦法落實其自我修養，譬如有人模仿佛家提出「受
孔子戒」，[8]而薛瑄（1389-1464）在日常生活中每每高呼「主人
翁」在否，即是一例。[9]在現實生活中如何生活、如何因應不同的
社會階層而塑造「可行動化」的思想概念來宣傳其主張、如何

7　如《錦江書院紀略》，收在趙所生、薛正興主編，《中國歷代書院志》（南
　　京：江蘇教育出版社，1995），第6冊，卷中，頁35-40。為了可行動化所創
　　造的實際樣態非常多，譬如民國政府為了提倡新生活運動，在發給人民的臉
　　盆上銘印以下字眼，好讓人們每天洗臉時即可以知所警醒：「新生活運動之
　　推行，應以整齊、清潔、簡單、樸素、迅速、確實為標準，禮義廉恥為基
　　礎。」感謝香港樹仁大學區志堅教授提供相關資料。

8　元儒廉希憲的故事，收於唐鑑，《清學案小識》（台北：臺灣商務印書館，
　　1969），頁304。

9　洪應明著，吳家駒注譯，《新譯菜根譚》（台北：三民書局，1998），頁105。

以「可行動化」的思想概念來與政治或社會事務發生關係，還有種種意想不到的思想與生活的關係值得探索，譬如思想模式人物畫像產生的教誨與傳承作用。在西方，蘇格拉底（Socrates, 470/469-399 BC）往往是以一個模式人物在其傳統中發揮思想作用；[10]而中國思想史上，也有無數這類例子，譬如大思想家王陽明的畫像在思想與生活傳承、教誨上所起的作用。[11]在進入思想的擴散、創造或扭曲之討論時，我想先做一段敘論。

　　許多年來，我都困惑於何以思想影響不了現實？首先，思想要落實到現實，往往就要「降一格」成為條文、格言之類的東西。[12]中國歷代思想，凡在日常生活世界中發生重要影響的，一定經歷「降一格」之類的歷程——包括一個無所不在的「儉約原則」，即將相對複雜深奧的思想一階一階地降。後來可能成為幾個概念或幾個口號，或是不停地通俗化或改寫（包括具象化與譬喻化）。曾國藩（1811-1872）即好將道理格言化，使人們易於循行，[13]譬如「主人公常惺惺」在日常修身格言書中可能以這樣的方式表達：「耳目見聞為外賊，情欲意識為內賊，只是主人公惺惺不昧，獨坐中堂，賊便化為家人矣。」[14]所以我們的關注力不能總是停在最上一格，而應觀察一次又一次「降一格」，並擴散出去而影響歷史變化的實況。

　　在處理這個問題時，德國史學家克賽雷克（Reinhart Koselleck,

10　Pierre Hadot, *Philosophy as A Way of Life*, pp. 147-178.

11　可參考張藝曦，〈明代陽明畫像的流傳及其作用——兼及清代的發展〉，《思想史》，5（台北，2015），頁97-155。

12　Henry Sidgwick, *The Methods of Ethics* (Indianapolis: Hackett Pub. Co., 1981).

13　胡哲敷，《曾國藩治學方法》（北京：當代中國出版社，2015），頁72。

14　洪應明著，吳家駒注譯，《新譯菜根譚》，頁86。

1923-2006）的「語義叢」（semantic concepts）也有重要啟發。他的意思是說任何重要的概念，也都有「次概念」或「認識域」，會在它四面八方產生一些相涉的概念，這些概念未必與原觀念之間有必然的推導關係。另外，就是人們在閱讀文本時自我的「推衍」及「創造」。在二次大戰之後德國的「接受美學」思想中，如伊瑟爾（Wolfgang Iser, 1926-2007）的「不定因素」、「空白點」（通過讀者的想像來填補空白），或是「讀者在閱讀活動中兌現文本結構中的潛在意義」等都是富有參照價值的概念。[15]文本與讀者之間產生的期待視野的創造性或扭曲，這些新意極可能無足輕重，也可能是莫名其妙的扭曲或誤解。但是正因為它們是歷史的一部分，所以無論其情況如何，也值得史學家重視。

有時某些思想體系在歷史中形成一種架構、態度、評價。近八百年來東亞思想界影響最大的是宋明理學。宋明理學本身理氣心性方面的思想，牛毛繭絲，細入毫芒，到了一個非常高的境界，可是真正化作現實生活中的影響，卻很少是這些「牛毛繭絲」的東西，而往往是四書形形色色的註本，甚至是幾句簡單的口號。因此，思想史工作者除了應注意幾位理學大師理氣心性方面的理論外，還可以擴及日常生活的層次。

受宋明理學思想影響的讀書人們，往往形成了一種特殊的內心結構、態度、評價。譬如說，宋明理學中隨處可見的二分結構：「心」、「性」；「道心」、「人心」；「道」、「氣」；「理」、「氣」；「理」、「欲」；「形而上」、「形而下」；「先天」、「後天」；「公」、「私」等。在這個無處不二分的架構下，屬於前者

---

15 方維規，《20世紀德國文學思想論稿》（北京：北京大學出版社，2014），頁160。

是優先的，屬於後者通常是次要的，或有時是應當被排除的。而這樣的內心結構為無數人的人生態度定下一個模態。這些思想形成了一種內心的構造，一個人有兩個層次的存在，一方面是經驗的、知覺的；一方面是形上的、精神的、抽象的、意識的。有心踐行理學理想的人，便是在這二分的構造中生活著，日常生活中「下」的部分要符合「上」的標準與規範。這是一種自我將自己的存在抽象化的努力，可以稱為「自我的第二人稱化」，也就是說要使自己的日常行為都歸於這個第二人稱的自我。在這個過程中，上層該追求的是什麼，下層該否棄的是什麼，都有了一定的標準。在這個框架下，「功利」在傳統中國是要不得的，但西方幾百年來即是正視「功利」、追求「功利」。心習之不同是如此隱微而重大地決定不同社會的歷史發展。

三、「降一格」的文本

接續著前面的討論，讓我們回到本文一開始所提到的政治思想方面的斷裂現象，譬如清代道咸以後的政治思想。如果我們讀一般的清代政治思想史，則入眼的極可能是戴震（1724-1777）、焦循（1763-1820）、凌廷堪（1757-1809）之類，但是如果深入當時的日常世界，則對道咸以後的政治世界影響最大的是一種高度生活化的理學思想，許許多多與同治中興有關的大大小小人物都或多或少受其影響，而此時期理學的傾向與價值偏好，正好與當時的西學背道而馳。大體而言，他們喜靜厭動，應該沉靜少話，應該少與商業或城市事物相牽扯，反對奢靡浪費，顏色應該是低調的，日常生活應是簡陋而低調的，書法的字體應是樸素而潔靜的，客廳中所懸掛的書畫應是道德教化意涵深厚而不是「為

藝術而藝術」的，雙眼應盡量下視、尊重等級、「日求寡過」，隨時注意「懲忿窒慾、遷善改過」，重內心而不務外、平且實，甚至太多的「我」也是不好的。[16]

　　與此同一時期，《清學案小識》中所收的一大批理學家，其中有許多是在地型的、在本地社會發生重要影響的理學家，他們的思想信條形成一系列（constellation）行為理想及生活態度。有許多人認為這是部迂腐至極的書，但我卻在這裡看到了一大片中下層人物的思想、生活和心態，以及他們以這樣的心態在社會上的作為。書中充斥大量純樸雷同的套語，但是純樸雷同正表示一個時代思想的一致性，這本身也是一個重要的思想現象。這些幾百年來一成不變的套語，或模式文本（template），或「正則」式的表述，其實有著重要的歷史意義，它們顯示了幾百年來，這些套語模式文本或「正則」表述，反映了這一時期中最有力量的一種「理想上」（ideally）應該成為的政治人格的實況。如果忽略了這一層，對晚清政治中正、反兩方面政治思想的掌握都會失真。有些人認為若是離開了當時代表性的思想家，則都只是一些模糊、偏離或迷失的觀點，便會不知不覺地忽視它們。[17]正如E. P. Thompson（1924-1993）指出的，與其視英國的工人文化為英格蘭文化風格的偏離、墮落或消逝，何不正視它為一種新形成的工人文化。[18]

---

16 唐鑑，《清學案小識》，頁295、298、305。

17 甚至於忽略了多元主體之可能性，譬如最近講東亞各國儒學的多元主體，也是與這一思維相呼應的。

18 E. P. Thompson，〈互助共生的儀式〉，收入Jeffrey C. Alexander & Steven Seidman主編，古佳艷、李紀舍等譯，《文化與社會：當代論辯》（台北：立緒文化事業有限公司，1997），頁212-229。

　　歷史上出現的各種「雜書」是很有力量的文本（譬如晚明出現大量類似日本江戶時代「御雜書」之類的文本）。我覺得這類文本帶有一種主動性，為了適合各種時代、各種地方、各種場合所改編、改撰成的這種文本，其內容、性質與現實功用也在相當程度上脫離了原初的脈絡，跟著環境產生微妙的變化。「雜書」的種類多至難以想像，如眉批本、選本、輯本、示例本、重寫本、集輯、集錦，或適應各種環境需要而編輯、改寫的本子，甚至書目提要等，它們往往較能反映時代，流通最廣。選本、輯本等的改編或改撰的主動權，不在原來的作者，而是操在選者、輯者，或改撰者手上。譬如眉批本的主動性即在相當程度上操在眉批者的手上，是所謂「一經眉批，便為私有」，故它們是一種再創造，是選者、輯者旨趣的展現，是適應現實的「可行動化」（actionable）文本。而近世中國許多「雜書」，如家訓、清言、格言集、笑話書、童蒙書、修身書等，往往有著若隱若現、來路不明的理學元素。我個人便覺得《菜根譚》中江右王學的味道甚為濃厚，人們隨手披讀，對近百年來日常人生觀的塑造影響很大。[19]

---

19 《菜根譚》一書，向來皆視為明代洪應明（字自誠）所撰，出版於萬曆年間。今人章軍華於江西臨川汪革故里訪查汪氏族譜時，發現《汪信民菜根譚》一書，作為《白沙汪氏宗族譜》藝文單行本刊行，首封標識「民國辛酉重修」。章氏乃撰〈洪應明無辜　汪信民有冤——新發現宋刊明刻本《菜根譚》的作者辨證〉（《東南大學學報》〔哲學社會科學版〕第11卷第2期，2009年3月）一文，提出新說，認為《菜根譚》應為宋代學者汪革（字信民）所撰，在宋代未以書籍的形式刊行，僅作為家訓附於族譜之後，定為今名並正式刊刻，約在明代萬曆二十年間。按，章氏所舉諸多論點，已有學者提出質疑批評，最大問題在於章氏所見《汪信民菜根譚》書中，引及「白沙」云云等文字，「白沙」乃明儒陳獻章，《菜根譚》若為宋人汪革所撰，不可能引及陳獻章語。故此處不取新說，仍視《菜根譚》一書為晚明學者的著作。

譬如《菜根譚》中說：「須定雲止水中，有鳶飛魚躍氣象，才是有道的心體」、「則性定而動無不正」、「心地乾淨，方可讀書學古。不然，見一善行，竊以濟私；聞一善言，假以覆短，是又藉寇兵，而齎盜糧矣」、「天理路上甚寬，稍游心，胸中便覺廣大宏朗；人欲路上甚窄，才寄跡，眼前俱是荊棘泥塗」。書中也反覆講「心體」，如「有道的心體」，講「何思何慮」，講「初心」，講「欲」與「理」的拉鋸戰，講「揚除外物」、「人定勝天」。[20]因此，我們要了解近幾百年來一般思想的動向，不能忽略這類「雜書」中所反映的思想傾向。即使到今天，仍有許多人從《菜根譚》中得到人生智慧，臺灣許多科技新貴在人生道路上受《菜根譚》的影響還遠勝於《論語》、《孟子》。這些思想的氛圍進入人的意識之中，在每一個枝椏的分權點，每一個生命的分叉處，左右著人們的走向。它們成為一種理想、一種語言、一種評價標準，形成一種與人生歷程彷彿性的情節與架構，決定了許許多多人生的走向，並多少決定了歷史的動向。

　　成語或格言是傳播理學元素的利器。譬如「天理人欲」、「良知」、「江山易改，本性難易」、「變化氣質」等成語，人們往往從這些成語、格言中，不自覺地受到理學思維的浸潤。又如袁了凡（1533-1606）的思想，也是靠著像「從前種種，譬如昨日死；從後種種，譬如今日生」等習語，將繁複的思想體系不太準確地凝結在一粒粒「膠囊」中為人所服用。[21]當然有的強調人欲與天理之爭等，有的強調「避」、「退」、「儉」、「約」、「嗇」、

---

20 洪應明著，吳家駒注譯，《新譯菜根譚》，頁25、30、60、80、86、132、182、233、277、34、82、93、352、47。

21 如《野叟曝言》、如《好逑傳》、如《歧路燈》、如《袁了凡先生家庭四訓》。

「圓」、「和」、「淡」、「厚重」、「沉靜」。強調人皆有「命數」、「天數」，要「循理安命」。大體而言，總是主張恬退的多，主張激昂奮發或公平、正義、勇敢出頭者少。譬如姚舜牧（1543-1627）說：「一部《大學》只說得修身，一部《中庸》只說得修道」，「恬淡安泊，無他妄念，此心多少快活」。[22] 張英說：「聖賢領要之語曰：『人心惟危，道心惟微。』危者，嗜欲之心，如隄之束水，其潰甚易，一潰則不可復收也。微者，理義之心，如帷之映鐙，若隱若現，見之難而晦之易也」，庸人「多求多欲，不循理、不安命」。[23]

各種格言往往也塑造一個時代的生活氣質或人生態度。如果我們以重商或反商為主題，稍微檢視，則可發現《治家格言》中認為從商是極危險之事，「獨有田產，不憂水火，不憂盜賊」。[24] 這些格言界定了什麼是正面的人生價值，如「淡」、「常」、「澹」、「讓」、「寬」、「利人」、「脫得俗性」、「減」、「讓」、「退求」、「悔」、「有餘不盡」、「卑」、「靜」、「默」、「守渾噩而黜聰明」、「少事為禍」。格言也界定了什麼是負面的人生態度，如「聰明」、「聲色」、「利欲」、「寵」、「滿」、「盈」、「客氣」、「名根」等，其實際影響是不可量計的。

「擾亂事物之來」，即是一種日常生活中隨時可能表現出的態度，一動不如一靜，以最好無事作為正面人生的理想。一個厭

---

22 姚舜牧，《藥言》，收入吳敏霞、楊居讓、侯藹奇注譯，《治家格言》（西安：三秦出版社，1998），頁95、98。

23 張英，《聰訓齋語》，收入吳敏霞、楊居讓、侯藹奇注譯，《治家格言》，頁104、108。

24 張英，《恆產瑣言》，收入吳敏霞、楊居讓、侯藹奇注譯，《治家格言》，頁223。

惡事物之來的人，遇到生活中每一個選擇的時候，傾向於靜而無事的一方，最後一切便有不同。譬如「理」的社會，是以現有結構的穩定為前提來思考，盡量避免矛盾與衝突，但重「氣」則不然，比較容許改變並加以秩序再造的可能。套用美國詩人Robert Frost（1874-1963）的名句「前面有兩條路，我選擇了人煙稀少的一條路，後果便有不同」。[25]

四、思想的層次

另外，我還想談談「思想的層次」。並不是歷史上每一個時代的材料，都方便做層次之分，不是一定有如此層次之分別，或不一定能做到，但研究者要有這一覺知（awareness）。若想將思想區分出一些層次，我們就要知道歷史上真正下及草根層次的思想學派相當少，即使如此我們也不能忽略，歷史上有時也有一種若有若無的、宛如流轉於風中的思之事物的微妙影響。而且也不是一定要下達草根層次的，才能左右歷史的實際發展。這裡面有極為複雜的變數，極為複雜的現象。但是以下幾個問題，仍然值得考慮。

某一思想究竟下達到何種程度？什麼時候下達？以什麼樣的形態下達？等等，這些問題都是一極富挑戰性的工作。[26]明代的心學家相較之下更在意「覺民行道」（余英時）的任務，他們透

---

25 除此之外，當然我們可以探討，那些理學的觀念，落實到日常生活世界時是何面目？它們如何日常生活化？是仍為抽象的概念或是一改面目？等等。

26 鄭振滿評估，有許多朱熹宗族家法之設計，在南宋以後下達民間草根層面。見鄭振滿，《明清福建家族組織與社會變遷》（北京：中國人民大學出版社，2009），頁172-182。

過大量深入草根的講會，一村又一村講學，其中很多還形成講會的網絡，辦各種工作坊式的講學活動，譬如泰州王艮（1483-1541）及他的弟子們的著作中便常看到這方面的記錄。在思想的表達方式上，也常看到他們用幾句「宗旨」，或是幾句口號，幫助一般群眾掌握其思想旨意，如王守仁（1472-1529）是「致良知」、羅近溪（汝芳，1515-1588）是「赤子良心」、聶雙江（豹，1487-1563）是「歸寂」、季彭山（本，1485-1563）是「主宰」、黃綰（1480-1554）是「艮止」、王心齋是「百姓日用」、耿天臺（定向，1524-1596）是「常知」、李見羅（材，1529-1607）是「止脩」、耿楚倥（1534-1584）是「不容已」、唐一庵（樞，1497-1574）是「討真心」、胡廬山（直，1517-1585）是「無念」、湛甘泉（若水，1466-1560）是「隨處體認天理」、李贄（1527-1602）是「童心」。李贄到處宣傳「童心」──「絕假存真，最初一念之本心」，其影響之深廣，為「口號式的儒家」下了一個很好的註腳。[27]

關於「口號式儒家」，我還想再舉兩個例子，一個是王陽明，一個是李贄。我們從陳榮捷（1901-1994）廣泛搜輯的《傳習錄》遺文中看到一條有意思的材料，兩個街上吵架的人互相指責對方說：「甲曰：『爾無天理』，乙曰：『爾無天理』；甲曰：『爾欺心』，乙曰：『爾欺心』。」[28]陽明見狀大樂，認為他的良知思想已下達一般民眾了。但是這裡仍有一些例外，如陽明的各種本子，每以淺顯的方式向通俗大眾推廣。如嘉靖年間刻的《陽明

---

27 李贄，《李氏焚書・續焚書》（京都：中文出版社，1971），卷3，〈童心說〉，頁117。

28 陳榮捷撰，《王陽明傳習錄詳註集評》（台北：臺灣學生書局，1983），頁395。

文粹》，書名頁上居然有小字向讀者推銷說「指歷聖相傳之正脈，在孩童不慮之良知」。[29]值得注意的是，受陽明影響的李贄，居然在通俗戲曲中被連篇累牘地討論。譬如《人天樂》便大幅地討論、譴責李贄，說：「李卓吾之書，小弟幼時也都看過，他原是一個聰明才人……自此書（《焚書》）一行，世道人心皆從此壞，此正所謂邪說橫議，其為害不在楊墨之下」，又痛批《藏書》「是非顛倒」，[30]對李贄學說爭論得津津有味。並不是大部分的理學思想都能下及通俗的層次，也有一些特定人物，譬如邵雍（1011-1077），特別能得到通俗文本的青睞。在《張協狀元》這類戲文中，邵雍的想法就被反覆引用。[31]戲曲、小說是傳播理學元素很重要的媒介，廣大的人們是從戲棚或通俗唱本中不自覺地得到理學思想的一鱗半爪，並深深受到其思想傾向的影響。

　　從「街頭層次」來考慮思想運動時，便要有許多不同於傳統思想史研究的想像。要從各種新聞、期刊、亂七八糟的文本或言

---

29 張秀民，《中國印刷史》（上海：上海人民出版社，1989），頁513。

30 《人天樂》中講李卓吾之處達五頁之多，都在講李卓吾及他的思想，「小生這李卓吾不必說了，近日又盛行金聖嘆之書，冠翁以為何如？生那金聖嘆也是個聰明才人，筆下幽儁，頗有別趣，其持論亦不甚邪僻，只是每每將前人之書任意改竄，反說是古本。」《人天樂》，收於《全明傳奇續編》（台北：天一出版社，1996），頁149-153、154。

31 《張協狀元》是南宋的戲劇，劇中引用了「康節先生說得好：『斷以決疑不可緩。』當斷不斷，反受其亂。」還有《蒙求》、王通和韓愈，如「你莫欺我，第一會讀《蒙求》，第二會看水牛」，「唯，貧女！曾聞文中子曰：『辱莫大於不知恥辱。』」、「韓文公曰：『聖人不世出，賢人不時出。』且如張協，獨佔魁名，狀元及第。」錢南揚校注，《永樂大典戲文三種校注》（台北：華正書局，2003），頁15、68、161、194。感謝邢義田兄提醒我注意這本書中的材料。

談中得到些許可以拼湊的訊息，它們如漩渦般往復作用著。沒有正典當然不會有這些「周邊文本」，但是如果不注意這些「周邊文本」，便不能了解它們在不同情境下的轉譯、再譯，以及發揮或變造的樣態。

　　本文認為，如果沒有考慮到上述問題，則一方面會對思想史的現實作用了解不足；另一方面會誤以為「政治思想史」上所講的，已經涵蓋了此下幾種層次的思想狀況，因而誤以為思想家出現過的想法，社會便會自我受其洗禮，而忘了兩者之間可能有嚴重的斷層。從這裡要導向一個本文的核心議題，即思想的層次性。如果思想可以區分層次，以清代中期而言，可能最上層是考證學大師戴震，他發展出了容許某種合理的欲望或聲色貨利的政治思想（「欲當即理」）。可是對中層、中下層——也就是官僚士大夫，一直到地方上的小讀書人，甚至到從戲曲、成語、格言中得到一些「思想」的下層來說，最有影響力的是如何過有組織的內心生活，同時要如何抵抗聲色貨利。或是在某些時候，最下一層是一種綺麗的思想，而中上層又是另一種或另幾種思想色彩。如果思想史家可以盡可能把握不同層次的思想狀態，那麼就不會納悶為何在黃宗羲《明夷待訪錄》的時代，居然一般官僚士大夫乃至下層民眾對他一無所知，從而也就不會訝異於歷史發展之不如此而如彼了。

　　此外，還有一個值得注意的現象。雖然通常最大多數人的傾向是轉動時代輪軸的最重要力量，但是歷史不一定是數人頭的遊戲，在某些情境下，不一定是要下滲到街頭層次的思潮才能轉動歷史。在某些時代，往往是一群人的發動，即足以使整個時代隨它而轉。在那種時候，如果若干思想菁英的思想與整個時代的關懷或渴望相契合，透過強烈的努力，也可能改變一整個時代的思

想氣候，逐漸由少數派變成多數，由「思想的存在」變成「歷史的事實」，這中間有一個歷史的複雜的過程，值得深入探究。

社會、政治、經濟及結構大變動的時代，最上層的菁英思想，可能人數最少，但卻產生最大的影響。五四前後的胡適（1891-1962）、陳獨秀（1879-1942）、李大釗（1889-1927）、傅斯年即是一個例子，當時廣大的人民是趨向保守的。可是在當時環境的催化之下，新思潮迅速替換了舊思維，如飛機場裡顯示班表的鐵片，乍然間翻了一遍，連原先非常保守的鄉村，也產生相當的變化。它不見得真的改變了實質，但是它形成了一個人們趨向或對抗的價值框架（或目標），並在那裡不停地發生作用。歷史上許多文風或思潮的變化，從一開始也只是少數幾個人形成了梁啟超（1873-1929）所說的歷史的「發動機」。

像「程序正義」，若回到法律傳統，「正義」不僅應該得到實現，而且要以人們看得見的方式加以實現，這個觀念不是羅爾斯（John Rawls, 1921-2002）提的，但在羅爾斯的《正義論》中細加區分、闡述三種「程序正義」之後擴大了影響力。以我在臺灣的經驗，羅爾斯《正義論》流行之後，人們也不知來由地輾轉耳聞「程序正義」的觀念，並付諸實踐。如今，在臺灣鄉下鄉鎮公所的一場招標會中，我們也有可能聽到不知誰會突然丟出「程序正義」一詞。

這裡的意思並不是說那一個階層的思想之間在傳播上有一個優劣順序，傳遞或流布要照此順序進行。這裡要隨舉一例。《柯林烏自傳》第三章中討論他學生時代一派以格林（T. H. Green, 1836-1882）為首的「繁瑣哲學」。柯林烏（R. G. Collingwood, 1889-1943）說，格林對當時的牛津、劍橋為主的哲學高層影響不大，可是它們卻在英國廣大公務員及一般百姓之間有巨大影

響。由於牛津大學也是教會、法庭、公職機關和議會裡的公務人員的養成所，牛津的學生一批又一批地走上公職生涯，格林學派使他們抱持一個堅定的信念，就是他們在牛津大學裡學到的哲學，是一件非常重要的東西，他們的職責就是將它付諸實踐。這個信念為理念差異很大的政治家、社會改革家甚至是政府官員所共有，從1880-1910年前後，它已滲透了國民生活的每一部分。[32] 故當時在上層沒有大眾影響，可能滲浸了以下幾層，這個例子提醒我們層次之間的關係不是我們所想像的那般簡單。

正視「思想層次」的問題正是為了提醒我們自己，在許多時候下層的思想的惰性元素，是更強固而有力量的，對下層民眾而言是更有說服力的。我們看歷史時便不能忽視這一點。思考歷史時，應該要了解這幾個層次之間的分別，及相互之間具有無限可能的關係，以及決定它們互相關係的時代背景、社經條件的重大變動等。在不同的思想層次之間，固然有優先的順序，但不總是按照由上而下的順序。一般討論「影響」，都關注「抽象」的影響「實際」的，「上」階層的影響「下」階層的，可是實際的情況卻未必都是這樣。不同層次之間沒有截然固定的關係，事實上，許多時候所謂「影響」是來自四面八方，像風一樣吹拂的。

這不是在說最高一層的只局限在自己，事實上宋明理學的若干稀薄的思想元素滲到下層，成為一種勢力。透過格言、聯語、小說、戲曲的影響，為人們所日用而不自知。我們無法想像沒有朱熹（1130-1200）、王陽明等大儒，也沒有辦法想像沒有各地星羅棋布的大大小小讀書人。很多人認為通俗文化與菁英文化沒有

32　R. G. Collingwood, *An Autobiography*（Oxford: Oxford University Press, 1970），pp. 15-21.

關係，但是正如經濟學大師熊彼得（Joseph Alois Schumpeter, 1883-1950）說的，他可以輕易地在許多財政部長的經濟政策中發現他們過去所讀經濟學教科書的影響。

再回過頭來看中國，在晚明心學之後，近代中國的思想啟蒙運動曾經在相當程度上下達到街頭層次。根據佐藤仁史對江南尤其是上海一帶的研究，新的概念叢下及地方上的「市鎮社會」，但是並非所有晚清以來的新概念都有辦法下及基層，在「市鎮社會」比較常見的往往是「愛鄉心」、「愛國意識」、「愛國主義」、「愛國心」、「改良風俗」、「權利意識」、「公共心」、「合群」、「社會進化論」、「種族思想」、「新劇」、「人種進化」、「身體的文明化」、「新文化運動」、「通俗演講」、「天演競爭」、「公理」、「優勝劣敗」、「萬國公法」、「文明化」、「文明觀」、「文明結婚」、「文明性」、「平民教育」、「民俗」、「民德」等概念。[33]這些思想、觀念的下滲有一個篩選的過程，而篩選過程是有重要意義的。這些新語言、新觀念產生的影響是隱微而有力的。譬如我們看上海一帶小讀書人執筆撰寫的地方志，就可以發現它與之前各個時代的地方志明顯不同。在滿紙新語言、新概念的驅策之下，許許多多鄉土的文物與故事都在向新的價值與觀念靠攏，使得地方社會的一切都有了新意義，好像整個地方是生活在一個看不見的階梯上，拾級而上邁向「文明」。

---

33 佐藤仁史教授的書中各章多觸及以上問題，請見佐藤仁史，《近代中国の郷土意識——清末民初江南の在地指導層と地域社會》（東京：研文出版社，2013）。

五、擴散、下滲與意義的再生產

　　在討論思想的擴散與下滲時，社會達爾文主義是一個相當鮮明的例子。民初浙江地方軍人領袖童保暄（1887-1919），為我們保留了一個生動的例子。《童保暄日記》中有一處說他叔叔在家鄉欺負貧弱，一開始童保暄對這件事很不諒解，但是「及談天演而始恍然矣。人不自立，不容於天演界，而人之欺我凌我，則我必思所以復之。舍自立，未由競而進，即天演之所發見也，夫欺貧凌弱，非獨人然，即我亦無不然；非獨人然、我然，即大而國家、種族，小而昆蟲草木，亦無不然。我先貧而後人欺，我先弱而後人凌。是欺、是凌，無關於我，無尤乎人，天演為之也。」[34]童保暄由天演論出發，把他的叔叔欺凌貧弱的事合理化為天演之必然，這在當時恐怕是相當常見的。社會達爾文主義為清末民初以來的社會，造成了一種強調「動的」、「鬥的」新的生活氣質。[35]

　　社會達爾文主義的影響無遠弗屆，而且樣態繁多，例如雷蒙‧威廉斯（Raymond Williams, 1921-1988）說19世紀後半的優生學成為一種運動，在1890年代大行，與社會達爾文主義有關。如德國的毛奇（Helmuth Karl Bernhard von Moltke, 1800-1891）將軍認為戰爭是社會達爾文主義最好的實踐，人們相爭互

34　寧海縣政協教文衛體和文史資料委員會編，《童保暄日記》（寧波：寧波出版社，2006），頁7。

35　達爾文思想對西方日常生活世界的影響研究者非常之多，《美國思想中的社會達爾文主義》之類的書展示了一種泛溢於美國19世紀生活中的勝利者的哲學，認為成為百萬富翁是競爭文明中的花朵，認為互相殘殺有助文明演進。見Richard Hofstadter, *Social Darwinism in American Thought*（Boston: Beacon Press, 1992）, pp. 58, 97.

鬥，而且只有強者生存，人類未來的命運才能被保證。此外，帝國主義、種族主義、亞利安種的優越主義也與社會達爾文主義密切相關，同時它也為階級鬥爭理論提供了火藥，1860年馬克思（Karl Marx, 1818-1883）讀完《物種原始》之後給恩格斯（Friedrich Engels, 1820-1895）寫信，即表達這樣的意思。[36]

　　從各種小說中亦可見到社會達爾文主義深刻的影響。如史特林堡（August Strindberg, 1849-1912）1888年寫的小說《茱莉小姐》（*Miss Julie*）中，提到一種人際關係，僕人屬於「上升」的物種，而貴族淑女 Julie 卻是脆弱的，逐漸衰敗的物種，這兩人的故事是標準的達爾文筆下的關係。在 D・H・勞倫斯（David Herbert Lawrence, 1885-1930）的小說中亦可見像史特林堡小說中的安排，在往上爬升中的是身體強壯有力的僕人，對照著高貴但血統已漸衰弱的貴族。傑克・倫敦（John Griffith "Jack London" Chaney, 1876-1916）的小說用力描寫奮戰不休是一種美德。哈代（Thomas Hardy, 1840-1928）小說中的角色也總是愈熱望、愈純潔的愈失敗，他似乎在展現一種價值觀，不是有價值的才能生存，而可能是能動的、能鬥的才能生存。[37]

　　在討論思想傳播及下滲的過程中，我們必須了解到現象是非常多樣的。一般比較能引起注意的是「心悅誠服」的例子，但是有時是「說法」或「作法」，或是「套利」之具。人們未必真是某種思想的真虔信徒，但是在一套思想形成強勢論述，或帶有現實利益作用時，或帶有約制性作用時，人們便常會用這一套說法

---

36 Raymond Williams, "Social Darwinism," *Culture and Materialism: Selected Essays* (London: Verso, 2005), pp. 86-102.

37 Raymond Williams, "Social Darwinism," pp. 86-102.

來合法化自己，或是從這套說法來為行為取得意義（take on meaning），即使他們不是真誠的信仰者（true believer），但是在客觀的歷史效應上，即等於接受了某種思想，或擴散某思想的影響。故即使只是一套「說法」、需要一套「說法」，其意義亦很重大。[38] 所以，思想也可能是「套利」的工具，是「說法」，是「神主牌」，是凸顯自己，聯繫別人的資具。而不管如何，「套利」的結果是使得家法、倫理深入俗民生活的世界。[39]

　　日常生活中思想的應用，不是國中生的「查字典比賽」，思想家並沒有能力規定人們怎樣理解「自由」、「民主」，或「社會」，它們落實在生活中的意義，使它們在歷史中真正產生作用，或是讓人們從中獲得意義（take on meaning）。在這裡讓我引劍橋的南亞史家 C. A. Bayly（1945-2015）討論印度政治思想史的名著 *Recovering Liberties* 為例，他說英國古典政治思想家彌爾（John Stuart Mill, 1806-1873）及他的後來者，那一輩自由主義大師的自由主義概念，不管在語言上或概念上，並未直接譯成

---

38 一如要大家「做同一個夢」（如「聖夢」），與 Marion J. Levy《近代中國的家庭革命》（*The Family Revolution in Modern China*）中所說的「理想上」，有互相關聯之處，「理想上」似是主動願意的，「說法」是較偏被動的部分。Peter Burke, "The Cultural History of Dreams," *Varieties of Cultural History*（NY: Cornell University Press, 1997), pp. 23-42.

39 「說法」的例子包括為何要編纂家譜，且如此編，為何要刻此碑，且如此這般地刻。背後反映各種利益、思想、地位與衝突。但「說法」仍有一個局限，即不可能隨己意胡作非為，因為它們畢竟是「公共性文本」或「公開性文本」，人們自覺其不合適，仍會抱怨的，故「說法」有一個規範與限度。劉志偉，〈宗族與沙田開發——番禺沙灣何族的個案研究〉，《中國農史》，1992年第4期，頁34-41；劉志偉，〈祖先譜系的重構及其意義——珠江三角洲一個宗族的個案分析〉，《中國社會經濟史研究》，1992年第4期，頁18-30。

南亞語言。在印度，用來指稱liberal的，往往是帶有梵文字根「kdara」意味的詞（類似自由），如「Kdartara」、「Kdarrad」，「高貴」或「慷慨的」，意指作風慷慨大方的，不是放任自由主義（Libertarianism），也不是「消極自由」。在巫毒的語言脈絡中，「liberal」被逕以音譯來使用，並未譯成當地語言。不過，有一批從波斯文導引而來的詞彙，尤其是那些涉及宗教多元主義者，有點近似「liberal」的意思。不過Bayly仍然認為自由主義在印度的影響不能低估，而且它們與歐美的自由主義意識形態的選擇親和性異常清楚。Bayly對自由主義在南亞的權威及創造性深具信心，印度不是簡單地拷貝西方的觀念，事實上它們蠶食（cannibalized）、重塑、重述（reiterate）那些思想概念，並常常用它們來攻擊統治者的政策或行為舉措。

　　Bayly又指出，從1840年代以來，印度的思想家們即有意地與英國式的功利主義、理性主義保持距離，提倡一種比較精神化的、激進的國族主義，比較接近法國、西班牙、義大利或美國共和主義式的自由主義。當然，自由主義是殖民支配者或菁英主義者的語言，但印度當地人仍持續「隱形顛覆」殖民或菁英性。不論是賤民或是下階層，或是婦女都挪借且改變被菁英所控制的自由主義論述，賦予許多新的微妙層次之意義。[40]這不只是簡單的印度內部的「受容與轉型」，印度對「自由主義」與「近代性」的詮釋，回過頭來影響歐洲及美國對世界其他國家的態度。[41]故

---

40 C. A. Bayly, *Recovering Liberties: Indian Thought in the Age of Liberalism and Empire* (NY: Cambridge University Press, 2012).

41 有研究指出，改革者Ram Mohan Roy的形象對英國的宗教與政治有很大的影響，稍後Keshub Chunder Sen及Dadabhai Naoroji這些被殖民者反過來影響母國，為甘地的事業開路。

不同的生活是一個神奇的煉丹爐，它使得西方古典自由主義的思想可以變化出一些新的面貌，甚至還可以回頭去影響這個思想的原發地，兩者是往復循環、周而復始的。

六、百姓的心識與「儒家文化的不安定層」[42]

由前述可知，如果是圍繞著「思想是生活的一種方式」來考慮思想史，那麼包括的範圍就變得很寬，它的主體當然是過去思想史所關注的比較「嚴肅」的思想層面，如果沒有朱熹，我們如何想像近世東亞歷史呢？如果我們不研究那些沒有現實影響，而展現豐富的思想深度的思想家，如何擴充人的心靈呢？但它同時也包括一種已發但未形成、固定的情感與思考，或是雷蒙・威廉斯所說的「感覺的結構」（structure of feeling），[43] 人們如何以生活中的調節手段，或是以某種有系統的方式，有組織地管理內心生活，以達到某種要求之境界。這是一個廣大的領域，探討思想如何影響生活，包括人生觀、人生態度、人生抉擇、生活氣質、自我認同；包括官方意識、人生履歷的安排、財富觀、政治觀，甚至對分類方式的偏好、對顏色之喜好、對書本知識的態度等，不一而足。

如果我們不特別強調這一個面向，則雷達的「頻寬」不夠寬，就不能捕捉到與日常生活中的思想有關的形形色色的「思的事物」。過去認為只是思想史的問題，有時說不定應該加入生活

---

[42] 參見本書所收的〈儒家文化的不安定層〉一文。

[43] Raymond Williams, "Structure of feeling," *The Long Revolution*（New York: Columbia University Press, 1961），p. 48.

史的角度來解釋。另一方面我們也發現，在當時的日常生活世界
中，往往只是一些很簡單的概念與思考方式變化，一種模糊的東
西，一種思想氣氛、一種思想空氣（如《陳範予日記》、《懶尋
舊夢錄》中所提及的），卻造成了至關重要的歷史現象，而它們
很少成為史家關注的主題。[44] 但是如果把思想史的「頻寬」打
開，許多以前不被正視的問題，現在成為問題；許多過去不被正
視的史料，現在成為重要史料，那些原先被附帶論及的，在光暈
四周的暗處可有可無的東西，現在成為值得以它作為核心出發點
且加以注意的現象。

　　從歷史發展的角度看，如果不留意下層人民的心識狀態，往
往會錯解重大的歷史現象。譬如，我個人認為，從晚清以來新
政、現代化的過程中，雖然啟蒙人物都呼籲新政或現代化將造福
國家與人民，但在實際日常生活中，下層百姓往往是新政或現代
化政策的損失者或受害者，最常見的情形是國家的新政或現代化
往往會加重財政或其他負擔，故其心識中每每產生一種反對的心
態，這都是現代化進程中惰性或抵制性力量的一個重要來源。但
在從上而下，或從國家全局的視角俯瞰之下，往往不容易發現或
了解這種心態。

七、我在故我思

　　生活世界如何對思想產生影響？在我看來，不同的生活方式

---

44 歷史上許多重要的政治或文化運動，真正產生影響的只是幾個詞彙，幾個要
　點，或一些標語。以新文化運動為例，新文化運動思想中比較精緻的部分，
　極少在地方層次中看到。

就如同神奇的煉丹爐，它會孕育、篩選、改變我們的思想。生活的力量不一定是單元決定的，不一定是簡單的下層結構決定上層結構，它可以像鐵軌上的轉轍器一樣改變行進的方向。韋伯曾說好利的心思人人都有，就像一部往前直衝的火車，而基督新教倫理就像轉轍器一樣，使火車轉向資本主義的方向。火車還是向前跑，可是它的方向改變了，生活就是這樣篩選人的思想。

思想與生活之間不斷地周流反饋，往往在地方上得到一種創造，或甚至在封閉的環境中，向上擴散形成一種新的風貌，也可能形成一種新異的樣態。且讓我們重新觀看一下柳宗悅（1889-1961）的《民藝四十年》中一些名言：「由文盲工匠製作的器物，從遙遠的鄉村運出來，是當時任何民眾都要使用的。……這些低檔的器物上卻有著高尚之美」、「今日投以萬金的『大名物』茶器，很多只不過是雜器而已。它們的如此自然、如此奔放的雅致，是因雜器而起。如果不是雜器，絕不會成為『大名物』」。[45]柳宗悅的這些話是在說明一種街頭層次的，甚至是封閉鄉村的再創造的力量，這些來自荒野鄉村的陶瓷式樣，後來居然成為地方大名心目中的「名物」。

「我思故我在」的另一面是「我在故我思」，生活是孕育思想的溫床。譬如商業社會形成之後生活形態的轉變，造成氣質、人生態度、思想的巨變。恰如威廉・詹姆士（William James, 1842-1910）所說的，我們可能不受意志及情感的影響，而僅憑知性做出決定嗎？知性隸屬於情感，而意志則抑制了知性及情感。[46]思

---

45 柳宗悅著，石建中、張魯譯，〈雜器之美〉，《民藝四十年》（桂林：廣西師範大學出版社，2011），頁75、76-77。

46 朱建民，《詹姆士》（台北：東大圖書公司，1998），頁14。

想不一定是來自抽象、拔高、好整以暇的沉思，它也可以是從實際的生活經驗出發。我「在」故我「思」，此時的「在」不一定只是沙特（Jean-Paul Sartre, 1905-1980）所講的「存在」，它包含甚廣，可以是生活經驗，而由此經驗生發出「思」的事物。「道」不總是影響或支配「器」，從「器」中也可能得出新的「道」。[47]

　　但是，我認為最重要的一種「我在故我思」的現象是「轉譯」式關係。在這裡我要借用Kenneth Burke（1897-1993）在討論象徵提出的「轉喻」、「意識到什麼是什麼」的觀念來說明一種現象。[48]柏克認為，我們其實沒有辦法真正了解世界上的事情，我們所能了解的都只是就某一方面而言（in term of），都是「意識到什麼是什麼」。在「意識到什麼是什麼」的時候，生活可能就會轉變成思想，人的大腦隨時在扮演一種「轉喻」的角色。譬如因意識到生活世界中的某種挫折是因為思想上的不覺悟所造成的，這樣就很容易把生活中的挫折「轉喻」成思想史的議題。[49] 1925年，在商務印書館《學生雜誌》擔任主編的早期共產黨人楊賢江（1895-1931）在一個夏令營演講青年戀愛問題，他的言論掀起一番討論，於是大家提出戀愛要先從社會革命著手，認為要把舊社會完全推翻，另建新社會。他說：「把社會上人人

47　一如實驗主義創始人皮爾士（Charles S. Peirce, 1839-1914）說的，「在實驗室裡，所有的東西都被看作可能的實驗對象」。科尼利斯‧瓦爾（Cornelis de Waal）著，郝長墀譯，《皮爾士》（北京：中華書局，2014），頁47。皮爾士把蒸鍋變成思想的工具，思想是建立在對於真實事物的操作基礎上，而不是空洞的詞條和幻想的組合，這與「實驗主義」旨趣相近。

48　Kenneth Burke, *On Symbols and Society* (Chicago: University of Chicago Press, 1989), pp. 5, 161.

49　參見拙文，〈「煩悶」的本質是什麼──「主義」與中國近代私人領域的政治化〉，《思想史》，1（台北，2013），頁85-137。已收入本書。

都變成無產階級，大家都一律平等，到這時候，從前所謂的小姐、少爺一個也找不出，才可以根本解決無產階級者的戀愛問題。」[50]從戀愛問題一直走到信仰共產主義，可見在「意識到什麼是什麼」的時候，人們如何把生活「轉喻」成思想。

「意識到什麼是什麼」這一過程當然也會受到一個時代的環境的制約。所以在論述生活如何塑造思想的時候，我認為這不是機械的、完全的決定，或是單純的反映。在「意識到什麼是什麼」的時候，就如詩人羅伯·佛羅斯特（Robert Froster, 1874-1963）的詩〈兩條路〉中所說的那兩條路，到這個時候變成了一條路，思想與生活融合成為一體。

境遇與思想的方向或抉擇也不無關係，我稱之為「轉轍器的關係」。[51]斷絕、碰壁，絕境的存在境遇，對思想抉擇的作用，也是很明顯的。[52]這方面的例子太多，我只選兩個說明。首先是萬斯同（1638-1702）的〈宋遺民廣錄訂誤〉，除了考證宋遺民，同時也是為順治、康熙時期冒稱遺老者發，既是歷史的，又是生活

---

50 參見本書〈「煩悶」的本質是什麼──近代中國的私人領域與「主義」的崛起〉一文。

51 造成「轉轍器」關係的，也可能是一種絕境，日本諾貝爾醫學獎得主山中伸彌曾提到，他的重大突破事實上是受到一種負面的存在境域影響。他說，日本對胚胎幹細胞實驗的管制極為嚴格，申請從事這類實驗，往往要等一年以上的時間才能知道是否批准。雖然他的實驗室不遠處就是胚胎幹細胞庫，但是他卻不得其門而入。這個絕境使他決定發展非胚胎幹細胞研究，並得到最重大的突破。「碰壁」促發了許許多多的思想或學術抉擇。益川敏英、山中伸彌，《「大発見」の思考法：iPS細胞vs.素粒子》，（東京：文藝春秋，2011）。

52 譬如余英時在〈我為什麼寫陳寅恪〉中，便抒發曾身為「無國籍人士」的經歷，「黨」高於一切，將本應是公民權利之護照剝奪了。平路，〈王丹入境事件獨漏的議題〉，《自由時報》，2014.08.04。

的。[53]再如陳垣（1880-1971）在日本占領北平下生活的三年，完成了《通鑑胡注表微》，都與現實生活的遭際有關。[54]

　　在討論這個問題時，當然不能忽略馬克思的理論。馬克思認為下層結構決定上層結構，所以思想意識基本上由經濟基礎決定，這當然是思想與生活世界的一種關係。生活世界對思想的塑造不一定是簡單的「同義反覆」，或是「等價物」，它們之間固然有時是等價對應的關係，但有時是如韋伯（Max Weber, 1864-1920）所說的「選擇親和性」（elective affinities），或像阿圖塞（Louis Althusser, 1918-1990）所說的「多元決定」（overdetermination）的關係，或只是選取、擴大，而造成某些只是雜在眾多分子中的點擴大成為主流的思潮。

　　前面提到的都是生活境遇與個人思想的抉擇，當然歷史上也常出現政治或政策上的大變動，造成了思想範式的變化，使得原來是邊緣的或異端的，突然轉成「正統」。[55]辛亥之後，許多原先被壓制的思想言論，在這個政治大變動的「轉轍器」作用下，成為用官方力量推動的新正面價值。[56]我個人以為陳寅恪（1890-

---

53　鄧之誠說：「季野〈宋遺民廣錄訂誤〉考訂精核，義正詞嚴，蓋為順康時冒稱遺老者而發。誠不苟之作。」鄧之誠著，鄧瑞整理，《鄧之誠文史札記》（南京：鳳凰出版社，2012），頁168。

54　王汎森，〈時代關懷與歷史解釋〉，《古今論衡》，23（台北，2011），頁12-15。

55　如晚清科舉改試策論之後，一班應考秀才、童生頓失揣摩的工具，於是梁啟超在日本所辦的《清議報》、《新民叢報》成了科考的揣摩參考。「千千萬萬的『士君子』，從前罵康梁為離經叛道的，至此卻不知不覺都受梁的筆鋒驅策作他的學舌鸚鵡了。」李劍農，《中國近百年政治史》（台北：臺灣商務印書館，1957），頁218。

56　參見拙著，〈觀念的勢力──辛亥革命的思想史意義〉，待刊。

1969）在討論歷史中的因果關係時，往往不用「因果」一詞，而是用「條件」、「因緣」，也就是上述那種幾個介面之間在時空環境下互為決定的關係。[57]

William James認為道德哲學指導人，但人的日常生活中，每一人、每一刻也正在塑造道德哲學。他說：「我們大家都在為人類的道德生活盡力，因而我們每一個人都能決定道德哲學的內容。」[58]在討論思想者個人的生活史與思想史的關係之後，我要進而討論每一個人日常生活中的每一個行為、每一個選擇，其實都在直接或間接地參與定義「道德」、定義「傳統」、定義「政治」，決定時代思潮等。所以生活史當然是思想史一個應該考慮的環節，而且不只局限在思想者的生活與思想之間的同義反覆關係，同時也是一種眾人參與塑造的微妙過程。歷史世界的塑造與篩選，可能影響長遠，故具體的歷史與思想並非互斥的。如朱子那些後來影響數百年的著作，每每是為了針對唐末五代以來混亂的歷史世界所作的反思。

八、結論

本文是從「思想是生活的一種方式」開始，說明思想不只是抽象的思辯，往往同時也是生活的一種方式，因此衍生了幾個問題。第一個問題是生活層面的思想史解釋。第二個問題是對思想如何周流在社會各層，成為實際生活的一部分。第三是區分一個

---

57 此外如「轉化」也是一種例子，如將文學感性、熱情、想像力轉換成對大自然的感動，而成為數學的動力。

58 William James, *Pragmatism and Other Writings*（NY: Penguin Books, 2000）, p. 242.

時代不同的思想層次，以及不同層次之間的競合與聯動。

　　此外，本文有一部分是描述思想和生活之間彼此影響、融合時的不確定狀態，或一種模糊的東西，一種思想氣氛、一種思想空氣。思想與生活的「二而一」，都是在這樣的狀態下所構成的界面上成立的。這往往是過去思想史或歷史研究所難以辨析的，因為既有的討論多半聚焦在相對抽象的概念或確定的思想上。本文也討論了一個時代的「思想層次」的問題。思想史之所以能分成各種不同層次去理解，即在於它是變動的、周流不息的，更像一個立體的結構，如同原子的構成，思想中不同的基本元素，在各種不同的作用下，聚合成不同層次的事物。

　　此外，本文也提到過去的思想史研究太重視「由上而下」的部分，讓人覺得思想和生活之間是由高至低的「正滲透」，較少由低而高的「逆滲透」。「道」不總是派生「器」，有時候可以是「器」派生「道」。又如本文討論的「意識到什麼是什麼」的「轉喻」現象，其實也是由「生活」拔高為「思想」的過程，但從例子來看，會給人一種是「器」決定要接受哪些「道」的過濾過程。譬如明代心學之所以成立，其中很重要的因素之一，在於生活已朝複雜化、商業化的社會變化，這樣的生活世界，與思想的變化息息相關，這或許是「我在故我思」的例子，也或者可稱之為「生活是思想的一種方式」了。

　　此外，本文也討論到特定文本的優先性的問題。譬如在日常生活中，小說戲曲也參與思想的競爭，如果我們留心思想史與生活史的問題，只有對於每一個時代思想生活之交界有一個客觀的掌握，才能了解某些新東西加進來，某些舊東西消失了。同時在這種客觀的把握中有一點值得注意，我們發現過去局限在對不同思想之間對百姓的影響的競合的觀察中有一個暈暗處未被注意。

在日常生活世界中，小說、戲曲的價值觀，往往與儒家形成激烈對抗。一般人認為小說大幅地影響日常生活世界是從明代開始的，[59]因而小說中之思想態度與文化偏好，包括窮形盡相地寫淫寫盜，每每成為儒家文化的競爭者。人們往往以為小說、戲曲不是思想文本而不加理會，但它們在實際生活世界中所產生的影響卻不可小看。

　　本文也一再強調思想史的新「頻寬」。近來彼得・柏克（Peter Burke）在一篇總結思想史若干層面發展的文章中提出了「思想文化史」，[60]本文所強調的與他並不相同，我所重視的是思想史與生活史交織的層面。它們不再只是思想史的背景音樂，如果不特別強調這一個面向，則思想史雷達的「頻寬」不夠，所能捕捉到的就是寥寥幾樣東西，也就不能捕捉到那些非高度抽象的思想觀點，而這個範圍相當廣大。它們常常只是日常生活世界中一些很簡單的概念與思維方式的變化，某種生活氣質或精神傾向，或是人們所感受到的一種模糊的空氣或一種氣氛。就像新文化運動思想中，瀰漫在街頭層次中那些微妙、難以捉摸的部分。如果擴寬思想史研究的「頻寬」，許多以前不被正視的問題，現在將成為問題；許多過去不被正視的史料，現在可能會成為重要史料；那些原先被附帶論及的，在光暈四周灰暗處可有可無的東西，將成為值得以它作為核心出發點加以注意的。

59　錢大昕〈正俗〉中說：「古有儒、釋、道三教，自明以來，又多一教曰小說。小說演義之書，未嘗自以為教也，而士大夫農工商賈無不習聞之，以至於兒童婦女不識字者，亦皆聞而如見之。是其教較之儒、釋、道而更廣也。」錢大昕撰，呂友仁標校，《潛研堂集》（上海：上海古籍出版社，1989），頁282。

60　參考本文註1。

從「新民」到「新人」

——近代思想中的「自我」與「政治」

一

　　在近代思想轉型的時期，「自我」始終是一個重要的課題。
「自我」是一個範圍非常廣、非常複雜的問題，在這篇短文中，
我想談的主要是在近代思想轉型時期，「自我塑造」或「自我完
善」的文化及它所形成的心理特質：怎樣才可以稱為「人」？怎
樣才可以稱為良善的「自我」？自我完善的傳統方式如何一步一
步消褪、並轉變成一種新的形式，以及這種轉變與近代政治、社
會變動的關係。另一方面，近代中國「自我」的觀念，往往把自
我完善的過程當作是步步向上提升的階梯，這與儒家思想，尤其
是宋明理學有相近似之處，但是其中也有顯著的差異，近代思想
中的「自我」，不再受傳統禮法道德之限制，其內容是開放的、
是無限可能的向上主義（possibilism）。所以本文也將討論在後
來各種意識形態的競爭日趨激烈時，良善「自我」的定義為何隨
著不同的意識形態而不斷改變。[1]

　　張灝先生在《梁啟超與中國思想的過渡，1890-1907》（*Liang
Ch'i-ch'ao and Intellectual Transition in China, 1890-1907*）中已指出，
梁啟超（1873-1929）運用宋明理學的思想資源來塑造一個現代行
動者的現象。[2]在張先生的〈中國近代思想史的轉型時代〉中，[3]他

1　不過，這裡必須強調一點：本文中所討論的種種有關「自我」的新特質，並
　　未發生在所有人身上，即使是當時的新派人物，也不一定都有相似的特質。
　　在最初它可能只是少數人的觀念，後來慢慢成為轉動時代的核心思想，並逐
　　步擴散其影響。

2　Hao Chang, *Liang Ch'i-ch'ao and Intellectual Transition in China, 1890-1907*
　　(Cambridge: Harvard University Press, 1971), chap. 9.

3　張灝，〈中國近代思想史的轉型時代〉，《時代的探索》（台北：聯經出版公

指出改良派的梁啟超與革命派的劉師培（1884-1919），都受了很多傳統儒家修身觀念的影響，但同時，傳統聖賢君子人格的成分則日趨淡薄。[4]這種修身觀念與聖賢君子的理想逐漸滑開的現象相當值得注意，它不但使得自我完善的傳統方式失去力量，而且對轉型時代社會政治等層面產生過重大的影響。

此處要先指出的是，在近代以前儒家修身的觀念與聖賢君子的人格理想是一元而不可分割的，即使在內容方面有過細部的修正或變化，但是很少人懷疑或根本挑戰它的一元性。從近代日記等私人性文件中，我們可以看出，在轉型時期之前，傳統儒家的修身觀念與聖賢君子的理想，基本上仍然維持比較穩定的地位。從清代後期，思想界出現了一種「自然人性論」的傾向，某種程度肯定人們的物質欲望，但是它並未徹底地改變舊的格局。

促成上述那種「滑離」、「修身」與「理想」形成二元架構的現象的因素很多，傳統道德規範日漸受到質疑及現代「國家」、「社會」觀念的崛起，恐怕是最為關鍵的。

從晚清以迄1920年代，有兩波運動與自我的塑造有關。第一波以梁啟超的「新民說」為主，其影響非常深遠，[5]討論者比較多。它關心如何塑造新的「民」，這新的「民」是國民，是脫離奴隸狀態的現代「國民」。第二波是「新人」，它沒有像《新民說》那樣的里程碑式的文獻，但各種零星的文獻很多，現代學者

司，2004），頁37-60。

4 張灝，〈轉型時代在中國近代思想史與文化史上的重要性〉，《張灝自選集》（上海：上海教育出版社，2002），頁115-116。

5 參考胡適，《四十自述》，收入季羨林主編，《胡適全集》（合肥：安徽教育出版社，2003），第18卷。此外，「新民學會」的名字即是一例。

的討論亦復不少。6譬如說，我們如果仔細留意新文化運動前後的各種文字，便常會發現他們提到「人」這樣的字眼時，往往以加上" "或「 」的方式來定義他們心目中理想的"人"。它的意思是我們現在存在的狀態，只是暫時的「人」，是向上進步的一個階段而已。新的「人」，加上引號的"人"，才是自我完善的、理想的「新人」。我們比較可以確定的是，新"人"的心理特質形成了巨大的驅動力量，促使一代青年們自問理想上的「我」應該如何認知這個世界，理想上的「我」應該追求何種價值。

「新民」要把老大的中國民族改造成為新鮮活潑的民族，把自私自利的人民塑造成現代的「國民」：「苟有新民，何患無新制度，無新政府，無新國家。」7在晚清，「國民」被廣泛的輿論設定為一種資格、一種身分、一種應該極力追求的正面目標，這方面的例證非常之多，此處僅舉晚清一部小說《學究新談》為例。其中到處充斥著這樣的對話：「你不要替他過謙，將來都是國民哩」、「這班後生，果真做得國民，也自能轉弱為強的」。8

梁啟超的「新民」觀中，「新民」是現代「國民」、「公民」，有公德，時時存著為群體、為國家的觀念。「新民」有種種心理特質，胡適《四十自述》中回憶說，梁氏所提倡的這些心理特質深深地改變一代青年，「（梁啟超認為中國）所最缺乏而最須採補的是公德，是國家思想，是進取冒險，是權利思想，是

6　注意到「新民」與「新人」的學者，如劉再復，〈百年來中國三大意識的覺醒及今日的課題〉，《歷史月刊》，第110期（1997年3月），頁78-89；袁洪亮，《中國近代人學思想史》（北京：人民出版社，2006）。

7　梁啟超，《新民說》（台北：臺灣中華書局，1972），頁2。

8　吳蒙，《學究新談》，收入王孝廉等編輯，《晚清小說大系》（台北：廣雅出版有限公司，1984），第19卷，第6回，頁46；第7回，頁74。

自由，是自治，是進步，是自尊，是合群，是生利的能力，是毅力，是義務思想，是尚武，是私德，是政治能力……其中如〈論毅力〉等篇，我在二十五年後重讀，還感覺到他的魔力。」[9]

　　梁啟超對宋明理學相當熟悉，[10]所以他在談到人的「自我塑造」時常常援借宋明理學中對人內心世界中各種層次的分別。他在《新民說》中講到人的內心世界中分幾十層，要克去低下層次，提升到超越的層次，要「自勝」，要區別「兩我」，並隨時從物質的、俗鄙的「我」，提升到精神的、超越的「我」。[11]有時候，他也要求人們分別自己內心的狀態，究竟是「有意識的」或「無意識的」。[12]梁氏在《新民說》中還提出一個相當具有概括性的概念「第二世界」──說「蓋丈夫之所以立於世者，莫不有第二之世界，以為其歸宿之一故鄉。」[13]也就是說歷史上的大丈夫是能從流俗的「第一世界」拔升，過渡到理想中的「第二世界」的人。「新民」之塑造，也一樣有賴於從流俗自拔，形成一種必要的張力，丟掉流俗的、日常的第一世界，向「第二世界」提升。不過這裡要強調：「第二世界」的內容一直在變，梁啟超的看法只是其中一種而已。

　　在《新民說》、《德育鑑》中，梁啟超廣泛地援用明代王學右派的思想家所發展出的、非常精細的心理鍛鍊，用來刻畫一個行動者所應有的心理質素。[14]不過，他與宋明理學家不同，他把

9　胡適，《四十自述》，頁61。

10　梁啟超在「新民說」的時代，仍非常痛恨漢學，傾向理學。

11　梁啟超，《新民說》，頁142、53、46。

12　梁啟超，《新民說》，頁60。

13　梁啟超，《新民說》，頁26。

14　參考我的〈中國近代思想中的傳統因素：兼論思想的本質與思想的功能〉，

對群、團體、國家的奉獻，[15]而不是聖賢君子的理想，提升為道德之極致。所以自我完善的方式與舊士大夫已經不同。

梁啟超在撰寫《新民說》的初期，對傳統道德批判甚力，認為相對於團體的「公德」而言，它們都是一些私德。可是愈到後來，他愈強調傳統道德的部分，說：「維持吾社會於一線者何在乎？亦曰：吾祖宗遺傳固有之舊道德而已。」[16]

劉師培的《倫理教科書》是《新民說》之後，比較系統地討論相似問題的名著。劉氏顯然受到梁啟超「國民」、「公德」、「公共心」等觀念之影響。《倫理教科書》分成一、二兩冊。第一冊著重討論傳統德目，第二冊偏重建立「社會倫理」。不過劉師培不像梁啟超那樣一開始即截然劃分「私德」與「公德」，並把傳統道德一律貶為「私德」。

劉師培一再強調一種邏輯關係，即完善自我即所以完善社會、國家，保全社會即所以保全自己。[17]所以該書第一冊的敘述策略是先追究各種德目在宋以前及宋以後內容之不同。宋以前的仍然多少可以施用於現代，而宋以後的扭曲與窄化，則是應當被批評甚至被唾棄的。衡量的標準有兩個：是否符合平等的、「對待」之倫理精神，及是否合乎「公共心」。[18]

《學人》，第12期（1997），頁1-28。

15 梁啟超說：「其最初一念之愛國心，無不為絕對的純潔的，此盡人所同也。」梁啟超，《新民說》，頁138。

16 梁啟超，《新民說》，頁132。

17 劉師培，《倫理教科書》，收入《劉申叔先生遺書》（台北：京華書局，1970），第4冊，頁2338。

18 劉師培《倫理教科書》隨處提出這類看法，如頁2310、2314、2329、2336、2337。

在第二冊一開始劉師培很清楚地表示：「中國人民數載以前不知社會倫理為何物。」又說：「中國古籍於家族倫理失之於繁，於社會倫理失之於簡。今編此書，於家族倫理多矯古說之偏，於社會倫理則增補前人所略。」他批評家族倫理，提倡社會倫理，認為中國「以社會之倫理皆由家族倫理而推，而一群之公益不暇顧矣。」儘管如此，我們仍可以看出，劉氏認為舊道德倫理仍有「創造轉化」之可能，如果充分擴充舊道德、舊禮儀的社會意義，並作相當的調整，也可能出現「社會倫理」。如他說：「故欲行社會倫理，亦必自正身始」，「合同族之力以互營公益」。[19]

儘管劉氏為舊道德倫理與「社會倫理」留下一些溝通的道路，但我們仍然可以看出前面所提到的那種修身觀念與其最終理想滑開來的痕跡。是「社會」、「國家」，而不是聖賢君子的理想，才是修身功夫之究竟，他說：

> 己身為國家社會之身，非一己所克私。若戕賊己身，使國家、社會少一盡義務之人，其有負國家社會，罪莫大焉。[20]

他一再強調國家的重要，如說「蓋以國家較家族，國為重」，所重視的是「民」與「國」之關係，所欲培養的是「國民公共觀念」。在《倫理教科書》第二冊的結尾，他甚至歸納說欲行社會倫理，必需要有「黨」──「故欲人民有公德，仍自成立完全社會始。欲成立完全社會，貴於有黨。黨也者，萬物之公性情也。……蓋各國均以黨而興，則欲興中國，亦不得諱言朋

---

19 劉師培，《倫理教科書》，頁2349、2323、2336-2337、2341、2332。
20 劉師培，《倫理教科書》，頁2320。

黨……必先自民各有黨始。然民各有黨，又必自事各有會始，事各有會，庶對於社會之倫理可以實行矣。」[21] 所以推到極點，自我完善的極致是以「黨」來建立「完全社會」。

劉師培與梁啟超不同，他不像梁啟超那樣乞靈於宋明理學，把心分成幾個層次，並力求自我超越。但劉氏相信舊道德倫理更有向「社會倫理」過渡的潛力。

梁、劉兩種論旨，在清末有相當的代表性，他們一位是改良主義者，一位是革命家，但都不約而同地以「造國民」為其「修身」工作之根本歸宿。不過，在晚清也有像章太炎（1869-1936）、魯迅（1881-1936）那樣比較關注「個人」的思想家。而章太炎等人大約和後來新文化運動時期講「個人」的關聯比較多些。

二

在新文化運動時期，青年極力批判傳統，舊道德與舊倫理都在嚴厲指責之列，人的覺醒、個人解放是突出的主題。此時一方面是不再像《新民說》或《倫理教科書》那樣，認為在塑造「新民」時，傳統的修身觀念仍有不可抹殺的地位；另方面是「新人」取代「新民」，成為關心的焦點。

由「新民」到「新人」的轉變很值得注意。這並不是說「國民」的思想已經失去力量，事實上「國民」已經沉澱成為一種底色（譬如「國民性」的討論仍然非常熱門，即是一例）。想釐清「新民」與「新人」的變化之因並不容易。新文化運動前後的思

---

21 劉師培，《倫理教科書》，頁2327、2336、2349。

想界是一個調色盤，西方自由民主思想、無政府主義、各種社會主義思想都在這個調色盤中，它們「雜糅附會」，形成一些極含混複雜的色調，恐怕只有極少數在西方受過長期教育的人方能區分彼此，至於一般青年，則往往不能道其所以。

主要是受西方民主自由思想的影響，新文化運動提倡人的覺醒，人的解放，人的文學，人的宗教……人們思索著如何從傳統的禮法道德、風俗習慣等層層束縛解放出來，成為西方現代文化標準下所定義的「人」。

但是此處我還想特別提到，無政府主義及激進社會主義的深刻影響。民初以來思想界，尤其是民國四、五年左右，對現實政治社會徹底失望，卻又不知最終希望之所在，青年群起趨向無政府主義。許許多多思想言論皆受其影響，即使連胡適介紹的易卜生主義，其實也帶有濃厚的無政府色彩。在無政府主義及激進的社會主義影響下，由個人到全人類之間所有的組織與階級──包括家庭、國家等──都在打破之列。人要成為一個「真正」的人、個體的人，才算是"人"。

特別值得注意的是這個時期的國家觀的轉變。在《新民說》時代，鼓吹人們成為健全的現代「國民」，但是此時受到兩種因素的影響，對「國家」與「世界」，往往游移不定；隨著不同的語境及時代環境的變化，而在兩者之間往復挪移，其中較為激進的則往往將「國家」當成批判、鄙棄的偶像。[22] 第一是無政府主義、社會主義的影響。第二是第一次世界大戰之後，人們對德意

---

22 關於「國家」與「世界」，參考羅志田，〈理想與現實：清季民初世界主義與民族主義的關聯互動〉，《近代讀書人的思想世界與治學取向》（北京：北京大學出版社，2009），頁55-103。

志帝國的鄙棄。一時之間人們言論中多以棄「國家」為崇高（雖然他們內心深處的狀態不一定如此）。這方面的言論相當多，早在1915年《新青年》第一卷中，高一涵（1885-1968）即已發表〈國家非人生之歸宿論〉，[23] 陳獨秀的〈偶像破壞論〉中斬釘截鐵地說：「國家也不過是一種騙人的偶像。」[24] 傅斯年在《新潮》發表之〈《新潮》之回顧與前瞻〉中，倡議「我」到「人類」之間一切的「階級」，包括家族、地方、國家，都是偶像。[25] 五四的社團中更充滿類似言論，認為理想的青年「都是不應該帶有愛國的色彩的。」[26] 這林林總總的材料都說明了「新民」、新「國民」的理想，至少在表面上，隨著對「國家」的激烈批判，而被對「新人」的興趣所取代。新人是「人類中的一個人」，[27] 而不是「國家」中的一個「民」。

　　第三個值得注意的元素是「進化」思想。進化思想在近代中國的影響無遠弗屆，它使得人們普遍認為未來是無限開放，無限可能的，「人」的究極狀態亦復如此。現在的「人」只是達到未來真正的「人」之間的一個階段性狀態而已，所以「新人」是無限可能的，為了成為「完全的人」，必須成為「新人」；但這「新人」究竟是什麼狀態，便言人人殊了。

23《新青年》，第1卷第4號（1915年12月），頁1-8。

24 陳獨秀，〈偶像破壞論〉，收入任建樹等編，《陳獨秀著作選》（上海：上海人民出版社，1993），第1卷，頁392。

25 傅孟真先生遺著編輯委員會編，《傅斯年全集》（台北：聯經出版公司，1980），第4冊，總頁1209。

26〈毛澤東給蕭旭東蔡林彬並在法諸會友〉，中國革命博物館、湖南省博物館編，《新民學會資料》（北京：人民出版社，1980），頁146。袁洪亮前引書中列舉了一些這方面的資料，請參考。

27 趙帝江、姚錫佩編，《柔石日記》（太原：山西教育出版社，1998），頁104。

　　由於新文化運動中對舊道德禮法施以體無完膚的批評，所以在塑造「新人」的論述中，傳統的自我完善方式，或是前面提到的那個逐漸滑離的二元架構的成分消褪了，而國家的理想，也被其他的內容所取代。這個時候，一個理想的「新人」，應該如何自我完善，應該具有那些心理特質，應該追求那些理想，都起了微妙的變化。

　　在以下的討論中，我是藉由一批措詞，去捕捉這一代青年的心理特質。措詞與概念的升降，常常是把握一個時代思想動向的入手處，也是推測一代心理特質的重要根據。當我們想起新文化運動時，會很自然地浮現一堆與自我有關的措詞。在這篇文章中，我所討論的幾個核心措詞，分別是「人」、「人生」、「無意識的」、「有意識的」、「自然的」、「人為的」、「向上的」。值得注意的是，在晚清，這幾個詞彙已經出現，但它們的大流行是在民國，尤其是新文化運動以後。

三

　　新派人物較常使用這些措詞，但並不表示傾向保守的人不使用它們。這些措詞大多是一些有關心理狀態的形容詞，它們往往是在文章中一閃而過，語意模糊，並未細加定義或深入討論。為了廣泛引用一些文句來說明這個歷史現象，所以以下的引文不免零碎，在此要先向讀者致歉。

　　在傅斯年早期的文章中，加了引號的「人」這個用法不時出現，[28] 在五四青年中，"人"的表述屢見不鮮，有時候是提出自己

---

28 如他在〈白話文學與心理的改革〉中說：「我們與其說中國人缺乏『人』的

最新的定義，如《浙人》中問什麼才算“人”，接著說「惟具有奮鬥精神，獨立精神，互助精神的『平民』，才算做『人』。」[29]有的是以“人”作為社團的宗旨，如「覺悟社」的宗旨是「求適於『人』的生活。」並說「覺悟」無邊無止，「進化」無窮。[30]有的宣示他們的任務是縮短「舊人」變「新人」的時間，如帶有無政府主義色彩的「新人社」，它的社名代表著這個時期追求成為「新人」的思潮。「新人社」有一份〈新人約〉，說該社的第一任務是在縮短「舊人」變「新人」的時間，「使他由無限的將來，變成有限並且是極小限度的將來」，最終希望做到消滅「你、我、他」的隔閡。[31]

當時青年認為完整的「人」是打引號的“人”，他們在內心中形成一種二元式的結構，並將之自然化下來，“人”天經地義地應該追求新思潮──沒有加“　”的人則是尚未到達真正的“人”的境界。在中國思想史上，凡是到了重新定義「人」的時候，往往是思想產生重大變化之時。[32]新文化運動時代提到人時，加上“　”號，即表示不承認當時中國人是真正的人，而只是向著人的狀態，正待向上進化的一個階段而已。這個“　”所

思想，不如說他缺乏『人』的感情；我們與其說俄國近代文學中富有『人』的思想，不如說他富有『人』的感情。」傅孟真先生遺著編輯委員會編，《傅斯年全集》，第4冊，總頁1183。

29 中共中央馬克思恩格斯列寧斯大林著作編譯局研究室編，《五四時期期刊介紹》（北京：三聯書店，1979），第2集，上冊，頁442。

30 分見張允侯等著，《五四時期的社團》（北京：三聯書店，1979），第2冊，頁313、302-303。

31 中共中央馬克思恩格斯列寧斯大林著作編譯局研究室編，《五四時期期刊介紹》，第2集，上冊，頁409。

32 如韓愈的〈原人〉、宗密的〈原人論〉、顏元的〈存人編〉。

蘊含的對現實狀態的不滿，產生了重大的驅動力，代表著對人之所以為人的文化的、社會的、政治的各方面的重新檢討定義，而企求轉變成為「新人」。這個理想「新人」的定義是五花八門的，我們已經非常熟悉，譬如要有自主的意識，要進取競爭，要有開放創新、科學的精神等等，[33] 此處所要討論的是其中的一些過去人們比較少注意的面向，人要成為"人"，他的心理特質是「有意識的」、「人為的」、「向上的」。

不過，我要強調，「有意識的」、「人為的」、「向上的」並不一定與"人"同時出現，但它們都與廣義的"人"的自我完善的議題分不開。

自然的 vs. 人為的

首先我要談到的是人們心中處處區分「自然的」與「人為的」對立。

「自然的」與「人為的」對立顯然受到當時中國人所理解的進化論的影響。「自然的」一詞應略加分疏：在近代中國，文學、藝術方面嚮往自然，希望貼近自然或研究描述大自然；但是在人事方面，則鄙薄「自然」。在這裡，「自然」是指不經反思、未經自覺、保持現狀的，甚至是預定的、命定的生活狀態。在西方進化式思考中，人是自然的一部分，暗示人的有限性，被環境決定的可能。進步主義則強調對自然的征服，人可以透過自為的努力去克服自然。但在近代中國兩者顯然混合在一起，一方面講「天行」與「人治」相反相成，另一方面是有意無意間突出「人治」的部分；在亡國滅種的危機中，人們在「天行」與「人

---

33 袁洪亮，《中國近代人學思想史》，第五章。

治」的複雜槓桿中，突出「人為」努力的重要。對此，嚴復
（1853-1921）的《天演論》有關鍵性的影響，在這一本影響力奇
大無比的小書中，〈導言〉第四篇的標題就是「人為」，它告訴
人們自然是被「人為」所克服的。細讀過《天演論》的人，會發
現問題不是那樣簡單，該書雖然處處講「自然」與「人為」之對
立，並且宣揚一種由「自然」到「人為」的過程，不過它也為
「自然」留下一定的空間。「人為」並不能夠憑空而為，必須要
依恃「自然」，「人為」才可能成功，故說「天擇者，擇於自
然，雖擇而莫之擇」，又說「皆有其自然者，為之陰驅而潛
率」，故不能完全背逆「自然之機」，否則「雖有聖者，不能一
日行也」。[34]

　　通貫《天演論》的主旋律便是「人治」與「天行」相反而相
成的情形，「人治之所以有功，即在反此天行之故」，「天人之
際，其常為相勝」，「天人勢不相能」，「天人互爭之境」。在書
末，他強調「今者欲治道之有功，非與天爭勝焉，固不可也。」[35]
此處「天行」是「自然的」，而「人治」是「人為的」，而且書
中也處處批判黃老的「自然」是要不得的，它舉了許多例子（如
園丁墾殖花園），說明「人為」或「人治」可以征服「自然」。
這樣一本書所留給人們一種印象，天不是判官，天是與人競爭
的，宋明以來奉為最高的「天理」反而不是主宰。

　　「自然」與「人為」相對的觀念在晚清已經頗見流行（如梁
啟超〈天演學初祖達爾文之學說及其傳略〉）。新文化運動前後

---

34 分見赫胥黎著，嚴復譯，《天演論》（台北：臺灣商務印書館，1977），〈導
　　言一：察變〉，頁3；〈導言五：互爭〉，頁16。

35 分見赫胥黎著，嚴復譯，〈導言六：人擇〉，《天演論》，頁16-17；〈導言
　　五：互爭〉，頁15；〈導言十七：進化〉，頁48。

所盛行的從「自然」到「人為」的思考方式，是演化論與進步主義的結合。在這個思考方式之下，「自然」與「人為」勢不兩立，「人為」不必依靠自然，「人為」可以憑空而起，人的理智能力有多高，它就可以到達多高。新文化運動時所講的「自然」，不是指大自然，而是一種相承數千年的「自然而然」的人生的態度。

　　依照我的初步觀察，這種在內心中將一切人文現象分為「自然的」與「人為的」，並預設理想上應該從「自然的」發展為「人為的」思考方式，影響到許多方面。

　　新文化運動期間，李大釗在〈東西文明根本之異點〉中說，東西兩個文明的根本不同處，即在於「一為自然的，一為人為的」，[36] 在〈美與高〉中，他又說，影響一國民族性有兩大端，一是「境遇」，一是「教育」，「境遇」屬乎自然，「教育」基於「人為」。[37] 他又引日本早稻田大學教授北聆吉（1885-1961）的話說西方人「對於自然，不能漠不關心。純取觀望之態度，不能融合其自我於自然之中，以與自然共相遊樂。其視自然為自我發展之憑基，非自我產生之嫡母。自然者，可以克服之障礙也。」[38]

　　胡適在1919年2月出版的《中國古代哲學史》中說，中國自古以來的哲學家都崇拜「天然」，老、孔、莊、孟，皆是如此，「大家都以為凡是『天然的』，都比『人為的』好。後來漸漸的把一切『天然的』都看作『真的』，一切『人為的』都看作『假

36　李大釗，〈東西文明根本之異點〉，朱文通等整理編輯，《李大釗全集》（石家莊：河北教育出版社，1999），第3卷，頁40。

37　李大釗，〈美與高〉，朱文通等整理編輯，《李大釗全集》，第2卷，頁611。

38　李大釗，〈東西文明根本之異點〉，朱文通等整理編輯，《李大釗全集》，第3卷，頁50。

的』，……獨有荀子極力反對這種崇拜天然的學說，以為『人為的』比『天然的』更好」，[39]而胡適當然是站在荀子這一邊的。他的重「人為」輕「天然」的主張在當時有相當大的影響。

模模糊糊感覺到應該和「自然」採取敵對狀態的，可以再舉瞿秋白（1899-1935）的例子。不過他只是清楚地感覺到西方文明是以自然為敵的，但並不就認為中國文明即是「自然的」，而認為中國只是與「自然」漠不相干的「路人」。1921年，瞿氏在《赤都心史》中的〈自然〉一文中引泰戈爾（Rabindranath Tagore, 1861-1941）的話說，希臘人視「自然」為敵，印度人視「自然」為友，俄國人視「自然」為鄰人，中國視「自然」為路人，「偶然同道而行，即使互相借助，始終痛癢漠然。」他語意不十分清楚地說，這是「未見目的，從容不迫，無所警策，行道蹣跚，嬾於移步」，他說「未來的黃金世界，不在夢寐，而在覺悟。」[40]似乎是在說最終應該覺醒，不是以自然為「鄰人」，而應以自然為敵，才能構築未來的「黃金世界」。

新派人物如此說，調和派的杜亞泉（1873-1933）在〈靜的文明與動的文明〉上也運用這兩個對立的概念分析東西方，他說：「西洋社會，一切皆注重於人為，我國則反之，而一切皆注重於自然。西洋人以自然為惡，一切以人力營治之，我國人則以自然為善，一切皆以體天意、遵天命、循天理為主。」[41]所不同的

---

39 胡適，《中國古代哲學史》（台北：臺灣商務印書館，1978），第三冊，頁34-35。

40 瞿秋白，《赤都心史》三十六〈自然〉一文，收入《民國叢書》第五編（上海：上海書店出版社，1996），第80冊，頁123-124。

41 杜亞泉，〈靜的文明與動的文明〉，許紀霖、田建業編，《杜亞泉文存》（上海：上海教育出版社，2003），頁339。

是，李大釗等人堅持中國必須要從「自然的」發展到「人為的」，而杜亞泉認為沒有必要，東西方文明是性質的不同，不是程度的不同，「自然」與「人為」兩種文明皆有其存在之合理性，「凡社會中之各個人，皆為自然存在者，非擾亂社會，決不失其存在之資格。」[42]

討論文化的問題如此，討論到政治組織的問題時，亦運用此「自然」與「人為」對立的概念。胡漢民（1879-1936）不能算是五四青年，但他在討論政治的文章中說，斯賓塞（Herbert Spencer, 1820-1903）一派的政治學說什麼都聽其「自然」，把「人為」看得很輕，所以會變成極端的保守主義，又說呂邦（Gustave Le Bon, 1841-1931）認為德意志的「國民心性」是「人為」的創造。[43] 胡漢民深受呂邦之影響，在討論問題時常常引用呂邦之說以為佐證，而他在論證了兩種不同的政治學說之後，也主張作為一個現代國家應該要由「自然的」進到「人為的」。

新派人物當然也面臨了有力的反抗。但是反對的人往往也認可「人為的」、「自然的」這兩種劃分，前面提到的杜亞泉，藉著強調東西文明是「性質」之異，而非「程度」之異，進而指出「自然的」與「人為的」這兩種文明可以並存，但是更激烈的反對者則認為「人為的」是壞的，「自然的」才是好的。深受無政府思想影響的朱謙之（1899-1972），在一本論點相當奇特的書《一個唯情論者的宇宙觀及人生觀》中，主張建立一個「宇宙觀的政治系統」，要培養「宇宙的國民」。他主張以「真情」作為

---

42 許紀霖、田建業編，《杜亞泉文存》，頁338-344。

43 胡漢民，〈呂邦的《群眾心理》〉，收入蔡尚思主編，《中國現代思想史資料簡編》（杭州：浙江人民出版社，1982），第1卷，頁564-570。

政治的基礎，大家只管發展真情的自由，不要「人為法」來拘束他。朱氏主張各人自主自治，自由組合，然後聯合，「以次至於成為自由組織」的大同世界。他對於法治制度，全然加以否定，並把「人為法的組織」和「情的組織」──「自然法的組織」對立起來，痛斥「人為法的組織是萬惡之源」。主張要倒轉過來提倡「情的組織」──「自然法的組織了」，「須知只有這自然法的組織底下的政府，是『好政府』，只有這自然法的組織底下的政治是『好政治』。」[44]

前面所提到的是「自然」與「人為」對立在文化、政治、社會組織等範圍產生的區分作用。其實，這種無處不在的區分，深入到當時青年內心中的反覆掙扎，我覺得傅斯年的〈自然〉一詩相當能表現這種自我內在的對立。

這裡必須對這一首詩的背景略作些說明。在新文化運動時期，傅斯年這位五四遊行的總指揮，在短短的幾個月中寫了幾十首白話詩，其中大部分的技巧及意境都不算高明，但是這些詩因為無拘無束，不像《新潮》中那些板起臉孔來說話的文章，所以更自由、更無拘束地表達一個青年內心的掙扎，而〈自然〉正是他這一個時期的最後一首白話詩，大概也是傅斯年一生公開發表的最後一首白話詩。當時傅斯年正在上海滄洲旅社等船去倫敦留學，也是他揮別民國八年一月《新潮》創刊以來二百多個日子中，發表幾十篇猛烈攻擊傳統，極力介紹西洋新知的文章之後。當他稍微平靜下來，他似乎出現了一種對立，一種矛盾，對傳統

---

44 朱謙之，《一個唯情論者的宇宙觀及人生觀》，收入《民國叢書》第一編（上海：上海書店出版社，1989），第 3 冊，第九講「政治理想」，頁 141-142、145-146。

的或西方的，「自然」的或「人生」的（這時候所謂「人生」是指擺脫傳統的生活而得到一種新的生命境界，是西方的生活理想與方式），搖擺不定。當時傅斯年當然是堅決站在西方反東方，站在「人生」反「自然」的，但是在滄洲旅社的這一刻，他猶疑了。他在〈自然〉中寫道：

> 究竟我還是愛自然重呢？
>
> 或者愛人生？
>
> 他倆常在我心裡戰爭，弄得我常年不得安貼：
>
> 有時覺得後一個有理，
>
> 有時又覺得前一個更有滋味。
>
> 雖然有滋味，總替他說不出理來；
>
> 雖然說不出理來，總覺得這滋味是和我最親切的——
>
> 就是我的精神安頓的所在。
>
> ……
>
> 從我幾千年前的遠祖，直到了我，無數的被你攝魂去了。
>
> 明明白白知道和你親切要演一齣悲劇，
>
> 然而多少年代的藝術家，為你嘔了無數心血，
>
> 億萬萬的「有趣味者」，遭了億萬萬場大劫，
>
> 結果還是一場大失敗，
>
> 眼看那「有所為」，「有目的」，求善人生的鄙夫，
>
> 一天一天的開拓起來。
>
> ……
>
> 人生啊！我的知識教我信你賴你！
>
> 自然啊！我的知識教我敬你遠你！
>
> ……

　　　前面的光明啊！我陷在這裡了！快引個路兒！[45]

　　詩的一開始便點出「自然」「人生」兩種思路的對立，並坦白承認即使他不容他人有辨駁餘地地提倡「人生」，但事實上在他內心深處這兩者「常在我心裡戰爭，弄得我常年不得安貼」，覺得「一個有理」、「一個更有滋味」。有理的是「人生」，是當時中國應該走的路；而「有滋味」的是過去那種「自然」的生活方式，「雖然有滋味，總替他說不出理來」，雖然說不出理，卻總覺得是和他「最親切的」，是「精神安頓的所在」。但是這種生活是無用的、不能「遂生成業」的──「可見遂生成業未必就是安頓一人的一生的」，也就是「遂生成業」與「安頓人生」是互相矛盾的。有「趣味」的自然的生活，在現實世界的殘酷競爭中是最沒用的，所以他要問「你為什麼不能說明你自己來？」而且是帶悲劇色彩的，所以它的顏色「是悲淒的，終日流淚」，「從我幾千年前的遠祖，直到了我，無數的被你攝魂去了」，而且和它親近即要「演一齣悲劇」，是「遭了億萬萬場大劫」，「結果還是一場大失敗」。相反地，西方「人生」那種「有所為」、「有目的」的「求善人生的鄙夫」，卻「一天天的開拓起來」。所以在一番反省後，他仍決定選擇信賴「鄙夫」們的「有所為」的「人生」，而遠離「自然」；也就是放棄他所熟悉的傳統，選擇西方的道路。

　　在這首詩中，「自然」的是他自己以及他那一代青年所熟悉所親近的東西，是延續傳統而未經反省的習慣及心理。在那個否定傳統歷史文化的時代，這種自然而然的習性是負面的，是無意

---

45 原刊於《新潮》，第2卷第3號（1920年2月），後收入傅孟真先生遺著編輯
　　委員會編，《傅斯年全集》，第7冊，總頁2569-2572。

識的生活,「無所為」、「無目的」,所以不配稱作「人生」。正面的是有意識的、反思過的生活或行為方式,用他詩中的話,是「有所為」、「有用的」的人生。

從前面的討論可以看出兩點:第一,新派與反對他們的人都相當程度地認可「自然」與「人為」是兩個有用的分析範疇。第二,新派人物認為「自然」的狀態是不好的,「人為」的狀態才是好的,是值得追求的。「自然」是舒服的、是中國人的,而西方是「人為」的、矯揉的;「自然」的是承襲現狀的,「人為」是想改變現狀的;「自然」的秩序是未經反思的,「人為」的秩序是理性建構的;「自然」的狀態是夢寐的,「人為」的狀態是覺悟的。而處在當時的中國,應該走「人為的」一路。

無意識的 vs. 有意識的

在新文化運動之前,已經有人敏感地指出他那個時代是由「無意識時代」轉為「批評時代」的時期。黃遠庸(1884-1915)在〈新舊思想之衝突〉中說:

> 中國今日,蓋方由無意識時代以入於批評時代之期……篤舊守故者,方在不識不知順帝之則。[46]

「無意識」的狀態是不好的,「有意識」的狀態是好的;「無意識」的是不識不知、順帝之則,是受習俗或傳統的影響,是約定俗成的;而「有意識」的是反思的、批判的,是運用理性擘畫建構的;「無意識」的是落後的,而「有意識」是理想的。從整

---

46 黃遠庸,《遠生遺著》(北京:商務印書館,1984),卷1,頁156。

個國家到自我的塑造，都應該由「自然的」過渡到「有意識的」。

　　談「有意識的」與「無意識的」之區別，當然要先了解「意識」一詞由何而來。中國古書中並不乏「意識」一詞，如《論衡》中的「寡所意識」，佛經中常提到「意識」，宋明理學中也常使用「意識」一詞；但是近代意義下的「意識」一詞，是從日本傳來的心理學名詞，[47]早在1907年王國維（1877-1927）譯《心理學概論》時，便已有專章介紹「意識與無意識之關係」。在新文化運動時期，心理學是一門顯學，傅斯年、汪敬熙（1897-1968）、吳康（1897-1976）、羅家倫（1897-1969）等皆頗醉心於心理學，傅斯年早在民國八、九年間即已為新潮叢書寫了〈心理分析導引〉，[48]《新潮》中也有這方面的文章，[49]1920年下半年羅素（Bertrand A. W. Russell, 1872-1970）訪華，講「心的分析」，心理學遂大為流行。不過這個時期所重視的是行為心理學及佛洛依德學說。佛氏的特點是將意識的層面推回到無意識的層面上，並指出最後獲得控制權的，是人的無意識作用，而不是理性。[50]然

---

47 Lydia H. Liu, *Translingual Practice: Literature, National Culture, and Translated Modernity—China, 1900-1937* (Stanford: Stanford University Press, 1995), p. 310.

48 傅斯年，〈心理分析導引〉，傅孟真先生遺著編輯委員會編，《傅斯年全集》，第4冊，總頁1260-1300。

49 如1920年9月《新潮》2卷5號汪敬熙的〈心理學之最近的趨勢〉一文，頁889-902。此處用的是臺北東方文化書局1972年景印本。

50 汪敬熙〈心理學之最近的趨勢〉上說：「總之，心理學之最近的趨勢有二：一則漸漸懷疑專於研究意識之不當，而傾向以行為為研究對象之勢，日益顯著。」《新潮》，第2卷第5號（1920年9月），頁893。至於當時有關佛洛依德無意識之說，參傅斯年，〈心理分析導引〉，傅孟真先生遺著編輯委員會編，《傅斯年全集》，第4冊，總頁1260-1300。同時參考了林基成，〈弗洛伊德學說在中國的傳播：1914-1925〉，《二十一世紀》，1991年第4期，頁20-31。

而當時中國青年重視的不是無意識的作用，而是主張 "人" 應該要由「無意識」到「有意識」。

「有意識的」是在每一件事情上問「我為什麼是要這樣做」，是希望社會關係、政治組織乃盡可能是人們運用理智思維及自由意志所創設的。譬如說黃遠庸在〈鑄黨論〉一文中極力鼓吹中國應鑄造政黨，以人為的力量去構作政治團體，問到理由是什麼，他就一句話交代過去：「蓋超然無黨之說之為無意識。」[51]

在日常生活行為方面，如辛亥革命那一年，葉聖陶（1894-1988）還在蘇州草橋中學讀書，因為革命事起，同學紛紛離校回家。葉氏批評這些同學碰到事情就紛紛回家避禍，是「無意識的」，[52]「有意識」的舉動應該是像他那樣，留在學校，研究局勢，然後決定採取積極的行動。新文化運動時期，葉聖陶的中學同學顧頡剛（1893-1980）尖銳批評他的舊家庭，寫了〈對於舊家庭的感想〉，說舊家庭的面目雖然不同，但是「無論如何，總不能發生意識，和我們的精神感情有個交互聯絡的地方，做有商有量的共同生活」，故主張有意識地改造舊家庭。[53]

民國九年，在杭州一師求學的陳範予（1901-1941）寫下幾段文字，有一段說一生一死之循環，「真是無意識之極了」；另一段談到孔子誕辰，學校放假，說孔子的道德與學說既然不能適用，何必「放無意識的假呢」？[54]前面一段講生死循環是「無意

---

51 黃遠庸，〈鑄黨論〉，《遠生遺著》，卷2，頁94。

52 葉聖陶著，樂齊編，《葉聖陶日記》（太原：山西教育出版社，1997），頁25。

53 顧誠吾（顧頡剛），〈對於舊家庭的感想〉，《新潮》，第1卷第2號（1919年2月），頁158。

54 陳範予著，坂井洋史整理，《陳範予日記》（上海：學林出版社，1997），頁238-239。

識」，大概是說不能覺悟人生真正的意義，而只流轉於生死循環中，是一種無意識的生活；而講孔子誕辰放假的一段，顯然是認為，既然孔子的思想學說已經不適合現代社會，則一仍舊貫地放假，是「無意識」的舉動。

在政治方面，我們注意到梁啟超在晚清已經區分「有意識的」形成現代國家與「自然的」因襲舊的王朝之不同，而其最終理想的當然是希望國人「有意識地」成立現代國家。梁氏《新民說》中討論到「進步」時提倡「破壞」，這是大家所知道的，但是還有更深入的一層，即梁氏區分出「有意識之破壞」與「無意識之破壞」，兩者分別是很清楚的，「有意識之破壞」是在一個有規畫的未來的情形下「破壞」，「無意識之破壞」則是普通的殺人放火。[55] 討論到戰爭，陳獨秀有一篇文章中，要人們區分出「有意識的」和「無意識的」戰爭，說「吾國民第一所應覺悟者，歐洲戰爭，無意識者恆少，故戰後而不改革進步者亦恆少」。他認為中國的戰爭大多是無意識的。[56]

在社會組織方面，傅斯年分別「群眾」與「社會」兩者之不同，關鍵處就在是不是過著「有意識的生活」：

> 舊社會的狀況，只是群眾，不算社會，並且沒有生活可言……中國社會的裡面，只是散沙一盤，沒有精密的組織，健全的活動力，差不多等於無機體；中國人卻喜歡這樣群眾的生活，不喜歡社會的生活，——這不就簡直可說

---

55 梁啟超，《新民說》，頁60。

56 陳獨秀，〈俄羅斯革命與我國民之覺悟〉，收入任建樹等編，《陳獨秀著作選》，第1卷，頁287。

是沒有生活嗎？就是勉強說他算有生活，也只好說是無意
識的生活。你問他人生真義是怎樣，他是不知道；你問他
為什麼我教做我，他是不知道。[57]

　　當時人們常引用的法國社會學家呂邦，也強調群眾「永遠是
無意識」的。
　　在文學革命方面，以當時最具代表性的人物胡適為例，他說
「有意的」或「無意的」是關鍵分別。有意識的生活是時時反思
的生活，新青年們用這個標準評判古今文學。譬如「尼姑思凡」
一劇，傅斯年指出它不再是一齣淫戲，他說尼姑跑下山去，不過
是「別尋一個有意識的生活罷了」。[58]在白話文學運動之前，中國
早已存在不少白話作品，但胡適認為其中有「有意的」的和「無
意的」的區別。《胡適文存》二集的〈五十年來中國之文學〉
中，便從傳統的白話文學作品選出幾部，說它們「都是有意的作
品」，而判斷其他同樣用白話表達的東西為「都是無意識的衝
動」。[59]胡適說南宋、元代以來，白話文學的作品就相當多，但不
算是一種革命，白話文學革命是「有意的」作為，而不是自然
的。[60]所以問題不在表面的樣態，而是內在的狀態，過去白話文
學的作品再多，也不表示它已經是一種「有意識」的產物，所以
即使表面上看來合乎現代的標準，事實上也是沒有意識的，民國

---

57 傅斯年，〈戲劇改良各面觀〉，傅孟真先生遺著編輯委員會編，《傅斯年全
　　集》，第4冊，總頁1085。
58 傅斯年，〈戲劇改良各面觀〉，傅孟真先生遺著編輯委員會編，《傅斯年全
　　集》，第4冊，總頁1087。
59 胡適，〈五十年來中國之文學〉，季羨林主編，《胡適全集》，第2卷，頁262。
60 胡適，《白話文學史・引子》，季羨林主編，《胡適全集》，第11卷，頁219。

六年以來的「文學革命」，則是一種有意識的主張。[61]胡適為《海上花列傳》所寫的〈序〉中，稱美作者韓邦慶（1856-1894）的書是吳語文學的第一部傑作，那是因為他見到《石頭記》用京話寫作成功，故決定「用蘇州話作小說，這是有意的主張，有計畫的文學革命」。[62]

他們在討論「科學」時，所持的態度亦復如此。傅斯年在分別新文化運動之前的「科學」與新文化運動以後的「科學」時也有同樣的思維。他說如果是有意識地提倡科學，那是一種運動，也是新文化運動之所以不同於晚清以來的科學活動之處。這多少也說明了一件事，在新文化運動之前（1915），中國科學社已經發行了《科學》雜誌，而且這個雜誌前後持續卅五年，每年十二期，字數大約二千餘萬，但是談論近代科學運動的人卻不大提到他們，而總是以新文化運動的「賽先生」為始，其分別即在於後者是「有意識的」提倡。

在生活態度方面，胡適在民國八年的一篇〈新生活〉中，一開始就問：「那樣的生活可以叫做新生活呢？我想來想去，只有

---

61 胡適說：「這五十年的白話小說史仍舊與一千年來的白話文學有同樣的一個大缺點：白話的採用，仍舊是無意的，隨便的，並不是有意的。民國六年以來的『文學革命』便是一種有意的主張……譬如乾隆以來的各處匪亂，多少總帶著一點『排滿』的意味，但多是無意識的衝動，不能叫做有主張的革命。」胡適，〈五十年來中國之文學〉，季羨林主編，《胡適全集》，第2卷，頁262。

62 胡適，〈海上花列傳序〉，《胡適文存》第三集，季羨林主編，《胡適全集》，第3卷，頁523。「然而國語還不曾得全國的公認，國語的文學也還不曾得大家的公認：這是因為什麼緣故呢？這裡面有兩個大原因：一是科舉沒有廢止，一是沒有一種有意的國語主張。」胡適，〈五十年來中國之文學〉，季羨林主編，《胡適全集》，第2卷，頁328。

一句話。新生活就是有意思（識）的生活。」又說：「諸位，凡是自己說不出『為什麼這樣做』的事，都是沒有意思（識）的生活。反過來說，凡是自己說得出『為什麼這樣做』的事，都可以說是有意思（識）的生活。」「我們希望中國人都能做這種有意思（識）的新生活。其實這種新生活並不十分難，只消時時刻刻問自己為什麼這樣做，為什麼不那樣做，就可以漸漸的做到我們所說的新生活了。」[63] 這裡的「有意思」即「有意識」。胡適本人處處想展現「有意識」與「無意識」的區別，譬如對於母親喪禮的改革，他在〈我對於喪禮的改革〉上說：「況且古代的遺制到了今日，應該經過一番評判的研究，看那種遺制是否可以存在，不應該因為他是古制就糊糊塗塗的服從他。我因為尊重良心的自由，不願意盲從無意識的古制，故決意實行短喪。」[64] 在支持或反對某種主張時，胡適也要求人們區分「有意識」與「無意識」。在《新青年》七卷一號〈宣言〉中，胡適主張：「我們因為要實驗我們的主張，森嚴我們的壁壘，寧歡迎有意識有信仰的反對，不歡迎無意識無信仰的隨聲附和。」[65]《國民雜誌》「喚醒無意識之大多數國民。」[66]《蕪湖》分半意識與全意識之覺醒。[67] 某種行為是否「有意識」，也成為一種屈敵人於下風的理論武器。如1920年

63 胡適，〈新生活〉，《胡適文存》第一集，季羨林主編，《胡適全集》，第1卷，頁688-689。

64 胡適，〈我對於喪禮的改革〉，《胡適文存》第一集，季羨林主編，《胡適全集》，第1卷，頁683-684。

65 胡適，〈本誌宣言〉，《新青年》，第7卷第1號（1919年12月），頁4。

66 張允侯等著，《五四時期的社團》，第2冊，頁24。

67 中共中央馬克思恩格斯列寧斯大林著作編譯局研究室編，《五四時期期刊介紹》，第2集，上冊，頁481。

胡適與蔣夢麟（1886-1964）批評以罷課作為抗爭武器會養成依賴群眾的惡心理、會養成逃學的惡習慣、會養成「無意識」的行為的惡習慣。[68]

　　在道德方面，此處我只舉俞平伯（1900-1990）〈我的道德談〉中的話為例，他說：

> 人類所以要講道德，必先有個目的。這目的就是人生的幸
> 福，但卻不是部分的，暫時的；是全體的，永久的。……
> 人生以幸福為目的，所以道德的作用只是有意識的向善，
> 所謂善者，必須以意識作引導。雖貌似善事，而實無意識
> 可言的，總不在善的範圍之內。[69]

「無意識」地作善事，不在善的範圍，要有意識的、反思過的善行，才在善的範圍中。

　　紀爾茲（Clifford Geertz, 1926-2006）說，每個群體不只在政治及經濟上競爭，同時也競爭對於真理、正義、美、道德、事物的本質的定義。[70]這多少可以用來說明當時的情況，凡不符合我所主張之思想者，乃「不完全之人」，乃「無意識的」，乃「自然的」，非「人為的」。譬如葉聖陶在辛亥那一年，譏刺頭上仍然留著辮子的人說「此種人無以名之，只得謂之不完全之人耳。」[71]又

---

68 胡適、蔣夢麟，〈我們對於學生的希望〉，《孟鄰文存》（台北：正中書局，1954），頁223。

69 《新潮》，第1卷第5號（1919年5月），總頁886。

70 Clifford Geertz, "The Politics of Meaning," in *The Interpretation of Cultures* (New York: Basic Books, 1973), p. 316.

71 葉聖陶著，樂齊編，《葉聖陶日記》，頁57。

如惲代英（1895-1931）說「情」是無意識的，「欲（志）」是有意識的，[72]也是在作區分，定下優劣之分。這一類例子相當之多，是這形形色色的區分與重新定義，構成了「自我認知的框架」，無處不發揮其作用。

「自然的」生活 vs.「向上的」生活

一種模糊的「向上」意識充斥在此時青年的文字間，與它對立的是一種「自然的」生活。而所謂「自然的」生活，大致是指一種對由來已久，或普遍肯定的傳統人生道德價值規範的遵從或信仰的態度（至少在根本上並不反對之）。傅斯年常說「向上的生活」，「新民學會」中規定新友入會的三個條件是「（一）純潔。（二）誠懇。（三）向上」。對「毫無向上之要求者」，不再認為會員。[73]毛澤東（1893-1976）給蕭旭東（1894-1976）、蔡林彬（1895-1931）及新民學會在法諸會友的信中也強調會友所必具的品質，第一是「互助互勉」，第二是「誠懇」，第三是「光明」，第四是「向上」。[74]新民學會會員蔡和森（1895-1931）與向警予（1895-1928）在法國談戀愛時，合寫一本名為《向上同盟》的小冊子，由這個書名可見「向上」思想對他們的意義。[75]「向

---

72 中央檔案館等編，《惲代英日記》（北京：中共中央黨校出版社，1981），頁80-81。

73 〈新民學會會務報告〉第2號，收入中國革命博物館、湖南省博物館編，《新民學會資料》，頁20。

74 中國革命博物館、湖南省博物館編，《新民學會資料》，頁151。

75 蕭瑜，《毛澤東前傳及毛澤東行乞秘辛》（台北：李白出版社，1989），頁83。本書原書名 *Mao Tse-Tung and I Were Beggars* (Syracuse, N.Y.: Syracuse University Press, 1959)，然中文書名各家不一；此處權以台北的李白出版社1989年版之書名為準。

上」的思想顯然受進化思想影響。[76]少年中國學會中的人說，加入互助團的人「原亦是向上加盲從而來的。」[77]但是「向上」是向往何處，則又言人人殊，《新時代》說「向上」是「變被動的求學為自動的求學。」[78]《共進》則說「鮮明向上之主義」，是指民主主義。[79]

　　在思想傳統相對穩定的時代，「人」是一個非常確定的概念，而且從未有人質疑「人」是什麼、「人生」是什麼。儒家的「人」是一個道德的人，性惡派即使認為人生而惡，其善者偽也，但也同意人具有向上的道德本能。在中國思想史上兩句被認為最能體現儒家對「人權」的主張的名言──「天地之性人為貴」及「人為萬物之靈」，這裡的「人」都強調的是道德的人。

　　經過新文化運動的洗禮之後，青年們顯然不滿意傳統定義的「人」，他們對於「人」是什麼、「人生」是什麼，產生了前所未有的懷疑，而且認為合格的「人」與「人生」是中國人從未達到的，是一種需要努力才可以達到的目標。所以這個時期人們講到「人」時，總是加上「　　」，或說是「不完全之人」，[80]或是說「人」是大疑問，表示那不是一個我們熟悉的狀態。[81]

---

76 凌霜在〈本志宣言〉說：「證明物種的向上進化。」張允侯等著，《五四時期的社團》，第4冊，頁184。

77 中共中央馬克思恩格斯列寧斯大林著作編譯局研究室編，《五四時期期刊介紹》，第1集，上冊，頁246。

78 中共中央馬克思恩格斯列寧斯大林著作編譯局研究室編，《五四時期期刊介紹》，第2集，上冊，頁33。

79 中共中央馬克思恩格斯列寧斯大林著作編譯局研究室編，《五四時期期刊介紹》，第2集，下冊，頁505。

80 葉聖陶著，樂齊編，《葉聖陶日記》，頁57。

81 趙帝江、姚錫佩編，《柔石日記》，頁62、71。如傅斯年，〈白話文學與心理

　　他們認為，為道德而生的人生觀脫離了人的生活現實。傅斯年說過去「以為人為道德而生——為聖人制定的道德而生」是大錯的，故他責備說：「他們都不是拿人生解釋人生問題，都是拿『非人生』破壞人生，都是拿個人的幻想，或一時壓迫出來的變態，誤當作人生究竟。」[82]想要成為真正的「人」，就必須拿「人生」看「人生」，過真正的「生活」，那不是現成的，而是一個需要努力才能造成的目標。而「人」或「人生」之究竟，基本上是以西洋作為模範的，所以前面所談到過的傅斯年的那一首詩中，把「人生」當作中國人所無，而西洋人所專有。傅斯年又說：「個人是人類向著『人性』上走的無盡長階上一個石級，只要把這一級的職分盡了，那普遍的價值永不消滅。」[83]這兩段話反映了當時青年內心的一種傾向，即認為向「人」的階梯上有許多級要爬，所以在日常生活中內心隨時要有「向上」的意識，最後真正達到「人性」時，便體現一種普遍永不消滅的價值。當時談各種問題時，是否合乎「人」的標準的問題隨時出現（「人的文學」即是一例）。

　　我們一路說到這裡，發現當時人相當清楚地主張「人為的」，放棄「自然的」；主張「有意識的」，放棄「無意識的」；主張「向上的」，過「人」的生活，達到真正「人」的境界。但是對於那個目標的內容是什麼，卻各說各話。

的改革〉，傅孟真先生遺著編輯委員會編，《傅斯年全集》，第4冊，總頁1183。

82 傅斯年，〈人生問題發端〉，傅孟真先生遺著編輯委員會編，《傅斯年全集》，第4冊，總頁1245。

83 傅斯年，〈隨感錄〉，傅孟真先生遺著編輯委員會編，《傅斯年全集》，第4冊，總頁1189。

　　在傳統禮法秩序不再具有規範力量的時代，"人" 的大疑問使得「生活」究竟是什麼這個最簡單的問題，成了最大的苦惱，"人" 成為等待某些新東西填充的容器。這種心理特質造成一種莫大的驅動力，使人們尋找新的「大經大法」，它與1920年代的政治革命及主義狂熱形成了一種「選擇的親和性」（elective affinity）。

　　稍微歸納前面的討論，可以發現從新文化運動到1920年代，"人"、人為的、有意識的、向上的，是一種完善的「自我」的共同義，但是它們所指向的目標卻隨著理想之不同而分裂，它們可以約略分成兩期。前期是有引號的「人」到沒有引號的人，主要是指人生的、文學的、藝術的、哲學的、道德的、風俗的，以從舊社會與舊禮教解放為主；第二期是政治的、社會的、主義的。兩者當然不能截然二分，而且常常雜糅在一起、出現在同時期一個人身上。兩期之間比較合適的劃分，大概以五四前後為界，當時政治革命、社會革命逐漸取代文學、倫理，成為青年追求的新目標。

　　此時人們認為一個完整的新「人」是能堅確服膺一種主義的，是能過一種嚴肅紀律的組織生活以從事革命事業，是能「向上」追求光明世界、建立黃金社會的人。「向上」青年與「進步」青年逐漸成為同義詞。以下我將引幾條資料說明之。

　　以陳範予為例，他在日記中表示應該提倡新道德，要改單方面的為雙方面的道德。他說：「總是舊道德是雙方面的，新道德是改單方面為雙方面的分別。」要抱持「公益公法」，要講勇敢，要講自存、自信、自決。同時要能追求「光明」，建立黃金世界。要從事「光明的事業」，「我們今已覺悟決向光明路上走，做一個20世紀的人，做新思潮的人」，「講的是今後中國的

光明」。陳範予又說「要有組織，才有紀律，才可做事。」[84]

「人」是要有信仰、有主義。傅斯年說：「沒主義的不是人，因為人總應有主義的，只有石頭，土塊，草，木，禽獸，半野獸的野蠻人，是沒靈性，因而沒主義的。」[85] 又說「見理不明，因而沒主義可說；志行薄弱，因而沒宗派可指」，即使是談俄國文學之大放異采，談當時中國的文學革命，傅斯年都以是否有「主義」，決定其是否能成功。[86] 不過傅斯年當時所講的主義未必即是俄國的主義。

在那極度光明的未來、那個無限美善的新社會，與青年們無限渴切的「向上」的意願之間，缺乏一座橋梁，或是一個可以到達的路徑。新文化運動掏空了傳統，創造了一個極度興奮緊張的心理結構，卻沒有確切地告訴人們下一步應該怎麼走。未來是一個太過開放而令人有些苦惱的問題，於是人們渴望抱住一些確定的東西，如果有一種「主義」能說服人們，成為引路標，青年們常常就要跟著前進，尤其是如果這種主義不但應許一個理想、一個未來，還有整套具體可行的辦法達到那個光明的新社會，就更好了。1920 年 11 月，毛澤東給羅璈階（1896-1995）的信上說中國壞空氣太深太厚，要造成一種有力的新空氣，「我想這種空

---

84 分見陳範予著，坂井洋史整理，《陳範予日記》，頁 153、52、77、84、173、178、201、188。此處需加說明的是，本文引用《陳範予日記》一書所刊之「總是舊道德是雙方面的」一語（該書頁 153），其所謂「雙方面的」一詞，疑有誤（應為「單方面的」）。

85 傅斯年，〈心氣薄弱之中國人〉，傅孟真先生遺著編輯委員會編，《傅斯年全集》，第 5 冊，總頁 1574。

86 傅斯年，〈白話文學與心理的改革〉，傅孟真先生遺著編輯委員會編，《傅斯年全集》，第 4 冊，總頁 1179、1181-1182。

氣，固然要有一班刻苦勵志的『人』，尤其要有一種為大家共同信守的『主義』。」[87] "人" 應該信守什麼「主義」呢？1920年11月7、8兩日，連著有陳望道（1891-1977）在《民國日報》的《覺悟》副刊上及邵力子（1882-1967）在同一副刊上的兩篇文章，反駁張東蓀（1886-1973）、舒新城（1893-1960）主張的資本主義救國。陳、邵認為應該選的是另一種主義。邵力子說：「而要使中國人得著『人的生活』，一定非先有一種主義不可。」[88]而且一定要在社會主義下才能使人們得著「人的生活」，「人的生活」應兼顧精神及物質兩方面，而只有社會主義才能，資本主義下的社會是罪惡的淵藪。在1920年代，由 "人" 到擁抱「社會主義」這樣一條思路更為清楚。以《柔石日記》為例，1928年12月，他寫著「中國人素來沒有信仰」，「中國革命之失敗就在這一點」。然後可以看到他由早先所信持的個人主義、人道主義漸漸轉向真正的「主義」，也就是「社會主義」「共產主義」。[89]

　　值得注意的是，這種看似對當時中國「人」的狀態的極端不滿意，這種在內心中區分出兩種截然劃分的境界，這種將「人」定義為無限可能，當往上一階一階爬到最後真正達到「人性」時，可以實踐「普遍而永不消滅」的真理的心態，加上張灝先生所說的儒家思想中原有的「人極意識」的影響，塑造出一種「人的神話」。一方面是對自己的現狀極端鄙夷不滿；另一方面是認為真正的 "人" 的狀態不只我們所能想到的這些，我們所熟悉

---

87 毛澤東，〈致羅璈階信〉，中共中央文獻研究室等編，《毛澤東早期文稿：1912.6-1920.11》（長沙：湖南出版社，1990），頁554。

88 邵力子，〈再評東蓀君的「又一教訓」〉，傅學文編，《邵力子文集》（北京：中華書局，1985），頁438。

89 姚錫佩，〈前言〉，趙帝江、姚錫佩編，《柔石日記》，頁7。

的，只是人的初級狀態，而真正好的狀態是無限開放的，永遠不能知道其極限的境界。這種心理結構建構了一個無限龐大的未來神話。未來理想的世界是「人為的」，是靠人的理智建構出來的，人的理智有多高，所建的世界就可以有多高，所以一方面是極端賤視自己所處的社會為骯髒、墮落，另一方面極力歌頌未來、人為構作的「黃金世界」。[90]

在人為的、有意識的、向上的等心理特質之下，對於社會、生活及政治制度的構思，一方面是認為從亙古以來所遺留下來的，或是當時之現狀，是屬於「自然而然的」，是不好的；另一方面是認為好的必定是人為的，必然是「理性」有意識地構作而成的新社會。[91]「造」字成為很常見的字眼：

> 脫離了舊社會的範圍，另向山林高曠的地方，組織一個真自由真平等的團體，……造成一個組織完美的新社會。[92]
> 生在現代的青年，……要創造一種新生活。[93]

瞿秋白說中國「無社會」，故要人為地、有意識地去造成種種新的社會組織。毛澤東早年文稿中不斷提到「為有意識的有組

---

90 如葉聖陶講「決非黃金世界吾人神聖自由之權利也」，見葉聖陶著，樂齊編，《葉聖陶日記》，頁12。

91 但那樣的理想的社會機構究竟是什麼，仍是言人人殊的，離現實社會的遠近，也是各有不同。其中有兩個現象，一是即使要肯認現在的社會與制度，也是要有意識地反思過的；另一種是，即使要採看來最自然的無政府狀態，也需要是經過人為的努力才可能達成。

92 中共中央馬克思恩格斯列寧斯大林著作編譯局研究室編，《五四時期期刊介紹》，第1集，上冊，頁243。

93 張允侯等著，《五四時期的社團》，第2冊，頁342。

織的活動」以便「造一種湖南文明於湖南領域以內」，「暫時只有努力造邦」，「政治改良一途，可謂絕無希望。吾人惟有不理一切，另闢道路，另造環境一法。」[94]從「造」湖南國，到最後「造」新人，「造」新中國。

　　前面提到過，梁啟超在《新民說》中提到「人為的」時，是指要去掉「皇朝」，構建「國家」。過了十幾年，新文化運動一代想「人為的」構作的，卻是去掉梁啟超式的「國家」，改為造一種理想的新社會。這種新社會的輪廓不是很穩定，一開始是各地的新村，後來當新村紛紛以失敗收場之後，則自信滿滿地轉向「造」一個全國或全人類的新社會：

> 只希望廣東成為世界上一個模範的「新國」。[95]
>
> 洗出一個嶄新光明的互助的世界。[96]
>
> 將來有一個新社會實現。[97]
>
> 組織一個世界大新村。[98]

---

94 分見毛澤東〈致陶毅信〉、〈湖南改造促成會覆曾毅書〉、〈「全自治」與「半自治」〉、〈致向警予信〉，中共中央文獻研究室等編，《毛澤東早期文稿：1912.6-1920.11》，頁466、488、526、548。

95 陳獨秀〈答皆平〉一文所附皆平寄給陳獨秀的書信，收入陳獨秀，《獨秀文存》（合肥：安徽人民出版社，1987），頁822。

96 李大釗，〈階級競爭與互助〉，朱文通等整理編輯，《李大釗全集》，第3卷，頁287。此處嚮往一個道德社會。

97 王光祈，〈工讀互助團〉，蔡尚思主編，《中國現代思想史資料簡編》，第1卷，頁460。

98 瞿秋白，〈讀《美利堅之宗教新村運動》〉，《瞿秋白文集》（北京：人民出版社，1987），「政治理論編」，第1卷，頁59。

而且要很快地達到把整個的世界在最短的時間，徹底地重新造過。

結論

以上的討論大約涵蓋了1900年以迄1920年代主義崛起的時代。在文章一開始時我便提到在這一段時期中，「新民」與「新人」是兩個明顯可辨識的階段，在這兩個階段中，人的自我完善的傳統方式發生了深刻的變化。

在第一個階段，一個「新民」的自我完善方式，是逐漸趨向二元化的，一方面是胡適所提到的公德、勇敢、冒險、進取、毅力……但是同時我們也看到梁啟超大量地援用宋明理學中的修身觀念，而且在發表《新民說》的後期，梁啟超又重新拾回「私德」的部分，認為它們也是一個現代國民所不可缺的。但是聖賢君子的人格理想淡薄了，一切都是為了「國家」，為了培養現代的「國民」、「公民」。劉師培的《倫理教科書》，內容雖然與梁啟超的《新民說》有所不同，但是我們也同樣看到自我完善的傳統方式讓位給一種「修身」與「理想」逐漸二元化的傾向。

在「新人」的階段，我們看到幾種微妙的變化。在構思「自我」時，人們實際上不可能完全擺脫傳統的修身觀念，但至少在言說的層面，則它們已經悄悄地讓位給一些新的內容，「有意識的」、「人為的」、「向上的」，成為自我完善的過程中常見的觀念。單個的、不受各種規範約束的"人"，而不是一切以「國家」為歸宿的「民」，成為「自我」的理想狀態。怎樣定義完全的「人」，誰來定義完全的「人」，充滿著游疑性、複雜性。受英美自由民主思想洗禮的「人」，崇尚「各盡所能，各取所

需」，人人絕對自由、絕對平等的 "人" 等不一而足。從「新民」到「新人」之間，經歷了一種由偏重群體（國家）到偏重個體的轉變。在 1920 年代大革命時期，理想的「新人」又轉變為以「組織」、「團體紀律」為依歸，其中有一個主要的發展線索：經過新文化運動及社會主義思潮的洗禮，使得「理想青年」、「進步青年」傾向追求一個個體得以充分解放而又平等的「新社會」（不管是「各盡所能，各取所需」、勞心者與勞力者平等，或社會分配平均），他們嘗試過無政府主義的道路，譬如建立帶有烏托邦色彩的各種新村，卻都很快地發現這些道路走不通；於是其中許多人轉向「主義・黨・軍隊」三位一體的所謂「新型力量」，希望靠組織、紀律的力量來達到建立「新社會」的理想，一旦這個理想的新社會建立了，每個「新人」都可以得到自由、平等的新生活。在這樣一個曲折、但卻又符合邏輯性的發展過程中，新「人」走向一種更強的集體性，人們往往認為能擁抱「主義」、能過嚴格紀律的團體生活者，才是完全的「人」。向上的、進步的青年，每每以能有主義、能服從紀律、能為改造社會的理想而奉獻，作為「自我完善」的最高目標。

五四運動與生活世界的變化

　　五四運動是改變近代中國思想氣候的重大事件，可以化為無數研究課題。在思想方面，相關研究甚多，所以我想在文章一開始強調，本文主要是想探討五四運動還可以從哪些方面去研究。我們是不是可以試著將五四運動與整個生活世界的變化聯繫起來思考？

一、研究歷史及參與歷史

　　在過去五、六十年，五四研究對臺灣整體的發展有著深厚的意義。它不只是歷史研究，同時也參與塑造當代，而且兩者往往密不可分、交互作用，用佛經的話來說，即是「互緣」。事實上我們只要翻開任何一份五四研究的目錄，[1]就會很快地看到在1990年代（甚至更晚）以前，對臺灣的報刊雜誌而言，紀念五四是一件很嚴肅的任務，五四書寫往往帶有雙義性，即一方面是為了研究，另一方面是為了現實，「寫歷史本身即是歷史的一部分」。五四的「民主」與「科學」兩大口號，成為批判、評定當前政治、文化等各個方面的重要判準。人們一方面發揚五四，一方面批判現實。[2]正因為五四研究與現實發展之間的聯繫如此密切，它的研究史本身也成了一個饒富意味的問題。

　　當法國大革命兩百週年的時候，西方世界出版了大批相關書籍，其中像傅勒（François Furet, 1927-1997）和霍布斯邦（Eric John Ernest Hobsbawm, 1917-2012）都不約而同地注意到研究史

1　例如2009年3月出版，由國家圖書館參考組編的《五四運動論著目錄初稿》（台北：國家圖書館，2009）。

2　在臺灣，一直到政治解嚴及政黨輪替，「民主」與「科學」似乎不再那麼迫切之後，紀念五四或發揚五四才逐漸不再成為必要的活動。

之研究，並指出研究與實踐之間的密切關係。[3]用傅勒的話說，史家研究法國革命史，其實也在參與他們當代的歷史。[4]「五四」與「法國大革命」不能等同，但它們也有彷彿之處，所以傅勒及霍布斯邦的兩本書很可以作為我們回顧九十年來五四研究的一個參照。我個人覺得這兩本書很注意每一個時代的「時代特質」與「法國大革命的歷史解釋」之間的密切對應關係。譬如當馬克思主義流行時，有關法國大革命的研究就有一番相應的變化。

　　但是我們可以從這類「對應論」式的研究史中看出一點瑕疵：在「對應論」式的討論中，「過去」、「現在」、「未來」三種時間是靜止、分開並列的，而不是三者之間形成一種不間斷的、快速旋轉的、漩渦般的關係。[5]如果過去、現在、未來不是可以清楚切割並立，而是像漩渦一樣「不能以一瞬」（蘇軾〈前赤壁賦〉）的速度交纏而進，那麼「過去的五四」、「現在的書寫」、「未來的影響」這三者的關係像漩渦般交互揉纏，也就不能說成是一種簡單的「對應」關係。

3　François Furet, *Penser la Révolution française* (1978); translated by Elborg Forster, *Interpreting the French Revolution* (Cambridge: Cambridge University Press, 1989); Eric John Ernest Hobsbawm, *Echoes of the Marseillaise: Two Centuries Look Back on the French Revolution* (New Brunswick, NJ: Rutgers University Press, 1990).

4　François Furet, *Interpreting the French Revolution,* p. 1，原文是 "written history is itself located in history, indeed *is* history…"。

5　關於這一點，可能受到已故京都大學哲學家田邊元（1885-1962）的影響，但是一時找不到出處。

二、兩個五四

回顧過去九十年的五四文獻，我們一定會很快看出過去五、六十年在政治壓力之下，海峽兩岸的五四研究形成一種左右分裂的現象。中國大陸有關五四的文獻大多集中在左翼青年，尤其是與共產革命有直接或間接關係的人物與事件。[6]臺灣的五四書寫基本上偏重在右翼的人物、刊物、團體、事件，在戒嚴及白色恐怖的壓力下，除非是為了批判或為了「匪情研究」，否則接觸一九三〇年代的左翼思想與文學往往帶有極大的危險。

事實上，五四幾乎從一開始就逐漸浮現出左右兩翼的思想成分，而且兩種成分常常出現在同一個人或同一個團體身上。我們可以大致看出，從民國六年（1917）左右開始，新文化運動是以民主、科學、白話新文學等為主軸。在俄國十月革命成功之後，毛澤東（1893-1979）說：「十月革命一聲砲響，給我們送來了馬克思列寧主義」。此後左右兩翼時濃時淡，像調色盤中的色彩到處竄動、交融，[7]其成色與分量之增減，與北伐、清黨等政治局勢的變化也有非常複雜的關聯。但是愈到後來，則儼然有左右兩個五四運動。

我認為，國共分裂的局面為五四的研究帶來了一種「後見之明」，有意無意間投射回被研究的人物、團體或事件上，因而使許多論者忽略了五四新文化運動時期的思想中有一種模糊、附

---

6 資料性的纂輯比較例外。如中共中央馬克思恩格斯列寧斯大林著作編譯局研究室編，《五四時期期刊介紹》（北京：人民出版社，1958-59）；張允侯等著，《五四時期的社團》（北京：三聯書店，1979）。

7 譬如傅斯年也寫過〈社會革命──俄國式的革命〉，《新潮》1卷1號（1919年1月），頁128-129。

會、改換、倏忽不定的特質；當時青年常將「新學理」掛在嘴上，但是不同宗派、甚至相互衝突的宗旨也在「新學理」的大傘下被並置。從《五四時期的社團》或《五四時期期刊介紹》等書，可以看出同一個社團或同一個期刊，往往同時擁有在當時不覺得互相排斥，而在左右兩翼分裂之後覺得不共戴天的思想成分。例如《毛澤東早期文稿》中有許多材料顯示，青年時期的毛澤東不管是閱讀的書刊，或是信從的觀點，都是左右雜存的。[8]蔣介石（1887-1975）早期的日記與年譜，亦復顯現他在五四時期一方面服膺「輸入新學理」的主張，積極學英文、想遊學歐美三年，同時也是《新青年》、《新潮》等刊物的愛好者。[9]

　　以傅斯年（1896-1950）、羅家倫（1897-1969）兩位五四運動的主將為例，他們後來皆成為胡適（1891-1962）陣營的人物，而且都堅決反共。可是如果以後來的發展，倒著回去看他們在五四時期的思想面貌，就會發現後來發展出的單一面向與五四時期有明顯的差距。傅斯年在《新潮》中發表過〈社會革命——俄國式的革命〉，在傅斯年過世之後臺灣大學所編的集子以及1980年聯經出版公司所出版的《傅斯年全集》，這篇文章都未被收入，因此遮蓋了他在五四時期思想的複雜性。至於羅家倫，他在念北京大學時原與李大釗（1889-1927）過從甚密，曾積極撰文響應李大釗，主張俄國革命是最新的思想潮流，即將成為全世

8　中共中央文獻研究室等編，《毛澤東早期文稿：1912.6-1920.11》，如頁535-544。「問題與主義」論戰期間，毛澤東一度還是胡適「問題」派的信徒，參見同書，頁396-403。

9　中國第二歷史檔案館編，萬仁元、方慶秋主編，《蔣介石年譜初稿》（北京：檔案出版社，1992），頁38-39。

界之主流。[10]

我們暫時不管這些全國知名的鋒頭人物，改看當時在地方上尚不知名的小讀者，也常見左右兩翼成分出現在同一人身上的情形。最近我有機會讀到《王獻唐日記》的打印本，在王獻唐（1896-1960）1917年所讀的書中，既有胡適的《中國哲學史大綱》、《嘗試集》及《杜威五大講演》，也有《馬克司經濟學說》、《革命哲學》。倭鏗（Rudolf Eucken, 1846-1926）的《人生之意義與價值》（*Der Sinn und Wert des Lebens*）雜在《老子》、《莊子》、《東塾讀書記》、《求闕齋日記》之類古籍中。[11]這一位不知名的山東青年的私人紀錄告訴我們，在當時青年心中，我們後來以為天經地義的分別是不存在的，所以應當合「左」、「右」兩端看那個時代，才能比較清楚地把握當時的實況，也比較能有意識地觀察它們後來為何分道揚鑣。

三、思想觀念的下滲

前面提到五四是一個改變近代中國各種氣候的關鍵事件，所以它的影響不僅限於思想。在追溯五四之思想根源時，我們往往因過度注意平滑上升的軌跡而忽略了事件發展、積累到一個程度，會因各種因素的匯集而有一個「量子跳躍」（quantum leap）的時刻。「量子跳躍」造成一種大震動、一種重擊，它對日常之流造成「中斷」、「回頭」、「向前」，形成了一種新意識，在識

---

10 Maurice Meisner, *Li Ta-chao and the Origins of Chinese Marxism* (New York: Atheneum, 1973), p. 71.

11 丁原基整理，《王獻唐日記》打印本，頁1-29。

認原有的情境與材料時，形成了新的線索。

探究這樣一個歷史事件，用蒙文通（1894-1968）的意思來說，必須要能「前後左右」。[12] 一方面是，在了解這個運動的形成時，不能只注意與運動內容直接相關的部分，必須從「前後左右」去尋找；另一方面是，描述這個運動的影響時，不能只局限在思想領導者所意圖要傳達的訊息，因為它的影響無微不至，常常在意想不到之處也發生了影響，故必須從「前後左右」去求索。

五四給人們帶來一種「新眼光」，老舍（1899-1966）即回憶經過五四，有一雙「新眼睛」在影響著他的創作：「沒有『五四』，我不可能變成個作家。」老舍又說：

> 「五四」運動是反封建的。這樣，以前我以為對的，變成了不對。……既可以否定孔聖人，那麼還有什麼不可否定的呢？……這可真不簡單！我還是我，可是我的心靈變了，變得敢於懷疑孔聖人了！這還了得！假若沒有這一招，不管我怎麼愛好文藝，我也不會想到跟才子佳人、鴛鴦蝴蝶有所不同的題材，也不敢對老人老事有任何批判。「五四」運動送給了我一雙新眼睛。……看到了「五四」運動，我才懂得了「天下興亡，匹夫有責」。……反帝國主義使我感到中國人的尊嚴，中國人不該再作洋奴。這兩種認識（案：反禮教及反帝國主義）就是我後來寫作的基本思想與情感。雖然我寫的並不深刻，可是若沒有「五

---

12 羅志田，〈事不孤起，必有其鄰：蒙文通先生與思想史的社會視角〉，收入蒙默編，《蒙文通學記（增補本）》（北京：三聯書店，2006），頁240-270。

四」運動給了我這點基本東西，我便什麼也寫不出了。[13]

　　我的觀察是，五四的瓜架上不是只有「德先生」、「賽先生」
這兩只大瓜，不經意的幾篇短文或幾句話都可能造成重要的影
響，形成一種新的氣氛或態度：包括新的學術態度、[14]文化氛
圍、人生態度、善惡美醜好壞的感覺與評價、情感的特質（譬如
強大的「道德激情」）等。

　　五四也帶來一種新的政治視野，對於什麼是新的、好的政
治，有了新的評價標準。用胡適在〈新文化運動與國民黨〉中的
話說：「（民國）八年的變化，使國民黨得著全國新勢力的同
情，十三年（國民黨改組）的變化，使得國民黨得著革命的生力
軍。」[15]從清季以來有一波又一波的「紳士大換班」（鄭超麟
〔1901-1998〕語），[16]五四運動造成一波新的政治運動與政治菁
英。

　　五四亦牽動到思想與現實的利益。以出版界來說，五四造成
老字號與新字號的「大換班」，思想變化夾帶著現實利益的重新
分配。上海商務印書館在五四之後改組，即是一個顯著的例子。
汪原放（1897-1980）筆下的亞東圖書館，由1913年至1918年間
生意清淡，到新文化運動之後因承印新書籍而大為昌盛（譬如

---

13 徐德明編，《老舍自述》（武漢：湖北人民出版社，2006），頁25、27。

14 譬如有「新」意識的人，對古代經書可能採取批判的態度，不會再把先秦禮
　　經當作周代生活的實際紀錄。

15 胡適，〈新文化運動與國民黨〉，收入季羨林主編，《胡適全集》，第21卷，
　　頁436-450。

16 鄭超麟著，范用編，《鄭超麟回憶錄》（北京：東方出版社，2004），頁
　　115、150。

《新青年》由起初只印一千本，到後來一個月可印一萬五六千本）。後來當青年由新文化運動轉向革命之後，亞東圖書館承印《建設》等革命刊物，更是大收鴻利——用汪原放的話說：「不久後，(《建設》)多數的編、譯、著者，都到廣東去忙更重要的事情了」，「出頭了，我早就說過：一定要出頭的」，「革命的人都出頭了」。[17]在此氣氛下一方面響應新思潮，一方面藉機圖利的出版事業不勝枚舉，它們一面爭利，一面幫助了新思潮的擴展。

真誠的信從者（true believer）與現實的利益往往套疊在一起，不再能分彼此，「新青年」及後來的「進步青年」成為一種既帶理想又時髦的追求後，帶出了一種新的現實，成為出鋒頭、趕時髦的資本。同時，連出鋒頭、趕時髦、吸引異性、戀愛的方式都有一種微妙的變化。

五四運動激起了一種關心國事、關心「新思潮」的風氣，造成了一種閱讀革命，書報閱讀者激增，能讀新書報即代表一種新的意向；而且也深刻地影響著青年的生命及行為的形式，人們常常從新文學中引出新的人生態度及行為的方式。在研究法國大革命時期的閱讀史時，有學者從一宗訂閱盧梭著作的通信中發現，有的讀者因為太深入盧梭的思想世界，竟模仿起盧梭（Jean-Jacques Rousseau, 1712-1778）的生命歷程及行為方式來。[18]這類例子當然是常見的，晚清以來有許多人讀曾國藩（1811-1872）的日記或家書，而在生命的安排及行為方式方面深受其影響。除

---

17 汪原放，《亞東圖書館與陳獨秀》（上海：學林出版社，2006），頁20、33、34、45。

18 Robert Darnton, "Readers Respond to Rousseau: The Fabrication of Romantic Sensitivity," *The Great Cat Massacre and Other Episodes in French Cultural History* (New York: Basic Books, 1984), pp. 215-256.

了生命風格的改變之外，新青年對事事物物也有一套新的看法，譬如美化工農群眾。夏濟安（1916-1965）就說：「五四時代對於『下等人』有種肉麻的抬舉。」[19]對所謂「下等人」品格境界的美化，也影響到許多人的行為抉擇。

　　五四對生活世界的影響，既可說是「無所不在的」，像五四這種改變歷史的重大運動，它搖撼了每一面，把每一塊石頭都翻動了一下，即使要放回原來的地方，往往也是經過一番思考後再放回去。而且從此之後，古今乃至未來事件的評價、建構方式，每每都要跟著改變。譬如以五四作為新的座標點，古往今來的文學、藝術、政治、歷史等，都要因它們與五四的新關係而經過一些微妙的變化。[20]即使連反對派也不能完全豁免。許多反對派隱隱然接受某些新文化運動的前提，或是為了與它對抗而調動思想資源，形成某些如非經過這一對陣，是不可能以這個方式形成，或如此展現的討論形式，或是根本在新文化運動論述的籠罩之下而不自知。

　　這不是一種單純的「影響」，應該說是新文化運動當空「掠過」而使得一切分子的組成方式發生變化。此處可舉達爾文（Charles Robert Darwin, 1809-1882）進化論與近代中國思想界的例子。這一學說影響許許多多人，可是起而與之對抗的學說（譬如宋恕〔1862-1910〕等人的以弱者為主體的「扶弱哲學」），顯

---

19 夏志清輯錄，〈夏濟安對中國俗文學的看法〉，收入夏志清，《夏志清文學評論經典：愛情‧社會‧小說》（台北：麥田出版公司，2007），頁242。

20 又如「傳統」，如果它像艾略特所說的那樣，是「由既存的紀念物所構成的一種理想的秩序」，那麼經過五四的震盪，既存紀念物便重構成另一種理想的秩序。艾略特著，杜國清譯，《艾略特文學評論選集》（台北：田園出版社，1969），頁448。

然是針對「優勝劣敗」、「適者生存」的「強權公理」的一種反擊；但反擊在另一種方面說是潛在的「反模仿」，如果不是因為有「天演論」，則不至於有像宋恕那樣動員各種思想資源來構作以歷史上的弱者為中心的哲學。至於章太炎（1869-1936）提出「俱分進化論」，主張「善進惡亦進」，太虛大師（1890-1947）用佛經來評天演論等等，也都不是「天演論」之前會出現的表述。

四、「新青年」與「進步青年」

事實上，從晚清以來「青年」的發展經歷過幾個階段：清末是「革命青年」，五四時期是「新青年」，後來則是「進步青年」。「新青年」的關心與「進步青年」有所不同，前者關心獨立自主、個人主義，後者倡導社會主義、社會革命。[21]

五四造成一代青年群體的生命特質，「新青年」要做的事，是提倡新文學、白話文、新劇，喜歡講哲學、文學、藝術，關心人生、家庭、戀愛、高深學理、人道主義、留學、理想，關心「人」的問題，主張「人」的解放。此外，他們也探究新宗教、新教育、新生活。

在生活態度上，他們則重視作為「國民」的身分，由不看報改成看報，由不關心國家大事改為關心國家大事，痛恨政治上武人升降及政客之起伏。「新青年」認為如果當時中國沒有在教育文化方面造成一種全新的空氣，說不定會再有第二回、第三回恢復帝制的把戲。

「新青年」認為一切希望皆在教育，對當前的政治則非常冷

---

21 曹聚仁，《文壇五十年》（香港：新文化出版社，1954），頁112。

淡，有「非政治化」的傾向。在教育方面，受到杜威（John Dewey, 1859-1952）的影響而主張生活與教育合一，理想的學校裡應該有圖書館、療病院、商店、報館、工場、農場，學校簡直是現實世界的雛形。

「新青年」因為五四的震動，而有一種精神上的「驚醒」，深入省察自己，有一種批判自己、革新自己的精神在心中流蕩，寫文章也好用「覺悟」一詞。「新青年」要廢除一切束縛，要重新估定一切價值。對於學術思想、風俗習慣、政治制度，都想重加檢驗後才決定是否接受。

「新青年」好辦書報，讀刊物、辦刊物猶如雨後春草般萌生，而且刊物大多有個「新」字。西洋學術思想成為一時的嗜尚，出洋留學成為一時時髦，西洋文學也逐漸風行，購求原本或英文譯本成為風氣。

在學術上，「新青年」認為學術只有世界的學術，絕對沒有國別的區分；只有化學，沒有中國的化學。如果稱為「中國學」，就表示那是一大堆尚未加以整理的學術材料，尚未歸入「天文學」、「人類學」等世界的學術裡頭去的意思。

以上所說的一切，叫做「新思潮」。因為「新思潮」的發動區往往是在都市，所以青年們成群地向都市裡跑，希望能親身參與。北京、成都、長沙、上海、廣州等城市尤為活躍，「他們覺得他們的生命特別有意義；因為這樣認識了自己的使命，昂藏地向光明走去的人，似乎歷史上不曾有過。」上面引的這幾句話，以及前面有關「新青年」生命特質的描述，都取材自五四青年葉紹鈞（葉聖陶，1894-1988）的小說《倪煥之》，[22] 它雖然是一部

---

22 以上出自葉聖陶，《倪煥之》（北京：人民文學出版社，1962），頁34-35、

小說，但一般認為它很能傳達五四青年的形象。

　　漸漸地，由「新青年」轉向「進步青年」，從關心個人的生活與解放，慢慢轉向關心整個社會的解放。「進步青年」認為「為教育而教育」、「為人生而人生」之類的主張是沒有意義的，他們大談「工人」、「貧困」、「勞動神聖」、「主義」、「同志」、「階級」、「社會」，並質疑「國家」。由「新青年」變為眼光完全向前凝視著一個理想社會的「進步青年」後，青年由原先指導、教誨人民者變成努力想成為工、農中之一分子。此處讓我再引《倪煥之》中的句子為例。《倪煥之》的敘述愈到後來，「社會」的成分愈強：「單看見一個學校、一批學生，不濟事，還得睜著眼看社會大眾」，[23]「學校同社會脫不了干係，學校應該抱一種大愿，要同化社會」，[24]小說並藉著傾向社會革命的王樂山之口，質疑倪煥之做的事：「社會是個有組織的東西，……要轉移社會，要改造社會，非得有組織地幹不可！」[25]此後，「組織說」開始閃在心頭，他們讀國民黨〈第一次全國代表大會宣言〉，認為「為教育而教育，只是毫無意義的言語，目前的教育應該從革命出發」，[26]否則一切徒勞，「同時意想著正要去會見那些青布短服的朋友，只覺得他們非常偉大」。[27]然後是革命，入黨參加革命成為新的社會菁英，而成為這一新菁英不需通過科考、不需學歷——

71、65、174-187、190、191。

23　葉聖陶，《倪煥之》，頁181。

24　葉聖陶，《倪煥之》，頁182。

25　葉聖陶，《倪煥之》，頁199。

26　葉聖陶，《倪煥之》，頁207。

27　葉聖陶，《倪煥之》，頁214。

「革命不是幾個人專利的，誰有熱心，誰就可以革命！」[28]同時，
新文化運動領袖的魅力也逐步減退中，那也正是胡適在北大的課
堂由最大的禮堂一步一步變到較小教室的時候。[29]

五、新名詞與新概念、文學與思想

在一波又一波、各式各樣的運動時，真正可能對一般人產生
影響的，不一定是長篇大論，更多是改寫的、刪選的小冊子，幾
張傳單，還有幾句琅琅上口的新名詞或新口號。從晚清以來，
「新名詞」就已經在扮演這樣的角色了。大軍壓境般的新名詞所
構建而成的「群聚」（clusters），為市井百姓帶來了思想資源。
劉師培1906年〈論新名詞輸入與民德墮落之關係〉這樣說「新
名詞」在道德倫理方面產生轉轍器般的作用：

> 當數年以前，人民雖無新智識，然是非善惡，尚有公評。
> 自新名詞輸入中國，學者不明其界說，僅據其名詞之外
> 延，不復察其名詞之內容，由是為惡、為非者，均恃新名
> 詞為護身之具，用以護過飾非，而民德之壞，遂有不可勝
> 窮者矣。[30]

28　葉聖陶，《倪煥之》，頁238。

29　鄧廣銘的原文是：「從他到北大任教，直到二十年代，胡先生是在北大最大
　　的三院大禮堂上課，三十年代就改在稍小點的二院禮堂上課，而到抗戰前
　　夕，則改在更小的紅樓大教室上課。」鄧廣銘，〈我與胡適〉，《鄧廣銘全集》
　　（石家莊：河北教育出版社，2005），第10卷，頁300。

30　此文原載《申報》1906年12月13日，收入萬仕國輯校，《劉申叔遺書補遺》
　　（揚州：廣陵書社，2008），上冊，頁457。

　　這一類材料非常多，茲不俱引。我想說明的是，從晚清到五四再到共產革命，有一批又一批非常強大有力的新名詞、新概念所形成的「群聚」，構成一張又一張新的詞彙地圖，它們與一種清楚的目的論意識相隨，形成一種「態度與指涉的結構」。[31] 這些新的概念、詞彙，形成一種高度目的論意義的境界，創造一種「向上」的軌轍，在人們心中形成一種嚮往意識，並且帶來一套「激發視野、模塑實踐的性情」，[32] 讓人們覺得理想上應該盡力向它趨近，因而成為一種有力的思想滲透及改變行為的力量。

　　譬如在民國時期的小說《新廣陵潮》中不斷出現「文明禮數」、「西洋慣例」、「輕蔑女界」、「有志青年」[33]、沒有受新教育者「人格便不能完備」[34] 等等字眼，似乎隨著新的思想資源的介入，當時的世界已經構成一種清楚的劃分：一方面是尚未起步的，一方面是值得向上追求的價值與行為。《新廣陵潮》所描寫的時代，顯然是晚清以來一直到五四新文化運動左右。隨著時代推進，前面所舉的那種由新詞彙、新概念所構成的目的論式世界的內容不斷改變。

　　我個人認為在解讀五四時期重要思想文獻時，我們每每費心重建作者意圖，而忽略了「文字的影響，每發生在作者所不及料

---

31 參見李有成，《在理論的年代》（台北：允晨文化實業公司，2006），頁246：「若干符碼、意象、辭彙、信念，以及這一切所構織的文化價值，無不屬於這些『態度與指涉的結構』。這些結構自然形成某一時代的精神意向或意識形態環境。」

32 李有成，《在理論的年代》，頁246。

33 李涵秋、程瞻廬合著，《新廣陵潮》（揚州：江蘇廣陵古籍刻印社，1998），第九回，頁9。

34 李涵秋、程瞻廬合著，《新廣陵潮》，第九回，頁10。

之處」。[35]而且不只是思想文獻，當時的小說、詩、散文等，也表達了許多新概念或形成了新的感情結構，人們就在這張新網絡之下吸收、編織他們的思想及意義，而且這張新的思想網絡也成為公眾構思評判事物的新標準。

新文學作品有深刻的思想史意義，五四新文學中所傳達的社會思想及批判意識，對於現實的影響絕不輸於一些里程碑式的思想文獻。當時青年往往同時受文學及思想文獻的影響，往往因為新文學而決定思想上的動向，或是以文學中所建構的社會理想作為思想及政治追求的目標。而文學中的不滿與譴責，也往往轉化為思想上的批判與反抗。艾略特（T. S. Eliot, 1888-1965）在討論英國17世紀的「形而上詩人」時提到他們善於將思想轉化為情感，又在另一篇文章中提到將思想轉化為情感的過程中，必須要先構思一個兩者之間的「等價物」，以便利於它們的轉換。[36]思想與文學中情感世界的轉換確實是很明顯的。五四時期文學中的社會思想，對「未來」的想像與建構等無數方面，對現實都極富影響力。

六、街頭層次的五四運動

目前為止，學界對五四的研究仍然較集中在舉國聞名的人物，對那一群北大老師、明星學生及各省響應的知識青年的了解

---

35 曹聚仁，《文壇五十年》，頁157。

36 以上兩點，前者見於 T. S. Eliot, "The Metaphysical Poets," 後者見於 "Hamlet," in *Selected Essays 1917-1932*（New York: Harcourt, Braced Company, 1932）, pp. 125, 246, 248.

很充分，但是對地方或草根層次的五四研究卻相當之少。[37] 我使用「街頭層次」一詞，當然是受到當代法國大革命史家羅伯特・達頓（Robert Darnton）的一本小冊子的影響。這本小冊子由兩篇文章組成，第一篇的標題即是〈街頭層次的法國大革命〉[38]——雖然那篇文章所討論的還不是真正的「街頭」層次。

　　不過我們的思維不應宥於不是「上」就是「下」，不是「菁英」就是「草根」，而是應當注意當時各個層次都可能受到五四的影響，而且因為影響、改換常常是在日常生活中悄悄進行，所以未必能夠引起足夠的注意。

　　這裡要舉五四前後上海戲劇界的一個個案為例。1918年，上海「新舞台」首演《濟公活佛》一劇時，以舊道德的捍衛者自居，對歐風東漸大加抨擊。李孝悌的研究說明了經過《新青年》的〈戲劇改良號〉中對傳統戲曲的猛烈攻擊、新思潮的洗禮、《娜拉》（A Doll's House）之類新劇的影響，到了1920年，「新舞台」的告白全變了：

> 排這一本社會最歡迎的《濟公活佛》，並不是迎合社會心理，老實說是拿遷就社會的手段去征服社會。換一句話說，就是利用濟公活佛，拿極淺近的新思想去改革社會上的「惡習慣」和「舊思想」。十五本活佛，是我們征服社會的戰利品。他的情節發鬆到極點，布景精緻到極點，令

---

37 大地方的五四，在過去已有陳曾燾著，陳勤譯，《五四運動在上海》（台北：經世書局，1981）等專書。

38 Robert Darnton, "Lecture I: The French Revolution at Street Level," in *What was Revolutionary about the French Revolution*（Waco, Texas: Baylor University Press, 1990), p. 5.

人百觀不厭。他的思想，竟和近代的新文化吻合。十五本
活佛，第一是勸人要勞動，不可倚賴親族不勞而食。第二
勸人要為社會服務，不要為社會分利的官吏。第三排斥多
妻主義。第四勸人不可自殺。[39]

　　1920年3月1日刊登在《申報》上的《濟公活佛》一劇之廣
告，還極力宣稱它是一齣「問題戲」，廣告一開頭先用加大字體
寫出全劇主旨：「今夜活佛是『問題戲』。」然後有如下的說明：

西洋戲中有一種叫做「問題戲」，戲中演的情節，有關於
政治的，或社會的，或家庭的，或……的。故意演出疑難
的情節，要徵求看戲人的意見，要請看客心中感覺戲中的
事跡，是否正當？[40]

　　「問題戲」的觀念完全是從胡適〈建設的文學革命論〉來
的。[41]至於該劇中模仿《娜拉》的部分，幾乎完全是易卜生
（Henrik Johan Ibsen, 1828-1906）的框架。[42]
　　上述是五四對當時上海市民最喜歡光顧的劇院的影響，其變

39《申報》1920年9月27日。轉引自李孝悌，〈上海近代城市文化中的傳統與現
　　代（1880s-1930s）〉，收入劉翠溶、石守謙主編，《經濟史、都市文化與物質
　　文化》（中央研究院第三屆國際漢學會議論文集歷史組；台北：中央研究院
　　歷史語言研究所，2002），頁361-409。

40 李孝悌，〈上海近代城市文化中的傳統與現代（1880s-1930s）〉，頁395。

41 胡適，〈建設的文學革命論〉，《胡適文存》（台北：遠東圖書公司，1953），
　　第1集，頁71。

42 參見「新舞台」的宣傳文字，《申報》1920年6月30日，見李孝悌，〈上海
　　近代城市文化中的傳統與現代（1880s-1930s）〉，頁396。

化之微妙與迅速，非常值得注意。這一類的例子可能發生在街頭，也可能發生在小教室。此處再舉一例。五四之後，山東省立一師國文論理教員兼附屬小學主任王祝晨（1882-1967）首先積極響應，與正誼中學校長等組織尚學會，先將各地新刊物中的文章，選取其菁萃，分為文學、教育、哲學、倫理、社會五種印成書，名為《文化新介紹》；同時聯絡已成全國知名人物的傅斯年等邀請杜威前往濟南演講，因而引起當地守舊派的激烈鬥爭。《文化新介紹》風行各地，讀眾極廣，後來轉交上海文化書店出版，王祝晨成為山東省立一師的校長。可是到了1926年，山東督軍張宗昌以「提倡白話文即是赤化」，封閉書報介紹社，撤去王祝晨的校長職位並加以通緝。[43]

　　事實上像這一類地方上的事例在當時簡直不勝枚舉，如果加意蒐集這方面材料，我們可以觀察在地的小知識分子或在地讀書人，如何感知、回應這個舉國震撼的運動？如何迎接或推拒？如何賦予在地的詮釋？新思想如何影響在地的生活方式？以及這一個全國震撼的運動如何造成各種動員，與舊派人士如何競爭，與抱持其他意態的人如何互相競合，在思想、家庭或行動方式方面有何變化，以及如何因此而形成群體的劃分等。在廢科舉之後，地方青年如何因著反對，或是響應、模仿、號召、動員，而與外面的新力量聯合，形成新標準或新力量，並把自己塑造成為新的地方菁英等。

　　前面我曾引用鄭超麟的「紳士大換班」一語來形容晚清以來對地方社群菁英群體的大洗牌。在後科舉時代，當科名已不再是

---

43 鄧廣銘，〈王世棟（祝晨）先生服務教育三十五周年事略〉，《鄧廣銘全集》，第10卷，頁404。

那麼絕對的社會菁英的識認標準，新學校系統的學歷承擔起部分傳訊機制（signalling system）時，到處都有吃五四飯的「新青年」，成為地方社會或國家的新棟梁，成為人們羨慕追求的對象。在《倪煥之》、《子夜》這一類小說中，我們更可以看出在國民革命軍北伐之後有一段時間，入黨與否成為能否取代鄉紳成為新菁英的憑藉。在《倪煥之》中，自幼不學好的蔣華在父親心目中本來毫無地位，但是因為在北伐期間入了黨，成為可以與外面正在沸騰發展的大局勢相聯絡，又能在地方上調動各種資源的人物。他那惡名昭彰的父親蔣老虎便懇切希望兒子能介紹他入黨。入黨不需什麼資格，連地方名聲都不用，最後蔣老虎順順利利入了黨，成為地方上的新菁英。

　　當然，我們還要發掘各階層的思想材料。在我研讀日本明治時期的思想史時，我注意到色川大吉（1925-）的《明治の文化》[44]中所提到的一件頗為引人注意的事件。1968年，色川大吉在明治時期的武藏國多摩郡、一個只有二十幾戶人家的深沢村裡，[45]從一戶人家的倉庫中，發現了〈五日市憲法草案〉。這個草案有204條，是五日市學藝講談會的三十名會員在自由民權運動期間持續討論，再由山村中小學的助教員千葉卓三郎起草的一部草根憲法，時間大約是明治十四至十五年（1881-1882）。這個山村中的小圈子是以深沢名生（1841-1892）及其子深沢權八（1861-1890）為中心，在他們周圍的是一群村中名士、校長、神官、僧侶、醫生、地主、農村青年。色川大吉發表這個消息之後，發現事實上當時存在三十餘種民間的憲法草案，其中嚶鳴社

44　色川大吉，《明治の文化》（東京：岩波書店，1976）。

45　現屬東京都西多摩郡五日市。

的草案比〈五日市憲法草案〉的條文還多四倍。而且這一類文稿相當多樣，譬如千葉卓三郎對 Henry Peter Brougham（1778-1868）《法律格言》（*Institutional Maxims*）的詮釋，與元老院對《法律格言》的翻譯便截然不同，茲引一例：[46]

元老院譯文	千葉卓三郎譯文
國君的精神應當可假定為符合法律的精神及理所當然的事理，如有疑問時，特別是可作如此疑問時，其假定（presumption）常要有利於國君。	全體國民的精神應當可假定為符合法律的精神及理所當然的事理，如有疑問時，特別是可作如此疑問時，其假定常要有利於國民。

我們在討論五四新文化運動這類掀天揭地的大事件時，應該注意挖掘像〈五日市憲法草案〉這一類在地知識分子所形成的文本，並充分了解其思想意義。

七、結語

最後，五四運動雖然是一個青年運動，但是當時年紀較大的人的作為與反應，也值得留意。[47]這包括廣大人士的觀感與反應，尤其是那些年紀較長者的確切反應。此處僅舉一例：山西太原的一位前清舉人劉大鵬（1857-1942）留下了一部相當詳細的日記，在五四這幾天，他完全不知道有這一件事，幾天之後他才

---

46 色川大吉，《明治の文化》，頁110。

47 如前面提到日本〈五日市憲法草案〉的例子，其成員多半是三十至四十歲。

對此有所記錄。如果說五四新文化運動有政治與文化兩面，則他先只注意到這個運動的政治面，也就是抗議帝國主義的愛國示威運動。[48]但劉大鵬對新文化運動的部分似乎一直到相當長一段時間之後，才有較為清楚的了解。相較之下，當時在上海目睹罷市的王國維則有如下反應：

> 而不知以後利用此舉者當接踵而起，則大亂將隨之矣。有人自北來，言北京政象極險，……如危險思想傳入軍隊，則全國已矣。[49]

　　像王國維這樣的議論在當時並不罕見，它提醒我們應當深入分析當時對五四「半信半疑」或反五四的思想，細緻地了解其中的底蘊。

　　在本文中，我提議把五四與近代生活世界的變化進行聯繫，在這個方面，可以探討的面向一定還非常之多。最後，我想重申本文一開頭說到的，記憶五四、研究五四，始終是一個值得被研究的問題，現在如此，將來恐怕也是如此。

---

48 劉大鵬遺著，喬志強標注，《退想齋日記》（太原：山西人民出版社，1990），頁278-280。

49 袁英光、劉寅生，《王國維年譜長編（1877-1927）》（天津：天津人民出版社，1996），頁278。

「煩悶」的本質是什麼

——近代中國的私人領域與「主義」的崛起

一、前言

　　幾年前，我著手撰寫了一篇長文〈中國近代思想中的「主義」〉，那篇長文包括兩部分，第一部分是關於「主義」逐漸成為一種支配性論述的過程，題為〈「主義時代」的來臨——中國近代思想史的一個關鍵發展〉。[1]第二部分討論「主義」為何吸引人，也就是本文。

　　本文的重點與一般對「主義」的討論所關懷的重點略有不同。第一，我是從「受眾」、從「接受端」的角度去了解主義何以吸引人，[2]涵蓋的時段主要是新文化運動之後到1930年代。在此之後，「主義」有新的風貌，非本文所能包括。第二，過去談「主義」時過度強調「主義」像「彌天之網」由上罩下的現象，忽略了在比較早的階段，它是一種自發的、心悅誠服的迎向。第三，過去討論「主義」之所以吸引人之處往往只重救國及政治的層面，而忽略了「主義」對日常生活的「意義世界」所提供的龐大資源。它與解決人生觀，提供大經大法，賦予生命意義、目的

1　此文刊於《東亞觀念史集刊》第四期（2013年6月）。在研究這個問題時，我受到羅志田兄、沈國威兄、潘光哲兄的幫助，特此致謝。

2　我不偏重理論方面，而是一種以消費者為主的研究（consumer-based research）。理由很簡單，當時真正能深入理解理論的人很少，大部分人毋寧是從一些小冊子，及「讀書問答」中得到粗淺「認識」。如張靜廬說他看《申報》，讀艾思奇、柳湜所主持之「讀書問答」成為習慣。張靜廬，《在出版界二十年》（南京：江蘇教育出版社，2005），頁117。本文所偏重的是當時曾引起廣泛讀者回響的刊物，有明顯的讀者與編者對話痕跡，如1920年代的《中國青年》，如工商界下層人物閱讀的刊物《夥友》，如李平心編的《青年自學指導》等等。不過這裡必須強調一點：這個時期這方面的書刊很多，上述書刊只是舉例性的。

感，解決日常生活中極度的煩悶與困惑感是分不開的。「主義」
在救國與人生這兩方面成為一種「大小總匯」，一方面指引新的
建國方向，一方面提供人們創造有意義人生的各種方案。

此外我要在此先說明兩點：近代中國各種主義的名目達二千
多種之多，有文藝的、思想的、政治的，不一而足。本文中的
「主義」偏向「新主義」，也就是左（馬克思主義）右（三民主
義）兩種主義的崛起，而這兩種主義有一段時間又攪混在一起。
至於胡適「自由主義」等則著墨較少，這是有意的選擇。至於
「煩悶」或「虛無」一詞，本文只是用了一個寬鬆的詞彙，在當
時的文獻中有時稱為「苦悶」、「苦惱」、「煩惱」，不一而足。

「煩悶的本質是什麼」，主要是從新文化運動之後青年界常
見的「煩悶」或「虛無」的狀態入手，探索「主義」在私人領域
的賦予意義、積極導引、提供答案等三個方面的藍圖。這是新
「主義」吸引大量信從者的重要原因。但是另一方面，「主義」
也逐漸成為人們私人領域中牢不可破的宰制者，也就是本文副標
題想揭示的近代中國私人領域的政治化與「主義」崛起的關
係。[3]所以「主義」是國家與民族的，同時也是人生觀與日常生活
領域的。但因有關前者的討論較多，後者幾乎未見著墨，故本文
將針對這個問題進行探討。

3　本文稿中主義與人生觀的部分曾以〈後五四的思想變化——以人生觀問題為
　　例〉為題單獨發表於國家圖書館編的《五四運動論著目錄初稿》，頁47-49。
　　今為求完整將該文併入本文，請讀者諒察。關於「主義」的問題，有興趣的
　　朋友請參看我的另一篇文章〈「主義」與「學問」——一九二〇年代中國思
　　想界的分裂〉，收入劉翠溶主編，《四分溪論學集——慶祝李遠哲先生七十
　　壽辰》（台北：允晨文化實業公司，2006），上冊，頁123-170。

二、「組織」與「信仰」

前面提到，煩悶的第一個理由是國家民族之衰落，而又不知從何處下手解救的苦悶，「主義」的出現滿足了人們的渴望，消解人們對國家命運模糊、低迷而又找不到下手處的痛苦。關於宣稱「主義」作為一種救國的萬靈丹，可以說是近幾代中國人的常識，故本文不多作討論。本文只舉例討論當時新主義者所一再宣揚的「信仰」、「黨」、「組織」這幾種救國的利器。

晚清以來是一個大的「離心力」的時代，故梁啟超、孫中山（1866-1925）、毛澤東等人皆一再提到中國是一盤散沙。民國以來，思想家便一再感嘆，沒有辦法「黏這散了板的中華民國」[4]。每經一次挫折，尋求強力黏著劑的動力愈強，「向心力」成為時人的一種渴求，而人們也不斷地尋求如何塑造新的向心力。我們從當時一些人的日記中看到，在皇朝、大家庭崩潰之後，他們面對自己大力鼓吹卻也相當陌生的新生活，頓時手足無措，沒有可用的模式可以遵循。面對個人、家庭、社會、國家的問題感到困惑，難以解決，遂傾向將一切交給一個集體化的組織去管理。舉這個例子是要說明晚清以來出現了一個強大的「團體化運動」：「群」、「聯大群」、「軍國民主義運動」……都是這個「團體化運動」的環節。而晚清以來人們提到「主義」並加以讚頌的主要原因也與這個「團體化運動」有關：首先，是「主義」使得一個人或一個群體有定向，不會扶得東來西又倒，第二是「主義」成為團體內部的黏著劑，使它具有統一的意志與奮鬥方向。

4　傅斯年，〈青年的兩件事業〉，收入歐陽哲生主編，《傅斯年全集》（長沙：湖南教育出版社，2000），第1卷，頁386。

　　五四的學生運動為組織化、團體化打了一劑強心針，當時人目睹無拳有勇的學生自動組織起來，竟可逼迫軍閥退讓，這種在今天看來相當常見的活動，在當時卻令人大開眼界、大受震動，許多人察覺到「組織」的力量。五四前後，全國如雨後春筍般地成立各種青年社團，即是一個例證。毛澤東的〈民眾的大聯合（一）〉寫於民國八年（1919）7月，便是受到這一風潮的啟示。他說：「勝負所分，則看他們聯合的堅脆，和為這種聯合基礎主義的新舊或真妄為斷。然都要取聯合的手段，則相同。」[5]

　　「組織」所能提供的不只是政治實力，它還提供一種新的共同生活。惲代英說：「我們因為要有一種組織，以練習且完成共同生活的必要。」[6]又如陳範予所說的：「要有組織，才有紀律，才可做事。」[7]《陳範予日記》中有一條提到學生正在練習開會組織，[8]充分體現了當時是一個「組織覺醒」的時代，但是又發現想過所謂有組織的公共生活是不容易的，這時候便有人請「主義」上場了。《惲代英日記》中有一條反映了：人們想過群眾生活，卻又發現公共生活的素養太難養成，經過不斷地摸索，[9]終於走向靠「主義」來維繫新組織的生活的過程。

　　在當時關於培養新的社會生活至少有兩條路，一條是蔡元培（1868-1940）的「教育訓練」、李石曾（1881-1973）的「學治」，或是胡適常說的，救國須從救自己下手。另外一條路是在

5　中共中央文獻研究室等編，《毛澤東早期文稿：1912.6-1920.11》，頁338。

6　惲代英，〈未來之夢〉，收入《惲代英文集》（北京：人民出版社，1984），上卷，頁229。

7　陳範予著，坂井洋史整理，《陳範予日記》，頁188。

8　陳範予著，坂井洋史整理，《陳範予日記》，頁111。

9　中央檔案館等編，《惲代英日記》，頁539。

「主義」指導下進行——「真正的民眾運動，乃是有目的，有組織，有領袖，而且繼續不斷地進行著的一種群眾運動。」惲代英批評蔡元培的「教育訓練」是貼勸世文式的訓練，勸世文縱然貼上一萬年，也不能有一點點影響。[10]他們認為應該在一個共同的「主義」之下來維繫組織的生活才是有效的。而當時許多人透過對現實行動的觀察也印證這一點。張靜廬（1898-1969）曾參與1929年的救國十人聯合團，[11]他很快發現當時上海有兩種商人，一種是舊商人，他們只是結群，但仍認為應該「群」而不「黨」，張氏認為這一群人最沒有力量。另一批商人是因主義結為黨團。他的觀察是：

> 沒有主義和信仰，沒有鐵的紀律的團體是不會長久存在的。[12]

　　他所參與的救國十人聯合團總會屬於前者，所以很快即因此散伙，他當時對自己的觀察是「而我卻始終是個局外人，沒有思想，也沒有主義的信仰。」[13]他深切體認到，最純潔最熾烈的愛國行為，如果沒有共同的主義與信仰是沒有用的。[14]

---

10 以上分別見惲代英，〈蔡元培的話不錯嗎？〉，《中國青年》，2（上海，1923），頁2-5。及求實，〈評胡適之的『新花樣』〉，《中國青年》，98（上海，1925），頁715-720。胡適的話見於他的〈愛國運動與求學〉，《現代評論》，2：39（1925年9月5日），頁5-9。

11 張靜廬，《在出版界二十年》，頁44。

12 張靜廬，《在出版界二十年》，頁59。

13 張靜廬，《在出版界二十年》，頁38。

14 張靜廬，《在出版界二十年》，頁47。

當時甚至有人主張能建「黨」及「以黨治國」，是人類政治社會發展的最高形式，是某一階段或某一民族中最進步、最有能力、最覺悟的分子的結合。他們認為「以黨治國」絕不是孫中山所發明的，而是「人類社會發展到某一時期以後必然產生的一種制度，也可說是政治制度中最高的形式。世界上產業文化比較進步的國家，沒有一個不是『以黨治國』，豈獨蘇俄？」[15]惲代英即認為孫中山主張「以黨治國」，為主義而戰，主張革命獨裁政府是他的最大貢獻。[16]他鼓吹「造黨」，認為中國必須要有一個紀律完備、主張明確的黨，中國才有「辦法」，否則永遠不可能改造社會。[17]

新「組織」取代了《大學》中所陳述的格局，不再是格物、致知、誠意、正心、修身、齊家、治國、平天下，由單子逐步擴大為國家、天下的格局，而是同志式的、在主義指導下的組織生活，「誠意」、「正心」到「治國」、「平天下」的工作都應該在主義的指導下進行。指導是束縛，也是一種幫助。參與組織、在「主義」的指導下過生活之後，從人生到國家都有了一張清楚的地圖，解決了個人人生觀，也找到解救國家、解救世界的道路。黃克誠（1902-1986）如此興奮地描述他「過組織生活」之後從消極離群掙脫出來，消解個人的煩悶，也改換了一個人──「我精神上有了真正的寄託，思想上更加充實，胸懷豁然開朗，參加群眾運動的積極性更高了。我再不是盲目地參加各種活動，而是在黨組織的直接領導下，為著一個偉大的理想去鬥爭，這是多麼

15 砍石，〈反對黨治嗎？〉，《中國青年》，140（上海，1927），頁390-391。

16 惲代英講演，高爾柏記，〈孫中山先生逝世與中國〉，《中國青年》，71（上海，1925），頁325。

17 惲代英，〈造黨〉，《中國青年》，21（上海，1924），頁9。

有意義的人生！」[18]

　　不管是在1920年代中期的《中國青年》或是1930年代後半的《青年自學指導》，都把青年「向上」的第一步工作界定為兩件事：研讀社會科學，參加團體或組織團體。《中國青年》中有一篇惲代英的文章〈應該怎樣開步走〉，便倡言進入「團體」，彼此聯合做實際的社會運動。由於當時人並不知道如何進行團體活動，故惲代英模仿基督青年會的方式，以至於當時有人取笑他們是在「吃基督教了。」[19]《青年自學指導》一書則指出：

> 奮鬥的方式，要採用集體的方式，決不可用個人的，孤軍作戰的方式。[20]

　　書中規畫暑期的活動有四種：（1）從事社會調查。（2）組織讀書會。（3）擴大識字運動，創設補習班。（4）組織歌詠團及話劇團以喚起民眾。[21]當然，最後是要與「黨」發生關係，用惲代英的話說，「我們組織小團體，是為的大聯合大運動。」[22]而且要個人在這個大組織中安於作一極小的「細胞」。[23]如此一來，不但能排除零星、孤立、無力的生命感受，還可以有效地參與整體的救國行動──「你雖在一個小的地方，你將成為一個全國的

---

18 黃克誠，《黃克誠自述》（北京：人民出版社，1994），頁14、16。

19 惲代英，〈應該怎樣開步走？〉，《中國青年》，96（上海，1925），頁691。

20 李平心編，《青年自學指導》（上海：上海雜誌公司，1939），頁329。

21 李平心編，《青年自學指導》，頁276-277。

22 惲代英，〈應該怎樣開步走？〉，頁692。

23 孫誌楚說：「我想在某一種集體（為大眾謀福利的）中做一粒小細胞。」見李平心編，《青年自學指導》，頁280。

大團體的特派員，你將成為一個全國的大軍隊的偵查隊。」[24]

　　當時救國的論調很多，「教育救國，科學救國，實業救國，佛教救國，基督教救國⋯⋯形形色色，五花八門。究竟什麼才是拯救國家、民族和社會的正確道路？」[25]這是黃克誠的困惑。人們顯然持著兩個判準：國家是不是有辦法救？社會是不是有辦法可以改變？而新「主義」提供了一張有用的救國藍圖。

　　布爾什維克主義或三民主義之所以吸引人的原因非常多，但有兩點不可忽視，即第一，它們提供了整套的藍圖與道路，即反帝國主義、反軍閥，完成社會革命。第二，是有一個以主義為指導的紀律嚴密的黨組織，可以進行極有效率的行動。在1920年代，有不少人認為他們找到的「主義」與「黨」為他們提供了一條新路徑，非常興奮地覺得「報國有門」。[26]找到「門」之後，只要開門走進去然後緊緊跟著行動就是了。[27]

　　這是一種在大局困壓之下感到找到地圖、找到道路的歡悅之

24　惲代英，〈怎樣做小學教師？〉，《中國青年》，20（上海，1924），頁14。

25　黃克誠，《黃克誠自述》，頁13。

26　張申府提到1924年他在黃埔軍校時，見學生們熱情很高，認為「報國有門」。張申府，《所憶：張申府憶舊文選》（北京：中國文史出版社，1993），頁31-32。

27　我認為這能了解斯諾（E. Snow）所說：「他們大多數人記不清個人的瑣事了。當我開始蒐集傳記資料時，我一再發現共產黨人能夠回憶起他早年發生的一切事情，但一旦他當了紅軍，他就在某些地方失去了自我，若不一再追問，你就可能聽不到關於他自己的更多的情況，而只是紅軍，蘇維埃或共產黨的故事——這些名詞的頭一個字母都是大寫的。這些人可以侃侃談起每次戰役的日期和過程，和在那些前所未聞的地方的轉戰活動，然而這些事情對他們似乎只有集體上的意義，不是因為他們個人在那裡創造了歷史，而是因為紅軍曾到過那裡。」埃德加·斯諾著，李方准、梁民譯，《紅星照耀中國》（石家莊：河北人民出版社，1992），頁90-91。

情，擺脫個人零碎、無力、渺小的煩悶感。夏衍（1900-1995）在《懶尋舊夢錄》中說他讀了馬克思的書，「我總算認識了一個方向，就是人類社會向前發展的大方向。」[28] 黃克誠回憶自己加入共產黨之後，換了一個人：「從此，我在任何時候、任何情況下，再也沒有消極過。」[29] 在為國家民族尋找出路的同時也在為個人尋找出路；找到國家的出路時也就找到了個人的出路，兩條出路即是一條出路，個人的出路與國家的出路在這裡合而為一。

以下的討論將集中於一個主題：在新文化運動之後，當傳統的文化系統成了問號，而未來的新生活仍然是一張空白時，主義如何提供一套新的人生觀、新的「大經大法」，而且還將人們引導到革命行動的道路上。換一個說法：晚清以來，中國讀書人的世界逐漸出現兩個軌跡，一個軌跡是個人的、安身立命的，一個軌跡是群體的、國家的。在這兩個軌跡的交會之處，有時候是個人遭際與國家命運合在一起，有時候是國家命運與個人遭際合在一起。「主義」提供了一套藍圖，將兩條軌跡合而為一。「主義」提供了一套系統，把青年的苦悶、困惑、焦慮與挫折感，轉化成一種有意義的行動，從而調動零碎的力量成為革命的洪流。當群體的、國家的說服力強大到某種程度時，有很多人認為個人應該犧牲自己，來完成群體的、國家的利益。[30] 愈受苦，愈堅定。在這裡，我想先比較簡略地討論前述兩個軌跡合在一起的第二點，即國家命運與個人遭際，如何在「主義」的引導下結而為一。

正如馬雅可夫斯基（Vladimir Mayakovsky, 1893-1930）下面

---

28 夏衍，《懶尋舊夢錄（增補本）》（北京：三聯書店，2000），頁57。

29 黃克誠，《黃克誠自述》，頁16。

30 譬如許多人認為為了完成革命，對政府沒收其財產毫無怨言，或是個人應該犧牲個人的利益以成全更大的利益。

這一首詩中的一部分所呈現的：

> 共產主義
>
> 不僅僅存在於
>
> 田地
>
> 和工廠的汗水裡。
>
> 在家裡飯桌邊，
>
> 相互關係裡，
>
> 親屬間，
>
> 日常生活中
>
> 也有共產主義。[31]

　　這一首詩道出了布爾什維克主義（與其他「主義」）在1920年代以後的中國，成為解決政治到人生問題的一個乾坤袋。解釋了無名、混亂、煩悶、挫折，並將所有的問題導引、轉喻到它的理論架構中，一方面得到了解，一方面導向必要的行動。歷史的弔詭便在於，將生活收納到主義的乾坤袋的現象，有強加上去的，也有心悅誠服的追求。

　　「主義」不只是一個超大的政治劇本，也是一個超大的文化劇本，當一切都成了問題，生活充滿困惑，這套劇本提供了新的「大經大法」，形成了一套新的解釋框架，從人生到國家到宇宙，都可以從中得到解釋與導引。而且把從個人到國家，到全人類的命運，串成連珠，形成既通貫一切，又具有高度排他性的一

---

31 馬雅可夫斯基，〈把未來揪出來！〉，收入飛白譯，《馬雅可夫斯基詩選》（上海：上海譯文出版社，1981），中卷，頁75。

套義理系統。

在形成這套義理系統時，我們可以一再看到「轉喻」的作用（這裡的「轉喻」在英文中稱作in terms of, conscious of something being something，是指意識到生活中所遭逢的複雜現象究竟是些什麼），[32] 將現實生活中的困惑、苦悶、挫折轉換成明確可解的理由，最後都導向有意義的共同行動。於是個人的處境與國家民族的命運，甚至人類未來的解放全部連結起來。「主義」調動各種零散的資源，形成共同行動，使普遍的個人挫折轉換成強大的社會力量，最終使個人的出路與國家民族的出路合而為一。

以下我將分成三個小節來說明「煩悶」如何解決人生、意義的問題，如何幫助克服煩悶，以及「煩悶」如何「轉喻」成邁向主義與行動。

三、「問題化」的人生

首先我要談近代思想界的重大變化，如何將人生觀及日常生活「問題化」。

近代中國所經歷的空前變局，使得國家、社會等觀念都成了「問題」。晚清以來中國人的生命世界添加了許多舊社會所感到陌生的概念，如「國家」、「社會」、「團體」。當時一般人對這些新東西每每感到莫名所以，即使是到處向人們講解這些新觀念的青年們內心中往往也一樣困惑。[33] 過去對皇帝、對朝廷、對家

---

32 Kenneth Burke, *On Symbols and Society* (Chicago: University of Chicago Press, 1989). 以上論點見諸該書 "Introduction," p. 5.

33 這裡要舉一個有趣的例子，五四時期的北京大學「平民教育講演團」到北京近郊演講，常講的題目便是用最淺顯的內容向聽眾說明什麼是「國家」、

庭應該採取的態度是非常清楚而確定的，現在加進這些新的「國家」、「社會」、「團體」，使得生活變得有些陌生起來，本來可以不假思索的變得很不可理解。

另一方面，什麼是「人生」也成為一個問題。茅盾（1896-1981）在《我走過的道路》中就說五四點醒青年思考「人生」是什麼，[34] 但是並未給定答案。五四確實一再說文學應表現人生且指導人生，[35] 但並未明確說明「人生」是什麼。

新文化運動的一個重要層面是反傳統，胡適引用尼采（Friedrich W. Nietzsche, 1844-1900）的「重新估定一切價值」，這句話成為反傳統的有力口號。不見得一定要反對每一件事，但是沒有一件事可以還安然存在那裡，幾乎沒有任何傳統是可以理所當然地被接受。這當然並不表示在實際上傳統已經完全不起任何作用，但是至少在理想的層次上，它不再是順順當當就可以依據的規範了。

此外，五四前後的思想世界出現了一種雙重危機：中國文化與西方文化皆面臨危機。前面提到，中國傳統文化因「重新估定一切價值」而面臨前所未有的危機，然而西方文化也在第一次世界大戰之後出現種種問題，例如「西方文明破產論」，或隨著社

「國民」、「團體」、「愛國」，什麼是「人」等一連串對常民而言莫名其妙的觀念。晚清陳獨秀即已用白話文宣講什麼是「國家」等觀念，故此應非五四特例。見陳獨秀，〈說國家〉（原刊《安徽俗話報》，5期，1904年6月14日），收入任建樹等編，《陳獨秀著作選》，第1卷，頁55-57。另請參考李孝悌，《清末的下層社會啟蒙運動1901-1911》（台北：中央研究院近代史研究所，1992），也有類似之例。

34 茅盾，《我走過的道路》（北京：人民文學出版社，1997），上冊，頁404。
35 茅盾，《我走過的道路》，上冊，頁173。

會主義思潮的崛起而否定西方近世資本主義文明的論調，使得當時不少人認為西方亦正處於徘徊無主的狀態，使得有意向西方取經的人亦感到徬徨。因此這不只是一個反傳統的運動，同時也是一個無遠弗屆的、將一切都「問題化」的時代。

　　所以，新文化運動一方面是解放的、希望的，樂觀地認為可以在很短的時間內尋找到真正屬於「人」的文化，但是解放的另一方面是生命意義都得由自己重新造起，因此也有人感到茫然而無所適從，對他們而言，新文化運動帶來解放，同時也帶來煩悶感或失落感。加上無政府主義等思潮的影響，進一步加強了文化中的解消及懷疑的力量，一位敏感的青年有這樣的觀察：

> 甚至國家要不要，家庭要不要，婚姻要不要，財產應私有應公有，都成了亟待研究的問題。[36]

　　以人生觀為例，在傳統中國，「人生觀」是相當清楚而確定的。經過新文化運動洗禮之後，人們儘管未能在實質上清洗掉舊人生觀，但至少在理念層次上，每每認為舊人生觀是有問題的。新文化運動的重要議題之一就是「人生」，面向「人生」，不是面向所謂衰腐的傳統來思考什麼是人的生活。過去的「人生」是落伍的，是應該打倒的。然而問題是合理的「人生」又是什麼？這對新、舊或不新不舊的青年來說都是一個大問號。舊派即使堅持舊的理想，也因失去信心，不敢自持。不新不舊的青年，則不知是要舊的還是新的。至於新派，則對於新的「人生」應該是什

---

36 毛澤東，〈健學會之成立及進行〉，收入中共中央文獻研究室等編，《毛澤東早期文稿：1912.6-1920.11》，頁364。

麼，有時也未能得到確定的答案。

　　過去的研究大體都強調新文化運動之後守舊派的挫折、苦悶，此處要特別強調當時的新派青年也同樣感到困惑、煩悶。其中最為嚴重的，是因茫然、困惑而演出層出不窮的自殺事件，陳獨秀的〈自殺論——思想變動與青年自殺〉，正是在這種背景下寫的。[37]錢穆（1895-1990）在〈悼孫以悌〉這一篇不大引人注意的文章中，也道出介於新舊之間無所適從的青年，因為對「要怎麼生活」這一個最簡單的問題產生困惑，最後竟致於自殺。[38]

　　以下我想舉當時幾個青年的例子來說明，對他們而言，本來可理解的「人生」變得不可理解，本來順理成章的「人生」變得充滿問號。

　　吳康形容一些青年是：「一生的生活，都歸於『莫名其妙』。」[39]柔石（趙平復，1902-1931）說只知自己的過去是白過的了，但同時也不知未來何所往，對「人」究竟是什麼，也表示不

---

37 陳獨秀，〈自殺論——思想變動與青年自殺〉，收入任建樹等編，《陳獨秀著作選》，第2卷，頁53-68。

38 錢穆分析北大史學系孫以悌的自殺，其實也是在講廣泛的時代現象：「怎樣生活」為什麼成為一個問題？他說：「當社會的秩序比較安定，政治法律風俗信仰等等在比較有遵循的時候，做學問的人，盡可一心做他的學問，本不必定要牽涉到我們該怎樣生活的問題上去」，但當時中國家庭的父老兄弟早已失去指導子弟的權威及自信，所以不可能從生活環境中「得到一些將來生活上的習慣和信仰的可靠的基礎」，「舊的信仰和習慣，盡量破棄，新的方面的建立還遙遙無期」。見錢穆，〈悼孫以悌〉，《史學論叢》，第1冊（北京：北京大學潛社，1934），頁1-3。關於近代之自殺，可以參見海青，《「自殺時代」的來臨？二十世紀早期中國知識群體的激烈行為和價值選擇》（北京：中國人民大學出版社，2010）。

39 吳康，〈從思想改造到社會改造〉，《新潮》，3：1（北京，1921），頁26。

清楚。「『人』究竟是真的還是假的？」「一個人，就是所謂人的一個人，究竟是一件什麼東西呢？」「宇宙啊！為什麼有一個『人』的大謎呵？」柔石的內心狀態則可以用他日記中的一句話概括：「心裡總覺得不安定。」[40]

　　陳範予說：「做一天人，就不能一天沒人生觀。」[41]人生觀過去由舊體系管轄時，是清清楚楚的，但陳氏說：「我自墮地到現在，都是昏昏董董，在夢昧裡謀生活，什麼人生觀，都是莫名其妙。」[42]陳氏當時與許多人一樣從佛學中尋找人生的解答，但是從他後來的發展來看，佛學似乎未能為用世情懷非常強烈的他提供這方面的解答。不過這裡要強調一點：困惑焦慮的同時，是解放的快感；困惑的同時是無限希望，是想主動地追求、塑造一種新的人生觀。傅斯年在〈人生問題發端〉中找到的人生觀是「為公眾的福利自由發展個人」，[43]但更多的人是隨意發明，如毛澤東說要提倡「狂妄」的人生觀，汪壽華（1901-1927）竟說青年的責任是「養成身心健全的人，做純粹神經作用」的事。[44]

　　除了「人生」的困惑之外，辛亥革命、新文化運動以後，出現了一種精神層面的危機。[45]對此，王恩洋（1897-1964）觀察說：

40　趙帝江、姚錫佩編，《柔石日記》，頁11、62、63、71、39。柔石一度甚至說改造社會的起點是提倡娛樂，參見頁21。

41　陳範予著，坂井洋史整理，《陳範予日記》，頁171。

42　陳範予著，坂井洋史整理，《陳範予日記》，頁170。

43　傅斯年，〈人生問題發端〉，收入傅孟真先生遺著編輯委員會編，《傅斯年全集》，第4冊，總頁1246。

44　汪壽華，〈汪壽華日記・求知錄〉，《近代史研究》，1983：1（北京，1983），頁47。

45　張灝，〈中國近代思想史的轉型時代〉，《時代的探索》（台北：中央研究院・聯經出版公司，2004），頁50-52。

人心失其所信，竟無安身立命之方，……[46]

　　價值、信仰層次的需求是非常自然的，故周作人（1885-
1967）的〈麻醉禮讚〉會說：「信仰與夢，愛戀與死，也都是上
好的麻醉。能夠相信宗教或主義，能夠做夢，乃是不可多得的幸
福的性質，不是人人所能獲得。」[47]宗教界、思想界自然都意識到
信仰的危機，當然也出現許多新的選項，如太虛的人間佛教，並
宣稱佛教是最好的世界主義；周作人所謂的「人的宗教」，還有
所謂「心力救國論」[48]等等，不一而足。但是在「科學」當令及
救國的急迫壓力下，上述選項對當時「問題化」的青年的吸引力
顯然是很有限的。

四、「人生的意義是什麼？」

　　在「科學萬能」的大旗下，當時確實有不少人天真地認為
「科學」可以解答所有人生、信仰方面的困惑。然而「科學」所
承諾的雖多，但在涉及人生、價值、信念等層面上的建樹卻相對
地非常少。

　　當時中國的新興科學以「客觀化」、「科學化」為特質，對事
物取「研究」的態度，基本上認為「價值」與「事實」應有所區

46　葛兆光，〈十年海潮音──20年代中國佛教新運動的內在理路與外在走
　　向〉，《葛兆光自選集》（桂林：廣西師範大學出版社，1997），頁173。

47　周作人，〈麻醉禮讚〉，《看雲集》，收入《周作人全集》（台北：藍燈文化事
　　業公司，1982），第2冊，頁157。

48　劉光炎主張「心力救國」，見劉仰東編，《夢想的中國：三十年代知識界對
　　未來的展望》（北京：西苑出版社，1998），頁160-162。

別，「學問」與「生活」也不宜隨便混為一談。用胡適的意思說，學問是一回事，道德是一回事，信仰又是另一回事。[49]學術從此脫離了政治與道德教訓的干擾，使學術發展得到長足的進步。然而對於一般人所渴望的價值、意義、方向等問題，則因為被認為不夠科學或有礙學術發展而被刻意襬落。新學術在牽涉到價值、信仰、社會、政治的部分，尚未能建立一套足以完全取代傳統文化的系統。譬如許多出國學習心理學的人，都想尋找一套新的內在世界的法則，但是他們也很快地放棄如此豪華的夢想。以「科學與人生觀論戰」為例，科學派宣稱科學可以涵攝人生觀，但是一場論戰下來，人們很快發現科學能解決的範圍有限，帶來的新疑問反而更多。茅盾曾說：「大家的想法是：中國的封建主義是徹底要打倒了，替代的東西只有到外國找。」[50]但是到外國找來的新學問，並不能完全代替「封建」文化在傳統社會所扮演的角色。

在五四青年的期刊與社團的材料中，我們不時可以看到那一代人對人生、價值等問題迷茫不定、求解無門的徬徨與虛無感，「科學與人生觀論戰」在1923年發生，其近因固然是《歐遊心影錄》及東方文化派的興起，但也是當時青年思想界所埋伏的大問題。[51]在這場論戰中，玄學派基本上是以受宋明理學及柏格森思想影響的一批人為主，科學派基本上是科學主義或實證主義傾向相當濃厚的一群人。論戰當中有一個問題被凸顯了出來：人的價

---

49 參考王汎森，〈價值與事實的分離？——民國的新史學及其批評者〉，《中國近代思想與學術的系譜》（台北：聯經出版公司，2003），頁377-462。

50 茅盾，《我走過的道路》，上冊，頁149。

51 此處必須說明，人生觀方面的問題在論戰之後仍不斷有人在討論，並非所有與人生觀問題有關的文章皆已見諸《科學與人生觀：「科學與玄學論戰集」》一書。

值世界與科學世界是不是分開的？

　　科學派宣稱世界是一元的，認為沒有主觀的價值世界，一切皆可納入大自然的規律中，包括人生觀在內。當時科學派確實也提出一套自認為比較系統的看法，如吳稚暉（1865-1953）所提出的「漆黑一團的人生觀」。胡適一方面推崇吳稚暉的文章（即〈一個新信仰的宇宙觀及人生觀〉），認為它已經給人一個好榜樣，一方面擴充吳稚暉的觀點，開出了10條最低限度的科學人生觀，諸如根據生物及心理的科學，讓人知道「一切心理的現象都是有因的」，根據生物學及社會學的知識，「叫人知道道德禮教是變遷的，而變遷的原因都是可以用科學方法尋求出來的」。其中最後一條較有實際意義，他說根據生物學及社會學知識，「叫人知道個人——『小我』——是要死滅的，而人類——『大我』——是不死的，不朽的；叫人知道為『全種萬世而生活』就是宗教，就是最高的宗教；而那些替個人謀死後的『天堂』、『淨土』的宗教，乃是自私自利的宗教。」[52] 丁文江（1887-1936）則宣稱科學家在專注於他們的科學工作時，實事求是的精神訓練不是理學的修養所能產生的。[53]

　　而玄學派則認為上述兩個世界是分開的；科學自科學、人生自人生，價值與事實、主觀與客觀、科學與主觀意志、精神與物質之間不能隨便混為一談。人生觀的問題是主觀的，不能用科學規律來解決。玄學派的張君勱（1887-1969）提出了9種人生觀，認為它們皆起於人的自由意志，不是科學所能置喙，主觀的世界

---

52 胡適，〈胡適序〉，收入亞東圖書館編，《科學與人生觀》，《民國叢書》第一編第三冊，全書未編總頁碼，請見該序之頁26-27。

53 丁文江，〈玄學與科學：評張君勱的「人生觀」〉，收入亞東圖書館編，《科學與人生觀》，全書未編總頁碼，請見該文之頁21。

與客觀的世界不可能在科學的世界統合起來。康德和休謨所代表
的理性主義，都承認科學理性無從替人類的價值建立一個理性的
標準。[54]

　　科學派與玄學派對人生觀的問題打得難分難解，討論往往說
不到點上，對許多讀者而言，恐怕都未能有切心饜理之感。但是
慢慢地，出現了一種宣稱能結合科學與價值層面的新論述。陳獨
秀在為「科學與人生觀論戰」所寫的序中，便透露出一種新訊
息，它同時打擊玄學、科學兩個派別：對於玄學派，陳獨秀認為
人生觀是物質生活及社會關係等因素所造成的，「都是他們所遭
客觀的環境造成的，決不是天外飛來主觀的意志造成的」，故也
都有定律可循；對於科學派，陳大罵這一派不但沒有得到勝利，
而且幾乎是丟盔卸甲，發表文章雖多，但是「下筆千言、離題萬
里」，讀來像是「科學概論講義」，而不曾闡明自然科學的定律
如何能夠指導「人生觀」。陳獨秀提出一種新「科學」——「社
會科學」，它同時辯證地統合科學與價值、客觀與主觀、自由與
必然這看來分裂的層面。陳獨秀一方面宣稱關於科學與人生價值
互不相涉的論述是錯誤的，它們是可以結合起來的；另方面主張
「社會科學」既是科學的，又是關於人的、社會的，它對人類社
會活動的探討，足以發現一些規律，而這些規律可以作為人生問
題的指導。[55]

　　瞿秋白在〈自由世界與必然世界〉中也宣稱「社會科學」可
以結合前述的分裂。在「社會科學」的世界，既承認了社會現象

54　張灝，《時代的探索》，頁107。

55　陳獨秀，〈科學與人生觀序〉，收入亞東圖書館編，《科學與人生觀》，全書
　　未編總頁碼，請見該文之頁1-11。

有科學定律，同時也承認了人的意志自由，理想上應該把兩者結合起來，愈能認識社會的客觀定律，人的意志就愈有自由。瞿秋白說：

> 「自由」不在於想像裡能離自然律而獨立，卻在於能探悉這些公律；因為只有探悉公律之後，方才能利用這些公律，加以有規畫的行動，而達某種目的。[56]

他又說：

> 人的意志愈根據於事實，則愈有自由。[57]

因此可以用社會科學來為人生指出一個方向，探悉社會現象的「必然」因果律之後，主觀意志則循因果律而行，才有真正的自由意志可言，然後再由人生觀導向行動；如果否認社會科學，「一切社會運動都成盲目的無意識的僥倖行動」。[58]

在過去，是經史子集，尤其是儒家經典或種種諺語、格言、家訓等在指導人生，但是當人們不再相信那些傳統的「大經大法」時，「社會科學」在論戰過程中成了新權威，宣稱可以發現人類社會的新的「大經大法」，並為人們提供一套新的人生觀。

值得注意的是，因為「社會科學」取得了新的權威，所以許許多多青年人，原先在新文化運動時期是渴望研究文學、哲學

---

56 瞿秋白，〈自由世界與必然世界〉，收入蔡尚思主編，《中國現代思想史資料簡編》，第2卷，頁398。

57 瞿秋白，〈自由世界與必然世界〉，頁398。

58 瞿秋白，〈自由世界與必然世界〉，頁401。

的，現在紛紛轉向，希望研讀「社會科學」，語氣之間似乎覺得不能在這方面下功夫，即有「落後」之感。[59]

這一明顯地由文學、哲學轉向「社會科學」的風潮，當然不只是為了解決人生觀的問題。「社會科學」之所以在此時成為思想界的寵兒，是因為它與思想、文化、政治、社會等層面可以密切嵌合。它遠遠超過學術，是一種與人生的道路，政治、社會的未來，國家的命運，乃至整個世界的前途都環環扣聯的新科學，人們既期待也相信它能夠對以上種種問題提供清楚、確定、系統的解答。

在當時青年心中，「社會科學」一時成為解決各種問題的「大小總匯」，它似乎對新文化運動以來的種種問題，提出一個認識框架及解答，真、善、美三個層次皆在裡面，既是啟蒙，又是救亡。人們得到一個確定的框架去思考過去、現在、未來、價值、行動的抉擇與方向，這些都是以前龐大的傳統思想體系所能提供，而新學術無法提供者。

1920年代左翼刊物中，大多強烈要求人們多看「社會科學」書籍，並宣稱雖然它不是一種技術知識，對於從解決人生的問題到改造社會的事業都最有幫助，[60]而且還可以解決「動盪不寧的病症」。[61]「社會科學」被突出為「救國之學」[62]——「在人間世，只

---

59 王汎森，〈「主義」與「學問」——一九二〇年代中國思想界的分裂〉，頁123-170。

60 李平心編，《青年自學指導》，頁304。

61 李平心編，《青年自學指導》，頁336。在這裡李平心說來函者有「『動盪不寧』的病症」，李告知對方說「也就是因為你還不曾採用新的邏輯」。從全書的語境看來，此處之「新邏輯」即「社會科學」。

62 參看王汎森，〈「主義」與「學問」——一九二〇年代中國思想界的分裂〉，

有社會學是唯一的、根本的，究竟的真實學問。」[63]「我是為了要致用。」「把他致用在解放改造的進程上。」[64]「一切學問，都只是為了社會學而先在的了。」[65]「『大家一起來研究社會科學』，這是最值得我們中國的青年注意的。」[66]

此處再回到人生觀問題。人生觀問題所牽涉的，不僅限於人生觀而已，對人生觀的困惑與渴望，往往引領青年走到包括歷史唯物主義（Historical Materialism）在內的各種新主義的大門，他們往往在對傳統人生觀不滿而又對新人生觀感到茫然時，在各種新主義中找到一種新的人生指引。

前面引用的《陳範予日記》中，有一段說他自出生以來都是「昏昏董董」，是「在夢昧裡謀生活，什麼人生觀，都是莫名其妙」。接著他說：「到去年的下半年，受了國家的新文化運動、世界的大潮流衝動，剛才發出一線光明；知道我個人這樣？我對社會這樣？對國家這樣？已經摸著一點頭引子，找出一點小光明了。」[67]陳範予一路摸索、一路變換，他那一條出路似乎是一種帶空想色彩的無政府主義。1920年代以後，則有許多人因人生觀困惑，最後從「社會科學」及歷史唯物主義中找到系統的人生觀。

1923年到1924年左右，杭州一位青年學生張崇文在當地的報紙上寫文章〈人生的意義是什麼？〉說：「人生莫測，前路茫

頁123-170。

63　蕭楚女，〈一切學問都是研究社會學的工具〉，《中國青年》，14（上海，1924），頁6。

64　蕭楚女，〈一切學問都是研究社會學的工具〉，頁5-6。

65　蕭楚女，〈一切學問都是研究社會學的工具〉，頁6。

66　徐文台，〈社會科學與擇業問題〉，《中國青年》，11（上海，1923），頁10。

67　陳範予著，坂井洋史整理，《陳範予日記》，頁170。

茫。」另一個青年安體誠（1896-1927）在《杭州報》上則以公開
信，用馬列主義的觀點論證了社會發展的規律，「指出，在社會
前進的道路上，不管前面有多麼大的阻力，它總是要發展、要進
步的，這是一條不可抗拒的規律；人生的意義在於順應這一規
律，自覺地為人類社會的發展和進步做出貢獻。」這封信在當時
一般青年中引起極大的反響，張新錦、黃文容、李和濤、方恆
圃、酈咸明等，讀了這封公開信，「思想豁然開朗，精神為之一
振」，後來許多人走上共產革命的道路。[68]此處特別值得注意的是
下面這個邏輯的關聯：發現社會規律→不可抗拒的規律→人生的
意義在於順應這一規律→為人類社會的發展與進步作出貢獻。從
這四步邏輯可以看出從人生觀到所發現的歷史規律，到革命行動
的密切關係。

　　歷史唯物主義的思想內容至為繁雜，並不是一時所能說清楚
的，亦非本文所欲討論的重點，此處僅作一印象式的概括，藉以
說明它為何成為一種吸引人的信仰、思想的框架。歷史唯物主義
關鍵的核心之一是歷史，但不是一般意義上的歷史，而是具有規
律和方向指涉的「社會發展史」，其源頭可追溯至馬克思於1859
年《政治經濟學批判‧序言》中所提出的「亞細亞的、古代的、
封建的和現代資產階級的生產方式可以看作是社會經濟形態演進
的幾個時代」，[69]進而加以延伸和闡發。

　　當時許多人都宣稱在讀了各種「社會發展史」之後皈依「主
義」，1920年代開始的中國社會史論戰，雙方對中國歷史分期的

---

68 張守憲、董建中，〈安體誠〉，收入胡華主編，《中共黨史人物傳》（西安：
　　陝西人民出版社，1987），第33卷，頁183。

69 中共中央馬克思恩格斯列寧斯大林著作編譯局譯，《馬克思恩格斯全集》
　　（北京：人民出版社，1995），卷13，頁9。

激辯，其焦點便在於如何將馬克思的歷史階段論套用至中國歷史，如王宜昌於論戰中所言：「在一九二七年以來，人們都利用著歷史的唯物論研究所得的結論作為根本的指導原理，而將中國史實嵌進去。」[70]至1930年代中葉艾思奇的《大眾哲學》，仍反覆強調「規律」的重要，這規律的發展可能「曲折」，卻是顛撲不破，得以衡量一切的。這個發展史的演變，由史達林在《蘇聯共產黨（布）黨史簡明教程》將之教條化後，集其大成，並很快由任弼時引入中國，成為中共重要的讀物。[71]這套歷史觀以五階段論為主軸，五階段論即是五種生產方式與生產關係。這五個階段是原始共產主義生產方式→奴隸制生產方式→封建的生產方式→資本主義的生產方式→共產主義的生產方式，要消滅過時的生產關係與生產方式，以解放生產力。要消滅一切剝削階級，鼓吹階級鬥爭說。要主張下層建構對上層的決定，故社會經濟、生產方式與生產關係決定著包括道德在內的上層建構。「思想改造」在這裡非常關鍵，要不斷地改造、批評與不斷地自我批評，使得自己脫離過時的思維，向社會主義的信仰邁進。值得注意的是，「主義」不只指導政治，它指導一切精神、物質、生活。這裡有兩個值得注意的地方，即階段與過渡。一方面爭取往更新的階段前進，批判舊階段，但是同時要了解各個階段是不能跳過的，故一方面要理解其階段性，一方面要改造，使其進步。

　　這是一個向前進化的歷史架構，本身帶有濃厚的歷程性。在信仰者眼中，在這個「歷程化」之中，所有新文化運動之後散碎

---

70 王宜昌，〈中國社會史短論〉，收於王禮錫等編，《中國社會史的論戰》第一輯，《民國叢書》第二編（上海：上海書店出版社，1990），第79冊，頁2。

71 陳永發，《中國共產革命七十年（修訂版）》（台北：聯經出版公司，2001），冊上，頁379-380。

的、矛盾的、精神的、物質的、過去的、現在的、未來的……都
在這個目標清楚的「歷程化」中，得到一種合理的位置與安排，
並獲得充分的意義感。即使在不斷被批評改造的當事人身上，有
時也可以看到人們把自己的受苦當作是一個莊嚴而有意義的過
程。在這個新的真理架構中，「歷史」成為新的「宗教」。「社會
發展史」的階段論形成了一種以歷史定律為主體的架構，影響了
政治與人生的各種面相，使得它們有意義地安頓了個別事件的現
實意涵──意涵可能不是它表面所顯示的，而是在過程中整體展
現的。這當然包括日常的倫理與道德，思想的、心靈的、精神的
內在世界成為一個有機的綿延體，它們不能截然分開。它們如纖
維叢般纏繞在一起，非常密切地關聯呼應了近代中國心靈世界的
革命、失落與困擾。

　　對1920年代的許多青年來說，歷史唯物主義提供了一套吸
引人的道德標準。它既否定傳統，也拒絕英美，另外提出一套新
的道德地圖，這套地圖以物質經濟為基礎，把人格、道德與解救
國家串聯在一起。

　　應該強調的是，當時各家各派：儒家、佛家、道家、基督教
乃至通俗宗教，都提出形形色色的人生觀，國民黨的理論家也不
例外。譬如邵元沖寫了〈三民主義的人生觀〉，強調三民主義的
人生觀是互助、人和的社會，其理想是各盡所能、各取所需的人
生觀。[72]

　　在各種人生觀的競逐中，左派的理論體系顯然勝出。一位從

---

[72] 邵元沖，〈三民主義的人生觀〉，收入中國國民黨黨史委員會編，《邵元沖先
　　生文集》（台北：中國國民黨中央委員會黨史委員會，1983），中冊，頁
　　335-349。

未成為馬列主義信徒的史學家回憶說，當時左派書籍，將人生觀與歷史觀結合在一起，對年輕人造成極大的吸引力。譬如說把鴉片戰爭至民國十六年這一段歷史視為民族恥辱之開始，是國家被殖民化的開始，是反封建、反帝國主義之源頭，「這一說法使一代青年們的心投入且融入這股歷史大流中，使他們知道自己的歷史定位，自己的歷史使命。這是無數優秀青年撲向共產黨而甘願為之犧牲而成為烈士的祕密所在。」他也抱怨在孫中山的信徒這一邊，卻無人能依「民生哲學」寫出有分量的著作，指導青年應走的歷史方向。[73]

當「主義的時代」來臨時，國民黨和共產黨無論在信仰、人生觀等議題上都處於互相爭搶地盤的對抗狀態，結果卻是共產主義勝出，成為許多青年們解決政治與日常生活出路的選擇。對這樣的政治範疇的發展，本文最後有必要做一概約式的描繪。相較於共黨理論家的積極著墨和經營，三民主義陣營對於「主義」與「人生」之間的論述當然也吸引了不少人，但無疑較為貧乏與呆板。國民黨的官方刊物中也會觸及青年的「苦悶」，但往往將原因推導至對共產主義的誤信、沒有堅定的三民主義信仰。這涉及了三民主義的形成與過程。不同於共產主義輸入中國時，已有一套完整的思想系統可以推擴到生活的各個層面，三民主義往往是以共產主義為參照對象，努力在所謂「主義的時代」裡撐出「主義」的局面，是出於對抗才成形的理論系統。最明顯的例子，便是對民生主義的重視，甚至發展出後來的「民生史觀」，即是為

---

73 陸寶千，〈我和郭師量宇的鏗瑟因緣——前緣後份皆如水〉，收入陳儀深等訪問，王景玲等記錄，《郭廷以先生門生故舊憶往錄》（台北：中央研究院近代史研究所，2004），頁554。

了和共產主義在社會經濟上的解釋體系相抗衡；也因此在論述上，負面表列往往多過正面的陳述，目的在指出不應依循共產主義，卻較少舉出具體、吸引人的方案。

早期國民黨內如胡漢民（1879-1936）、劉蘆隱（1894-1969）、戴季陶（1891-1949）等理論家，都試圖在孫中山所留下的基礎上，替三民主義進行詮釋，但隨著黨內勢力的位移，如胡漢民退出了南京國民政府的決策核心，或如戴季陶出任考試院長後，對主義的詮釋亦歸沉默。國民黨內部對三民主義的詮釋，轉以二陳兄弟（陳果夫、陳立夫）的「唯生論」為主軸，呼應了蔣介石在黨內的支配性角色。「唯生論」看似複雜，內容也包含許多新穎的科學名詞，並觸及許多和新生活運動相呼應的細節，但論述的核心還是以傳統儒家為主軸的道德教化，對新青年失去了吸引力。這種以新的「主義外殼」包裝舊的傳統，無論是引用愛因斯坦的科學或柏格森的哲學，或者是對西方唯心論、唯物論的批判，最終目的都希望能在西方之外，找到讓傳統復活的主義之路。越到後期，國民黨對三民主義的解釋，引用了越來越多的傳統儒家思想，反覆強調孫中山在儒家傳統中淬鍊出最適合中國人的三民主義，或許是因為傳統的道德和思想，才有和共產主義相匹敵的完備體系；於是受五四運動刺激所生成的三民主義，一步步變成了傳統的還魂，對於新派青年，失去了吸引的力量。

至於地方層次的實際施行方面，需要的是簡單易懂，將思想化為淺白可行的口號或行為準則。教育上「訓育」的概念即為一例，藉由訓育標準的頒布，凸顯忠孝仁愛信義和平於三民主義中的重要性，下一階段則是新生活運動，把儒家化的三民主義推廣散布於人們生活的每個環節之中。在三民主義的詮釋權已定於一尊的情況下，對主義的詮釋和理解已為其次，最重要的任務變成

服從，如林同濟等戰國策派將三民主義法西斯化，強調「力行」才是重點，服從領袖才是首要，這也更促成了三民主義進一步的教條化，形成強調儒家傳統準則、格言式的空洞形式。對過去傳統的強調，在各種主義競爭的情況下，不見得完全沒有市場，它吸引了一群人，卻也同時排擠掉其他的人。我們也可以說從晚清以來，一直有人想用某種方法重新樹立起儒家的地位，可是在時代思潮日趨激進的情況下，難以再吸引廣大的青年人，成為風潮。[74]

由上面這一段追述，可以看出人生觀與歷史觀結合，找出「自己的歷史定位」，「自己的歷史使命」，並引向反帝、反封建，構成一整套系統的、有說服力的論述，從此生活本身不再是沒有確定答案的問題，也不再是沒有方向的浮萍。生命中的煩惱往往也可能是導向救國道路的開始。[75]北伐之前《中國青年》中幾件讀者與編者的通信，說明新「主義」如何成為新的「大經大法」，指導、安頓人生、道德、人格，乃至日常生活的一切困惑，並將問題的解答、現實人生的出路一齊匯向反帝、反軍閥的道路的情形。

1925年5月《中國青年》收到一封署名「淮陰兒」的讀者來函，詢問惲代英「怎麼打破灰色的人生」。這位讀者是復旦大學的學生，信中提到因為家庭的變化、教會學校的強迫、身體較

---

74 相關細節可參考翁稷安，〈主義是從——國民政府的「主義化」推動（1925-1937）〉（台北：國立臺灣大學博士論文，2015）。

75 一直到1930年代所出版的《夢想的中國》中，上海女子中學許晚成仍說他的夢想是「出版《人生問題討論集》初集、二集，研究人生問題，得以透徹指導青年」。見劉仰東編，《夢想的中國：三十年代知識界對未來的展望》，頁107。

弱、社會的黑暗、國家的危亡和帝國主義的侵略，使其走到厭世
的路，「人生愈覺變成灰色了」，像是一隻小船在大洋飄泊，不
知將來作何歸宿？惲代英的回答是，你不願居此悲苦之境，「要
去設法應付他，去做一個改革社會國家與打倒帝國主義的人」。
而且要結交一些勇敢的朋友，與他們結伴前進，「你若能研究得
到一種信念，知道國家社會一定是可以改造的，那譬如你在黑暗
中間見了燈光」，[76]灰色人生的問題自然得到解決。

　　1924年5月《中國青年》刊出汝良的〈人格與國事〉，討論
「人格救國」的問題：

> 在殖民地和半殖民地的弱小國家，受外國經濟勢力的宰割
> 壓迫，很不容易得著正當的生活機會，那種人民，哪是人
> 格救國說所能救濟……中國人不是不想要人格，不過非能
> 打倒列強和北洋軍閥，要維持人格，在大多數人終是無把
> 握的事。我們要想實現「人格救國」，我們祇有聯合全國人
> 努力國民運動，以革命手段去對內打倒軍閥，對外推翻世
> 界帝國主義，然後可以使人人不靠出賣人格以換取生活。[77]

　　所以強調的是革命的人格與革命的修養。這種人格的定義非
常清楚，不是循規蹈矩，而是既「反抗」舊的，又「服從」新的
──主義與革命的指導者，他們通常不提溫良恭儉之類的德目，
而是認為人格的培養只是「認清楚路徑，猛勇前進」。養成人格

---

76 （讀者來函）〈怎麼打破灰色的人生〉，《中國青年》，79（上海，1925），頁
　　435。

77 汝良，〈人格與國事〉，《中國青年》，30（上海，1924），頁9。

的辦法是研究「社會科學」，明瞭現代社會國家的政治經濟狀
況、一般民眾的生活情形與需要、國亂民困的病根之所在，「於
是我們才能認清楚了革命的必要而可能的路徑」，而「對於未來
的新社會發生渴慕嚮往之深厚情感」，[78] 然後在革命指導者領導下
犧牲個人，不顧一切去奮鬥，「最後……我們要有堅定的主義的
信仰。我所說的主義的信仰，是從歷史和社會實際狀況的研究觀
察而得到的結果。」[79] 新的品性是刻苦耐勞的習慣、剛健奮鬥的精
神、勇敢冒險的膽量，要「服從團體的紀律，服從真正的領袖根
據團體的意志的指揮」，[80] 在革命的實際工作中去磨練這些品性。

　　從晚清以來，解決中國內部問題的參照系是西方。一個穩定
的西方，好似是一個新的「三代」；問題是此時的西方文化也因
深陷危機而被「問題化」了。因此當時，中國思想界正面臨著雙
重危機。自晚清以來視為典型的西方文化，被社會主義、馬克思
主義嚴重地挑戰著。對唯西方馬首是瞻的中國思想界來說，指標
系統已經混亂。在當時中國，一方面是效法英美文明的胡適派，
另一方面是挑戰英美文明的布爾什維克主義。英美文化不再是唯
一的新大經大法，於是局面益加混亂。此處要強調一點：在「舊
道德的標準破壞，新道德的標準未立」，「現在世界當一切道德
失去標準的時代，這時代中有無數新傾向各是其是」，[81] 傳統派士
人對此感到憤怒，許多新派青年對此也感到苦惱。

78　林根，〈青年的革命修養問題〉，《中國青年》，45（上海，1924），頁1-2。

79　林根，〈青年的革命修養問題〉，頁4-5。

80　林根，〈青年的革命修養問題（續）〉，《中國青年》，46（上海，1924），頁
　　3-4。

81　〈少年中國學會〉，收入張允侯等編，《五四時期的社團》，第1冊，頁372、
　　387。

當然也有人在努力提出各種解答。譬如留學英國的陶履恭
（孟和，1887-1960）在《新青年》中所發表的〈新青年之新道
德〉可為一例。在這篇文章中，他說新道德是創造的，「而非已
成就的」，「新道德乃進取的」，不只是以前學究先生們所宣揚
的，「戒惡習，卻癖好，潔身持己，無損於人」而已。「必且更
進於修養己以外之人」，也就是要創造良善的社會、國家。他又
說新道德需要知識：「教育高、知識富，則人之所見者遠而闊，
能周矚情勢，詳審利害，故其行為為自覺的，為自働的，不以社
會習俗為準繩，不為腐舊禮法所拘圍，道德之進化，社會之革
新，端賴此類之人。」[82] 但是新道德的內容似乎不可能只是幾篇短
文章大致地說一些社會、國家、進取、知識所能滿足的。

　　除了道德語言的空虛之外，前面已經提到過，此時青年既焦
慮又興奮，既虛無又充滿希望，既渴求解放又希望尋找新的確定
性的二重心理也與「主義」的崛起有關。在後經典時代，「三
代」已經是過去式，皇帝已經退位，過去的「大經大法」不再被
視為天經地義，當時有不少人試著提出新的價值系統，胡適派提
出實驗主義，傳統派也在塑造新的體系，有的人提出生命哲學，
有的人提出宗教信仰，有的人更提出各種無奇不有的系統。但是
在當時的環境之下，有兩個原則決定這個價值系統是否能通行：
第一，它必須與現實的政治救贖密切相關。第二，它必須提供一
種新的「確定性」，不能再充滿「問題化」。這好像是維多利亞
時期的卡萊爾（Thomas Carlyle, 1795-1881），人們認為他的傲
慢、專斷是他在那個時代充滿個人魅力的資本。他的傲慢與專
斷，清楚截分什麼是對的，什麼是錯的，對於那個不確定的年代

---

82 陶履恭，〈新青年之新道德〉，《新青年》，4：2（北京，1918），頁95-97。

具有很大的吸引力。[83]

　　如何找到一種新的道德體系？在龐大而熱切的希望與混亂中，有人認為「主義」足以取代忠孝仁愛，成為一種新的道德標準。這類看法，在五四之後已經出現了，少年中國學會中就有人宣稱：「萬一少年中國學會會員對於現代一切理想的衝突都沒有解決的方法，而又徹底存著懷疑態度──那是個個人必經的時期，那麼少年中國就純粹可以成為學會，而對於實行都該擱起，對於道德判斷，都該放棄……」[84]表明了如果不採取某種共同的主義，即無從進行道德判斷的態度。

　　如何找到新的權威是另一個重要議題。吳世昌（1908-1986）曾說，晚清以來，保守派與復辟派都想恢復舊權威，但那已經是一去不復返了，孫中山在辛亥革命前後發現了權威的必要，而想建立一種新權威，所以有了三民主義，但終孫中山一生，他的「主義」始終未曾被國人普遍認識。不過吳氏指出，北伐之前「只有一部分不滿於軍閥的腐敗統治，為中國前途焦急，眼看舊權威失墜，茫茫然求索理想的青年，看到了三民主義，才如獲至寶。」北伐因此才能迅速推進，而當時那些督軍聯帥們並不知道「國民革命軍找到了新權威」，他說北伐成功「是三民主義這個新權威打倒了沒有權威的軍閥」。[85]吳世昌所描述的正是北伐之前舊權威失墜，而茫茫求索的青年在三民主義找到其新權威，以「主義」作為新的「大經大法」之實況。[86]

83　Walter Edwards Houghton, *The Victorian Frame of Mind: 1830-1870*（New Haven: Yale University Press, 1957）, pp. 155-156.

84　張允侯等編，《五四時期的社團》，第1冊，頁387-388。

85　吳世昌，〈中國需要重建權威〉，《觀察》，1：8（上海，1946），頁5。

86　吳世昌的文章作於1946年，該文宗旨主要是慨嘆國民黨執政近二十年，黨

　　如何找到一種非迷信的新「信仰」呢？在新文化運動時期，「信仰」是相當負面的東西，陳獨秀的〈偶像破壞論〉一文即是很好的例子。但在那篇文章中，陳氏雖然鼓吹破壞舊偶像，最後仍然主張要尋找新的、真的、合乎宇宙實在真理的「信仰」。故文章結尾說：「此等虛偽的偶像倘不破壞，宇宙間實在的真理和吾人心坎兒裡徹底的信仰永遠不能合一。」[87]梁啟超在1922年所寫的〈評非宗教同盟〉中也說：「信仰是神聖，信仰在一個人為一個人的元氣，在一個社會為一個社會的元氣」，並說：「中國人現在最大的病根，就是沒有信仰。」[88]此時的梁啟超反對社會主義，但他充分了解「主義」是一種有用的新「信仰」，故他說：「認主義為信仰對象之一種」，「凡對於一種主義有絕對信仰，那主義便成了這個人的宗教。」[89]

　　賀麟（1902-1992）對當時青年渴求「信仰」的情形亦有所描述。他說：「因為當時青年情志上需要一個信仰，以為精神的歸宿，行為的指針。辯證法唯物論便恰好提供了一個主義的信仰」，「不但這樣，這新思潮既有實際的方案，又有俄國革命成功為其模範，國內又有嚴密堅固的政治組織，凡此都是不能從實驗主義那裡得到的。」賀麟認為實驗主義，「重近功忽遠效，重

　　徒分布國內外，但已失去作為「真權威」的資格，他懷疑當時高級國民黨員是否曾經把《三民主義》從頭到尾看一遍。見吳世昌，〈中國需要重建權威〉，頁3-7。

87 陳獨秀，〈偶像破壞論〉，收入任建樹等編，《陳獨秀著作選》，第1卷，頁393。

88 梁啟超，〈評非宗教同盟〉，收入《飲冰室合集‧文集》（上海：中華書局，1936），第13冊，頁24。

89 梁啟超，〈評非宗教同盟〉，頁19、23。

功利輕道義，故其在理論上乏堅實的系統，在主義上無確定的信仰。」[90]故其吸引力無法與布爾什維克主義相比。

當時三民主義與布爾什維克主義都標榜自己是「一種思想、一種信仰、一種力量」，其吸引人之處，不只在提供實際可行的方案，還有堅固嚴密的組織，同時也有整套的系統，作為「精神的歸宿，行為的指針」，亦即它是一套新的「大經大法」，既是一種救國的行為指針，同時也安頓了「精神」的層面，是一種「真權威」、「真信仰」。[91]

「真權威」與「真信仰」這個新的「大經大法」與左派的「社會科學」分不開，我們甚至可以說從1920年代開始，「社會科學」已經成為構築一種新的「大經大法」不可或缺的要素。

左派社會科學與胡適等人提倡的「新學術」有所不同。「新學術」想把「事實」與「價值」分開，「求真」是其主要目標，

---

90 賀麟，《當代中國哲學》（台北：臺灣時代書局，1974），頁52-53。

91 渴求信仰的心態始終不曾中斷，但不一定是三民主義或辯證唯物主義。1930年代，丁文江寫過〈公共信仰與統一〉、〈我的信仰〉、〈中國政治的出路〉，這幾篇文章都明示或暗示，這位信證科學主義的英美派知識分子很重視信仰的力量，但是他所信的是科學，他在〈我的信仰〉中說：「舉凡直覺的哲學，神祕的宗教，都不是知識，都不可以做我們的嚮導。」「因為我相信不用科學方法所得的結論都不是知識；在知識界內科學方法萬能。」「打倒神祕最努力的莫過於蘇俄，但是最富於宗教性的莫過於共產黨。」「照我的定義，宗教心是有利於社會的，是人人有的根性。」「然則我何以不是共產黨的黨員？第一我不相信革命是唯一的途徑──尤其不相信有甚麼『歷史的論理』能包管使革命會得成功。」見丁文江，〈我的信仰〉，《獨立評論》，100（北京，1934），頁10-11。在〈中國政治的出路〉一文中，丁氏說：「中國今日社會的崩潰，完全由於大家喪失了舊的信仰，而沒有新的信仰來替代的原故。」但說：「這種新信仰和新主張決不是國民黨的黨綱所能代表的。」見丁文江，〈中國政治的出路〉，《獨立評論》，11（北京，1932），頁5。

「善」與「美」則不是關注的範圍。但是左派的社會科學，既求「真」，也對如何到達「善」與「美」提出行動的方案：一、它是研究人類社會的學問，以經濟為其基礎，涵蓋政治、法律、道德、宗教、風俗、藝術、哲學、科學等。二、它是一種科學，尋找因果律。三、它不但研究過去的歷史，而且發現「公律」，以指導人們的行為。依照所發現的「公律」，現在及未來的發展都有確定的方向、道路，有整張藍圖可資依循。四、由於上層建築是下層建築之反映，所以可以解釋包括道德變動在內的所有人文現象。所以它是社會現實的，是真的、善的，也是美的，合知識、信念、信仰、行動為一。

　　新主義所提供的救國道路的特質是一切皆集中在一個邏輯上，它具有強大的不妥協性及排他性，對進入現實的社會進行點滴改良表示輕蔑的態度，認為一切都要等到社會革命成功，取消私有制，破除階級，才能獲得真正的解決。

五、「主義」與日常生活的苦悶與挫折

　　在談完「主義」與「人生觀」的問題、「主義」與「大經大法」的問題之後，要進入第三個主題，即「主義」與日常生活世界的苦悶與挫折。以下我想透過家庭、婚姻、求學等青年所遭遇的苦悶與挫折的一些實例，來說明「主義」的宣傳家們如何提出一套藍圖，將苦悶者吸引到一個救國的大軌道來。

　　人們如何看待一次情感的挫折呢？它可以看成是美醜、是個性，也可以看成是貧窮或富有的問題，但是它竟然也可以被理解成是整個國家民族命運在個人身上的縮影。我們應該留意郁達夫（1896-1945）小說〈沉淪〉中的情節，主角因為受到日本藝妓的

冷落，極度自卑，而悲嘆這都是自己國家的衰弱不振所導致的。[92]
小說男主角把個人遭際「轉喻」成國家命運。「主義」時代常見
的宣傳正是盡可能地把日常生活的煩悶、挫折、憤怒「轉喻」成
國家的命運，而解決這林林總總的煩悶與挫折最終都要靠「主
義」。套用《中國青年》中一篇文章所述，要「善於藉引學生的日
常的小問題循循善誘，直射旁敲的去促成學生的政治覺悟。」「在
他們的日常生活中藉平凡，零碎的問題做日積月累的宣傳。」[93]

　　青年最常見的煩悶是愛情，但主義者將戀愛與經濟的宰制和
支配、資本主義與無產階級的矛盾結合起來，並指出一條與國家
民族命運相結合的解決辦法。譬如1925年夏天，在商務印書館
《學生雜誌》擔任主編的楊賢江在一個夏令營演講青年戀愛的問
題，他的言論掀起了一番討論，於是大家提出戀愛須先從社會革
命著手，一旦把舊社會完全推翻，另建新社會，「把社會上人人都
變成無產階級，大家都一律平等，到這時候，從前所謂的小姐、
少爺一個也找不出，才可以根本解決無產階級者的戀愛問題。」[94]

　　在《中國青年》中有更多這類事例。1926年10月署名「昌
群」所寫的〈怎樣做學生領袖〉中即以愛情問題作為切入點，提
出一些關於愛情與麵包衝突的問題要青年們解答，然後乘機對他

---

92 夏志清著，劉紹銘等編譯，《中國現代小說史》（台北：傳記文學出版社，
　　1979），頁129-130。

93 昌群，〈怎樣做學生領袖〉，《中國青年》，136（上海，1926），頁284、
　　286。

94 呂芳上，〈1920年代中國知識分子有關情愛問題的抉擇與討論〉，收入呂芳
　　上主編，《無聲之聲（Ⅰ）：近代中國的婦女與國家（1600-1950）》（台北：
　　中央研究院院近代史研究所，2003），頁90-91。呂文中列出許多參與論戰的文
　　章篇名，它們大多發表在《民國日報》「覺悟」副刊，還有《革命與戀愛》
　　之類的討論集中。

們的「迷夢」澆冷水。[95]這時期的青年習於將戀愛問題聯繫到經濟制度、階級問題，最後以「幹革命」收尾——在社會革命成功之前，是不可能有真正基於感情的自由戀愛。

在《中國青年》中有一篇署名「小立」的〈戀愛問題〉，提到青年煩悶枯燥的生活，渴求愛的洗禮，但是他話鋒一轉說，在重重經濟壓迫之下，那裡找得到真正的戀愛呢？他的結論是：「要找真正的戀愛，還得要大家去先改造社會經濟，幹社會革命的工作。」[96]署名「熊熊」寫的〈介紹共產主義者的戀愛觀〉論調基本上與此一致：在資本主義社會裡沒有人能自由戀愛，因為人免不了受經濟支配，不同的經濟背景，不可能有真正的自由戀愛，以戀愛始者每每以痛苦終，他的結論也是「若真能以馬克思主義的觀點，認清了社會進化的過程，確定了革命的人生觀，對於戀愛問題，應當是不難解決的。」[97]有一篇向商務印書館《婦女雜誌》抗議的文章〈中國青年與戀愛問題〉，強調《婦女雜誌》中所鼓吹的現代自由戀愛是不可能的，因為戀愛被經濟制度所支配，「在現代的經濟制度下面，真誠的戀愛很難實現。」所以必須打破半殖民地的半奴隸生活，才可能有真誠的愛情。[98]

1925年3月，署名「方斌」的青年寫信問《中國青年》的編者說，他受到新文化運動的洗禮，決意解除幼時家庭代訂的婚約，故寫信要求雙親，但始終未獲許可，想要激烈處置，又怕父母斷絕其經濟來源。對此，惲代英回答說：「你能聯合青年努力

95　昌群，〈怎樣做學生領袖〉，頁286。

96　小立，〈戀愛問題〉，《中國青年》，57（上海，1924），頁117。

97　熊熊，〈介紹共產主義者的戀愛觀〉，《中國青年》，66（上海，1925），頁244。

98　一止，〈中國青年與戀愛問題〉，《中國青年》，51（上海，1924），頁14-15。

求革命之及早成功，使其『革命政府』以後真能代表人民利益，尤其是使它能代表青年利益，你自然可以自由廢約，父母沒有權力能干預你的事。」[99]

當時青年處在兩代知識分子的運動之間，新文化運動要他們解放，從舊家庭、舊婚姻等解放出來，但是在解放之後又產生了新問題，並不能真正自由，故家庭、婚姻的問題困擾許多人。1920年代的「主義」者則試著導引他們，讓他們把家庭、婚姻的挫折導向社會主義革命的道路。

1924年5月，《中國青年》刊載燕日章給蕭楚女（1893-1927）的一封信，信中提到因為家庭及婚姻的累贅，徘徊於是否脫離家庭與拒絕婚姻。他提到或許應該到中國古書中去尋找使他能從苦惱中解脫出來的智慧。蕭楚女回答他說，能脫去這家庭、婚姻的束縛最好，但即使不脫離，也還是可以為社會做事。他說：

> 你若真要開放你底胸襟與眼界，與其在那些散亂浪漫的中國子書中去埋頭，則不若去讀進化論與唯物史觀的社會學。從科學的領域裡，才可知道宇宙之偉大而得到自己所居的地位。然後才能有一個有條理而且是科學的進取的人生觀；才不致陷於那烏托邦的迷途。你可把研究社會學與這一要求合在一起，同時去做。凡關於生物進化（如物種原始，一元哲學之類）及馬克思學說，都看一下，那便勝於讀五車子書。[100]

---

99 方斌，〈婚約解除之困難〉，《中國青年》，72（上海，1925），頁343-344。
100 蕭楚女，〈脫離家庭及拒婚問題〉，《中國青年》，33（上海，1924），頁13。

　　有一位叫濮鐵符的青年寫信給蕭楚女與惲代英說，他家做米、紙兩種生意，近年來因為道路不通，外國紙、米輸入日增，以致家業失敗。但他受到親友幫助，繼續在上海求學，而這些資助人是地方上的紳士，有些正是土豪劣紳，本應在革命黨人打倒之列，他因此感到一種道德上的兩難。蕭楚女及惲代英回答說：「你的問題也許是很多青年的問題，是很多青年受帝國主義侵略、軍閥戰爭的影響以致家產破產，無法解決的生活問題」，他們說當時中國受帝國主義及實業發展、軍閥之破壞，知識分子無進身之階，鼓勵濮鐵符退出學校，到群眾中「營共同的互相幫助的生活」，領導鬥爭，「這是打破你的心中矛盾的唯一道路。」「救國、革命不是一種慈善、俠義的事業，是根據於個人的、家庭的生活的貧困無法解決，不得不起而要求改造社會制度的一種認識。」特別值得注意的是下面兩句話，「所以救國的出發點是為救你自己，或者可說是你救家庭的一種手段。」[101]

　　前面舉的例子是戀愛、婚姻、家庭，對於青年另一大煩悶的來源是讀書、學校、出路。〈甚麼地方有較好的學校呢？〉是《中國青年》中一篇文章的標題，當時許多青年因為受了新文化運動及革命宣傳的影響，不願受教職員的「壓迫蹂躪」，不願再留在「黑暗的學校裡」，於是他們困惑地問，什麼地方有較好的學校呢？這是當時學生界相當普遍的困惑。惲代英的回答是，在帝國主義者及軍閥的盤剝之下，不可能辦出像樣的學校──「除了根本改造這個社會，甚麼人可供給較好的學校給這般青年？」「青年要有較好的學校麼？不是今天從此校跳到彼校，明天從彼

---

101 濮鐵符，〈革命青年與家庭問題〉，《中國青年》，131、132（上海，1926），頁187-190。

校跳到此校，所能達到目的的；最要是自己能夠到群眾中宣傳，而且盡力促進革命，以根本改造這種社會，只有在較好的社會中間纔會有較好的學校。」[102]

如果付不起學費，準備退學以免全家吃苦呢？這是1925年1月山西曲沃東莊一位叫張景良的文章的標題，惲代英的回答是：「你的問題是普通青年所要遇見的。」因為帝國主義之壓迫，而國家不能把賠款外債移作一般青年的教育費用，同時，國家未能保障人民的生計，故有許多青年面臨無學費之問題，對此「根本的解決，只有改造國家」，使得它能直接免費提供一般青年「圓滿的教育」，所以他告訴張景良，只看見個人和家庭，是沒有辦法解決這種困難的，他勸張先找一個小學教員的工作「苟延殘喘」，「在這苟延殘喘的期間，最要是拚命盡力贊助革命運動，只有改造了國家，纔可以使一切事業安定而報酬加厚的。」[103]

如何解決買不起書的青年的煩惱呢？1925年3月，在南京的學生吳崇樞，抱怨他與多數同學因為貧困，且書價昂貴，買不起新雜誌。惲代英的回答是：中國把全國一大半經費，作為對帝國主義的賠款及內戰的軍費，使得青年無力買書，無力求學，這不是教育部所能解決的。資本主義體制下的出版界，必須靠賣書賺錢，不可能要求他們減價──「要完全解決這種問題，只要打倒資本主義以後，人靠書傳播文化，不靠賣書賺錢，然後人人可以有享受文化的機會。」[104]

---

102 惲代英，〈甚麼地方有較好的學校呢？〉，《中國青年》，103（上海，1925），頁79-80。

103 張景良，〈退學呢？使全家跟著吃苦呢？（通信）〉，《中國青年》，62（上海，1925），頁191-193。

104 吳崇樞，〈窮學生與書〉，《中國青年》，72（上海，1925），頁343。

　　考試是統治階級的學校與教育為保持其階級地位和權威所設的，所以即使是為考試所苦的芸芸學生也可以得到解答：「我們努力，我們團結，我們總有一天根本廢止這種考試制度。」[105]而且認為當時因為帝國主義與國內軍閥之侵凌剝削，中國經濟生活衰敗破產，「即使學成了物理化學及其他種科學，亦無處可借我們作試驗和應用。」[106]所以在社會改造之前不用讀這些書。

　　1926年《中國青年》中有惲代英回答讀者來信的短文〈我們應當開辦小工廠小商店嗎？〉，惲代英在清理舊信時，發現江西吉安的宋寧人寫來的一封信，信中提到他想聯絡城市中的勞動者，加以教育和組織，一方面鼓吹革命，一方面開辦小工廠、小商店，以謀改善生活。惲代英在文中回答：「想在革命以前自己創造出一點小小事業（一般凡俗人所承認的事業）」，「明明是空想，一定要歸於失敗的」，[107]只有投入革命才能解決問題。一位筆名少峰的人在〈評所謂「工業補習教育運動」〉一文中，則認為「工業補習教育運動」是替資產階級幫忙訓練勞工，「他們總幻想著要保存資本主義的制度，而且相信它是永久的」，但終歸是失敗的。[108]在極度排他性的公式下，一切只有一個出口，其他的出口則皆屬反動。

　　前面是以1920年代的《中國青年》為例的討論，《中國青

---

105 范實，〈開封「補考」風潮中之國家主義派〉，《中國青年》，101（上海，1925），頁26。

106 針木，〈告南京的青年學生〉，《中國青年》，115（上海，1926），頁411。

107 惲代英，〈我們應當開辦小工廠小商店嗎？〉，《中國青年》，114（上海，1926），頁386-387。

108 少峰，〈評所謂「工業補習教育運動」〉，《中國青年》，143（上海，1926），頁471。

年》代表北伐之前革命青年懷抱理想地奔向「主義」的思想狀態。因為文本太多，1930年代我主要以李平心（1907-1966）的《青年自學指導》之類的文本為例來闡述1930年代「苦悶」的本質。

　　1920、30年代青年的文字中最常出現的是「苦悶」二字，苦悶似乎是當時中國、日本等國青年的用語。刊物中常常出現的是，「中學畢業以後，我莫名其妙地感覺苦悶」這一類的字眼。[109]

　　以1937年李平心編的《青年自學指導》為例，讀者來信中以「苦悶」為標題者為大宗，各式各樣的「苦悶」，個人、家庭、戀愛、挫折等，而苦悶青年所獲得的解答是相當一致的。如陳啟成來信不滿包辦婚姻，編者答覆除了贊成他離婚，還要他「盡量做的辦法最好是多讀前進向上的書籍，並多多參加團體活動（如集體研究愛國工作等），不特可以排除苦悶，幫助個人的進步，而且對國家貢獻也不小。」[110]答覆鄧橙〈失學——失業——性的要求——自殺——何處去救國〉的問題時，李平心在一一解說之後，認為最後應參加青年的救國團體，甚至可以自創這類團體。[111]他答覆邵明書的〈一個不可解的矛盾：「我雖然有為人群服務的熱忱可是社會卻擯絕了我」〉時說，因為問題是連珠式的，「你必須明白，你一個人問題的解決，不是全問題的解決，就算你什麼都解決了，你還是會不滿意的。一個人只有獻身於一種大的事變——比方獻身國家民族，你就會滿意了。」[112]

　　在答覆小販孫誌楚的〈怎樣從死路走上活路〉一文中，李平

109　鄭超麟著，范用編，《鄭超麟回憶錄》，頁161。

110　李平心編，《青年自學指導》，頁364。

111　李平心編，《青年自學指導》，頁302。

112　李平心編，《青年自學指導》，頁358。

心說：「我們希望孫君從社會底全盤上著眼，去解決他個人底生活。」[113] 在〈為大眾謀福利的集團在那裡〉答覆程國鈞時說：「我們不要把『改造社會』這一件事情看做我們生活以外的一件事情；我們要把自己底生活變成改造整個社會底一部分。」[114]

　　從以上一些小青年的困惑，及主義宣傳家為他們畫下的藍圖中可以看出「主義」如何成為調動一切的力量——它把切身的生活經驗與改造社會、解救國家的大敘事串接起來，而且日常生活中的煩悶正是比國家大事更能吸引青年到黨與主義的陣營來的利器。在《中國青年》的〈同學間難於合作嗎？〉這一篇文章中，作者以過來人的身分勸人們不要專提出一些國家大事的大口號，要從群眾切近的事出發，「只有使群眾懂得是自己切身的事，才能激起群眾，才能使他效命於疆場。」群眾各有其特殊要求，商人可能是收回關稅權，農民可能是免除苛捐雜稅，工人是增加工資、減少工時，學生是免收學費、改良教科書、言論自由，「我們應該作的是，從群眾許多不同的要求中，我們尋出一個當時當地的共同要求出來，號召群眾。」[115] 在《中國青年》另一篇文章〈怎樣做學生領袖〉中，作者也強調「藉引學生的日常的小問題循循善誘，直射旁敲的去促成學生的政治覺悟。」「我們要多在學生的日常生活中注意，從學生的各種生活方式中去領導他們，在他們的日常生活中藉平凡，零碎的問題做日積月累的宣傳。」[116]

　　從前面引述的材料也可以看出，「主義」宣傳家將日常生活中的各種苦惱、煩悶串聯成為連珠式的問題。把問題連珠化的本

113　李平心編，《青年自學指導》，頁287。

114　李平心編，《青年自學指導》，頁326。

115　〈同學間難於合作嗎？〉，《中國青年》，127（上海，1926），頁41-42。

116　昌群，〈怎樣做學生領袖〉，頁284-286。

身即是一種力量，而且其力量不亞於它的解答。一切私人問題的根源皆來自社會國家，解決的順序是先大後小，先全盤才能解決點滴。《青年自學指導》中留下了一段對小販的答語，生動地把他生活上的困頓及所有類似的情況者與整個國家命運串聯起來：

> 不是嗎？帝國主義要不助長中國內戰，中國這國家何至於這樣久不統一？國家如果統一了，走上建設之路，可怎麼會水利不修？致釀成全國各地的水災旱災？再進一步說，帝國主義要不侵略，農村何至破產？帝國主義的洋貨不輸入農村，農村的農產物何至沒有銷路而終於毀滅？[117]

問題的解決，需要很大的代價，「甚至整個社會變革過來，成為另一種嶄新的社會。」[118]故解決日常生活中的任何一個問題，都必須從最根本的解決入手才可能。目前要做的是，即刻匯集群眾，進行革命，創造一個理想的社會。[119]

最後要討論的是「找出路運動」，而且所找到的出路是個人與國家合而為一的出路。

陳永發指出，當時在破碎的社會中遭受挫折的青年普遍在尋找出路，而參加革命也是一種出路，是精神上的出路，也是經濟上的出路。國民黨如此，共產黨方面因受第三國際的資助，也可

---

117 李平心編，《青年自學指導》，頁354。

118 李平心編，《青年自學指導》，頁352。

119 邵力子曾說「主義的可貴，正在能疏導時代的潮流。」他的話說得很簡略，但是前面的討論應該能說明所謂「疏導時代的潮流」是什麼意思。見邵力子，〈主義與時代〉，收入傅學文編，《邵力子文集》，上冊，頁474。

以提供一定的生活收入。[120]革命即是就業，胡政之（1889-1949）在〈主義與飯碗〉中記他的朋友嚴慎予與別人的對話：「我說，中國今後，要能號召人祇有主義和飯碗兩種。他說，主義之外，必須加飯碗。有主義而無飯碗也是不行的。」[121]

張靜廬觀察說，革命是一種吃飯行業。[122]但如果只是單純為生活而找出路，選擇是多樣的。但如果有人能把生活的出路、生命意義的出路、國家的出路三者串聯在一起解決則更為吸引人。「主義」宣傳中所提供的架構把每個問題的性質及解決方法皆重新定義，所以出路也是重新定義過的，是三種出路合而為一的，它不僅只是當時振興教育與擴展實業的主旋律，而是在「主義」的指導下，從事改造社會的革命，一條全新的出路。

前面已經提到過，買不起書本的青年，所得到的解答是唯有打破資本主義的經濟才可能人人有書讀；繳不起學費的青年，其困境也被重新解釋，認為唯一的出路是改造社會的革命。找不到好學校，或學校關門，學生在學校受到師長的「壓迫」，找不到女朋友，家庭經濟破產，無職可就，小販、農夫受到的痛苦，所有的問題在過去皆有各式各樣的理由可以解釋（如天意），而經過主義者的重構，最後皆指向同一條路，也是唯一的出路──「去打倒我們敵人──帝國主義、資本家、軍閥、官僚、土豪和劣紳」，[123]「誰都知道要另找出路，亦即是，誰都是革命的。」[124]

---

120 陳永發，《中國共產革命七十年》，上冊，頁133-140。

121 胡政之，〈主義與飯碗〉，《國聞週報》，3：39（天津，1926），頁9。

122 張靜廬，《在出版界二十年》，頁59。

123 秦承基，〈在「民間」的革命青年〉，《中國青年》，128（上海，1926），頁92。

124 〈同學間難於合作嗎？〉，頁38。

　　惲代英描述說，1920年代中期北方青年普遍認為擺在前面的只有三條路，一是讀死書，二是無意義的玩耍，三是「到黃埔去」──到黃埔，在校免除一切費用，畢業之後「有比較可靠之出路的」，而在此意義上，它是在確定可循的主義指導下邁向革命者的歸宿。[125] 到黃埔是一條符合生命意義、經濟生活與救國的新出路。[126] 後來當然又增加「到武漢去」及「到延安去」。

六、結語

　　本文強調，主義最吸引人的部分當然是一條具有高度可行性的救國、建立新社會的道路。但有力量的「主義」還不止於此，它要能將個人的、家庭的、團體的、社會的種種希望感與挫折感，依主義所構成的藍圖，轉換、連接到救國的道路上。

　　被主義所吸引的無數個人，其理由千差萬別，每個人存在的遭際，及如何為這個遭際尋得一個有力的答案、出路都是相當重要的。以當時的中國而言，這個答案、出路，如果能與國家的命運連結在一起，就更為吸引人了，所以有力量的主義創造出一個意義系統，像是一條渠道，將個人遭際與國家命運連結在一起，把散在各地的零散力量，轉換成為一個公共的、有意義的共同行動。

---

125 惲代英，〈告投考黃埔軍校的青年〉，《中國青年》，145、146（上海，1926），頁519-523。

126 1924年在黃埔擔任政治部副主任的張申府回憶，他動身南下，前往廣州時，「一路上，見到許多青年學生情緒激昂」，並說當時到廣州的「學生們熱情很高，認為報國有門。」見張申府，《所憶：張申府憶舊文選》，頁31-32。

　　在近代中國，「主義」之所以吸引人是因為它形成一張藍
圖，一張溝渠網，把各種零散的力量最後都匯向一個出路，聯合
成共同的行動。它照顧到的範圍不只是政治——即使它的最終目
標是政治，它還包括人生觀、世界觀、日常生活中的煩悶與挫
折。它提供了一套新的認知框架來解釋煩悶與挫折的情緒，使得
一切飄蕩的資源可以循著「主義」所提供的認知框架而得到新的
位置與秩序。它將問題置入一個新的架構中，使得原來無以名
之、無以解說的問題，在新架構中，結束了它原有的模糊、漂
浮、零碎性，轉換成新的了解問題、意義的方式。[127] 接著是解答
這些問題，而且解答的方法是連珠式的、匯趨式的。像零散的小
渠最後匯到一兩條大江、大河，形成共同的方向，最後流向一個
共同的「出路」。所以馬列主義不是在1949年以後才從上籠罩下
來，它一開始是一件寶貝，吸引各式各樣的人。1949年以後則
是用國家的力量推到各個角落。

　　魯迅在1930年代出版的《二心集》中，有一篇名為〈非革
命的急進革命論者〉的文章說：

　　　　在革命者們所反抗的勢力之下，也決不容用言論或行動，
　　　　使大多數人統得到正確的意識。所以每一革命部隊的突
　　　　起，戰士大抵不過是反抗現狀這一種意思，大略相同，終
　　　　極目的是極為歧異的。或者為社會，或者為小集團，或者
　　　　為一個愛人，或者為自己，或者簡直為了自殺。然而革命
　　　　軍仍然能夠前行。因為在進軍的途中，對於敵人，個人主

---

127 譬如原先可能歸到天道、命運或其他各種因素，現在在新的認知框架下，
　　有一個全新的歸因。

　　義者所發的子彈，和集團主義者所發的子彈是一樣地能夠
　　制其死命。[128]

　　此處我不擬仔細追索魯迅這段話的背景，我想拿它來說明
「主義」調動一切資源的實況。在「主義」的引導下，不管每個
人最初的動機是什麼，但最終所發的子彈可以置共同敵人於死
命。這恐怕是歷史發展中複雜而又一致性的事件的實況。

　　我認為，「主義」之所以吸引人，除了政治方面的因素是最
重要的，還有一個不可忽視的原因：即它提供了一套藍圖，將個
人遭際與國家命運連接起來，將已經被打亂了的、無所適從的苦
悶與煩惱的人生與日常生活，轉化、匯聚成有意義的集體行動。

　　「主義」的吸引力是透過不斷的「轉喻」形成一種具有說服
力的思考框架。Kenneth Burke 一再提醒他的讀者，所有的了解
都是 "in terms of" 式的，是「意識到什麼是什麼」，在不斷轉喻的
過程中，使我們的日常生活世界得到它的外型與形式，意識的模
式幫助我們組織我們的日常生活經驗，使得它們變得可以理
解。[129]

　　有龐大吸引力的「主義」是不斷進行「意識到什麼是什麼」
的「轉喻」，使得陌生混亂的日常生活世界變得可以被系統地理
解。但是如果僅限於把陌生的變得可以理解，還遠遠不能吸引當
時進退失據的中國人。「轉喻」到最後，是一套可以改變現實困
境的實際辦法，提供解決所有問題的入口。

---

128 魯迅，《二心集》，收入《魯迅全集》（北京：人民文學出版社，1957），第
　　4卷，頁177。

129 Kenneth Burke, *On Symbols and Society*, p. 5.

　　為了觀察這種「說服」的實際情況，我採用了1920年代幾種進步刊物所刊載作者與讀者的問答。晚清以來這種文類非常流行，各種刊物中的「問答欄」是「消費者」與「銷售者」的連接點，方便我們不只是從思想家的角度，還能從「消費者」──「讀者」的角度觀察一代思想的動向。

　　《中國青年》的「問答欄」很珍貴，它提供的材料讓我們得以觀察當時青年人現實生活中的苦悶與困惑；以及主義宣傳家如何引導當時青年把他們人生的困惑、生活的遭際與國家命運結合在一起，最後把各種困惑、挫折的情緒調動到一處，找到共同的出路。在這些回答中，惲代英、蕭楚女等的調子是簡單而一致的，即：一、中國在軍閥及西方帝國主義的雙重覆壓之下，情勢已經混亂到無可挽救的地步。中國立即要做的事是打倒軍閥及帝國主義。二、解救中國的唯一道路是「社會改造」、「社會革命」，完全重新來過，在此之前所有的零星努力都是沒有用的。由於「問題是整個的」，所以必須整體地解決、一次解決。三、唯一的出路便是停下手上個別的、零碎的工作，加入群眾運動、群眾革命，盡快地完成社會改造與社會革命，路只有一條，現在馬上可以辦的是「到黃埔去」或「到武漢去」。四、唯有如此才能解決所有問題，不管是人生的困惑、煩惱、戀愛、家庭、學校，甚至連買不起書都可以貫串在一起加以解決──投入社會革命的行動，救國即所以救自己，並且在整個藍圖中把自己的人生安頓在一個有意義的座標中。在這裡，人生觀的問題、日常生活的困頓與苦悶、主義的抉擇與整個國家、政治的出路緊密相連在一起了。因為「主義」與人生觀及日常生活中的挫折、困惑、苦惱密切相連，而且有龐大說服力的「主義」提供了一個新的體系來引導人生，最後，包括私人領域都被「主義」整合在一起，而

一步步地政治化了。

最後我要引1937年陸印泉（1911-1994）所寫的〈青年怎樣才能不苦悶呢〉一文中的話來說明「主義」如何解決青年「煩悶」的問題。這篇文章呈現了兩個面向。第一面是將所有苦悶的原因歸納到「社會整體」，所以要解決煩悶要有能全盤解決社會問題的「主義」（在主義下的革命），另一方面是認為「中心思想」可以解決煩悶的問題，而這個思想中心就是「主義」。陸印泉說：「我已經把你們苦悶的社會方面的因子，說得明白了；說是青年的苦悶是由缺陷的社會所給予的。你們聽了我底話，或許會大吃一驚，以為你們之苦悶既由於社會，那麼這社會還沒有踏上合理化的途徑以前，是永遠沒有辦法解除你們底苦悶了。」他又說：「這能使你們不苦悶的傘到底是什麼呢？我敢說，就是中心思想和中心行動」、「人在這複雜矛盾的社會裡，其思想和行動失去了中心，便使生活失去了重心，飄搖無定，這種飄搖無定的情緒所反映出來的就是苦悶」。[130]又說：「你們有了中心思想，必須還要有中心的行動，否則，你們底苦悶，不但不能解除。……」最後又說：「你們的苦悶問題是一個社會問題，牠澈底的解決是繫於整個社會問題的解決」，[131]而解決「整個」社會問題要靠「主義」。「煩悶」的真正解決要緊靠著「主義」，讓「主義」帶領人們，充滿內心，指導公私領域生活，並成為時刻不可或離的資源，從而「主義」也支配了人們的私人領域。

---

130 陸印泉，〈青年怎樣才能不苦悶呢〉，《內外什志》，2：5（南京，1937），頁20。

131 陸印泉，〈青年怎樣才能不苦悶呢〉，頁21。

「主義時代」的來臨

——中國近代思想史的一個關鍵發展[*]

[*] 在這裡我要特別感謝老友羅志田教授，感謝金觀濤、劉青峰兩位教授與政治大學合作開發的「中國近現代思想及文學史專業數據庫（1830-1930）」，同時要謝謝沈國威教授、許紀霖教授、林勝彩博士、羅皓星的協助。本文初稿大略成於八年前，並曾在2004年東海大學「劉崇鋐學術講座」、2011年政治大學舉辦的「近代東亞的觀念變遷與認同形塑」國際學術研討會，及2012年香港中文大學「余英時先生歷史講座」中宣讀。在「近代東亞的觀念變遷與認同形塑」國際學術研討會中，謝謝德國瓦格納（Rudolf G. Wagner）教授提醒我，挪威奧斯陸大學史易文（Ivo Spira）教授的博士論文即討論近代中國「主義」的問題。在這裡要謝謝史易文教授送我他剛出版的專著，史易文教授的書的重點與本文不盡相同，拙文偏重在從思想史的角度談「主義」，史易文教授則是偏重在對近代中國各種「主義」的現象分析，書中所包括的主題甚多，我想趁這個機會舉例介紹。史易文教授的書探討了「主義」思想的傳統淵源、主義作為政治運作的詞彙與概念、主義作為政黨認同之標幟。近代中國以愛國主義為根，吸收各種主義的現象；1920、1930年代，知識分子被逼著要選「主義」的邊站的現象；中國知識分子對西方「主義」之反應；主義與未來理想的結合；主義的唯意志理想論之特色；主義成為邁向未來新社會的手段；主義的烏托邦特質；主義的化約性；主義作為一種混合體；主義作為一種對意識形態的強制分類（譬如責備某人是「過激主義」）；主義提供一套易於對人的行為、思想分類之範疇，主義的人格性、主義與主義者……等，請讀者參看 Ivo Spira, *Chinese-Isms and Ismatisation: A Case Study in the Modernisation of Ideological Discourse* (Norway: University of Oslo Press, 2010).

一、前言

近年來，中國思想界出現了「告別主義」或「沒有主義」的呼聲。[1]之所以會出現這麼大規模的反思，是因為過去一個世紀，「為了主義」是一個強而有力的運動。[2]在過去一百年中，「主義」的影響最大，所以人們在百年之後，要回過頭來省思「主義」，並告別「主義」。

這篇文章並不是「告別主義」之作，甚至也不談過去一百年各種主義的內容，我的討論只局限在1895年到1925年——也就是張灝先生所說的近代思想中的「轉型時代」之中「主義」這個論述的轉變。[3]

「主義時代」的來臨，是中國近代歷史上一場驚天動地的轉變。五四新文化運動之後，「新主義」時代登場，它將晚清以來到五四新文化運動的多元氣象，逐漸收歸於一，而且影響異常地深遠。

本文將討論的時間放在1895年至1925年之間是有一定理由的。據我目前的了解，近代中國最早出現「主義」一詞，是在1887年，到了1925年，也就是「五卅慘案」發生的時候，「主義」已成功地結合思想、組織、行動，成為一股新力量。胡適曾說近代思想以1924年為界，此後進入集團主義（collectivism）的時

1　高行健，《沒有主義》（香港：天地圖書公司，2000）。

2　此處我借用俄國作家索忍尼辛（Aleksandr Isayevich Solzhenitsyn, 1918-2008）一篇短篇小說的題目〈為了主義〉（For the Good of the Cause）。參見蘇忍尼辛，〈為了主義〉，收於劉安雲譯，《沒有主義》（台北：東大圖書公司，1976），頁49。

3　張灝，〈中國近代思想史的轉型時代〉，《時代的探索》，頁37。

代，[4]張灝在「中國近代思想史的轉型時代」中則特別提到一種「轉型的政治力量」，在我看來，他們隱約指陳的便是「主義時代」的來臨。胡、張兩說雖有一年的出入，但其差別並不明顯。[5]

在這裡我想要討論的有四個重點：一、「主義」概念的出現與演變，從中可以看出一種知識的轉型及新政治論述形式的形成。二、五四新文化運動與主義：討論「主義」如何變成青年們渴切的追求。三、剛性「主義」的出現：看政治「主義」如何一步步變成唯一的、排他性的，包辦所有一切的真理；而且希望在現有社會外，另外創造一個新的「社會」。這種全盤的改造，排斥任何在現實中點滴改造的意義。四、「主義」如何由解決問題的「工具」變成崇拜的對象。

同時我也想解答一個問題：為何主義會如此吸引人？這包括兩部分：1.近代政治、思想、文化創造了什麼樣的土壤，使得主義如此吸引人？2.我們一般提到「主義」便想到政治，本文想問除了政治之外，某些「主義」如何組成一個無所不在的網絡，提供各種說理資源，吸引著無數的人？[6]

4　胡適「1933年12月22日日記」，見曹伯言整理，《胡適日記全集》（台北：聯經出版公司，2004），第6冊，頁729-730。

5　當然，「主義」正式發展為大規模的革命行動是1927年的北伐。「主義」研究有另一本重要的書，即羅志田，《亂世潛流：民族主義與民國政治》（上海：上海古籍出版社，2001），其中有幾章深入分析北伐前後的「主義」問題，值得讀者參考。

6　本文另有一篇姊妹作〈「煩悶」的本質是什麼？──「主義」與中國近代私人領域的政治化〉（刊登於《思想史》創刊號，台北：2013），其中有一部分是從人生觀、世界觀，或日常生活的層面討論「主義」何以吸引人，請有興趣的讀者參考。後改為名〈「煩悶」的本質是什麼？──近代中國旳私人領域與「主義」的崛起〉，收入本書。

二、「主義」一詞的出現

晚清以來在國難與救國的迫切要求下，有兩個重要的思想旋律逐漸形成。第一個主旋律：群體化、組織化，由「群」→「社會」→「團體」→「黨」。第二個主旋律是尋找一種義理，一步一步將它擴展為包羅一切的中心思想，「主義」是其中最值得矚目的一種形式。這兩者互相交纏，形成近代中國歷史轉型期中頗值得注意的現象。

在討論近代中國乃至東亞的「主義」之前，應簡略介紹近代西方的「主義」。

史易文（Ivo Spira, 1978- ）教授對19世紀末到20世紀以來「主義」在西方的狀況有一個很好的介紹。在18、19世紀的歐洲，「主義」一詞暴增。「主義」常被用來指涉異端，常常被用來映照出不同的人群、不同的教義之不同，甚至是用來攻擊或貶抑某種東西。而且「主義」的內容常常講得隱晦不清。在啟蒙時代，狄德羅（Denis Diderot, 1713-1784）、達朗拜（Jean-Baptiste le Rond D'Alembert, 1717-1783）的百科全書中使用了大量「主義」來描述哲學系統、世界觀、信仰。他們使用「主義」時，常常暗示著不只是科學，這些稱為「主義」的東西也有其精確性及博學的意味。在19世紀初，尤其是法文及英文中，各種「主義」的數量爆增，其中許多與「社會運動」有關，這時也有大量為了反對某種主義而形成的「主義」。此時的「主義」常常不只是指示現狀，而且還指涉一些面向高遠未來的運動。

與西方自18、19世紀以來已廣泛使用「主義」的情形不同，對近代東亞而言，「主義」一詞幾乎是新創的。早期西方傳來的"-ism"有各種不同的漢文譯名，譬如社會主義（socialism），

曾經被譯為「公用之道」。根據齋藤毅（Takeshi Saito, 1913-1977）《明治のことば》一書的考證，日本開始使用「主義」一詞，是在1878年記者福地源一郎（Genichiro Fukuchi, 1841-1906）用「主義」一詞來翻譯 "principle"。[7]值得注意的是，在中國歷代古籍中，「主義」一詞極為罕見，我們用中央研究院歷史語言研究所的「漢籍電子文獻資料庫」查，除掉清末的《續文獻通考》，出現不到十次。最早較接近現代用法的是《史記》中的「敢犯顏色，以達主義」，我們有理由猜測，當福地源一郎使用「主義」一詞時，應該是受到《史記》的暗示，日本近代許多新創的語彙，時常可以從中國古典文獻中找到源頭。[8]

　　但是事實上，1870年代初期，在福地源一郎之前，已經有一些日本文獻開始使用「主義」一詞。最常被舉出的例子如下：1873年，記錄日本岩倉俱視訪問團的《特命全權大使米歐回覽實記》，便使用了「主義」一詞；若山儀一（Giichi Wakayama, 1840-1891）於1877年翻譯《分權政治》時，也使用「主義」。1878年以後，「主義」的用例確實增加，《東京每日新聞》中的報導即大量使用。1879年至1880年西周（Nishi Amane, 1829-1897）所撰的〈社會黨論ノ說〉，也用了「主義」。[9]以上諸例，或

7　齋藤毅，《明治のことば：東から西への架け橋》（東京：講談社，1975），頁371-372。

8　王彬彬說《史記》中的「主義」之「主」是指漢文帝。全句的本意是說敢於犯顏強諫，致皇上於義。見王彬彬，〈近代中文詞彙與日本的關係〉，收於黃秀如主編，《詞典的兩個世界》（台北：英屬蓋曼群島商網路與書公司台灣分公司，2002），頁36-39。

9　參見李漢燮，〈「主義」という語の成立及び韓国語への流入問題〉，收於宮地裕・敦子先生古稀記念論集刊行會編，《日本語の研究：宮地裕・敦子先生古稀記念論集》（東京：明治書院，1995），頁324-325；佐藤亨，〈主

可顯示日本人已然約略知曉在西方「主義」是與政治競爭的場域相關的。

　　通常字典中的譯名是在用法比較穩定之後才登著錄的，故往往比初用時稍晚。日本在1880年代的字彙或字典中，已經普遍使用「主義」一詞，明治二十年（1887）以後，各種譯書、教科書、新聞、雜誌中，均可見「主義」一詞被廣泛地使用。[10]但是「主義」使用之初尚未有獨占性。1881年初版的《哲學字彙》中，對"ism"一詞，並不全譯作「主義」，時而譯為主義，時而譯作理、道、教、論、學、說、式、學派、術，並不一致。[11]1883年，柴田昌吉（Masakichi Shibata, 1842-1901）和子安峻（Takasi Koyasu, 1836-1898）合編的《附音插圖英和字彙》中，翻譯"socialism"時，初版所用的是「交際ノ理，眾用ノ理」，二版所用的是「社會論、交際之理、眾用之理」。[12]

　　根據佐藤亨（Toru Sato）的研究，在日本，「主義」出現以前，用來表達這一類意思的是「趣意」、「主意」、「主張」、「方針」、「理」、「道理」。[13]在中國，1866年至1869年，德國神父羅存德（W. Lobcsheid, 1822-1893）所編纂的《英華字典》並未出現「主義」一詞，而是與日本一樣，用「道」之類的字眼翻譯。在這部字典中，"principle"譯為「源、本、本源、原由、理、道理」，而"-ism"也不譯作主義，譬如"communism"譯為「大公之

　　義〉，收於佐藤喜代治編，《講座日本語の語彙10語志2》（東京：明治書院，1983），頁218-222。

10　李漢燮，〈「主義」という語の成立及び韓国語への流入問題〉，頁325-326。

11　李漢燮，〈「主義」という語の成立及び韓国語への流入問題〉，頁327。

12　李漢燮，〈「主義」という語の成立及び韓国語への流入問題〉，頁326。

13　佐藤亨，〈主義〉，頁218-219。

道，通用百物之道，均用百物之道」，"socialism"譯為「公用之道、公用」。[14]孫中山在1896年應英國翟爾斯（Herbert Giles, 1845-1935）之邀而撰述的自述裡，講到"Darwinism"時，所用的正是「達文之道」。[15]

接著，「主義」一詞約莫在1880年代後期擴散到東亞其他國家，1890年代隨著韓國留日學生引介回韓國。[16]依照義大利學者馬西尼的考證，中國大概是在1880年代末開始使用「主義」一詞，黃遵憲（1848-1905）的《日本國志》首次出現「主義」。[17]黃遵憲在1880年代擔任駐日公使，有機會大量接觸日本人已廣泛使用的「主義」一詞。《日本國志》於1887年6月成書，第一版在1890年至1895年間刊印，它旨在介紹日本維新成功的經驗，

---

14 羅存德著，井上哲次郎增訂，《英華字典》（東京：日本善鄰譯書館，1900），頁280、835、987。相關討論請見李漢燮，〈「主義」という語の成立及び韓国語への流入問題〉，頁322-323。李博在《漢語中的馬克思主義術語的起源與作用》中說，"socialism"在進入中國時，有幾種不同的譯名，京師同文館的汪鳳藻與丁韙良（W. A. P. Martin）在翻譯Henry Fawcett的 *A Manual of Political Economy* 時，便將"socialism"譯為「均富之說」；康有為在《大同書》中則選擇以「人群之說」作為"sozialismus"的漢語對等詞；另一種就是日文漢字詞彙「社會主義」。以上李博之說引自詹筌亦、王乃昕，〈「主義」的數位人文研究〉，收於項潔編，《數位人文在歷史學研究的應用》（台北：臺灣大學出版中心，2011），頁231。

15 廣東省社會科學院歷史研究室等合編，《孫中山全集》（北京：中華書局，1981），第1卷，頁48。史扶文亦注意到孫中山早期提到達爾文主義時用「達文之道」，請參見Ivo Spira, *Chinese-Isms and Ismatisation: A Case Study in the Modernisation of Ideological Discourse*, p. 108.

16 李漢燮，〈「主義」という語の成立及び韓国語への流入問題〉，頁319-340。

17 馬西尼（F. Masini）著，黃河清譯，《現代漢語詞彙的形成——十九世紀漢語外來詞研究》（上海：漢語大詞典出版社，1997），頁270。

以俾清政府效法，該書卷19有「頗以消減紙幣為主義」云云。[18]
我們大概可以確定，在1890年代，尤其是中期以後，「主義」一
詞在中國已經相當流行，清末的官書中大量出現各種「主義」。[19]

　　根據馬丁・伯納爾（Martin Bernal, 1937-2013）有關1906年
以前中國社會主義的研究，《萬國公報》中最早談到「社會主
義」或「社會主義」團體時，用的是「安民學」及「賽會」，當
時（1899）從日本譯來的書中，也有稱社會主義為「安民學」。
不過1902年梁啟超已稱馬克思為「社會主義之泰斗」，1902年到
1903年《社會主義》、《近世社會主義》等書已通行於中國。[20]這
些新舊兩種表述混用情形，正表示「主義」一詞，還未形成堅固
不可移易之共識。

　　我們相信，隨著電子文獻資料庫的發展，近代文獻中對「主
義」一詞的受容過程將會很快得到更確切的答案。本文所關心的
是：「主義」一詞為何如齋藤毅所說的是一個「重寶」，尤其是
「主義」一詞的出現，如何微妙地改變了人們對政治知識或真理
的態度。[21]

---

18 黃遵憲，《日本國志》（上海：上海古籍出版社，2001），卷十九，〈食貨志
　　第五・貨幣〉，頁214。
19 晚清使用「主義」的用例很多。在官書方面，曾以宣統元年（1909）商務印
　　書館出版的《大清光緒新法令》一書為例進行搜尋，約有60多筆使用「主
　　義」的資料。
20 關於梁啟超對社會主義的理解和引進，可參見Martin Bernal, *Chinese Socialism
　　to 1907* (Ithaca, N. Y.: Cornell University Press, 1976), pp. 90-106.
21 劉正埮等人所編的《漢語外來詞詞典》中對「主義」的定義：「對客觀世
　　界、社會生活以及學術問題等所持有的系統的理論和主張。」這個定義中的
　　「主義」是對形形色色主義的一般性定義，如樂利主義，而不大能描述近代
　　中國政治「主義」之特色。光從字面上看，「主義」二字便直接讓人有一種

　　近人的研究顯示，近代中國常用「主義」一詞來表達：思潮、思想、觀念、體系、學說、作風、傾向、教派、流派、原則、階段、方法、世界觀、政策、主張、態度、表現形式、表現形態、形式、理論、看法、社會、國家、制度、精神、綱領、行為等。[22]它們在轉化成各種「主義」之後，不但帶有標明一種方針並矢志實行的意涵，不少政治性的主張在「主義化」之後馬上「剛性化」，帶有獨斷性、排他性，甚至是不容辯駁、你死我活的味道，其論述性質產生重大的轉變。

　　大體而言，從1890年代開始，「主義」在中國已經逐漸流行，而且使用者的身分是跨界的，士人、活動家與滿清的官僚都在使用。當清廷開始有意識地模仿西方國家，一步一步轉換成現代國家時，便常常使用「主義」一詞，提到某種新制度或新政策時，往往要特別申明所根據的是什麼主義。[23]官員上奏中也使用「主義」，甚至連舊文人如王闓運（1833-1916）之輩也用「主義」，並控訴當時的學堂「以奪寺產為主義」。[24]堅確、獨斷、排

確定堅持的特殊主張的意思。參見劉正埮等編，《漢語外來詞詞典》（上海：上海辭書出版社，1984），頁408。

22 參見 Ivo Spira, *Chinese-Isms and Ismatisation: A Case Study in the Modernisation of Ideological Discourse*, pp. 232-235，還應參考該書的附錄（pp. 287-317）。

23 在清人劉錦藻所編的《清朝續文獻通考》（上海：商務印書館，1921）中，留有大量這類的例子，如奕劻奏刑律時所用「相互擔保主義」一語（卷二四五，〈刑考四〉，頁4063），商部討論興辦鐵路時所用的「官督民辦主義」（卷三六四，〈郵傳考五〉，頁6144），大理院考察他國審判制度所用「以公開為主義」一語（卷三九六，〈憲政考四〉，頁6805），又或者內閣總理大臣在討論立憲後國家財政時所用「以量入為出為主義」一語（卷三九六，〈憲政考八〉，頁6896）等等，可見當時朝臣使用「主義」一詞的頻繁。

24 此條年代較晚，參見〈王湘綺之遺賤零墨〉，收於劉禺生撰，錢實甫點校，

他、不容辯駁的」主義」觀是在1900年至1917年間逐步形成的。

三、1900-1917年之主義

拜「中國近現代思想及文學史專業數據庫（1830-1930）」[25]之賜，我們可以知道在1910年至1917年之間，「主義」一詞使用的大致情況。這一段時間，是西方各種主義傳入中國的時候，無政府主義、社會主義盛行，贊成、反對之聲此起彼落，大抵革命派傾向社會主義，而立憲派基本上持反對態度。當時討論的一個重點是，究竟中國應該步趨西方最新潮的社會主義而強調「分配」，還是應該重視「生產」，後者認為當時中國沒什麼「生產」，故談不上「分配」。

此處不擬討論當時形形色色「主義」的內容，而想探討當時的「主義」有哪些特質。據我所知歸納，「主義」大致有如下的特質：

一、當時固然有人對「主義」抱持負面的態度，但大體而言，人們認為「主義」是一種進步的、有益的東西。主義可以使一切努力及活動有一個定向，不致渙漫而無所宗。就個人而言，如果一個人要「盡其在我」，就要有「主義」。[26]就團體而言，為

《世載堂雜憶》（北京：中華書局，1997），頁76。

25　本項研究中關於「主義」一詞的部分資料，取自於「中國近現代思想史專業數據庫（1830-1930）」（香港中文大學中國文化研究所當代中國文化研究中心開發，劉青峰主編），現由臺灣政治大學「中國近現代思想及文學史專業數據庫（1830-1930）」計畫持續開發功能與完善數據庫並提供檢索服務，謹致謝意。

26　章士釗，〈我〉，收於章含之、白吉庵主編，《章士釗全集》（上海：文匯出

了要能凝聚一個團體就要有「主義」。而且認為可能的話，一個人或一個團體（包括國家），應該「鑄一主義」。[27]

二、「主義」帶有道德色彩，是對抗污穢、庸懦的利器。

三、大量使用「主義」作為後綴詞，發明各式各樣的主義，尤以梁啟超為最。梁氏行文中所鑄造的主義名目之多，幾乎到了令人目不暇給的地步。凡是講一種特定主張者，或是隱約感受到一種特性時，梁氏即綴以「主義」，以突出其說，如「單獨主義」。梁氏在《新民說》中更到處主張要「徇主義」，朝著自己持定的「主義」走。[28]在這個時代，許多原本在英文原文中不帶"ism"的詞，常以「主義」譯之。

四、「主義」往往與進化、公理的觀念相連，所以在宣稱自己的主義之正當性時，常常加上進化、公理、最新潮流、真理等概念，以突出其為最先進、最正當之「主義」。

1900年以後，「主義」使用更廣泛，林林總總的西方主義傳入中國，另方面中國人自創了許多的主義名目，「鑄一主義」是時人之渴求，能鑄主義的人是現代的，是好的。各種自造的主義，如「三克主義」，[29]光從字面實在看不出「三克」是什麼，攻擊對方時也將鑄一主義來歸納之，如「金鐵主義」。[30]此處我並不

版社，2000），第3卷，頁630。

27　劉顯志，〈論中國教育之主義〉，收於張枏、王忍之編，《辛亥革命前十年間時論選集》（北京：三聯書店，1960-1978），卷2，下冊，頁884-894。

28　梁啟超在《新民說》中說到有主義的人是何等氣概：「其徇其主義也，有天上地下惟我獨尊之觀。」梁啟超，《新民說》，收於林志鈞編，《飲冰室專集之四》，《飲冰室合集・專集》，第3冊，頁25。

29　「時髦三克主義」，見劉聲木撰，劉篤齡點校，《萇楚齋隨筆》（北京：中華書局，1998），卷9，頁202。

30　楊度，〈金鐵主義說〉，收於劉晴波主編，《楊度集》（長沙：湖南人民出版

想縷舉1900年以後的各種「主義」，而是想由各種使用「主義」的場合中，歸納出此時人們心中主義的論述究竟有何特質。

人們逐漸區分有主義與沒主義的政治活動之不同，並以有無主義作為區分現代的或前現代的，高尚的或低下的政治活動之分別。

這是中國學習西方現代議會民主政治的時代，也是中國開始比較深入了解西方政治的時代。拿來與中國相比較，他們似乎發現新、舊兩種政治有一個重要差異，即西方現代政治的主張、結合等方式與中國不同。其中有一個特質是「公」與「私」之別，「主義」所表達的是「公」的政見，所求的是「公」的（國家的、大眾的）利益，同志之間的結合是「公」的關係，它們與傳統的，尤其是晚清民初政治亂象的癥結───一切為個人私利，所有結合都是出於個人的關係利害──形成強烈的對比。對當時的人而言，有主義的政治是積極而正面的，沒有主義的政治是營營苟苟的。

嚴復（1854-1921）很清楚地區分說：東林、復社之類的學會或古代的朋黨都是落後的，因為「未聞其於國家之定何主義而運何手段，以求達其何種之目的也」。[31] 梁啟超在1913年所寫的〈敬告政黨及政黨員〉一文中說「朋黨」之特徵有五，第一條即是「以人為結合之中心，不以主義為結合之中心。[32] 現代的政團是有主義的。梁啟超在〈市民的群眾運動之意義及價值〉中又說

社，2008），第1冊，頁212-396。

31 嚴復，〈說黨〉，收於王栻主編，《嚴復集》（北京：中華書局，1986），第2冊，頁299。

32 梁啟超，〈敬告政黨及政黨員〉，收於林志鈞編，《飲冰室文集之三十一》，《飲冰室合集·文集》，第11冊，頁7。

「有主義的政治」是歐洲近一百多年來才發展出來的，而且與「國民意識」分不開。[33]

　　另一方面，當時言論家認為傳統觀念中君子「群而不黨」是錯誤的觀念，鼓吹中國應該有「政治團體」，梁啟超在「政聞社宣言書」中說「政治團體」之為物，為今日中國所需要而不得不發生，「早發生一日，則國家早受一日之利。」[34]而「政治團體」又與「主義」分不開，梁啟超說：「政治團體之起，必有其所自信之主義，謂此主義確有裨於國利民福而欲實行之也，而凡反對此主義之政治，則排斥之也。故凡為政治團體者，既有政友，同時亦必有政敵。友也敵也，皆非徇個人之感情，而惟以主義相競勝。」[35]〈政治與人民〉中又說：「政黨之性質，則標持一主義以求其實行，而對於與此主義相反之政治，則認為政敵而加以排斥者也。」[36]

33　梁啟超，〈市民的群眾運動之意義及價值：對於雙十節北京國民裁兵運動大會所感〉，收於林志鈞編，《飲冰室文集之三十九》，《飲冰室合集・文集》，第14冊，頁36。

34　梁啟超，〈政聞社宣言書〉，收於林志鈞編，《飲冰室文集之二十》，《飲冰室合集・文集》，第7冊，頁27。

35　梁啟超，〈政聞社宣言書〉，頁24。

36　梁啟超，〈政治與人民〉，收於林志鈞編，《飲冰室文集之二十》，《飲冰室合集・文集》，第7冊，頁15。在當時，「主義」加「政團」的言論相當多，如竟盦，〈政體進化論（節錄）〉（1903）：「欲達此莫大之目的，必先合莫大之大群；而欲合大群，必有可以統一大群之主義」；佚名，〈大同日報緣起〉（1903）：「無會則無團體，無黨則無主義。……黨也者，所以樹主義也」；飛生，〈近時二大學說之評論〉（1903）：「立一主義焉，將欲國民聞吾之言而有所警惕焉，有所動作焉，有所改革而進步焉」；佚名，〈民族主義之教育──此篇據日本高材世雄所論而增益之〉（1903）：「顧在各小團體中，不可無確定之方針，而各種團體互相應附，不可無統一之主義。」「主義揆揚，

　　梁啟超上述的兩篇文章皆寫於1907年，此時他之所以大談「黨」與「主義」，可能多少受到1905年同盟會宣布奉行三民主義的影響。總結以上的討論，在晚清，人們已然開始認為西方的政黨與主義合一，政黨加上主義之政治競爭是一種健康的形式，與過往縱橫捭闔式的政治是大相逕庭的，當民國步入軍閥政治時代——一個以爭奪地盤為尚的時代，這正是解決政治亂局的一味解藥，也是當時中國所應模仿之形式。

　　任何一種思想之形成必與它的時代環境有關。在晚清民初的士風與政風之下，「主義」有一種與西方國家不一樣的特色。晚清民初傳統失去約束力，舊傳統中的節慨與風操成為過時之物，政黨風氣墮落，人們被現實利害所牽引，縱橫捭闔，變幻莫測，政治團體也有同樣的弊病。此處僅舉章太炎的一段話為例，章太炎在〈革命道德論〉中區分當時中國人的道德水平為16種人，凡有知識、居領導地位者都是道德水平最低下的，倒是沒有知識的平民道德水平較高。[37] 章太炎的〈諸子學略說〉、〈儒家之利病〉、〈誅政黨〉等文，也都直接間接諷刺得意的讀書人及政治人物的品格，認為這些人不能「隱淪獨行」、「堅貞獨善」，不為現實利害所動搖。

　　我之所以陳述前面這一背景，是為了說明當時人提到「主

<hr />

徒黨充實，而後能挫折政府之鋒鋩而無所於軔」；真，〈駁新世紀叢書「革命」附答〉（1907）：「合諸分子以成革命之全體，全體者即吾之所謂主義，分子者即吾之所謂作用。願吾同志合盡其分子能力可也。」以上引文參見張枏、王忍之編，《辛亥革命前十年間時論選集》，第1卷，下冊，頁545；第1卷，上冊，頁361；第1卷，下冊，頁409、516；第2卷，下冊，頁998。

37 章太炎，〈革命道德說〉，收於《章太炎全集》（上海：上海人民出版社，1985），第4冊，頁280-283。

義」時，每每有一種暗示，認為在傳統的禮義廉恥日落西山之
時，「主義」是一種新的道德藥方，是個人或團體政治人格的保
險。而且當時人讚美古今中外值得學習的偉大人物時，往往突出
其能堅守主義，如梁啟超〈意大利建國三傑傳〉（1902），認為
三傑皆因堅持主義而偉大，「我輩苟堅持此主義，雖復中道以
死，而此同仇敵愾之念，猶將傳諸我子孫。」相反地，有些人則
因為「無主義，無定見」者終歸於失敗。[38] 此外像雨塵子在〈近
世歐人之三大主義〉一文中也提到：「皆無一非有大願力大主義
存乎內。」[39]

　　當時人似乎形成一種觀念，「主義」是類似韋伯（Max Weber,
1864-1920）所說的「非關個人」（impersonal）的信念。在韋伯
《中國宗教》中，他反覆批評中國歷史文化最大的病狀之一是纏
繞在「個人利害」（personal）的網絡中，使得人們行事沒有真正
的信念與原則。[40]晚清以來的「主義」論述似乎給人帶來一種新
感覺，認為個人之爭應該棄絕，且「主義」之爭非關個人利害，
而是關乎信念與原則，所以是正面的事。「人」與「主義」是可
以分開的，「人」可能是壞的，而「主義」是好的。雖然當時的
主義論述已出現唯一化、排他化的傾向，但整體而言，「主義」

38 梁啟超，〈意大利建國三傑傳〉，收於林志鈞編，《飲冰室專集之十一》，《飲
　　冰室合集‧專集》，第4冊，頁39-40。梁氏評價康有為亦如此。梁啟超，
　　〈南海康先生傳〉稱康有為「所執之主義，無論何人，不能搖動之」，收於林
　　志鈞編，《飲冰室文集之六》，《飲冰室合集‧文集》，第3冊，頁87。

39 雨塵子，〈近世歐人之三大主義〉，收於張枬、王忍之編，《辛亥革命前十年
　　間時論選集》，第1卷，上冊，頁343。

40 韋伯著，簡惠美譯，《中國的宗教：儒教與道教》（台北：遠流出版公司，
　　1989）。

的內容仍是可以爭論的。當時人認為「主義」之爭與個人之爭不同，「主義」之爭是一種現代的、比較高級的論爭。嚴復在〈述黑格爾唯心論〉中說：「古之為戰也，以一二人之私忿欲，率其民人，以膏血塗野草；乃今為戰，將必有一大事因緣。質而言之，恆兩觀念兩主義之爭勝。」[41] 一二私人忿欲之爭是壞的，而兩種觀念與兩種「主義」之爭是好的。正因為「主義」已經取得「公」的特質，所以此時人的言論中不斷透露出「主義」之爭是好事，甚至朋友之間也不以在「主義」的戰場上相見為意——譬如梁啟超說：「互持一主義以相辨爭，則真理自出」，[42] 而且對於持之有故、言之成理之主義，「吾樂相與賞之析之」。[43] 有主義的政治即是現代的政治，而中國應該由前現代的政治形式過渡到現代的政治形式。所以主義時代的政治是爭「主義」之內容，不牽涉到個人的恩怨。主義下的政治即使是你死我活的競爭，也還被廣泛歡迎。而且認為當時與有主義的西方對抗，則中國也必須要有主義，最理想的狀況是所持的主義要與當時西方最當令的主義相當，譬如西方是民族帝國主義，則中國只有提倡民族帝國主義才能與之對抗。

　　以上言論無不表示，有主義的人人格氣質比較高尚、堅貞不折、獨立向前，像寄生（汪東）所寫的〈正明夷「法國革命史論」〉（1907）中說：「誠與其主義，不以中道相棄捐。」[44] 1905

---

41 嚴復，〈述黑格爾唯心論〉，收於王栻主編，《嚴復集》，第1冊，頁216。

42 梁啟超，〈新中國未來記〉，收於林志鈞編，《飲冰室專集之八十九》，《飲冰室合集‧專集》，第19冊，頁11。

43 梁啟超，〈答和事人〉，收於林志鈞編，《飲冰室文集之十一》，《飲冰室合集‧文集》，第4冊，頁47。

44 寄生（汪東），〈正明夷「法國革命史論」〉，收於張枬、王忍之編，《辛亥革

年，吳樾（1878-1905）〈與章太炎書〉：「亦以某之志已決，勢必九死一生，以實行此區區之主義。」[45] 以上引文都表示「主義」可以激勵一個人奮力往前，不為挫折所撓，而這些在過去是要靠古聖先賢道德教訓的挾持，才能做到的。

　　前面提到過，當時中國各種的「主義」往往是模仿西方或為了與西方對抗而起，不管模仿或對抗，他們都在爭論所採取的或所反對的主義是否合乎「公理」、「公例」或「潮流」，所以「主義」一詞常與「公理」等觀念合在一起，合於「公理」者為善，不能合於「公理」者為劣。當時反對他人主義時，也每每責備其「主義」不能與世界之「公理」相合。[46]

　　在林林總總的主義中，民族主義、國家主義、民族帝國主義常被認為最符合當時之「公理」——事實上即是因為符合西方最「先進」國家之政治形式，而獲得最高的正當性。以下所引幾條史料可為明證：

> 國家主義，既為必不可避之公理。[47]
>
> 今日地球諸國，所謂陵屬無前者，帝國主義也，而此帝國主義，實以民族主義為之根柢；故欲橫過此帝國主義之潮

命前十年間時論選集》，第2卷，下冊，頁638。

45 吳樾，〈與章太炎書〉，收於張枬、王忍之編，《辛亥革命前十年間時論選集》，第2卷，下冊，頁732。

46 梁啟超譴責清政府說：「政府之主義，……是明與世界之公理相幻背。」見梁啟超，〈論今日各國待中國之善法〉，收於林志鈞編，《飲冰室文集之五》，《飲冰室合集·文集》，第2冊，頁52。

47 佚名，〈教育泛論〉，收於張枬、王忍之編，《辛亥革命前十年間時論選集》，第1卷，上冊，頁401。

流者，非以民族主義，築堅墉以捍之，則如泛挑梗於洪濤
之上而已矣。[48]

楊篤生（1871-1911）並進而論證民族主義是生人之「公
理」，天下之正義。用梁啟超的話來說，「民族帝國主義」乃是
一種「全盛於二十世紀，而其萌達也在十九世紀之下半」的「新
帝國主義」：

> 十九世紀之帝國主義與十八世紀前之帝國主義，其外形雖
> 混似，其實質則大殊。何也？昔之政府，以一君主為主
> 體，故其帝國者，獨夫帝國也；今之政府，以全國民為主
> 體，故其帝國者，民族帝國也。凡國而未經過民族主義之
> 階級者，不得謂之為國。譬諸人然，民族主義者，自胚胎
> 以至成童所必不可缺之材料也；由民族主義而變為民族帝
> 國主義，則成人以後謀生建業所當有事也……。[49]

在各種論爭中，我們也注意到有不少人任意宣稱自己的主義
合乎「公理」，形成了一種「公理」的「無政府」狀態。譬如前

---

48 湖南之湖南人（楊篤生），〈新湖南〉，收於張枏、王忍之編，《辛亥革命前
十年間時論選集》，第1卷，下冊，頁632。

49 任公，〈國家思想變遷異同論〉，《清議報》，第95冊，1901年10月22日，
該文收於《飲冰室文集之六》，《飲冰室合集・文集》，第3冊，頁22。當然
梁啟超之論「民族帝國主義」，與明治時期的日本思想界息息相關，本文不
詳論，參見石川禎浩，〈梁啟超と文明の視座〉，收於狹間直樹編，《共同研
究梁啟超：西洋近代思想受容と明治日本》（東京：みすず書房，1999），
頁120-122。

面提到「民族主義」符合「公理」的說法，但是當時也有人認為民族主義不合於「公理」。[50]至於無政府主義，有人主張最合乎「公理」，但是反對者則認為相反的一方才具備「公理」。[51]

　　「公理」加上「進化」，強化了當時人對自己的「主義」的唯一化、正當化傾向。[52]梁啟超1904年在《新民說》第20節「論政治能力」中說：「顧吾今者實信吾主義之最適，而無他主義焉可以媲也。而吾主義之所以不發達，則由有他主義焉持異論於其間，以淆天下之視聽也。吾愛吾國，故不得不愛吾主義，其有不利於吾主義者，吾得行吾主義之自衛權以敵視之。」[53]在這段話中，梁氏強調了：只有我的主義是合適的，其他主義無法比美。我的主義之所以不發達，是因為有別的主義相擾亂。為了愛國，

50　志達，〈保滿與排滿〉，收於張枬、王忍之編，《辛亥革命前十年間時論選集》，第2卷，下冊，頁916。

51　真，〈駁新世紀叢書「革命」附答〉說：「此非講此等主義之時。今法人能不若是者，因有公理在。」收於張枬、王忍之編，《辛亥革命前十年間時論選集》，第2卷，下冊，頁995。

52　譬如當時的無政府主義者所宣稱的，「新」的主義比「舊」的主義好。「故共產主義之合於公道、真理，不待明言。」參見民（李石曾），〈駁《時報》「論中國今日不能提倡共產主義」〉，收於張枬、王忍之編，《辛亥革命前十年間時論選集》，第3卷，頁224。他在〈無政府說〉（1908）又說：「以重科學、憑公理之社會主義較，何啻霄壤之隔。」參見民（李石曾），〈無政府說〉，收於張枬、王忍之編，《辛亥革命前十年間時論選集》，第3卷，頁172。另一位無政府主義者吳稚暉在1908年所寫的〈無政府主義以教育為革命說〉一文中也說「較進步之無政府主義」。見燃（吳稚暉），〈無政府主義以教育為革命說〉，收於張枬、王忍之編，《辛亥革命前十年間時論選集》，第3卷，頁219。足見新、舊，是否進步，是否合乎公理，成為人們論證其「主義」之論據之一斑。

53　梁啟超，《新民說》，收於林志鈞編，《飲冰室專集之四》，《飲冰室合集·專集》，第3冊，頁159-160。

必須要愛我的主義，而且對於敵對的主義，可以行使「主義之自衛權」而加以排斥。[54]

總結前面的討論，在清末最後十年間，「主義」與「黨」逐漸成為兩種政治上的正面價值，是當時中國最應追求之物。[55] 人們每每認為主義是好的，是應該追求的，作為一個現代人，從個人的立身處世到團體的行動，皆應有「主義」。把理想與經驗合而為一，需要「主義」來維持一個人意念之純潔、行事之一貫，貫徹他的意志與行動。作為一個團體，「主義」是它共同的理想方向和內聚力。有主義是現代的、進步的、高尚的，合乎「公理」與「進化」的，沒有主義是舊式的、落後的、個人私欲私利的。人們似乎覺察到「定主義」、「結黨派」、「運手段」、「達目的」四個步驟可以一氣呵成，思想不再是飄浮在腦海中的虛幻之物。把思想化為實際的政治力量，似乎因為有了「主義」而有軌轍可以依循。

辛亥革命前十年間最具里程碑意義的是孫中山提出的三民主

---

54 另外，當時還出現另一種思想定義，認為處於列強相爭之時，一國不宜有許多主義，只能牢守一種主義。例如佚名，〈論外交之進化〉（1903）說：「至於主義雜出，方術矛盾：甲則保教，乙又仇教；丙既排外，丁又媚外。一國之中，若有無量數國然。以此而與列強交涉，猶以土偶對猛獸，何恃而不為之蹂躪乎？」參見張枬、王忍之編，《辛亥革命前十年間時論選集》，第1卷，上冊，頁326。

55 當然也有人認為「主義」（黨？）不是佳物，1913年嚴復在〈說黨〉中說「黨非佳物。……蓋人心不同則主義異，主義異故黨派紛紛……」參見嚴復，〈說黨〉，收於王栻主編，《嚴復集》，第2冊，頁305。又，1905年嚴氏在半譯半述的〈政治講義〉也提到：「其為崇拜主義如此。……深恐此等名詞主義，後此傳諸口耳者，必日益多。」收於王栻主編，《嚴復集》，第5冊，頁1279-1280。

義。在1905年之前，孫中山並不使用「主義」，而是宣揚十六字的誓詞。

　　1905年10月，孫中山在《民報》〈發刊詞〉中提出了民族、民權、民生「三大主義」，同盟會的宣傳家們將它簡稱為「三民主義」。這一名詞很快流傳開來，來年孫中山在《民報》創刊週年慶祝的演說中系統地闡述其三民主義，[56]這個事件標誌著一個新的政治論述方式的轉變。

　　1870年代至1880年代之後崛起的一批思想家，從馮桂芬（1809-1874）、鄭觀應（1842-1922）、何啟（1859-1914）、胡禮垣（1857-1917）、湯震（1857-1917）、陳虯（1851-1904），乃至康有為（1858-1927），他們表達政治主張的方式是思想家的方式，而不是主義者的方式。他們提出這樣或那樣的觀點，與後來提出「主義」來系統表達其全體主張的主義者有所不同。「主義」使跟隨者有一個清楚的方向可以遵循，而且也使得各種主張在同一主義之下組成一個系統，個別分子之間有連貫性的關係，最後使得就具體事物表達主張的方式逐漸失去吸引力。

　　日後常乃惪（1898-1947）對這種重大轉變有這樣的分析：「當時立憲派的主張是根據於現狀立論，別無什麼根本主義，雖然比較的易於實現，但缺少刺激性，不易引起同情。革命派則主要的立足點在民族主義，專從滿、漢的惡感方面鼓吹，尤其易於鼓動人。」[57]「根據於現狀立論」與提出「根本主義」是兩種不同的政治論述。立憲派與革命派都使用「主義」一詞，但是內容有

56　彭明等編，《近代中國的思想歷程（1840-1949）》（北京：中國人民大學出版社，1999），頁283。

57　常乃惪，《中國思想小史》，收於黃欣周編，沈雲龍校，《常燕生先生遺集‧補編》（台北：文海出版社，1975），頁176-177。

所不同，刺激力不同。在當時人看來，立憲派不算有「主義」，革命派才是有「主義」，而革命派之所以成功，用孟森（1868-1938）的話說是「以有主義勝無主義」。[58]

1907年至1908年已經出現了「主義」與「辦法」究竟如何區分的爭論。無政府主義者李石岑（1892-1934）與人爭論時說：「凡我之認為主義者，君皆認為辦法」，[59]章太炎則說：「正以現有其事，則以此主義對治之耳。其事非有，而空設一主義，則等於浮漚。」[60]所以「主義」究竟是拔高於現實之上而帶有抽象的性質，還是對事情所提出的「辦法」，這又關涉到當時主義的另一個特質，即它是凌駕於現實之上的，還是現實之中的。這樣的爭論在民國八年的「問題與主義」論戰中，又以另外一種方式再度被提出來了。

四、由「思想的時代」到「主義的時代」

1919年8月所爆發的「問題與主義」論戰，是一個代表性的事件，它反映了兩種道路的決裂：是個人、家庭、婚姻，還是經濟制度的；是文學、倫理、哲學的、人生觀的、世界觀的、家庭

---

58 孟森曾說：「國民政府之起也，所鄭重自標者曰：『以有主義，勝無主義。』及今而曰現代化，則以追隨現代為主義以外之主義，是即示人以無主義而後可也。」參見孟森，〈現代化與先務急〉，收於鄧維楨選輯，《獨立評論選集》（台北：長橋出版社，1980），第3冊，頁30。

59 真，〈駁新世紀叢書「革命」附答〉，收於張枬、王忍之編，《辛亥革命前十年間時論選集》，第2卷，下冊，頁998。

60 章太炎，〈排滿平議〉，收於張枬、王忍之編，《辛亥革命前十年間時論選集》，第3卷，頁51

的，由個人解放入手的，還是社會整個的，由全域下手的；是就實際問題個別加以解決的，還是全盤的一次解決、根本解決的主義。

前面的模式以新文化運動的旗手胡適、早先的陳獨秀等為代表，後面一種是社會主義的模式。

促發這場論戰的是李大釗與胡適。李大釗在俄國大革命成功之後，即已開始宣傳俄國革命及馬克思主義，當時李大釗尚未完全由一個民主主義者轉化為一個馬克思主義者，但是他的一系列連篇累牘地談「主義」的文章，引起了胡適的注意，胡適遂於1919年7月發表了〈多研究些問題，少談些主義〉，對此迷信主義的現象加以批評。這場論戰其實是新文化運動以來「點滴」的或「全盤」的，「個人」的或「社會」的兩種思路的爭鋒。

關於這場論戰的討論已多，此處僅扼要言之。在這次論戰中，李大釗的文章其實並未講出「共產主義」這幾個字。他的文章宣揚一種在政治主義的指導下，全盤的、徹底的社會及政治革命的方向。而胡適卻反對以一個全盤的、抽象的藍圖來解決，他不相信有一種可以籠罩一切的「主義」。同時，他主張一種就問題解決問題的點滴式改革。從這場論戰中，許多被提出來討論的現實問題及雙方對這些問題的看法，我們可以看出兩種思維方式：論戰的一方是把個別問題視為病兆，在這個病兆之下，有無數問題牽纏在一起，而且認為在當時的中國，病太多了，一個一個解決，已經來不及了，所以醫生不只應該醫治這個病，應該解決整個體質；另一方則認為一個一個地解決了所有的病症以後，整個體質便會隨著改變。

從這裡當然也可以看出馬克思主義與杜威的實驗主義的對立，前者要信仰單一的主義，後者則認為沒有一個單一的主義，

問題應該是一個一個解決。[61]

　　胡適說「實驗主義」對「思想」與「真理」的本質有特定的看法。首先是不認為有天經地義的定律：「（一）科學律例是人造的，（二）是假定的——是全靠它解釋事實能不能滿意，方才可定它是不是適用的，（三）並不是永遠不變的天理。」「他只承認一切『真理』都是應用的假設；假設的真不真，全靠他能不能發生他所應該發生的效果。」此外，杜威的五點思維術：（一）思想的起點是一種疑難的境地。（二）指定疑難之點究竟在何處。（三）提出種種假定的解決方法。（四）決定那一種假設是適用的解決。（五）證明。[62]秉承上述宗旨的人很自然地是以解決所面臨的「問題」為出發點，質疑橫掃一切、「根本解決」的「主義」。

　　在〈多研究些問題，少談些主義〉中，胡適認為當時的風氣有高談「主義」的危險，「主義初起時，大都是一種救時的具體主張。後來這種主張傳播出去，傳播的人要圖簡便，便用一兩個字來代表這種具體的主張，所以叫他做『某某主義』。主張成了主義，便由具體的計畫，變成一個抽象的名詞。『主義』的弱點和危險，就在這裡。因為世間沒有一個抽象名詞能把某人某派的具體主張都包括在裡面。」「『主義』的大危險，就是能使人心滿意足，自以為尋著包醫百病的『根本解決』，從此用不著費心力去研究這個那個具體問題的解決法了。」[63]

61　有意思的是，當時的毛澤東是「問題」的擁護者，而傅斯年主張「主義」，　　認為「有主義總比沒有主義好」，足見人們趨向未定之情況。

62　胡適，〈實驗主義〉，《胡適文存》第一集，卷2，頁294、323。

63　胡適，〈多研究些問題，少談些主義〉，《胡適文存》第一集，卷2，頁343-　　344、364。

　　胡適在「主義」這種新政治論述上，看到許多他感到不安的特質。胡適說杜威的思想訓練使他相信，一切主義、一切學理都只是參考的材料、暗示的材料、待證的材料，絕不是天經地義的信條。[64] 在這篇文章中，胡適還提到：「凡是有價值的思想，都是從這個那個具體的問題下手的。」他強調：「我並不是勸人不研究一切學說和一切『主義』。學理是我們研究問題的一種工具。……種種學說和主義，我們都應該研究。有了許多學理做材料，見了具體的問題，方才能尋出一個解決的方法。但是我希望中國的輿論家，把一切『主義』擺在腦背後，做參考資料，不要掛在嘴上做招牌，不要叫一知半解的人拾了這些半生不熟的主義，去做口頭禪。」[65] 在「問題」與「主義」的論戰中，胡適發表了五篇文章。這五篇文章的重點基本上是一貫的，主張主義只是解決問題的一種「參考材料」，而不是一種「天經地義的信條」。[66]

　　在「問題」與「主義」的論戰中，藍志先（公武，1887-1957）則認為「問題」與「主義」是兩回事，「主義」與實行的方法是兩回事，但兩者不是相反而不能並立的東西。他說：「若

64　胡適，〈三論問題與主義〉，《胡適文存》第一集，卷2，頁373。

65　胡適，〈多研究些問題，少談些主義〉，《胡適文存》第一集，卷2，頁345-346。

66　如胡適在〈三論問題與主義〉中提到：「所以我們可以說主義的原起，雖是個體的，主義的應用，有時帶著幾分普遍性。但不可因為這或有或無的幾分普遍性，就說主義本來只是一種抽象的理想。」「一切主義，一切學理，都該研究，但是只可認作一些假設的見解，不可認作天經地義的信條；只可認作參考印證的材料，不可奉為金科玉律的宗教；只可用作啟發心思的工具，切不可用作蒙蔽聰明，停止思想的絕對真理。」胡適，《胡適文存》第1集，卷2，頁369、373。

是一種廣泛的含有無數理想的分子的──即為尚未試驗實行的方法──問題，並且一般人民，對於他全無反省，尚不能成為問題的時候，恐怕具體的方法，也不過等於空談。」[67]

藍氏認為凡是革命，一定從許多要求中抽出幾點共通性，加上理想的色彩，形成一種抽象性的問題才能發生效力。他說法國大革命、辛亥革命，俄國、德國革命之所以能夠成功，都因為共同信奉著一個「抽象主義」。他說：「主義是多數人共同行動的標準，或是對於某種問題的進行趨向或是態度」、「在文化運動進步不息的社會，主義常由問題而產生……若是在那文化不進步的社會，一切事物，都成了固定性的習慣，則新問題的發生，須待主義的鼓吹成功，纔能引人注意。」[68]

李大釗與藍志先的看法略有出入，他認為「問題」與「主義」應該交互為用，「所以我們的社會運動，一方面固然要研究實際的問題，一方面也要宣傳理想的主義。這是交相為用的，這是並行不悖的。」「我們只要把這個那個的主義，拿來作工具，用以為實際的運動，他會因時、因所、因事的性質情形生一種適應環境的變化。」「我們惟有一面認定我們的主義，用他作材料、作工具，以為實際的運動；一面宣傳我們的主義，使社會上多數人都能用他作材料、作工具，以解決具體的社會問題。」[69]

至於「根本解決」，李大釗說，如果在一個有組織、有生機的社會，一切機能都很敏活，沒有這方面的需要，但在沒有組織、沒有生機的社會，一切機能皆已停止，「任你有什麼工具，

67　藍志先，〈問題與主義〉，收於《胡適文存》第一集，卷2，頁348。

68　藍志先，〈問題與主義〉，頁351、354。

69　李大釗，〈再論問題與主義〉，收於朱文通等整理編輯，《李大釗全集》，第3卷，頁305、306、309。

都沒有你使用作工的機會。這個時候，恐怕必須有一個根本解決，纔有把一個一個的具體問題都解決了的希望。」他說：「就以俄國而論，羅曼諾夫家沒有顛覆，經濟組織沒有改造以前，一切問題，絲毫不能解決」，但是在俄國大革命成功之後，則一切問題已經全部解決了。[70]陳獨秀〈主義與努力〉一文則表示：「我們行船時，一須定方向，二須努力。」「主義制度好比行船底方向，行船不定方向，若一味盲目的努力，向前碰在礁石上，向後退回原路去都是不可知的。」「我敢說，改造社會和行船一樣，定方向與努力二者缺一不可。」[71]

　　細心的讀者可以發現這個時期的「主義者」還是相當通融，李大釗口氣中的「主義」只是一種「工具」，會因時、因地、因事產生適應於環境的變化，而且李大釗說信仰什麼主義都好，並沒有設定一種唯一可用的主義，也不大具有排他性。但是同時也相當激進，主張對當時中國那樣一個沒有組織、沒有生機的社會，要有一個「根本解決」。

　　「問題」與「主義」的論戰其實不因這一輪的駁火而結束，此後在1920年代，它仍一再地被提出來，打著「全盤解決」，「根本解決」的口號，左派青年不斷地攻擊胡適派的英美知識分子是「清談問題」。

　　有意思的是，當胡適警覺到主義熱潮時，他也覺察到「主義」是一種全新的表達形式，所以他用來反對「主義」的其實是另一種「主義」──「實驗主義」。以提倡杜威實驗主義聞名的

---

70 李大釗，〈再論問題與主義〉，收於朱文通等整理編輯，《李大釗全集》，第3卷，頁310。

71 陳獨秀，〈主義與努力〉，《新青年》第8卷第4號（1920年12月1日），頁2-3，該文收於《陳獨秀文章選編》（北京：三聯書店，1984），中冊，頁63。

胡適，在民國六、七年並未直接寫文章介紹實驗主義，而是在為
了批判新主義時，才寫了〈實驗主義〉、〈新思潮的意義〉等文
章。他標舉一種「點滴改良」的主義來對抗正在崛起的要求「根
本解決」的新主義。而此後「實驗主義」始終也成為左右兩派新
主義者攻擊的目標。嚴格說來，在1919年以後，也只有它成為
對抗新主義的另一種學理上的「主義」。

　　總結以上的爭論，「問題」與「主義」的論戰代表兩個方
面。一方面是文學、倫理、思想的路線，這一路的人相信可以用
一個一個問題零碎解決的辦法；另一方面是認為社會是一個整
體，而且是一個有機體，所有單個的問題錯綜複雜，交織在一
起，故問題是整個的，因此必須全體解決之後，才可能有個體的
解決。

　　這兩者之分歧便歸結到一個根本差異，即中國社會所需要的
是就問題解決問題的主義，還是就全盤解決問題的主義呢？前者
是舊的主義，是晚清以來所有的形形色色的後綴詞式的主義，後
者是全盤解決的主義，為「新主義」。李大釗等與胡適之爭論，
其關鍵差異在此，而李大釗等對此爭端堅決不讓，其根本原因也
在此。

五、後五四的思想圖譜與主義的流行

　　經過「問題」與「主義」的論戰之後，「主義」在後五四時
期取得了與五四之前不大相同的意義，我稱之為「新主義」。在
分析「新主義」崛起的過程時，我想引述張灝先生在〈中國近代
思想史的轉型時代〉中所提到的一種三元的心理架構。張灝先生
指出1895年至1925年，在危機意識高漲下出現了一種特殊的三

段結構：（一）對現實日益沉重的沉淪感與疏離感。（二）強烈
的前瞻意識，投射一個理想的未來。（三）關心從沉淪的現實通
向理想的未來應採何種途徑。[72] 這三種意識往往同時存在一個人
心中，不過在尋找通向理想的未來所應採取的途徑時，人們提出
各式各樣的主張（宗教、實業、教育、新的生命哲學），這些提
議也各有它的追隨者，有的比較成功，有的不然。從後來的歷史
發展看來，「主義」是其中最為熱烈的一種途徑。

　　新文化運動是一輸入「新學理」的運動，「新學理」中含有
兩大因子，一方面是英美自由、民主、科學（「德先生」、「賽先
生」），一方面是各式各樣的社會主義。晚清革命團體在日本所
進行的宣傳中，已帶有廣泛而濃厚的社會主義色彩。[73] 但在民國
初建時，宣揚社會革命的孫中山因為各方面的反對，一度取消了
民生主義，[74] 然而，各種社會思想從未斷絕。以上這兩種「新學
理」有時因緣為用，有時混雜在一起，頗難分辨。在新文化運動
初起時，文學、倫理、個人解放等英美式的價值占據上風，但是
過了幾年，社會改造、社會革命轉居於優勢，許多人開始不滿於
只是改造「個人」，而想要改造「社會」。

　　這些多元而又相當含混的社會主義思想，改變了青年人的
「理想世界」。打開五四時期的社團紀錄及他們所出版的各種期
刊，可以發現連篇累牘地出現兩組觀念。第一組是對民初以來的
社會表達最深刻的不滿，往往以極嚴屬的詞句譴責當時的政治與
社會，認為它是「昏濁的」、「黑暗的」、「鬼蜮的」，或是認為

---

72 張灝，〈中國近代思想史的轉型時代〉，《時代的探索》，頁56-58。

73 Martin Bernal, *Chinese Socialism to 1907*, pp. 107-128.

74 張朋園，《梁啟超與清季革命》（台北：中央研究院近代史研究所，1999），
　　頁176-178。

應該經過洪水沖洗才可能乾淨而有生機。另一組詞彙是「社會改造」、「社會革命」,希望將來的理想社會不是英美的議會民主,而是平等的,知識階級與勞動階級、勞心者與勞力者合而為一,下級與上級相互聯絡,工讀互助,是一個各盡所能、各取所需的新社會。其中還有兩個值得注意的現象:第一,是把新文化運動的自由、民主、科學、解放的思想推到極端,主張比英美更自由、更民主、更科學、更徹底的解放,而將這些延伸的內容與社會主義混合在一起。第二,受儒家道德思想的微妙影響。他們往往公開拒絕儒家思想,但是儒家的仁民愛物,不忍人之心,不患寡而患不均等理想,仍然隱隱地起著作用,決定了他們對社會主義思想的了解與詮釋。

從新文化運動到後五四期間,青年思想世界是一個調色盤,什麼顏色都有,而且思想來源不一,只有「雜糅附會」四個字可以形容。他們仰望北京,《新青年》、《新潮》及其他報刊是他們思想的重要來源,蔡元培、陳獨秀、胡適、李大釗、周作人等言論界的明星是他們吸收新思想的對象。可是他們對各種刊物、各思想領袖之間的差異並沒有清楚的了解,對當時西方思想界的派別也幾乎沒有了解。往往同時吸收在今人看起來互相矛盾的元素,然後加以無限的擴充、衍化,並且賦予自己的理解與詮釋。往往一個概念或一個名詞被提出來之後,便在思想界的大海中飄移、挪用、擴大解釋,以致後來已經分不清它們的來源了。在同一個青年社團中也因各種思想元素並存,社員之間往往產生矛盾。

在青年們看來,凡是與傳統異質的思想成分都值得研究。「拿來主義」依現在的標準來看是一個貶詞,但對當時的青年來說則是一個褒詞,新人物就是要盡情地「拿來」,作為一種凸顯

自己身分地位的「社會資本」。[75]能在各種場合談著「主義」，是當時青年進步身分的象徵。而且當時青年還有一種將西方傳來的思想文化概念當成主義的現象。

但這也並不表示他們之間沒有任何區別，我們從五四時期的社團與期刊中可以隱隱然發現，大概在新文化運動之後的一二年間，調色盤內的顏色漸漸向三邊流注：一邊是以蔡元培、胡適等人的影響為主的；另一邊是以陳獨秀、李大釗為主的；第三塊則以無政府主義的思想為主。不過思想世界中交互混雜的現象，仍然非常明顯，往往一個人身上即可以看到各種不同的元素，只是分量輕重有別而已。[76]

由「主義」到「新主義」的轉變過程中有三個重點：（一）發現「社會」，（二）未來的神話，（三）組織與主義。

以下我要分成幾個部分說明前面提到過的新的「理想世界」

---

75 1920、1930年代，不斷有冠上「主義」一詞的辭典出現在市面上，可見「主義」已成為社會上的時髦現象。如1932年上海陽春書局出版梁耀南編的《新主義辭典》、1933年上海光華書局也出版了孫志曾編的《新主義辭典》。各式各樣的課本、書籍也都被冠上「新主義」，如《新主義自然課本》、《新主義國語讀本》、《新主義常識課本》、《新主義數學》，甚至還有《新主義對聯》……等。

76 張朋園，《梁啟超與清季革命》，頁176-178。譬如1918年12月創刊的《每週評論》中每一種思想都有，有陳獨秀、高一涵、王光祈（無政府主義）、李大釗、胡適。中共中央馬克思恩格斯列寧斯大林著作編譯局研究室編，《五四時期期刊介紹》，第1集，上冊，頁42。《國民》雜誌同時宣傳了無政府主義、基爾特社會主義、新村主義、泛勞動主義。參見中共中央馬克思恩格斯列寧斯大林著作編譯局研究室編，《五四時期期刊介紹》，第1集，上冊，頁73。以個人而論，羅家倫思想即有自相矛盾的現象。見中共中央馬克思恩格斯列寧斯大林著作編譯局研究室編，《五四時期期刊介紹》，第1集，上冊，頁76-79。

及各種心理特質。

（一）「反政治」與「發現社會」

第一種獨特心態是「反政治」。關於這一點，五四時期正在中國訪問的杜威即已敏感地捕捉到當時青年「非政治」或「反政治」的特點。[77]

我們知道民國建立之後，言論界的重心是政治，[78] 但是很快地出現一種矛盾的發展：一方面是各種刊物連篇累牘地討論政治學理，一方面是人們對現實政治的混亂產生了前所未有的失望，認為「政治」不能解決中國的政治，這種空虛、苦悶的現象在民國五、六年時達到第一個高峰，無政府主義則順勢得到人們的重視。

造成「政治」無法解決「政治」的思考邏輯的主因，當然是對當時混亂、黑暗的軍閥統治最深刻的失望與不滿，認為在「黑幕層張」的軍閥政治中，[79] 即使最清明的政治行動最後都歸無用。就像一個巨人不可能把自己舉起來一般。當時人常常形容現實政治生活是一個大染缸，任何潔身自好的人都不可能維持自己的純潔，一旦接觸到現實政治，馬上便被捲入大染缸而不能自

---

77 參見王汎森，〈「主義」與「學問」——1920年代中國思想界的分裂〉，收於許紀霖主編，《啟蒙的遺產與反思》（南京：江蘇人民出版社，2010），頁221-255；羅志田，〈對「問題與主義」之爭的再認識〉，《激變時代的文化與政治——從新文化運動到北伐》（北京：北京大學出版社，2006），頁61-145。

78 常乃惪注意到「革命成功以後，大家的精神才力都注重到政治方面，對於思想文化無人注意。」參見常乃惪，《中國思想小史》，頁179。

79 陳獨秀，〈文學革命論〉，《陳獨秀文章選編》，上冊，頁172。

拔。[80]

　　此外，民初以來各種政治思想與政治組織，每每以英美議會民主作為模範，可是在一個對民主、自由、政黨、社會、國家等概念的確切意義都不太熟悉的舊社會裡，對英、美政治的模仿往往成為一出又一出的荒謬劇，故所謂「非政治」或「反政治」心態還有一個針對面，即對英、美式的代議政治的懷疑與失望。[81]當時人們對政黨的態度趨於兩極化，有的主張「造黨」，而且是依照西方民主政黨之制度「造黨」，但更多的是「無黨論」、「不黨論」、「反黨論」、「毀黨論」。[82]

　　許多人認為政治的生活應該被唾棄，認為政治解決不了問題。解決政治問題應該靠「非政治」的手段。對政治的不滿造成幾種現象：第一，使得無政府主義得到一種新的活力。無政府主義廣泛影響當時的青年社團，如北京的實社、廣州的新社、南京

80 這方面的史料非常多，譬如馮玉祥《我的生活》中說：「和北京當政的大人先生們往還久了，使人更進一層地認識了他們的面目。他們三個五個聚會一塊，多無一言涉及國計民生。……使人只見目前漆黑一團簡直悶得透不過氣來。」參見馮玉祥，《我的生活》（哈爾濱：黑龍江人民出版社，1981），頁383。

81 從1911年10月政黨公開活動開始，到1913年底政黨蛻變甚至大幅消散為止，具備近代政黨性質的團體有312個。黨的政綱往往相近——「擁護共和」、「鞏固統一」、「謀國和民福」等。參見張玉法，《民國初年的政黨》（台北：中央研究院近代史研究所，1985），頁33。

82 黃遠庸在〈鑄黨論〉一文中，這樣形容上面兩種截然的態度：「今者黨之問題，可謂波靡全國矣，一般之賢愚不肖，既盡驅率入於此圍幕之中，旗幟分張，天地異色。又有一群矯異自好或無意識之徒，以超然為美名，以黨為大惡，相戒以勿爭黨見為愛國，……乃復演為千奇百怪之崇拜政黨論或詆謗政黨論。」參見黃遠庸，〈鑄黨論〉，《遠生遺著》（台北：文星書店，1962），卷1，頁209。

的群社等，不一而足。[83] 第二，因為政客、軍人造成了無止盡的混亂，所以當時有一種態度認為改變「政治」的責任，要由不涉足「政治」的青少年、勞動階級來承擔。第三種現象是仇視政治活動。如天津覺悟社有一社友說道：「大多數青年，對於政治缺乏興味，為中國思想界之大劣點。而青年之加入政治活動者，又多步『老前輩』之故智，以鑽營為進步之階，因之優秀青年更仇視政治活動」；[84] 傅斯年於《新潮》雜誌中所發表的〈《新潮》之回顧與前瞻〉中指出：「在中國是斷不能以政治改政治。」[85]《少年中國》的社員則在爭論要不要加入任何社會組織；[86] 創刊於安徽的《蕪湖》，在其第一期的〈宣言〉中則指出：「不相信用政治

---

83 在1919年11月所出版的《浙江新潮》之中，斥知識階級不能改造社會，只有勞動階級可以。參見中共中央馬克思恩格斯列寧斯大林著作編譯局研究室編，《五四時期期刊介紹》，第2集，上冊，頁434-435。施存統的〈非孝〉一文即受無政府主義的影響，文中提倡廢姓、認為文章是公有的。參見中共中央馬克思恩格斯列寧斯大林著作編譯局研究室編，《五四時期期刊介紹》，第2集，上冊，頁439；改造舊社會，建設新社會，只能依靠青年。參見中共中央馬克思恩格斯列寧斯大林著作編譯局研究室編，《五四時期期刊介紹》，第2集上冊，頁437。在〈實社意趣書〉中提到：「除從事政治生活人員外，凡贊成本社旨趣者，無國界男女之別，皆得為本社社友。」參見張允侯等編，《五四時期的社團》，第4冊，頁162；實社的〈弁言〉則說：「顛連無告者之盈天下也，於是思有以變革之。……主張共產之真理。」參見張允侯等編，《五四時期的社團》，第4冊，頁164。

84 覺悟社，〈本刊的醞釀（三）施以給石逸〉，收於張允侯等編，《五四時期的社團》，第2冊，頁319。

85 中共中央馬克思恩格斯列寧斯大林著作編譯局研究室編，《五四時期期刊介紹》，第1集，上冊，頁92。

86 中共中央馬克思恩格斯列寧斯大林著作編譯局研究室編，《五四時期期刊介紹》，第1集，上冊，頁249。

底手腕和方法，可以把社會根本改造的。」[87]少年中國學會的一些成員則認為：「康有為、章太炎、梁啟超、汪精衛都是失敗者，他們失敗的根本原因，就是只知有政治，不知有社會，只知從事政治活動，而不知從事社會改革。」[88]第四，也是最為重要的：擺脫晚清以來的英、美派政治理想，重新尋找道路。

　　在新文化運動時期，人們所嚮往的是以思想、文學、倫理的改造為中國的政治奠定一個非政治的基礎，以道德、倫理的改造切斷產生舊勢力的盤根錯節，以創造一個新的精神文明來洗刷黑暗的政治。但是前面已經說過，在短短兩三年之間有不少人開始不滿這條路，轉而主張「整體的」社會改造或社會革命。不管是文化的或社會的進路，他們都宣稱自己所從事的是非政治的活動。

　　然而，俄國大革命的成功把一個人們原先認為是徹底空想的社會落實了，這對當時人而言是震驚，同時亦有鼓舞作用的。從五四青年的文字中可以看到，他們往往在摸索各種問題的解決辦法之後，歸納到「社會」上來，認為是黑暗的「社會」造成這一切。這種「唯社會」的觀點事實上是一個連環：[89]「社會」是極重要的，但「社會」是令人痛恨的，「社會」是可以被改造的，改造之後的「社會」可以是極光明的。

　　這個極光明的社會帶有一些特色：一是中國傳統思想中和平

---

87 中共中央馬克思恩格斯列寧斯大林著作編譯局研究室編，《五四時期期刊介紹》，第2集，下冊，頁480。

88 中共中央馬克思恩格斯列寧斯大林著作編譯局研究室編，《五四時期期刊介紹》，第1集，上冊，頁263。

89 當然也受了當時的社會主義觀點的影響。

的，沒有人對人的仇恨、壓迫，平均的、性善的理想。[90]一是晚清以來烏托邦世界的傾向，這種烏托邦思想與無政府主義及社會主義相互雜糅附會。有時且與《大同書》、《仁學》等烏托邦意味較濃厚的書，混合在一起。這一個思路發展成對英、美資本主義國家的敵對，這種敵對意識的形成與對一次大戰後威爾遜（Thomas Wilson, 1856-1924）等英、美國家領袖政策的不滿有關。人們由於不滿「西方」而尋找另一個「西方」——俄國，而這個新「西方」對當時的中國又處處表現善意。在「少年中國學會」中，鄭伯奇（1895-1979）等提案指出，少年中國學會最好要提出一種主義，如果少年中國學會不規定一種主義，他擔心青年會不知不覺地傾向資本主義。[91]這段話隱然假設否定資本主義是純潔青年的最起碼要求，它與王光祈（1892-1936）所說的「各人信仰起碼亦係社會主義」有所出入，因為王光祈所嚮往的社會主義是以充分發展實業為前提。[92]它與戴季陶（1891-1949）

---

90 江亢虎回憶道：「幼受《大學》至治國平天下，嘗叩師：『天下何以不曰治，而曰平？』又『不患寡而患不均，天下國家可均也』，亦請其意義。師均無以應。懷疑既久，觸悟亦多。及讀〈禮運〉，慨然慕『大同之治』，妄草議案，條例多端，以為必如何如何，而後天下可企於均平。因虛擬一理想世界，如佛陀、耶穌所謂天國者。」轉引自汪佩偉，《江亢虎研究》（武漢：武漢出版社，1998），頁39。

91 「如我們有了共同的趨向，我們的社會活動才有意義，我們的預備工夫也才不是盲目的工作，而研究學問的與實際活動的也才有一個聯絡。法、德同人頗引張謇、黃炎培以為社會活動的標準人物，不知他們的社會活動都有正確的目的，換言之，都是有主義的。他們的教育和實業都是為達他們資本主義的。我們會員中也有許多人志望實業和教育，若預先沒有一種確定傾向，恐怕早晚被他們造成的新興的資本主義潮流吸收了去。」參見鄭伯奇，〈鄭伯奇等的提案〉，收在張允侯等編，《五四時期的社團》，第1冊，頁448。

92 中共中央馬克思恩格斯列寧斯大林著作編譯局研究室編，《五四時期期刊介

等人的社會主義思想也有所出入，因為戴氏等人認為，當時中國根本沒有實業，談不上「分配」的平等，故他們一面講社會主義，一面希望中國應該盡快發展實業。

當他們深入分析「社會」的問題時，發現「社會」是一個有機體，[93] 所有問題都盤根錯節地交纏在一起，所以產生「社會是整個的」這個觀念。[94] 我們在前面提到，在民國八年底的「問題與主義論戰」中，遠在湖南的毛澤東是站在胡適的「問題」這一邊的，毛澤東針對當時的社會開了一長串的「問題單」，可是他逐漸發現「問題」列不完，由於所有問題都串聯在一起，毛氏逐漸轉向整體的解決，宣稱：「社會萬惡」以及要「創造一種新社會」。[95]

當時青年們也逐漸傾向於認為，改變社會必須徹底改變經濟組織，人們遂放棄新文化運動以來的幾種信念：一、點滴式的改革。二、個人主義式的，每個分子力求健全自己，最後達到整個社會的進步。三、由思想、文藝入手的努力。尤其是經過問題與主義論戰的洗禮，許多原先傾向「問題」的人，後來發現「問

紹》，第1集，上冊，頁259-261。

93 晚清以來，「社會」及「社會有機體論」，兩者都是新的思想觀念，「社會有機體論」這個理論經嚴復翻譯斯賓塞著作如《群學肄言》之後，成為許多人的口頭禪，成為對社會的想像的方式。整個社會是像人的身體一樣的有機體，不可能單獨切開任何一部分，所以改造社會也不可能是點滴的，而是要對整個有機體做通盤解決。

94 鄭振鐸曾回憶說：「（瞿）秋白那時已有了馬克思主義者的傾向，那一切社會問題，作為一個整體來看。」參見中共中央馬克思恩格斯列寧斯大林著作編譯局研究室編，《五四時期期刊介紹》，第1集，上冊，頁325。

95 前者見〈「社會萬惡」與趙女士〉，後者見〈學生之工作〉，皆收於中共中央文獻研究室等編，《毛澤東早期文稿：1912.6-1920.11》，頁425-434、454。

題」多到解決不完，「問題」之間又有千絲萬縷的聯繫，不能像
胡適等人所宣稱的先解放個人再解放社會，而是必須對社會進行
徹底改造。唯有先改造社會，才能回過頭來解救個人；要先毀滅
舊社會、建立新社會，所有個別的問題才能獲得全盤解決。[96]在
中國傳統思想中，「人」是一個不成問題的概念，但在新文化運
動之後人們不斷問「人」是什麼，並隨時加上引號以便說明
「人」仍舊是「有問題」的狀態。它當然也意味著，沒有成為真
正的「人」之前的生活狀態是不值得過的。

　　「人」成為一個有問題的狀態與當時西方思想界的主流有
關。包默（Franklin Baumer, 1913-1990）認為西方傳統的「人」
觀在近代面臨三種危機：一、傳統崩潰之後，價值世界不再有中
心力量，不再有一套穩定的系統使人們面臨衝突的價值時有一個
參照架構。二、達爾文進化論及佛洛依德心理分析對「人」提出
複雜而顛覆性的見解。三、最重要的是一種把「人」當成完全是
社會與文化形塑的產物的觀念，所以它是漂浮不定的、相對化
的，而不是任何一種確定的東西。[97]

96《開明》編輯宋雲彬說：「未來的中國，將有一場大火，毀滅舊社會的一切，
　重新建設起一個沒有人對人的仇恨，階級對階級的剝削的社會。」參見劉仰
　東編，《夢想的中國：三十年代知識界對未來的展望》，頁61。後來，甚至
　到1930年代，這一路思維基本上是確定下來，巴金：「要全社會得著解放，
　得著幸福，個人才有自由和幸福可言。」（頁103）；金丁（一位讀者）：「據
　歷史告訴我們說，在某一個時期，做醫生的，做理髮師的，做瓦木匠的，做
　教員的，做……都一定要拋開他們各人的專長，而大家去做一件共同的事！
　因為這一件共同的事不辦好，他們各人的專長就沒有站腳的地方。這就是
　說：這一件共同的事，必然是集團的消滅個人的。」（頁107）。

97 Franklin Baumer, *Modern European Thought: Continuity and Change in Ideas,
　1600-1950*（New York: Macmillan, 1977), 417-438.

　　在前述三種使「人」成為有問題的因素中，第一、二項，與當時中國相近，但我們在此所關心的是把「人」問題化、把「生活」問題化、把「意識」問題化之後，如何支撐起一種新的內在生活。

　　「主義」是一個意外的受惠者，它支撐起一個新架構，使得能過某種狀態的生活，能思考某種主張的人，取得了高人一等的道德優位，同時也讓人們相信，有理想有熱情的人，應該是有「主義」的人。有的認為20世紀世界的新潮流是「人的潮流」、[98]有的認為「完成人格必須努力」、[99]有的認為「惟具有奮鬥精神，獨立精神，互助精神的『平民』，才算作『人』」，並認為他們的目標便是「傳播『人』的思想，提倡『人』的生活，建設『人』的社會」。[100]有人說「人化」即「歐化」，[101]或是說「人化」即「主義化」，沒有主義不成其為「人」。[102]施存統（1899-1970）曾經提醒「我們不要存一個『以一個主義支配世界底野心』」，[103]正

98　中共中央馬克思恩格斯列寧斯大林著作編譯局研究室編，《五四時期期刊介紹》，第2集，上冊，頁431。

99　周馨，〈工學會的旨趣書一〉，《工學》，第1卷第1期，1919年11月20日，收於張允侯等編，《五四時期的社團》，第2冊，頁504。

100　中共中央馬克思恩格斯列寧斯大林著作編譯局研究室編，《五四時期期刊介紹》，第2集，上冊，頁441-442。

101　傅斯年，〈怎樣做白話文〉，收於傅孟真先生遺著編輯委員會編，《傅斯年全集》，第4冊，總頁1133。

102　傅斯年說：「見理不明，因而沒主義可說；志行薄弱，因而沒宗派可指。」見傅斯年，〈白話文學與心理改革〉，收於傅孟真先生遺著編輯委員會編，《傅斯年全集》，第4冊，總頁1179。

103　施存統，〈我們底大敵，究竟是誰呢？〉，《民國日報》「覺悟」副刊，1920年9月28日。

可想見當時人們以為「主義」無所不包的心態。

人們也爭論要怎樣才可以使中國人得到「人的生活」。1920年11月，陳望道、邵力子與張東蓀、舒新城對此有所爭論：究竟如張、舒二人所說在資本主義下才能使人得著「人的生活」，或是在社會主義下才能使人得到「人的生活」。邵力子說一定要是兼顧精神及物質的社會主義才行，他說「而要使中國人得著『人的生活』，一定非先有一種主義不可。」[104]

他們關心著縮短「舊人」到「新人」的時間，1920年由上海新人社出版、與上海泰東圖書局有密切關係的刊物《新人》創刊，在〈發刊詞〉中宣言該社之宗旨為「縮短舊人變新人的時間」，「使這理想社會變成現實社會」；「推翻字典上頭你我他三個字的解釋」。[105]

人們嚮往著成為光明、純潔、奮鬥的「新人」。「純潔」、「坦白」成為五四社團中常見的口頭禪。[106]為能維持「人格的光明坦白」，有的則主張社員之間要隨時公開相互批評（如「覺悟社」）。而且重要的是理想有為的青年，眼光是放在未來的社會，而不是現在的社會。要為未來社會之人，不為現在社會之人。少年中國學會中也說要區分「現在的政治」與「未來的政治」。他們相信縮短由「舊人」變「新人」的時間，則可以使「理想社會」馬上落實成「現實社會」，或者認為凡社會改造事

---

104 邵力子，〈再評張東蓀君的「又一教訓」〉，收於傅學文編，《邵力子文集》，上冊，頁438。

105 中共中央馬克思恩格斯列寧斯大林著作編譯局研究室編，《五四時期期刊介紹》，第2集，上冊，頁409。

106 工學會的〈會務紀要〉說：「各分子的思想非常純潔，絕無卑鄙：心胸非常坦白，絕無虞詐。」張允侯等編，《五四時期的社團》，第2冊，頁512。

業，不從全域下手，僅作小規模的試驗，最後一定是要失敗的。
瞿秋白說應該是「全世界，全社會，各民族，各階級」的解
決。[107]

　　總結上面的討論可以看出：人們都認為，政治是一件骯髒的
事，投入政治是為了拒絕政治。[108]我稱之為「現實政治之外的政
治行動」與「現實社會之外的社會行動」。這種在現實政治社會
之外參與政治的形式的前提是不進入社會進行改革的活動，而是
以一種超越、凌駕於當時政治、社會環境之上，宏觀一切，規畫
一切，又改變一切的方式進行，是孫中山《三民主義》中說到
的：廣州西關那邊的闊學生先穿上毛大衣，然後希望改變天氣來
適應它。[109]

---

107 瞿秋白，〈革新的時機到了！〉，收於蔡尚思主編，《中國現代思想史資料
　　簡編》，第1卷，頁643-644。

108 類似的論述可參見林毓生對魯迅從政態度的討論，參見林毓生，〈魯迅政治
　　觀的困境——兼論中國傳統思想資源的活力與限制〉，《政治秩序與多元社
　　會》（台北：聯經出版公司，1989），頁253-275。

109 孫中山說：「我記得三十多年前，我在廣州做學生的時候，西關的富家子
　　弟，一到冬天便穿起皮衣。廣州冬天的天氣本來不大冷，可以用不著皮衣
　　的；但是那些富家子弟每年到冬天，總是要穿皮衣，表示他們的豪富。在
　　天氣初冷的時候，便穿小毛；稍微再冷，便穿大毛；在深冬的時候，無論
　　是甚麼天氣，他們都是穿大毛。有一天他們都是穿了大毛皮衣，到一個會
　　場，天氣忽然變暖，他們便說道：『現在這樣的天氣，如果不翻北風，便會
　　壞人民了。』……現在一般青年學者信仰馬克思主義，一講到社會主義，便
　　主張用馬克思的辦法來解決中國社會經濟問題，這就是無異『不翻北風就
　　壞人民』一樣的口調。」參見孫文，〈民生主義第二講（民國十三年八月十
　　日講）〉，《三民主義》，收於中國國民黨中央委員會黨史委員會編訂，《國
　　父全集》（台北：中國國民黨中央委員會黨史委員會，1973），第1冊，頁
　　190。

（二）未來的神話

　　「社會」的思維與「未來」的神話是一體的，「未來」隱然是一個新宗教。新文化運動的一個重要思維是理想的社會可以很快實現，而且如果有某種有效率的新組織來領導行動，這個「未來」並不遠。我們在當時一些青年（如陳範予，1901-1941）的文字中不斷發現前面提到張灝先生所形容的一種極度失望與極度興奮合而為一的心理結構。極度失望的是現在的社會，極度興奮的是未來的美好社會。這兩者原來是有巨大距離的，但是在這一代青年的心理結構中卻認為兩者可以是一個。只要能找到一種辦法，則最美好的社會必定可以實現。顧頡剛說只要努力，最美善的社會便能在一夕之間完成，即模糊地表現出這種心態。

　　以下要舉幾個青年刊物的例子說明當時青年的這種心理結構，如少年中國學會成都分會在1919年7月所創辦的《星期日》，這份刊物以李劼人、孫少荊等為主，《星期日》的發刊宣言說：「我們為什麼要辦這個週報，因為貪污黑暗的老世界，是過去的了。」[110]出刊僅僅兩期的《蕪湖學生會旬刊》到處強調：「黑暗、光明之對比。」[111]《杭州學生聯合會報》〈改革本會會報的意見〉之作者認為，今後的宗旨應該「根據世界潮流，促進知識階級和勞動階級徹底的覺悟，……建設『光明』『合理』的社會。」[112]

110　中共中央馬克思恩格斯列寧斯大林著作編譯局研究室編，《五四時期期刊介紹》，第1集，上冊，頁280-281。

111　中共中央馬克思恩格斯列寧斯大林著作編譯局研究室編，《五四時期期刊介紹》，第2集，下冊，頁478。

112　中共中央馬克思恩格斯列寧斯大林著作編譯局研究室編，《五四時期期刊介紹》，第2集，上冊，頁445-446。

　　瞿秋白也說中國「無社會」，[113] 故要人為地、有意識地去造成種種新的社會組織。毛澤東要造湖南為「黃金世界」。[114] 這一類的話很多，譬如說：「只希望廣東成為世界上一個模範的『新國』。」[115]

（三）組織的神話

　　在「未來的神話」之後，還要附帶談「組織的神話」。

　　許多敏感的觀察者都提到，五四是一個「個人意識」及「集體意識」覺醒的時代。在此之前，「學校裡除了同鄉會的組織以外，任何組織都沒有，也不允許有。」[116] 鄭超麟回憶五四時說，那是「一個意識的覺醒」的時代，說「當代中國的集體意識，可以說，是在這一年覺醒的；我個人的小小意識則確實是在這一年覺醒的」。[117] 一方面是「潛伏的個人意識已經覺醒，從此我是自己的主人，我能支配自己的命運，而不再是父師及其他長輩給我安排的家族鏈條中一個環節了。」[118] 另一方面是從當時學生與軍閥之間的鬥爭中看到青年團體與組織所能產生的巨大力量。而白話文又使得一向限於菁英的活動可以下及工農，可以動員、組織

---

113 瞿秋白，〈中國之「多餘的人」〉，《赤都心史》，收於《民國叢書》，第五編，頁120。

114 毛澤東，〈為湖南自治敬告長沙三十萬市民〉，收於中共中央文獻研究室等編，《毛澤東早期文稿：1912.6-1920.11》，頁529。

115 陳獨秀〈答皆平〉一文所附皆平寄給陳獨秀的書信，收於陳獨秀，《獨秀文存》，頁822。

116 劉勳宇，〈憶工學會〉，收於張允侯等編，《五四時期的社團》，第2冊，頁526。

117 鄭超麟著，范用編，《鄭超麟回憶錄》，頁160。

118 鄭超麟著，范用編，《鄭超麟回憶錄》，頁165。

他們參與廣大的救國活動。

　　此處我要舉幾條史料說明當時人積極創造「組織」作為戰鬥大本營的想法。

　　在描述《國民》雜誌社成立週年情形的記載之中，藍公武演說時指出五四運動之價值說：「蓋必先有組織而後始能奮鬥，設『五四』後而無組織的運動，賣國者何能遽去？」[119]此為當時許多人共同的想法，也激發了以強固而有紀律的組織與社會決戰的無限樂觀情緒。

　　宗之櫆（1897-1986，即宗白華）在《少年中國》所發表名為〈中國青年的奮鬥生活與創造生活〉的文章中提到：

> 「高蹈遠引脫離這個惡社會」是消極遁世的辦法，不是青年所應該實行的。唯一的辦法就是「聯合全國青年組織一個大團體，與中國社會上種種惡習慣、惡風俗、不自然的虛禮謊言、無聊的舉動手續，欺詐的運動交際，大起革命，改造個光明純潔、人道自然的社會風俗，打破一切黑暗勢力的壓迫。」[120]

　　《新人》雜誌主張「新村主義」，認為新村是「另立一新社會之模型，以便世人的仿制，並且是和舊社會宣戰的大本營。」[121]

---

119 一覺記，〈本社成立周年紀念大會紀事〉，收於張允侯等編，《五四時期的社團》，第2冊，頁27。

120 中共中央馬克思恩格斯列寧斯大林著作編譯局研究室編，《五四時期期刊介紹》，第1集，上冊，頁246-247。

121 中共中央馬克思恩格斯列寧斯大林著作編譯局研究室編，《五四時期期刊介紹》，第2集，上冊，頁411。

天津覺悟社曾有以下的主張：期許能「作成一個預備『犧牲』、『奮鬥』的組織，認他為一個作戰的『大本營』」。[122]

把前面幾點稍加綜括以後，我們可以發現後五四時代形成一種新論述，即中國是需要社會改造、社會革命，以實踐未來的政治、未來的社會。而且未來的社會是帶有烏托邦色彩的黃金社會，與民初以來不斷出現在人們筆下的「混濁的社會」形成巨大反差。另一個心態認為只要找到辦法，在最快時間內，便可以縮短未來的理想與昏暗的現在之間的距離。這雙重的距離感為結合黨組織、主義、武力的「新主義」鋪下了沃土，人們要尋找一種可以跨越這個距離到達目標的辦法，就像毛澤東所說的要以它來「另造環境」。[123]

最早引起我注意五四時期「轉向主義」這個現象的是傅斯年。五四健將傅斯年在當時宣稱「有主義比沒有主義好」，不過我們細檢他當時宣揚主義的脈絡，所指涉的大多是文化方面，在涉及政治時基本上是以「主義」來進行「國民訓練」。[124]但對以「社會改造」為無上任務的人而言，他們所企求的是一種剛性的、強有力的政治主義，可以從社會外面強力地把「社會」加以徹底改造的主義。從五四青年社團的文件中，我們不斷看到他們在各種主義之間尋尋覓覓的實例。他們當時所謂的「新主義」，

122 二八，〈三個半月的「覺悟社」〉，收於張允侯等編，《五四時期的社團》，第2冊，頁310。

123 毛澤東，〈致李思安信〉，收於中共中央文獻研究室等編，《毛澤東早期文稿：1912.6-1920.11》，頁557。

124 請參見拙著，*Fu Ssu-nien: A Life in Chinese History and Politics*（Cambridge: Cambridge University Press, 2000），pp. 46, 155.

是指過激主義、社會主義、無政府主義。[125]在這些「新主義」中，當時青年們便作過一些評價。如他們認為無政府主義的自由作用太無限制，「容易流為空談」，[126]並不足以在舊勢力與黃金未來之間架起一道有力的橋梁。從上述案例看來，人們已經覺得要有一個「主義」，但這個主義究竟是什麼？其實並無定見。

在各種主義之間出出入入的人很多，個殊性與差異性非常大。不信主義、懷疑主義，埋首做其他工作以試圖解決問題的人也非常多，不可一概而論。雖然如此，當俄國大革命成功的消息傳來後，人們已經模模糊糊覺得俄國大革命是一個很有用的模式，用毛澤東在〈論人民民主專政〉中的話說，俄國大革命砲聲一響，送來了馬克思主義。人們看到一種新型的力量，它打破帝俄時代的昏暗落後，使俄國一夕之間過渡到社會主義的天堂——但是並不是所有人都馬上覺察這項訊息，很多人是在後來才逐漸領悟到它的重要性。

關於中國共產黨的建立及它的影響，著作已經很多，[127]此處想討論的是俄國式的「新型力量」——主義、黨、黨軍三位一體，如何影響近代中國的「主義」論述。

俄國大革命為當時的中國提供了一個可用的模型、一個成功的範例。西方是近代中國的「新三代」，而俄國是英、美之外另一個「西方」，思想界迅速地由英、美、法、德轉向俄國。既然

---

125 柯璜，〈余對於新思潮之疑問〉，《教育潮》，第8期，收於中共中央馬克思恩格斯列寧斯大林著作編譯局研究室編，《五四時期期刊介紹》，第2集，上冊，頁432。

126 伍—小、山，〈社員通信：西歐的「赤」況（節錄）〉，收於張允侯等編，《五四時期的社團》，第2冊，頁344-345。

127 如陳永發，《中國共產革命七十年》。

與中國情況比較彷彿的俄國可以做到，則這是一條可以照著走的道路。正如許德珩（1890-1990）所說的：

> 十月革命以後，我們有了一個模糊的方向。[128]

類似的話還有許多，此處不具引。俄國大革命使得當時許多人認為他們找到了一個「方向」，一切變得可以理解，而且變得可能了。俄國大革命成功的要素──主義、黨、軍隊三位一體也成了新的萬靈丹，是把 "idea" 與 "reality" 的距離壓縮到最小的利器。1921年中國共產黨的成立是一里程碑。李璜（1895-1991）回憶說，民國十年以前中國各政黨的組織皆是政客式的，真正具有一定主義，為政治之宣傳，向群眾發言，對同志加以組織，乃是民國十年成立的中國共產黨。[129]

　　較早對俄國「新型力量」給予注意的是孫中山。1921年，孫中山開始寫信給俄國領導人，表現出對新型力量的關注。此後，中國國民黨的一個重要方向是「以俄為師」，以列寧為師。布爾什維克黨的主義、黨、宣傳、軍隊成為孫中山及他的追隨者的模範。後來北方的馮玉祥（1882-1948）也對俄國的「新型力量」表現極高的嚮慕。這種在主義的指導下，高度組織化、戰鬥化的新形式，使人們在它上面看到希望，重燃救國的信心。

　　青年們的心理逐漸產生一種改變，自覺到要放棄新文化運動初期那種尊重個人自由、解放的路子，改為崇尚集體的權力而願

---

128 許德珩，〈回憶國民雜誌社〉，收於張允侯等編，《五四時期的社團》，第2
　　冊，頁37。

129 李璜，《學鈍室回憶錄》（台北：傳記文學出版社，1973），頁118。

投身革命組織，參加國民黨、共產黨或其他政黨，以救中國，寧願犧牲個人自由，而服從集團之紀律。[130]

六、主義化的時代

在這裡，我要暫時從論文的主線岔開，轉而討論五四前後到1920年代的一種「主義化」的現象。從個人到政黨、到國家，瀰漫著「有主義總比沒有主義好」，有主義的生活才是「人的生活」的論調。

「主義化」可以分成兩個階段：五四運動之前為一階段，五四之後為另一階段。

五四前後所高喊的「主義化」呼聲，可以1916年12月傅斯年所寫的〈心氣薄弱之中國人〉為例。傅氏說：

> 人總要有主義的。沒主義，便東風來了西倒，西風來了東倒，南風來了北倒，北風來了南倒。
> 沒主義的不是人，因為人總應有主義的，只有石頭，土塊，草，木，禽獸，半獸的野蠻人，是沒靈性，因而沒主義的。
> 沒主義的人不能做事。做一樁事，總要定個目的，有個達這目的的路徑。沒主義的人，已是隨風倒，任水飄，如何定這目的？如何找這路徑？既沒有獨立的身格，自然沒有獨立的事業了。

---

130 唐君毅，〈六十年來中國青年精神之發展〉，收於胡菊人編，《生命的奮進：四大學問家的青少年時代》（台北：時報文化出版公司，1986），頁79-80。

沒主義的人，不配發議論。議論是非，判斷取捨，總要照個標準。主義就是他的標準。去掉主義，什麼做他的標準？既然沒有獨立的心思，自然沒有獨立的見解了。

我有幾個問題要問大家：

（1）中國的政治有主義嗎？

（2）中國一次一次的革命，是有主義的革命嗎？

（3）中國的政黨是有主義的嗎？

（4）中國人有主義的有多少？

（5）中國人一切的新組織，新結合，有主義的有多少？

任憑他是什麼主義，只要有主義，就比沒主義好。就是他的主義是辜湯生、梁巨川、張勳……都可以，總比見風倒的好。

中國人所以這樣沒主義，仍然是心氣薄弱的緣故。可歎這心氣薄弱的中國人！[131]

這是一篇很可玩味的文獻，它寫於五四之前，它的論斷非常斬釘截鐵：中國人是沒有主義的，「沒主義的不是人，因為人總應有主義的」，石頭、草木、野獸沒有靈性，所以沒有主義，「任憑他是什麼主義，只要有主義，就比沒主義好。」傅氏甚至認為即使像張勳（1854-1923）這般執守復辟主義者也是可取的。他主要針砭中國人「心氣薄弱」，所以這一種「主義化」著重的似乎是中國人作為人的起碼質量。不過值得注意的是，此時提出以有主義作為人之所以為人的基本條件，帶來一種緊張感，

---

131 傅斯年，〈心氣薄弱之中國人〉，收於傅孟真先生遺著編輯委員會編，《傅斯年全集》，第5冊，總頁1573-1575。

一種驅動力，認為要做一個起碼的人，便要有「主義」，這是「主義化」過程中不可忽視的驅動力。

前面引用傅斯年的話時，已提到「主義化」與一種新的人觀分不開。除了新的「人」觀之外，當時也有其他心理特質與它的流行有關。譬如當時時常可見的模模糊糊的口號：「向上的」或「向上的生活」的觀念，究竟是向上到何處去，隨著人們信仰的價值體系而有不同，對許多人而言，「向上的生活」便是向上到過有主義的生活。

當時常用「有意識」的一詞，要求人們過「有意識的生活」，而「有意識」的生活便是有「主義」的生活。當時人心中隱隱然關心自己是不是「進步青年」。「進步青年」應該做些什麼，在不同時代，不同的陣營，目標有所不同。在五四以後，以有「主義」為進步青年的思想勢力愈來愈大，一套新的文化語言，一些隱微的心理特質，把「主義者」與「非主義者」的身分作高下的分別。不過傅斯年並未把「主義」往政治方向推進。他說新潮社「最後的目的，是宣傳一種主義。到這一層，算止境了，我們決不使他成偌大的一個結合，去處治社會上的一切事件。」[132] 他並未將「有主義總比沒有主義好」的主張推到社會改造、社會革命。但五四運動之後，一直到1920年代中後期，青年、政客和軍人「主義化」的現象，則主要表現為政治的、革命的。在進入討論之前，我必須說明：當時青年提到布爾什維克主義的頻率似遠超過馬克思主義，提到馬列主義的頻率也超過馬克思主義。從1920年代起，政治上的「主義」成為時髦語。像是

132　傅斯年，〈「新潮」之回顧與前瞻〉，收於傅孟真先生遺著編輯委員會編，《傅斯年全集》，第4冊，總頁1207。

梁啟超就曾譏諷說，這幾年看似蓬勃有生氣的新思潮、新文化運動，試檢查其內容，「大抵最流行的莫過於講政治上、經濟上這樣主義那樣主義，我替他起個名字，叫做西裝的治國平天下大經綸；次流行的莫過於講哲學上、文學上這種精神那種精神，我也替他起個名字，叫做西裝的超凡入聖大本領。」[133] 馬君武（1881-1940）也指出了「主義癖」顯現的負面意義，他表示：「無論何種主張，皆安上主義二字。其中每每有不通可笑的，又有自相衝突的」；往往是出主入奴，辯論紛紜，有時竟是同根相煎。如 "Nationalism"，孫中山稱為民族主義，「醒獅」同人則叫做國家主義，卻未料以民族主義相號召的國民黨，卻把國家主義的青年黨當成仇敵。[134]

在短短幾年之間，一些原先服膺新文化理想的人，紛紛轉向「主義」。陳獨秀於1920年9月〈比較上更實際的效果〉一文中說：「與其高談無政府主義、社會主義，不如去做勞動者教育和解放底實際運動」，[135] 同年12月，在〈主義與努力〉中則表示他已改變立場，從原先所談一點一滴的改造，轉向高談應該受主義指導以定方向。[136] 寫《赤都心史》時代的瞿秋白，嘲諷1911年以來，「滿天飛舞的『新』『主義』、『哲學』、『論』……無限，無限。」[137]

133　梁啟超，〈科學精神與東西文化（八月二十日在南通為科學社年會講演一）〉，《晨報副鐫》，1922年8月24日，第1版，該文收於林志鈞編，《飲冰室文集之三十九》，《飲冰室合集・文集》，第14冊，頁2。

134　馬君武，〈讀書與救國——在上海大夏大學師生懇親會演說〉，《晨報副刊》，1926年11月20日，第4版。

135　陳獨秀，〈比較上更實際的效果〉，《獨秀文存》，頁588。

136　陳獨秀，〈主義與努力〉，《獨秀文存》，頁599。

137　瞿秋白，《赤都心史》，頁154。

同時也說「一切一切主義都是生活中流出的，不是先立一理想的『主義』。」「不在於拘守『主義』，死的抽象詞。」[138] 但是在1920年左右，他也轉向擁抱主義，主張「整個地」解決社會問題。

柔石（1902-1931）是一位敏感而富理想性的年輕人，我們可以從他短短幾年的日記中看到一種迅速的移動，由個人主義、人道主義，迅速轉入社會整體改造的革命主義。[139]

另外一個值得討論的例子是張申府（1893-1986）。張氏原先顯然擺盪在「問題」與「主義」之間，但到了1922年，也就是「問題」與「主義」論戰之後的第三年，他寫了一篇恍兮忽兮，而又顯然要走向「主義」的文章，痛責清談問題，而主張「主義」。[140]

想評估當時青年「主義」化的歷程，應從那些原本赤誠服膺胡適的「問題」，而逐漸轉向「主義」的人下手，而最現成的例子便是毛澤東。

從毛澤東的早期文稿之中，可以看出他最初將胡適的一言一語信奉為聖經，胡適偶然講自修大學，毛澤東便在湖南開辦自修大學。[141] 毛澤東所主辦的文化書社中，胡適的各種著作與社會主義的書籍都是熱門讀物。胡適提倡「問題」，批判「主義」，毛澤東也於1919年9月1日，籌組「問題研究會」，在〈問題研究會章程〉中開列一長串的「問題單」：教育問題、女子問題、國

---

138 瞿秋白，《赤都心史》，頁156。

139 趙帝江、姚錫佩編，《柔石日記》。

140 赤（張申府），〈隨感錄・研究問題〉，《新青年》，第9卷第6號，1922年7月1日，頁84-85，該文收入《張申府文集》（石家莊：河北人民出版社，2005），第3卷，頁47。

141 不只是胡適，像傅斯年當時一些文句，也被毛澤東有樣學樣地照搬。

語問題、孔子問題、東西文明會合問題、婚姻制度改良及婚姻制度應否廢棄問題、宗教改良及宗教應否廢棄的問題，洋洋灑灑，七十幾大項，細項還不在此數。[142]

他又說「問題之研究，須以學理為根據。因此在各種問題研究之先，須為各種主義之研究」，所開列認為需要研究的主義有十種：哲學上之主義、倫理上之主義、教育上之主義、宗教上之主義、文學上之主義、美術上之主義、政治上之主義、經濟上之主義、法律上之主義、科學上之規律。[143]

但是很快地他的注意力轉向「社會」，認識到「社會」才是一切的根本。在當時，一些小小的事件即可牽連敏感年輕人的神經，湖南有一位趙女士的自殺事件即是。[144]毛澤東對趙女士之自殺，先是發表了〈對於趙女士自殺的批評〉，指出趙女士所以自殺是因為有「三面鐵網」，[145]第一面即是中國的社會。接著在〈「社會萬惡」與趙女士〉中說：

> 社會裡面既含有可使趙女士死的「故」，這社會便是一種極危險的東西。[146]

---

142 毛澤東，〈問題研究會章程〉，收於中共中央文獻研究室等編，《毛澤東早期文稿：1912.6-1920.11》，頁396-403。

143 毛澤東，〈問題研究會章程〉，頁401。

144 當時青年知識群體走上自殺之路的原因，錯綜複雜，可以參考海青，《「自殺時代」的來臨？：二十世紀早期中國知識群體的激烈行為和價值選擇》（北京：中國人民大學出版社，2010）。

145 毛澤東，〈對於趙女士自殺的批評〉，收於中共中央文獻研究室等編，《毛澤東早期文稿：1912.6-1920.11》，頁413。

146 毛澤東，〈「社會萬惡」與趙女士〉，收於中共中央文獻研究室等編，《毛澤東早期文稿：1912.6-1920.11》，頁424。

此後「社會」變成一個主詞，[147]「社會」是整個的，而不是一個一個問題。故他想辦新社團，「創造一種新社會」。[148]毛澤東在1920年3月〈致周世釗信〉中提到：「老實說，現在我於種種主義，種種學說，都還沒有得到一個比較明瞭的概念。」[149]同年7月，他注意到俄國大革命，聲稱：「不但湖南，全中國一樣尚沒有新文化。全世界一樣尚沒有新文化。一枝新文化小花，發現在北冰洋岸的俄羅斯。」[150]同年9月〈湖南建設問題的根本問題——湖南共和國〉中說：「俄國的旗子變成了紅色，完全是世界主義的平民天下。」[151]在另一篇文章中則總結說俄國大革命的成功是因「有主義（布爾失委克斯姆）」。[152]

五四也是一個「團體」大覺醒的時代，學生們認識到團體可以發揮意想不到的力量，社會人士亦復如此，而且杜威在中國宣揚「共同生活」，也是促因之一。故五四時期出現大量青年社團，這些社團倏起倏滅，其中有一大部分很快地放棄了新文化運動文藝、思想、個人改造的路線，而提出徹底社會改造、社會革

147　毛澤東，〈非自殺〉，收於中共中央文獻研究室等編，《毛澤東早期文稿：1912.6-1920.11》，頁431。

148　毛澤東，〈學生之工作〉，收於中共中央文獻研究室等編，《毛澤東早期文稿：1912.6-1920.11》，頁454。

149　毛澤東，〈致周世釗信〉，收於中共中央文獻研究室等編，《毛澤東早期文稿：1912.6-1920.11》，頁474。

150　毛澤東，〈發起文化書社〉，收於中共中央文獻研究室等編，《毛澤東早期文稿：1912.6-1920.11》，頁498。

151　毛澤東，〈湖南建設問題的根本問題——湖南共和國〉，收於中共中央文獻研究室等編，《毛澤東早期文稿：1912.6-1920.11》，頁504。

152　毛澤東，〈打破沒有基礎的大中國建設許多的中國從湖南做起〉，收於中共中央文獻研究室等編，《毛澤東早期文稿：1912.6-1920.11》，頁508。

命的主張，而且認為應該追求一個「主義」，它們大部分尚未形成實際行動的方案，至於新型模式——「主義、黨、軍隊」也尚未成形。

此處擬舉幾個社團作為主義化的例子。這些社團轉向「主義」，每每是因為發現社會的問題是「整個的」，要整體地解決，因此放棄個體路線，轉向在一個「主義」下聚合同志，組成一個有方向、有組織、有紀律的團體，以達到改造社會的目標。

「新型力量」的出現，使當時中國有些軍閥、政客，為了對抗新主義起而提出另一種新「主義」，有些是震驚於有「主義」的軍隊的威猛力量，故而提出一種「主義」，其中有的奏效，有的只是一場鬧劇。

政黨的主義化，與知識青年加入主義化的政黨是影響最大的事件。在俄國大革命成功、五四運動及中國共產黨成立這三大連環事件的刺激下，孫中山迅速作了相應的調整，尤以1924年的聯俄容共，全盤模仿俄國的「主義、黨、軍隊」的新型力量最具關鍵。

在胡適發表〈多研究些問題，少談些主義〉之前，上海少年中國學會的會員即已針對北京會員提出「多研究學理，少敘述主義」之口號。當時會中有一派人認為要使每個人成為完全的人，然後再講「主義」，而所謂完全的人，即是能過團體生活並有勞動習慣的人。「此外，尚有種種訓練，都是養成做『人』應該具備的性格和習慣，並且是凡向光明方面走的人，必不可不如此的。」[153]王光祈的意思是希望少年中國學會當時還不應該選定一

---

153 中共中央馬克思恩格斯列寧斯大林著作編譯局研究室編，《五四時期期刊介紹》，第1集，上冊，頁241。

種「主義」，但要成為將來運用各種主義的「訓練營」。

　　1921年7月，少年中國學會在經過多次爭執之後，終於徹底分裂，受李大釗影響的「主義」派占上風，惲代英由不要求有一致的主義到確定一致的主義，[154] 鄧中夏（1894-1933）則主張「主義如不相同，分裂亦好」。他們甚至認為因「主義」不同，將來要在戰場上相見。[155]

　　除了少年中國學會外，另一個頗具規模的團體是天津覺悟社，社員們也是受到李大釗文章的影響而「主義化」。在社員的回憶文字之中，就有提到他們在當時「得到了李大釗同志的親切教導，他告訴我們，要改造社會必須確定鮮明的主義」。[156]

　　天津覺悟社原先屬「問題」派，希望實行「人的生活」，「覺悟無邊無止，進化無窮」，而且明白說：「大家都還沒有一定的信仰。」[157] 1921年8月，天津覺悟社為了聯合進步團體，與少年中國學會、人道社、曙光社、青年互助團等五團體採取共同行動，全體會員集結到北京。李大釗代表少年中國學會致答詞時，即提出各團體有標明「主義」的必要。認為「近年以來，世界思潮已有顯然的傾向，一個進步團體，如不標明主義，對內既不足以齊一全體之心志，對外就更不能與他人有聯合的行動。」[158]

154　中共中央馬克思恩格斯列寧斯大林著作編譯局研究室編，《五四時期期刊介紹》，第1集，上冊，頁257。

155　中共中央馬克思恩格斯列寧斯大林著作編譯局研究室編，《五四時期期刊介紹》，第1集，上冊，頁268。

156　劉清揚，〈回憶覺悟社〉，收於張允侯等編，《五四時期的社團》，第2冊，頁356。

157　鄧穎超，〈五四運動的回憶（節錄）〉，收於張允侯等編，《五四時期的社團》，第2冊，頁303、352。

158　張申府，〈所憶〉，《張申府文集》，第3卷，頁471-472。

　　1923年4月天津覺悟社的政治取向開始出現轉向，說：「我認的主義一定是不變了」，[159] 而且有部分社員「對於主義上已有同一的趨向。」[160] 社歌云：「社會革命，階級戰爭，青年齊努力。」[161] 大談同一目標、同一途徑，與「社會」對抗不能靠個人自覺，要靠團體，要由文化轉向社會，由「人」的生活轉向社會，不要受環境支配，要支配環境，與惡社會奮鬥，創造一種新生活。1921年於安徽創刊的《蕪湖》則宣稱「教育問題，正和一切問題一樣，非把全部社會問題改造好了，是不得會解決的」。[162] 河南的《青年》雜誌也由原本改造個人的思想與道德入手，轉向改造社會，認為「物質變動決定一切」。[163]

　　胡適在新文化運動時期的口號之一是「輸入學理」。[164] 原先甚有力量的民主主義、個人主義、資本主義、社會主義、國家主義、共產主義，是以輸入學理的方式進入的，但過不了多久，它們成為主義，理解它們的方式是主義式的。學理與主義當然不同，學理只是知識、思想層次，而主義則包括知識、思想、價值、信念、信仰、道路、行動。主義標示著統一的意志、集體的

159　見伍一衫逸、衫崎，〈伍的誓詞〉，收於張允侯等編，《五四時期的社團》，第2冊，頁348-349。

160　施以，〈我們的開張篇（《覺郵》發刊詞）〉，收於張允侯等編，《五四時期的社團》，第2冊，頁315。

161　〈我們的五一節（節錄）〉，收於張允侯等編，《五四時期的社團》，第2冊，頁325。

162　見惲代英給沈澤民、高語罕的信，收於中共中央馬克思恩格斯列寧斯大林著作編譯局研究室編，《五四時期期刊介紹》，第2集，上冊，頁482。

163　中共中央馬克思恩格斯列寧斯大林著作編譯局研究室編，《五四時期期刊介紹》，第2集，上冊，頁492-493。

164　見胡適，〈新思潮的意義〉，《胡適文存》第一集，卷4，頁727-736。

追求、動員各階層，希望深入各階層。此時「學理」的吸引力已
經讓位給主義，尤其當新文化運動時期思想、文藝的關心，讓位
給政治的關心之後，「主義」——信仰化的主義，在政治論述的
市場中成為強勢貨幣。誠如梁啟超所說的，「理性只能叫人知道
某件事該做，某件事該怎麼作法，卻不能叫人去做事，能叫人去
做事的，只有情感。」「情感結晶，便是宗教化。」[165] 將知識與行
動結合為一的論述之吸引人們的目光，也標示著時代的關懷與新
文化運動時期之不同。信仰主義，即表示脫離了新文化運動時代
個人覺醒與理想的觀念，進入了集體行動的時代，而且在不斷競
逐的過程中，只有以主義形式進入市場才可能生存。

　　1934年，《獨立評論》發表一篇名為〈新舊交替時代的游移
性〉的文章，在回顧過去幾年的發展時，說出了不以「主義」作
號召，在思想市場上如似矮人一截之狀況：

> 前幾年，主義這個玩藝，不論什麼人，不說牠，不拉一個
> 來作靠柱，就不能存在似的。三民主義，馬克司主義，及
> 一切花花綠綠的主義，只要占上主義兩個字，就不愁無人
> 歡迎。[166]

「只要占上主義兩個字，就不愁無人歡迎」，為了趕上這一種新
的表達方式，故自創主義的動機相當強烈，少年中國學會的領袖
王光祈，在這時期一直為是否為這個團體定一個主義煩惱不堪。

---

165 梁啟超，〈評非宗教同盟〉，收於林志鈞編，《飲冰室文集之三十八》，《飲
　　冰室合集‧文集》，第13冊，頁22。
166 壽生，〈新舊交替時代的游移性〉，《獨立評論》，第96期，1934年4月15
　　日，頁14。

他喊出要「自創主義」，一直到在德國時，他仍想創造一種比世界上現有的主義（包括布爾什維克主義在內），都更合乎世界潮流與中國民族性的主義。後來他提出了一種近於禮樂主義的想法。[167]

「自創主義」之熱門現象，還可以拿1919年3月成立的工學會所提出的「工學主義」為例。工學會顯然是一個受無政府影響而成立的團體，他們說：「工學主義的第一義，便是認定人生只有工與學兩件事。……工學主義的第二義，便是認定作工和求學是相互需要的，工離不了學，學更離不了工。」[168]他們要打破勞動與智識階級的劃分，會員自由發展，不加限制。[169]但他們也宣稱，有了「工學主義」之後，要「確信我們所抱的主義有提倡的價值和必要。我們今後最大的希望是工學主義能普遍的實現。」[170]值得注意的是連科學也成了一種主義，而胡適的「實驗主義」當然也是一種主義，一種為了解消主義而提出的主義。

誠如前面所提到的，即使像解決趙女士自殺這樣一個小問題也被認為需要「另造環境」才能解決──「政治改良一途，可謂絕無希望。吾人惟有不理一切，另闢道路，另造環境一法。」[171]為了「另造環境」，「主義」開始成為毛澤東筆下的常語，1920

167　中共中央馬克思恩格斯列寧斯大林著作編譯局研究室編，《五四時期期刊介紹》，第1集，上冊，頁259-261。

168　石樵，〈工學會旨趣書二〉，收於張允侯等編，《五四時期的社團》，第2冊，頁505-506。

169　〈會務紀要〉，收於張允侯等編，《五四時期的社團》，第2冊，頁513。

170　季尊，〈本會一年來之回顧及今後之希望〉，收於張允侯等編，《五四時期的社團》，第2冊，頁522-524。

171　毛澤東，〈致向警予信〉，收於中共中央文獻研究室等編，《毛澤東早期文稿：1912.6-1920.11》，頁548。

年11月25日在寫給羅璈階的信中說：「我雖然不反對零碎解決，但我不贊成沒有主義頭痛醫頭腳痛醫腳的解決。」[172]要「共為世界的大改造。」[173]要造成「一種有勢力的新空氣」，但為了換空氣，「固然要有一班刻苦勵志的『人』，尤其要有一種為大家共同信守的『主義』，沒有主義，是造不成空氣的」，新民學會不可以只是人的聚集或感情的結合，「要變為主義的結合才好。」[174]

　　這類言論在1920年代頗不乏見。例如有人說：「我是一個愛護『主義』者。我覺得任何主義他都有多少精義，都不容有人假借他，……我不願意有人拏任何主義來欺世盜名，騙一般頭腦純潔有心向上的青年。」「講主義的人們，你要知道主義是純潔的，向進化軌道中進展的，你們既然要講主義，自然負有引導主義進展的責任」。[175]愛真接著歸納出四種條件：「A.要有高尚純潔的人格纔可以講主義。B.要言行合一的纔可以講主義。C.要不好同惡異的，纔可以講主義。D.要明瞭社會歷史及現實社會情狀的，才可以講主義。」[176]所以不管是什麼主義，只要有「主義」之名，便即是神聖、純潔的。反倒是「人」才是不可靠的。主義是主義，人是人，主義是好的，人不一定是好的，那麼什麼樣的人才有資格成為主義者？

---

172 毛澤東，〈致羅璈階信〉，收於中共中央文獻研究室等編，《毛澤東早期文稿：1912.6-1920.11》，頁553。

173 毛澤東，〈致羅璈階信〉，頁554。

174 毛澤東，〈致羅璈階信〉，頁554。

175 愛真，〈怎樣纔可以講主義？（上）〉，《國聞週報》，第1卷第21號，1924年12月21日，頁9。

176 愛真，〈怎樣纔可以講主義？（下）〉，《國聞週報》，第1卷第22號，1924年12月28日，頁14。

愛真所列舉的四個條件大抵是當時人所同意的，不過此處也必須指出，主張先要做到「人」，才能談「主義」，與主張能擁護主義才配稱為「人」的兩種思維，是有一些不同的指涉。前者常常表現為理想上是應該有主義的，但先要改造個人，所以他們通常反對立即投入社會主義或布爾什維克主義的懷抱，投入某種主義的懷抱之前要先完善個人，王光祈及愛真都成為既愛主義，又遲疑於迅速主義化的人。

在後五四時代有兩條正路，一條是以胡適為代表的，由文學、哲學改進入手的道路，另一條是「從事於根本改造之計畫和組織的道路」。然而，從1920年代中期起，「主義者」往往成為一種有利的身分。

科舉廢除之後，傳統中國鑑別社會菁英的「識認系統」（用經濟學的術語是「傳訊系統」，"signaling system"）[177] 已經崩潰，新的「識認系統」一直在變，而且變成多元的，學位當然是一套新的識認系統，造成風氣的言論領袖也成為一種新的身分，而成為「主義者」也是一種新的菁英身分。

在新舊政治及思潮的更迭中，地方人士有時會巧妙利用新潮流為自己在地方社會中安排一個使自己優越於他人的新菁英地位。五四運動時期如此，在「主義」風行的時代，能否成為「主義者」，也成為一種識別「新菁英」的識認標誌。

抑且，講求「主義者」，更還可能在地方政治生活裡占有一席之地。從晚清廢科舉以來，有所謂「紳士大換班」的現象。[178]

---

177 我對「傳訊系統」的思考，受益於G. S. Becker所介紹的「教育傳訊論」。可參見朱敬一、林全，《經濟學的視野》（台北：聯經出版公司，2002），頁77-82。

178 鄭超麟著，范用編，《鄭超麟回憶錄》，頁115、119。

過去在地方社會中什麼樣的人可能上去做紳士是可以猜測得到的。從廢科舉到辛亥革命以後，有不少參與革命或新學堂的學生回鄉成為新菁英。從1920年代開始，另一批新紳士換了班，「主義者」成為新身分，而且主義者的身分更為開放，不問出身，不問學歷，不問財富，只問是否信仰主義，是否領有黨證，是否願意在主義的大纛下奮鬥。獲得這個新身分的重要方式是把自己寫進自己所參與創造出來的新的大劇本中，在其中為自己安排一個位置，而這個新的大劇本中，角色之間的關係是「同志」、是新的主義者的關係。

　　包天笑（1876-1973）在《釧影樓回憶錄》中記載一個故事，頗能反映當時作為一個主義者或懂黨義的人的驕傲。北伐成功之後，蘇州吳縣來了一位縣官王引才，「但是蘇州的那些老鄉紳，還是瞧不起他的。他們有些都是科甲出身，在前清做過大員的，從沒有見過這樣一位縣官。王引才自命為新人物，也不買他們的帳。」「最可笑者，蘇州有些青年學生，研究國民黨黨義的，以為他不識黨義，借了一點事，想去詰責他。惹得王引才老氣橫秋的說：『老弟！你要把孫中山先生的遺教，細心研究。他的《建國真詮》上怎麼說，你讀過嗎？我倒要考考你！』說著，他把一段書背誦如流。學生被他嚇倒了，原來他是老黨員，也許是老同盟。」[179]沈定一（1883-1928）就曾將這等行為形容為「只是藉傳播主義來維持生活，就活現一個擇肥而噬的拆白黨。」[180]

---

179 包天笑著，劉幼生點校，《釧影樓回憶錄‧續編》（太原：山西古籍出版社，1999），頁742、744-745。

180 沈定一，〈告青年〉，原刊於《勞動與婦女》，第2期，1921年2月20日。此據沈定一著，陶水木編，《沈定一集》（北京：國家圖書館出版社，2010），下冊，頁445。陳獨秀在一篇文章中也提及此，見陳獨秀，〈下品

　　此處可以看出一種新、舊兩批地方人士在新的「紳士大換班」之際爭奪社會菁英身分時產生的爭執，而能否懂得「主義」是一個重要的判別標準，也是決定王引才是不是夠資格作為地方領導人的判准。1925年，一位化名「霆聲」的作者，在《洪水》發表〈主義與主義者——論是非二〉一文，說當時談主義者幾乎「多如寒空中聒噪的老鴉」，「幾乎不是主義者便失了做人的資格一般。」他說：「如寒鴉一般多的主義者中，真正是信仰奉行某種主義的信徒，實在並沒有那般以主義為招牌的『賈維新』那麼多。賈維新們掮了主義的招牌是另有作用的，所以，主義者對於主義到底是怎麼一種關係就很難說了」，「即是真正信奉主義的主義者，他的言行仍不免被個人的情感和習慣支配著而往往有非主義中所應有的狀態……」，「最近我們常常看見不同的主義者互相咒罵，互相攻擊，例如醒獅派和共產黨……他們互相摭拾一些主義者的個人言行來咒罵，來攻擊主義的本身。」[181]

七、「新主義」與「新型力量」

　　在1920年代的「主義化」風潮，也深深影響了孫中山。

　　孫中山深知用幾句鮮明的「主義」勾勒其藍圖是非常重要的。在清季革命中，孫中山以「主義」壓倒沒有「主義」的立憲派。當時革命與君憲之論爭中，立憲派基本上是根據現狀立論，別無根本的主義，而革命派吸引人的原因之一，是有清楚明快而

　　的無政府黨〉，《新青年》，第9卷第2期，1921年6月1日，收於《獨秀文存》，頁613-614。

181 霆聲，〈主義與主義者——論是非二〉，《洪水》，第1卷第2期，1925年9月1日，頁36-37。

且簡潔的「主義」。這種近乎口號式的宣傳，確實比沒有統率全域與方向的鮮明的主義者，更能吸引人。

不過當時孫中山除了三大主義有關的演講之外，未曾針對他的「三民主義」，完成像馬克思《資本論》那樣成體系的著作。[182]而且他的三大主義中真正在晚清發揮效果的，主要是民族主義，當時似乎也沒有足夠的新閱聽大眾足以明瞭民權與民生兩種主義。

1912年，同盟會改組為國民黨，孫中山之三民主義在國民黨黨綱中只剩下「採取民生政策」一條，1914年6月，孫中山在東京成立中華革命黨時，則只重申民權主義。在護國戰爭結束之後，中華革命黨由日本遷至上海，黎元洪（1864-1928）繼任總統後，中華革命黨本部奉孫中山之命於1916年7月25日，向各分、支部發布通告，停止活動，實際上宣布了取消中華革命黨。一直到五四運動之後，正式組成中國國民黨時，才完整恢復了實行三民主義的宗旨，此時的民族主義針對的是帝國主義。[183]

此處要討論說明的是，孫中山是時代的一分子，他也受到1920年代「主義」思潮的巨大影響，而進入我所謂的「再主義化」之階段。此時孫中山決定比較系統地闡述三民主義。[184]在晚

---

182 孫中山在《建國方略：孫文學說》第八章〈有志竟成〉中說：「倫敦脫險後，則暫留歐洲……兩年之中，所見所聞，殊多心得……此三民主義之主張所由完成也。」（台中：正中書局，1959），頁78。

183 以上見彭明等編，《近代中國的思想歷程（1840-1949）》，頁529。

184 孫中山本人並未直接說明這一層影響，但是我們從年代的比對及其他蛛絲馬跡可以作此判斷。依據崔書琴〈三民主義新論補篇〉所言：孫中山在民國八年親撰三民主義長文一篇，張繼在此文的跋語中說，此文「內容雖與今通行本（係指三民主義十六講）大旨無殊，但申論要點，以及所舉例證，則多為今本所未及詳。」崔書琴說孫中山還有一份親筆修改的三民主

清較早宣傳社會主義的，也是同盟會人物。當時與同盟會對立的梁啟超，一再發表文章痛斥革命黨的社會主義，是鼓動流氓與乞丐之主義，所以當時國民黨不只是從事政治革命，而欲根本改造國家，同時也講求社會平等的社會革命。[185]

五四前後，在李大釗之前，於北京《晨報》副刊上宣傳由日本輸入的馬列主義的陳溥賢（1891-1957），早期也是在日本幫革命黨運送武器的人。[186]五四以後，國民黨的宣傳家們大力宣傳社會主義，戴季陶、胡漢民、朱執信（1885-1920）、廖仲愷（1877-1925）等皆然。胡漢民等也致力於在古代歷史文化中發現社會主義的思想，並引起過諸如「井田制有無」等的學術論戰。[187]

不過理想上的社會主義與如何達到社會主義似乎有一些分別。在社會改造的內容之廣狹、徹底的程度，以及實行的手段之間，因人而異。在社會主義的理想方面，雙方是一致的，但究竟可不可能有一種不要馬克思的社會主義？

再主義化的孫中山，明白地是以俄國為師。1921年8月，孫中山在〈復蘇俄外交人民委員契特林書〉中云：「我非常注意你們的事業，特別是你們蘇維埃的組織，你們軍隊和教育的組織。」[188] 1922年夏天，陳炯明（1878-1933）叛變；1924年1月，中國國民黨第一次全國代表大會的宣言，宣布「聯俄、容共、扶

　　義講演稿，崔氏並作了詳細的比對。見姚漁湘等著，《研究孫中山的史料》（台北：文星書店，1965），頁121-161。

185　Martin Bernal, *Chinese Socialism to 1907*, pp. 90-106.

186　石川禎浩，《中國共產黨成立史》（東京：岩波書店，2001），頁27-46。

187　相關研究參考賴建誠，《井田辨：諸說辯駁》（台北：台灣學生書局，2012）。

188　轉引自彭明等編，《近代中國的思想歷程（1840-1949）》，頁533。

持工農」的政策，容許共產黨員以個人身分加入國民黨。這一年，孫中山開始演講三民主義，記錄而成《三民主義》一書。在一開頭即說「主義就是一種思想、一種信仰和一種力量」。

　　由於當時國民黨正與俄國攜手合作。在這前提之下，孫中山在《三民主義》中，就納入黨內共黨及非共黨雙方的意見，故他說：「民生主義就是社會主義，又名共產主義，即是大同主義。」[189]這段話也引來無數的辯論，一直到國民政府來台之後，三民主義的理論家們仍然為了化解這段話而大傷其神。不過，當時國民黨覺得他們的理論是與共產黨有所分別的，是沒有馬克思的社會主義，「純用革命手段，不能完全解決經濟問題」，「我們主張解決民生問題的方法，不是先提出一種毫不合時用的劇烈辦法，再等到實業發達以求適用，是要用一種思患預防的辦法，來阻止私人的大資本，防備將來社會貧富不均的大毛病。」[190]又說：「資本家改良工人的生活，增加工人的生產力。工人有了大生產力，便為資本家多生產，在資本家一方面可以多得出產，在工人一方面也可以多得工錢。這是資本家和工人的利益相調和，不是相衝突。」[191]故聲明不以革命手段劇烈方法對付資本家，方法不同，但其最終理想是一致的。孫中山陣營自認為在思想上與馬克思、列寧（Vladimir Ilyich Lenin, 1870-1924）作出相當清楚的區分。孫中山當時決定「以俄為師」，所最關心的是前面所提

---

189 孫文，〈民生主義第一講（民國十三年八月三日講）〉，《三民主義》，收於中國國民黨中央委員會黨史委員會編，《國父全集》，頁157。

190 孫文，〈民生主義第二講（民國十三年八月十日講）〉，《三民主義》，收於中國國民黨中央委員會黨史委員會編，《國父全集》，頁178、190、191。

191 孫文，〈民生主義第一講（民國十三年八月三日講）〉，《三民主義》，收於中國國民黨中央委員會黨史委員會編，《國父全集》，頁169。

到的「你們蘇維埃的組織，你們軍隊和教育的組織。」也就是主
義、黨、軍三位一體的「新型力量」。後來俄國派遣越飛（Adolf
Abramovich Joffe, 1883-1927）前來協助，蔣介石赴俄考察軍事，
以及1924年黃埔建軍等都是相關的發展。

　　在當時人的心中，模模糊糊地認為孫中山與共產黨分不開，
馮玉祥在《我的生活》中，觀察到這種心理：「在他們（北方政
客）的心意，凡是誠意歡迎中山先生北來主持國政的人，都當加
上一個共產黨的頭銜。」[192]

　　雖然孫中山一再地區分他與俄國布爾什維克之不同，但是當
時許多國民黨員是把兩者合在一起看的，此處略引南社的一個例
子：南社的汪大千於1924年在盛澤鎮擔任區黨部的書記，當時
徐蔚南（1900-1952）創辦的報刊《新盛澤》，所宣傳的便是孫中
山的三民主義和列寧的社會主義思想，並且得到汪大千的熱烈支
持。[193]當時這一類的例子相當多。

　　即使在出版界，從1925年至1927年，也是馬列主義與孫中
山的《三民主義》及《中山全書》同時大盛的時期，當時《三民
主義》、《建國大綱》、《共產主義ABC》和其他關於社會運動、
國際運動等的新書，非常暢銷。隨著北伐軍的步伐，孫中山的著
作廣為傳播，張秉文（1881-1964）用了幾個月編了《中山叢
書》，在廣州大賣，更跟隨北伐進展，在湖南、江西、漢口，各
重要都市傾銷此書。任何書店只要印這套書就可發財，一批又一
批地賣《三民主義》、《中山全書》。就連向來對於新書不感興味

192　馮玉祥，《我的生活》，頁413。

193　柳無忌、殷安如編，《南社人物傳》（北京：社會科學文獻出版社，2002），
　　　頁225。

的工商界也為了要知道什麼是「三民主義」或「共產主義」而開始讀書。這股狂熱的情形一直到民國十六年（1927），國民黨開始進行清黨運動之後才開始衰退。[194]

與本文所探討的主題比較相關的是，處處模仿俄國的結果，使得晚清以來的「主義」觀產生一個重大的轉變。即主義不再只是一種思想，而是像《三民主義》一開頭所說的，是「一種思想、一種信仰和一種力量」。[195]

後來，隨著北伐軍的成功，人們似乎找到了一種祕方。將各種主義信仰化的現象相當普遍，而且是極度排他性的信仰。[196]

在孫中山逝世之後，他的信徒中如戴季陶、胡漢民、蔣介石都傾向於把三民主義當作信仰、當作聖經，並強調以黨治國，以黨義治國。[197]清黨運動清除了國民黨內的左翼勢力，以蔣介石為中心的、帶有法西斯味道的一派遂成為國民黨的主體，「主義」更為聖經化，而「新型力量」也與獨裁的領袖合為一體。

---

194 整理自張靜廬，《在出版界二十年》，頁86-87。

195 孫文，〈民族主義第一講（民國十三年一月二十七日講）〉，《三民主義》，收於中國國民黨中央委員會黨史委員會編，《國父全集》，頁1。

196 在孫中山故逝之後，國民黨內部產生劇烈的變化，當時有幾派對孫中山思想的詮釋，略可歸納為三種：一種是只講國民黨第一次全國代表大會宣言中的「新三民主義」，強調聯俄、容共、扶持工農，大抵國民黨的左翼及共產主義者屬這一派。第二種是就孫中山三民主義的體系發揮。第三種特別值得注意，是要限縮三民主義中平等、自由等方面的意思，調換它的原意，尤其是要撇清孫中山所說的「民生主義即共產主義」這一點。見彭明等編，《近代中國的思想歷程（1840-1949）》，頁537-541、554-602。

197 以胡漢民為例，他說「世界自有革命史以來，沒有一次革命的意義，三民主義不能包括的」，「就是將來世界上任何真正革命的事實，三民主義一定也無不為其主宰的」，並強調「黨」是「先天的國家」，轉引自彭明等編，《近代中國的思想歷程（1840-1949）》，頁574、579。

　　在當時，各個政治團體多以主義、信仰為目標。在國家主義
方面，曾琦（1892-1951）在一篇題為〈國家主義與中國青年〉
的演說辭中，先是論說當時軍閥與知識分子朝秦暮楚，忽南忽
北，時而掛著國民黨的招牌，時而充當軍閥的走狗，說：

> 一言以蔽之曰：「無主義信仰之故也。」[198]

又說：

> 中國國勢之不振，至今日而極矣！其墮落之程度，亦至今
> 日而達極點矣！然何以不能挽救耶？皆以國人缺乏為主義
> 而犧牲之精神也。凡人既服膺一種主義，必能為之而犧
> 牲，雖赴湯蹈火，效命疆場，義不反顧。[199]

顯然是國家主義者的愛真，在其所寫的〈怎樣才可以講主義？〉
中提到：

> 宗教勢力漸漸小了，但是人們的信仰心，依然要有所寄
> 託，於是學術的演進，乃宗教化而為人們信仰的中心。[200]

---

198 曾琦，〈國家主義與中國青年（民國十四年五月在上海國立暨南大學講）〉，
　　收於曾慕韓先生遺著編輯委員會編，《曾慕韓先生遺著》（台北：中國青年
　　黨中央執行委員會，1954），頁123。

199 曾琦，〈國家主義與中國青年（民國十四年五月在上海國立暨南大學講）〉，
　　頁124。

200 愛真，〈怎樣纔可以講主義？（上）〉，頁9。

就是在左派刊物（如《中國青年》）中，亦瀰漫著「信仰化」的情緒。如（蕭）楚女（1893-1927）所寫的「革命的信仰」中，就提及：「我們眼前這般青年，在自己底內心生活上，大都沒有什麼信仰。」他認為：「我們生活上、一切煩惱、沉悶、悲哀、痛苦，都是發於這個根源」，「一個人底內心沒有信仰，就是那個人沒有『人生觀』，沒有人生觀的生活，等於沒有甜味的蜜，沒有香氣的花」，「我們應該想一想：我們現在這種生活，還能算是『人』的生活。」[201]

在北伐前後，不論是主張信仰主義或信仰領袖的言論，都得到高度的發揮。戴季陶是其中的要角。由於戴氏當時的言論很有特色，也很有代表性，故在這裡我要花較多筆墨來討論。

戴季陶原先顯然沒有很深的「主義」觀念。但在《日本論》中，則連篇累牘地陳述「一個主義」、「一種信仰」、「一個偉大領袖」三連環的重要性。他認為這是近代日本成功最重要的原因，而事實上讀者都了解，那是戴季陶針對北伐前後的中國所說的，日本只是被用來作為一面鏡子。他以日本為例說明近代日本能而中國不能的關鍵即在日本國民有信仰、有統一的中心、集中的意志、有主義，中國如果想步趨日本，就應該信仰蔣介石所代表的三民主義，並在此旗幟下形成全國統一的意志。

戴季陶很聰明地區分「客觀理知」與「主觀意識」。從這個區分中可以看出新文化運動以來兩種思路正在分道揚鑣的現象。新文化運動要求人們客觀、理智、解放（「客觀理知」），但是戴氏的言論代表一種新走向，要主觀、要統一、要信仰（「主觀意

---

201 楚女，〈革命的信仰〉，《中國青年》，12（上海，1924），頁7-8。

識」）。202

　　他說：「總理說主義是『信仰』，就是很明顯地說明冷靜的理知不化為熱烈的情感時，絕不生力量。」203「信仰」與理智（或戴氏所謂的「打算」）是矛盾的，在兩者之間要求「信仰」，「只有信仰，才能夠永生。只有信仰，才能夠合眾。」204 他說：

> 能把一切私的計算拋開，把永久一切的生存意義建設起來，從死的意義上去求生存的意義，為信仰而生為信仰而死的軍隊，就是革命軍。
>
> 一個民族，如果失却了信仰力，任何主義，都不能救得他起來。……思想不變成信仰時，不生力量，不到得與生命合為一致時，不成信仰。鄙棄信仰的唯物史觀，決不能說明人生的意義，更不能說明民族生存的意義，偉大的三民主義偉大的民生史觀呵！205

---

202 他說：「日本的國民，是一個信仰最熱烈而真切的國民了。一個人的生活，不能是單靠理知的，單靠理知的生活，人生便會變成解剖室裡的死屍，失却生存的意義。而尤其是一個國民一個民族的生活，絕不能單靠理知的。民族的結合，是靠一種意識的力量。這一種意識的力量，當然由種種客觀的事實而來。但是種種客觀事實的觀察和判斷，不變成一種主觀的意識時，絕不發生動力。」見戴季陶，〈信仰的真實性〉，《日本論》（台北：中央文物供應社，1954），頁94。

203 戴季陶，〈信仰的真實性〉，《日本論》，頁94。

204 戴氏又說：「人們的打算，自古來沒有完全通了的時候。……我們如果知道人生是『力』的作用時，便曉得信仰是生活當中最不可少的條件。……只有信仰，才能夠永生。只有信仰，才能夠合眾。」「信仰是無打算的，是不能打算的，一有了打算就不成信仰。」見戴季陶，〈信仰的真實性〉，《日本論》，頁95、96。

205 戴季陶，〈信仰的真實性〉，《日本論》，頁101、102。

他一再引日本為例，確信「信仰是一切道德的極致」是日本成功的最大元素。[206]

　　戴氏對於有「主義」之軍隊與無「主義」的軍隊，也有深入的討論，他說古人論兵，以「道」為先，「道」就是主義。他痛斥當時的軍閥，說他們最大的罪狀是不肯為國家、為民族、為民眾造成強而有力的軍隊，而造不成強而有力軍隊之主因，便是因為「他們的行徑，說不上是什麼主義，他們的力量，更夠不上維持什麼主義。」[207]

　　戴季陶主張要把主義當佛經般「一個字，一句話去念。」他說佛教中有「依經派」與「不依經派」，後者是禪派，而中國佛學之墮落即因禪宗而起。[208]戴季陶還提出要把佛教的「信、解、行、證」作為對三民主義的態度。[209]事實上是主張將主義宗教化。

---

206 戴季陶如此形容日本海軍名將秋山貞之（1868-1918）：「他確信信仰是一切道德的極致，在一切修為中，有最大威力。」見戴季陶，〈秋山貞之〉，《日本論》，頁67。

207 戴季陶，〈國家主義的日本與軍國主義的日本〉，《日本論》，頁50。

208 楊玉清便清楚地記錄戴季陶如何將三民主義當作佛經讀：「當我接辦刊物（《三民主義半月刊》）時，我去見了戴季陶。我本知道戴季陶是把中山遺教當作佛經念的。我曾問他：『對總理的主義，還是遵照精神好，還是遵照文字好？』他說：『應該遵照文字。對總理的著作，還是一個字，一句話去念的好！』『中國學佛有依經派與不依經派之分。依經派就是依照佛經一個字、一句話去念。不依經派就說，我就是佛，何必念佛經。不依經派就是禪宗。中國佛學之壞，就壞在禪宗。』」見楊玉清，〈解放前孫中山三民主義思想研究淺略述評〉，收於孫中山研究學會編，《回顧與展望：國內外孫中山研究述評》（北京：中華書局，1986），頁212。

209 在一次「三民主義學會」成立大會中，戴氏：「提出研究三民主義的態度，是佛學教人『信、解、行、證』四個字。」他說：「佛學教人有信、解、行、證四個字，借來點明本黨同志研究主義應採取的態度，最為恰當。」見楊玉清，〈解放前孫中山三民主義思想研究淺略述評〉，頁212。

　　他同時也論證信仰、領袖之重要性：「領袖的人格和本領，也是創造時代的一個最大要素。」[210]此處指的是蔣介石，到這裡，戴季陶完成了「一個主義」、「一種信仰」、「一個偉大領袖」連環相扣的系統。他相當完整地論述了主義之必要性，及三民主義的優越性，然後把「領袖」的部分交給應該得到人們普遍信仰的偉大領袖蔣介石身上，成為多位一體的邏輯，最後走向法西斯化。

　　此處要特別強調一點，在北伐時期，人們確實也主動相信或主動認為，三民主義能統攝一切，籠罩一切，領導一切，徐復觀（1903-1982）的一段話可以為證。民國十六年左右，他曾有一段時間認為「三民主義加科學便足夠了，還要什麼文科法科？」[211]言下之意是人文及社會科學的所有道理都被三民主義涵括了。不過徐復觀說這個想法只持續了半年左右。

　　蔣介石從黃埔時期到南京政權建立之初，都一貫主張「三民主義為中國唯一的思想」，「要確定總理的三民主義，為中國唯一的思想，再不好有第二個思想。」[212]常乃悳在《中國思想小史》有這樣一段觀察，他說國民黨自民國十三年改組以後，遂鼓吹一種黨化教育的政策，即以國民黨的主義強制灌輸於受教育的兒童，以及舉行紀念周、讀《總理遺囑》等等，北伐成功以後更進而推行至全國。民國十七年大學院校召集全國教育會議，因黨化教育一詞不佳，改為三民主義的教育。[213]推行三民主義教育的結

210 戴季陶，〈維新事業成功之主力何在？〉，《日本論》，頁33。

211 徐復觀，〈港居零記〉，《徐復觀雜文：憶往事》（台北：時報文化出版公司，1980），頁241。

212 中國第二歷史檔案館編，《蔣介石年譜初稿》（北京：檔案出版社，1992）；彭明等編，《近代中國的思想歷程（1840-1949）》，頁591。

213 常乃悳，《中國思想小史》，頁192。

果，便是羅隆基（1896-1965）所深深不滿的「社會科學要三民主
義化，文藝美術要三民主義化，於是學校教授先生們採明哲保身
的格言，守危言行順的策略，成為無思想無主見的留聲機。」[214]

　　以上為國民黨將主義信仰化的情形，在1920、1930年代的
若干政黨中也可以看到「主義化」的特質。在1920年代崛起的
「國家主義派」，是為了對抗聯俄容共的勢力而起。國家主義派
的骨幹大多出自少年中國學會，他們當年在少年中國學會的主義
與非主義之爭中，大多主張暫時不要抱定一種主義，或主張繞過
主義，在教育、實業等現實問題中奮鬥。

　　1921年中國共產黨之成立，1922年國民黨開始醞釀聯俄容
共，這個新發展激發了少年中國學會這一派的反共力量，而開始
朝向建立一個主義、一個堅強而有紀律的政黨的方向推進，乃有
1923年底於巴黎組成中國青年黨，宣揚國家主義之舉動。

　　此處之重點不在敘述該黨與該主義之創建過程，而想藉此觀
察在主義時代，政治人物如何向「主義」趨近的過程。從曾琦的
《旅歐日記》可以看出摸索一種新型政治方式的想法。曾琦他們
痛恨軍閥，對任何舊人物、舊勢力不再抱持幻想，想要塑造「新
人物」、「新勢力」。他們痛省國人不能過團體生活，他們要「造
新黨」，要不以黨同伐異為惡德，[215]要將「善有力主義」作為
「救國之根本主義」的其中一義。[216]由這些零星的反思可以看出：
「造主義」是曾琦等人的一種主觀的意願。但是另一面的驅動力

---

214 羅隆基，〈論中國的共產〉，收於蔡尚思主編，《中國現代思想史資料簡
　　編》，第3卷，頁359。

215 曾琦，〈旅歐日記〉，收於曾慕韓先生遺著編輯委員會編，《曾慕韓先生遺
　　著》，頁440、456。

216 曾琦，〈旅歐日記〉，頁437。

也很重要,即為了對抗左派的「主義」,不得不提出另一種「主義」。因此曾琦、李璜等人特別標舉「國家主義」,再三強調如果要打破中國不死不生之局,「中國非再經一次大流血,使舊勢力完全推倒,則政治不能入軌道。」[217]同時為了與他們所痛恨的「新型力量」相抗衡,他們決定加以模仿,國民黨如此、國家主義亦是如此。曾琦說:因為共產黨「有組織、有紀律、有策略、有訓練、每個黨員都能明瞭黨義。」[218]所以與之對抗的國家主義,及其政黨也必須有組織、有紀律、有策略、有黨義。所以當時曾琦等人所提出的口號:國家高於一切、全民革命、反共、反階級鬥爭,也是一種對抗之下形成的主義。

1924年李璜在〈釋國家主義〉一文中說:「主義者,有一定明瞭的意識,不徒恃盲目激刺的感情」,是變含混的狀態為「有意識」的狀態。[219]而從先前所提到曾琦的演講亦可以看出:不管動機如何不同,一時皆以信仰主義,組成死黨為動向。他痛責當時軍閥與知識分子因緣為用,朝秦暮楚,忽南忽北,說「一言以蔽之曰:『無主義信仰之故也。』」「主義乃導達目的地之指南針也。」「主義有如航海之『救生袋』,當輪船被難,勢將沉沒,其賴以救全船生靈者,僅賴有救生袋……主義之於人生,其功效有如此。故人不可無主義,以為行為之準繩也。」「凡人既服膺一種主義,必能為之而犧牲。」結論是「惟國家主義,可以救中國。」[220]

---

217 曾琦,〈旅歐日記〉,頁451、455。

218 曾琦,〈蔣介石對於共產黨認識之進步(民國十六年六月十八日)〉,收於曾慕韓先生遺著編輯委員會編,《曾慕韓先生遺著》,頁51。

219 李璜,〈釋國家主義(節錄)〉,收於蔡尚思主編,《中國現代思想史資料簡編》,第2卷,頁633。

220 曾琦,〈國家主義與中國青年(民國十四年五月在上海國立暨南大學講)〉,

　　「主義」確有實效，而「主義化軍隊」的威力，更震撼了當時的中國，蔣介石便曾自負地比較過「有主義的軍隊」與「無主義的軍隊」的懸殊對比，[221]也有人認為有主義的是新軍隊，沒有主義的是舊軍隊，新軍隊是為一定的政治理想而戰，舊軍隊是為爭奪私人地盤而戰。「主義」加上「軍隊」會產生如此巨大的物理力量，主要原因之一，是賦予軍事力量一個意義世界，有一定的理想及藍圖。這也是為什麼梁啟超說國民黨清黨之後，剔去共產黨，「簡直是一個沒有靈魂的軀殼了」。[222]

　　如果拿馮玉祥的自述《我的生活》作為底本，便可以看出「主義」在軍事上所發揮的奇妙力量。馮玉祥顯然很早就認識到現代軍隊在物理力量之上還要有精神力量，他帶兵以來便一直在為他的軍隊尋找一套意義系統，先是以四書五經等書籍，編成各種「精神書」以作為訓練教材，[223]接著又找到基督教，並模仿教會宣道的方式，灌輸軍隊一套價值與意義。接著是三民主義，然後是列寧式的主義。

頁123-124。

221　蔣介石，〈認識我們唯一的敵人（節錄）〉，收於蔡尚思主編，《中國現代思想史資料簡編》，第2卷，頁741-742。

222　梁啟超，〈與令嫻女士等書〉，收於蔡尚思主編，《中國現代思想史資料簡編》，第2卷，頁289。

223　孫連仲回憶道：「曾文正公說：『帶兵如雞伏卵，如爐煉丹，須臾不離。』這些名句，當時西北軍將領都能背誦，軍中有六百字課，給士兵誦讀，是從美以美教會的六百字傳教文改編的，包括修身、道德、教育、智育四項。以後又增加八百字，都用成語綴成，容易背誦上口。」「對於軍官，另有古文四十篇，要背要講⋯⋯還有一種『精神書』，總共五十條⋯⋯」見《孫連仲口述歷史》，收於孫仿魯先生九秩華誕籌備委員會編，《孫仿魯先生述集》（台北：編者自印，1981），頁95-96。

在《我的生活》中，可以看到馮玉祥一直在摸索一種梁啟超所說的精神世界或「第二世界」。馮玉祥認為舊的那一套已經不夠用了：「而且所讀的書，又都是修身齊家治國平天下的一套舊東西。以此來應付這激變期的中國社會，時時顯得格格不能相入。」[224] 因此，要找尋與現代政治、國家前途更有關的精神道德教育與政治教育。

他套用基督教的讚美詩形式，將基督教義作為軍中精神教育的材料。[225]「每次作戰之前，應當使官長士兵確實明瞭，這次我們是同誰作戰？為什麼作戰？為什麼必須以武力打倒敵人？官長士兵對這些都能切實了解，作戰時才能發揮最大的效力。」[226]

馮玉祥後來成為孫中山的信徒。在其所寫的《我的生活》中，他曾提到孔祥熙來看他，並帶給他一份中山先生手書的《建國大綱》，並說：「各方面的朋友都三三五五地來看我，大約國民黨朋友來得最多。……那時所謂新興社會科學，只在萌芽。三民主義在舊政治的壓迫之下，也未普遍地公開於世，因此，社會人民對於新興社會政治的知識，都很簡陋。」[227] 在孫中山逝世前不久，他說「中山先生送給我六千本《三民主義》，一千本《建國大綱》和《建國方略》，我便全數分發給各部隊，令官兵列為正課，悉心研讀。……此外，我也經常規定時間召集重要的官長在一起，一段一段地輪流挨著讀。對中山先生學說和主義，我們才第一次有了更深一層的有系統的全部認識和了解，大家對整個的政治思想才開始有了體系。當時我們全體官兵那一種歡欣鼓

224　馮玉祥，《我的生活》，頁172。

225　馮玉祥，《我的生活》，頁296。

226　馮玉祥，《我的生活》，頁361。

227　馮玉祥，《我的生活》，頁390、420。

舞，興奮難制的情形，實非筆墨所可形容的。此時我自承已為一黨外的中山主義信徒，全體官兵亦莫不如此。」[228]

馮玉祥留俄的三個月裡，更「深切地領悟到要想革命成功，非有鮮明的主義與參加為行動中心的黨的組織不可。」「吳佩孚張嘴閉嘴所抱守的綱常名教，盡可由學究們放在紙堆裡保存，不能拿到20世紀的民主國裡害人。」「不僅舊有的紀律與精神要恢復，更要進一步使之成為有主義有信仰的革命部隊。」故此他注意官兵的革命教育，「除每晨朝會演講三民主義而外，又編有革命精神問答書，發給各部誦讀、答問，藉以提高部隊的政治水准。」[229]

站在國民黨對立面的地方軍閥，亦注意到「主義」的威力。如太原的閻錫山（1883-1960）顯然也在摸索一套新的義理系統。他創立「自省堂」，以在主義戰場得以與南京政府抗衡。[230] 孫傳芳（1885-1935）則發明了「三愛主義」，[231] 奉天的張作霖

---

228 馮玉祥，《我的生活》，頁422。

229 馮玉祥，《我的生活》，頁481、492、504、519。

230 鄧演達以諷刺的口吻表示：南京當時所主張的「『以禮義廉恥為立國之本』是和太原的『自省堂』約莫旗鼓相當，手來腳應。」見鄧演達，〈中國內戰與文化問題（1930年9月20日）〉，收於周天度編，《鄧演達文集》（北京：人民出版社，1981），頁188。

231 在一篇刊登在潮州黃埔軍校分校刊物上的文章中，是如此分析孫傳芳何以要提出「主義」：「因為我們國民革命軍此次出師的旗幟是在青天白日之下搖幌的三民主義的旗幟，同時孫傳芳為要抵制我們起見，於是他只有一閉眼一思索之勞就很輕快的創出他的三愛主義來。他是想用『三愛』主義的『三』，來和『三民』主義的『三』針鋒相對的拼個上下。他的意思似乎說：你們的三民主義的『民族』『民權』『民生』，目的是要使全國人民到了『民治』『民有』『民享』的地步；我的三愛主義是『愛民』『愛國』『愛敵』，我孫傳芳是要自己站在最高的地位上施行我最大的能力去愛盡他們一

（1875-1928）則發明了「四民主義」，即在孫中山的三民主義之
上又加一個「民德主義」，張宗昌（1881-1932）則發表演講，力
倡「國家主義」以對抗南方的「世界大同主義」，[232] 四川的劉文
輝（1895-1976）則有「全民主義」。[233] 張宗昌也提出過三什麼主
義。[234] 雖然有人批評「他們以為主義是槍桿上的裝飾」。但是由
這些形形色色的「主義」可以看出：當時人們對國民黨的「主
義」加「軍隊」所造成的空前成功且群起仿效之情況。

　　「主義」發揮的力量如此之大，以至於遠在川康邊區的一位
回民──他顯然弄不清三民主義與中華民國究竟有什麼區別
── 1929年，當史語所的川康民俗調查團到達時，調查員與當
地的楊喇嘛有這樣一段對話。在《川康民俗調查報告》之中，楊
喇嘛知道孫中山，並且聽說過蔣介石，但不知有南京，更可惜的
是，他問訪問員們道：「三民主義和中華民國到底誰個的本事
大？」[235]

　　但是主義也成為緊箍咒，主義相同者稱為「同志」，主義不
同者即是仇敵，兩邊成為生死之間的決戰。朱光潛（1897-1986）
於1937年所寫的〈中國思想的危機〉一文中，對當時他與其交

　　切黎庶的。」見醒耶，〈「三不」主義與「三愛」主義〉，《潮潮週刊》，第
　　10期（1926），頁11。

232 羅志田，〈地方意識與全國統一：南北新舊與北伐成功的再詮釋〉，《亂世
　　潛流：民族主義與民國政治》，頁212。

233 唐君毅，〈記重慶聯中幾個少年朋友〉，收於胡菊人編，《生命的奮進：四
　　大學問家的青少年時代》，頁40。

234 吳世昌，〈中國需要重建權威〉，《觀察》，第1卷第8期，1946年10月19
　　日，頁5。

235 黎光明、王元輝著，王明珂編校、導讀，《川西民俗調查記錄1929》（台
　　北：中央研究院歷史語言研究所，2004），頁106。

友圈子所處的社會與政治環境有以下的觀察：「政治思想在我們中間已變成一種宗教上的『良心』，它逼得我們一家兄弟們要分起家來。思想態度相同而其餘一切儘管天懸地隔，我們仍是同路人；一切相似而思想態度不一致，我們就得成仇敵。」「甚至於以某一派政治思想壟斷全部思想領域，好像除它以外就別無所謂思想。」[236]朱光潛只是許許多多對當時主義狂熱感到不滿的人之一。甚至於「主義」的創始者更儼然扮演著裁決是非對錯的「上帝」，如胡適批判在國民黨的統治之下，「造成了一個絕對專制的局面，思想言論完全失去自由。上帝可以否認，而孫中山不許批評。」[237]

當「主義」成為只此一家，別無分號，包辦一切真理、包辦一切是非的新東西時，1895年以來思想轉型的多元競逐之局於焉結束。

八、結論

本文一開始即已強調，本文主要是討論近代中國思想轉型期間「主義」作為一種政治論述的轉變，探討它由一個平凡無奇的觀念，變成信仰，變成「宗教」，並與黨、軍隊結合成一種「新型力量」，而這個過程在短短三十幾年間就完成了。

「主義」的影響無遠弗屆，它像一襲輕紗、像一層薄霧，不

236　朱光潛，〈中國思想的危機〉，收於朱光潛全集編輯委員會編，《朱光潛全集》（合肥：安徽教育出版社，1987），第8冊，頁514、516。

237　胡適，〈新文化運動與國民黨〉（1929年11月29日撰），收於張忠棟、李永熾、林正弘主編，劉季倫、薛化元、潘光哲編輯，《現代中國自由主義資料選編④——文化的道路》（台北：唐山出版社，2000），頁188。

但改變中國近代政治的氣候，同時也把文學、藝術、歷史等幾乎所有知識領域及生活世界中的形形色色，輕輕罩上一層紗，或染上一縷顏色。主義之前的新文學與主義之後的新文學、主義之前的新學問與主義之後的新學問，往往可以看到微妙的或重大的不同。而「主義化」之後的學問與生活氣質也不聲不響地傳遞下來，它們構成一個很穩定的架構，但是它們也形成無所不在的束縛，是我們探討近百年歷史最不可繞過的部分，同時也是最為豐富的習題。

綜而言之，如果從「主義」出現的頻率來為三十多年之間「主義」的發展分期，人們可以利用金觀濤、劉青峰的「中國近現代思想及文學史專業數據庫（1830-1930）」所得到的統計資料看到幾次明顯的變化：從1899年開始出現大量的「主義」，於1903年達到第一個波峰，共有324種之多，1906年之後，主義的種類開始減少。在1911年至1912年間降到波谷，之後再度出現大量的「主義」，於1919年達到第二個波峰，之後雖然逐年減少，但仍維持一定的數量。但1919年至1927年之間，則呈現複雜的狀態，如社會主義的波峰在1921年，而帝國主義的波峰在1926年，且各主義之間有爬升與下降之不同趨勢，更有曲線交錯的現象。[238] 如果以各種「主義」出現的詞頻進行統計，也可以看出近代中國最常見的十一個主義分別是：「民族主義」、「社會主義」、「帝國主義」、「國家主義」、「孟祿」或「門羅主義」、「國民主義」、「自由主義」、「無政府主義」、「民生主義」、「個人主義」和「共和主義」。[239]

238　詹筌亦、王乃昕，〈「主義」的數位人文研究〉，頁229、232-236。

239　參見金觀濤、劉青峰，〈從「群」到「社會」、「社會主義」——中國近代

如果是從思想歷程的角度去觀察，則可以看到「主義」論述的形成，至少經過了四個階段的變化：第一階段是主義作為一種「重寶」在日本誕生的過程，並討論「主義」一詞在東亞傳播。其次、是討論由「道」→「主義」的過程。在不用「主義」一詞翻譯西方的 "-ism" 等字眼之前，人們常使用「道」之類的字眼來翻譯，譬如社會主義譯為「公用之道」。「道」是一個比較傳統，且也比較帶有包容性的概念，「主義」從字面上看來便帶有比較濃厚的一貫性、排他性及意志論的色彩，帶有堅持特定主張與方向的意涵。

第二階段是 1900 年以後一直到新文化運動之前，此時主義逐步取得了思想上的優勢地位。在這個階段，人們使用「主義」或談論「主義」時，基本上是以近代西方的民主政治為模型，區分現代政治與傳統政治，認為近代政黨政治是主義之爭，現代型的政治人物是有一貫主義的政治人物。

這一時期的「主義」也帶有一些道德的色彩。人們認為「主義」與「人」可以分開，「人」可能是自私自利的，「主義」是公的，為主義而爭並不是為個人利益而爭，「主義」幾乎成了化私為公的保證，為主義服役，為主義效力是好事，而且有主義的人往往堅持某種理念、前後一貫，所以有人稱「主義」是一種「人格的保險公司」。但是在這一個時期還沒有「只要有主義，就比沒主義好」（傅斯年語），或「現在吾輩之信仰主義，自謂不敢後於他人。」[240]

公共領域變遷的思想史研究〉，《觀念史研究：中國現代重要政治術語的形成》（北京：法律出版社，2010），頁217。

240 王光祈，〈政治活動與社會活動〉，《少年中國》，第 3 卷第 8 期，

　　主義論述的第三階段是新文化運動及五四前後這一段時期，人們宣稱「有主義總比沒主義好」。此外，還有幾種值得注意的發展：理想世界的變化、改造社會、社會革命之說壓倒新文化運動以文學、倫理革命的主軸的思維，新的社會理想是在社會之外去創造一個新的社會，使得現實與理想之間距離拉得非常大。青年人受到辛亥革命成功的暗示，認為理想是可以透過組織的力量加以完成的，「以為天下無難事，最美善的境界只要有人去提倡就立刻會得實現。」[241]

　　可以說這個時期出現一種心理叢聚：一方面是理想與現實的距離拉大了，另一方面是對政治深切不信任，不認為政治能改變民國政治，同時又發現社會才是一切問題之根源，認為社會是一整個的，不可能採用單子式的解決，必須先改變整個社會，才可能解放個人。同時，因為厭恨政治，所以不認為進入現實政治中去改變政治是一件正當的事，故他們尋求的是一種非政治的社會革命。以上思維的軸心是「主義」加上「組織」。

　　此時的另一個思想傾向是喜歡將「學理」加以主義化，加上主義的綴詞，青年人爭相成為「主義者」，認為能有主義才是一個真正的「人」。從五四的種種社團的發展也看得出主義化的傾向，許多社團紛紛爭論是否應該有一個共守的主義。不過在前文中我也指出，這時候的「主義」並不全然是布爾什維克主義。但是正如前面所提到的，由不主張馬上為少年中國學會立定一個主義的王光祈無意間說的一句話──少年中國學會將來所採主義，

　　1922，頁403。

241 顧頡剛，〈古史辨自序〉，《古史辨》（香港：太平書局，1962），第1冊，頁17。

「各人信仰起碼亦係社會主義」，可以看出當時以改造社會為宗旨的社會主義在主義的市場中，已經取得了最大的優勢。

朱家驊（1893-1963）曾經說過：近代中國的共產主義是從日本來的，行動是從俄國來的。[242]新文化運動以來的社會理想及各種雜糅附會的主義，大多從日本轉手而來，但是俄國大革命的成功，卻使當時人覺得找到了一個可用的模型，俄國大革命成功之後，讓人們在模模糊糊之中找到一個方向，這使得俄國的布爾什維克主義在各種主義競逐的市場中成為熱門的選項。

主義論述的第四階段是1920年代以後：中國共產黨的成立，孫中山以俄國為師，俄國式的「主義、黨、黨軍」三位一體，成為國民黨的新方向。全國只能有一個主義，只能有一個黨，以黨治國、以黨治軍的「新型力量」成了主義的新面目。孫中山在《三民主義》中的第一段話「主義是一種思想，一種信仰，和一種力量」，具體而微地表現了信仰化、宗教化了的「主義」，成了張灝先生所說的「政治宗教」。[243]「主義」成為無所不包的真理系統，「主義」相同者是「同志」，「主義」不同者是「仇敵」。前者「擁護」，後者「打倒」，「擁護」與「打倒」往往在很短的時間內變來變去。

「主義」加上黨，加上軍隊，確實發揮極大的威力，成為擴張個人地盤或救國的利器。「有主義的軍隊」與「沒有主義的軍隊」的力量往往高下立判，「新型力量」成為一種風行的形式，

---

242 薩孟武，〈河上肇及米田莊太郎〉，《學生時代》（台北：三民書局，1967），頁177。

243 張灝，〈三民主義的蛻變：由政治宗教走向改良主義〉，《幽暗意識與民主傳統》（台北：聯經出版公司，1989），頁201-208。

為各地軍閥政客所仿行，甚至還曾經得到胡適的讚美。[244]胡適說：「全黨也多少在軍事紀律約束之下」，使國民黨的黨和軍隊「實際上已成為一體，至少也是聯鎖式地結合起來。」他認為這是「極為卓著而且重要的」，「這樣組織起來的軍隊當然要打敗沒有組織的舊軍隊」。[245]

經過四個階段的演變，「主義」成了支配1920年代以後中國命運的無上律令，也成了我們在海峽兩岸所看到的「主義」國家的樣態。

不過，在結束本文之前，我還要強調兩點。

第一，在左、右兩種最強而有力的新主義中，三民主義的力量並不及布爾什維克主義。在國民政府時期，雖然處處冠上「主義」，但往往要求模糊、徒具虛文，以學術方面的主義化為例，往往帽子大、實質小。有些抓住三民主義的科學性或其中任何一點，來合理化本來就在進行的工作。但在布爾什維克主義方面的情形就大不相同。它的籠罩力自四面八方而來，判斷是否合乎主義時，論證嚴謹，層次井然，宛如進行守護真理的辯諍，其威力廣大無比。[246]

第二，本文所談的是三十年間「主義」發展的傾向，至於對

---

244 參見並轉引羅志田，〈地方意識與全國統一：南北新舊與北伐成功的再詮釋〉，《亂世潛流：民族主義與民國政治》，頁206-207。

245 Hu Shih, "The Renaissance in China,"，原刊：*Journal of Royal Institute of International Affairs*, Vol. 5（1926），收於季羨林主編，《胡適全集》，第36卷，頁179-180。

246 能反映這個情形的文獻非常之多，譬如在茅盾的《我走過的道路》（香港：三聯書店，1981-1988）及《舒蕪口述自傳》（北京：中國社會科學出版社，2002）中都可以看到這類的情節。

個別青年而言，在追求生命及國家的救贖過程中，他們的生命軌道往往遊移變化。此處僅引用唐君毅回憶他的一位朋友的一生為例——「他之短短的一生，由向內而向外，由唯心而唯物，再由向外而向內，由唯物而唯心，……他在前後十多年中，思想上生活上經歷了無數的跌宕，忽而道，忽而儒，忽而佛；忽而青年黨，忽而共產黨，忽而國民黨，彷彿於十數年中，即過了數世紀。內心的嚮往，外在的刺激，使一個人之生命，由激盪太多而分裂，這是不能免於一悲劇的命運的。」[247] 這是近代中國相當典型的一個生命，許多青年都經歷過狂讀社會主義書籍，嚮往社會革命、入黨、離開黨等迷離的生命過程。這也就是說他們的生命軌跡都是向著主義前進。譬如唐君毅雖然讀過許多社會主義的書籍，因為不同意唯物論，所以掉頭不顧，最後轉向儒家，建立一套人生哲學。也有人在尋尋覓覓之後，成為三民主義的信徒。[248]

　　有些主義瞬間煙消雲散，但有些卻變得強大無比。布爾什維克主義與三民主義雖然有強弱之別，但在它們最有吸引力的時候，不但給人目標，也指引方向，指示了救國的道路、動員了分散的力量、完成了許多事業，而且新主義的信從者似乎對什麼問題都有現成可用的答案。在那個時代，「主義」是一個如羅馬的古神「雅努斯（Janus）」般的兩面神祇，一方面能解救國家，為人生提供了意義的框架，另一方面卻也帶來了無限的壓制與束縛。不管是兩面神祇的哪一面，「主義」都是近百年來最強大有力的一種政治論述。

---

247 唐君毅的朋友為游鴻如，見唐君毅，〈記重慶聯中幾個少年朋友〉，收於胡菊人編，《生命的奮進四大學問家的青少年時代》，頁43-44。

248 傅啟學編著，《中山思想體系》（台北：臺灣商務印書館，1985），頁1。

時間感、歷史觀、思想與社會
——進化思想在近代中國[*]

---

[*] 本文是 2009 年香港中文大學「丘鎮英講座」的講稿，經主辦單位同意，先
在此發表，特此誌謝。

　　Raymond Williams（1921-1988）在他的《文化與社會》
（*Culture and Society 1780-1950*）中說，18世紀末尾數十年及19
世紀前半葉，幾個今日極為重要的字眼首次變成一般通用的英文
字。他提到五個字：工業（industry）、民主（democracy）、階級
（class）、藝術（art）、文化（culture）。[1]引用這段話是想說明，如
果您問我影響近代中國最重要的五個思想觀念，「進化」必然是
其中一個。

　　2009年是達爾文出生兩百週年，也是《物種原始》（*On the
Origin of Species*）出版一百五十年，這部書對一百五十年來的世
界影響極大。即使過了一百五十年，這本書對演化生物學及其他
許多方面仍有啟示作用，不像許多科學古典到今天只有史料的價
值。事實上，進化論對近代中國的影響真是無遠弗屆，絕大部分
在歷史舞台中有一定地位的人都受過它的洗禮。魯迅或許可以拿
來作為一個例子。魯迅回憶他初閱《天演論》時的情形說：1902
年2月2日，他購買《天演論》一冊，並即往水師學堂向周作人
推薦，夜間同閱《天演論》至十二點才睡。[2]魯迅甚至能背誦《天
演論》中的若干篇章。

　　不過我們應注意，嚴復譯的《天演論》並不是達爾文的《物
種原始》。《天演論》是嚴復根據達爾文的「拳師狗」或「大護
法」赫胥黎（Thomas H. Huxley, 1825-1895）的《進化與倫理》
（*Evolution and Ethics*）這本小書所譯成的。嚴氏一方面介紹，一
方面「創造」成這本小冊子，因此魯迅說他「作」了一本《天演

1　Raymond Williams著，彭淮棟譯，《文化與社會》（台北：聯經出版公司，
　　1985），導論，頁xiii。
2　蒙樹宏編著，《魯迅年譜稿》（桂林：廣西師範大學出版社，1988），頁32。

論》。魯迅下筆確有分寸,《天演論》既不是《物種原始》,而且
即使是翻譯赫胥黎的書,它也是一本最不忠實的翻譯。[3]所以我今
天演講的題目可以說有些問題,因為不是達爾文與近代中國思
想,而應該說是嚴復既「譯」又「作」的《天演論》與中國近代
思想。

　　近代中國的進化論是由各種思想元素附麗、編織而成的,它
與許許多多或相關或不如此相關的質素混搭在一起。從翻譯的角
度來看,進化論進入中國是多源的:第一,1873年進化觀念已
透過《地學淺釋》等江南製造局的翻譯著作來到中國。第二,是
經由對斯賓塞的綜合或夾雜在各種社會學的翻譯中進入中國。不
過這裡要附帶提到一點,斯賓塞學說傳入日本,產生了極大的影
響,形成強調民族主義與國家主義、反對劇烈變動的思想。第
三,是來自1898年嚴譯的《天演論》,它將這個自然理論的人文
及政治意涵張揚到最高點。第四才是其他各種資源。因為來源多
元,所以它是夾雜著進化、進步、向上等因素而形成的一種思想
叢聚。它們籠統地聚合在一起,形成一個元件庫,供人們自由取
用並隨意混合。直到今天,我們恐怕仍不能太過拘執於近代中國

3　嚴復所譯的並不是達爾文的進化論,而是赫胥黎的《進化與倫理》這本小冊
　　子,而且他對其書作了大量的推衍與引申,尤其是以理學思想比附進化論的
　　痕跡更是到處皆是。嚴復雖然是譯赫胥黎的書,但他所崇拜的卻是斯賓塞,
　　認為斯氏是「生民以來未有若斯之懿」,簡直將他比之孔子了。但是他並不
　　欣賞斯氏對進化論的詮釋,因為斯氏是「任天行」的,也就是放任自然演化
　　而不作任何人為的干涉。嚴復認為如果這樣下去,社會的倫理秩序會因無法
　　配合其腳步而出大問題,所以他認為當時中國所需要的是赫胥黎式的、講進
　　化但同時也講倫理的,要以人的力量去對進化所造成的惡果作某種程度干預
　　的理論。以上內容見李澤厚,〈論嚴復〉,《中國近代思想史論》(北京:人
　　民出版社,1979),頁261-265。

的進化思想是否忠實於原始脈絡之類的問題。

　　儘管進化思想在嚴復譯《天演論》之前業已進入中國，當時因為被當作一種自然理論來介紹，實際發揮的影響並不太大，但是在嚴譯《天演論》之後，自然理論與國族的危亡密切聯繫在一起，產生難以想像的效力。也就是說，嚴復邊譯邊作，透過他特殊的節譯及按語，處處將「物競天擇」、「適者生存」、「優勝劣敗」等理論與甲午戰敗以後的國家命運聯繫起來之後，造成此書的風行。

　　在這裡我還想進一步釐清幾點：第一，在西方近世思想史的脈絡中，「演化」、「進步」、「進化」是三種不同的概念，而且演化與進步在某些特定時代是互相對立的。但是在近代中國，一方面受到日本影響而好用「進化」一詞，另方面是經常不加分析、無從分別（也沒有興趣分別）地將三者混用，並與當時的各種思潮雜糅附會，形成一個大致以線性進化為架構的概念群。第二，達爾文幾乎從不提他的理論與人類的關係，可是經過社會達爾文主義的發揮，它對人類社會的影響非常之大。第三，在達爾文的《物種原始》出版之後，西方有許多人贊成「演化」，反對「天擇」，但是在近代中國思想界並沒有這些細微的區分，達爾文《物種原始》的原書被譯成中文已是五四時代的事了；相反地，近代中國所最關心的內容是「物競天擇」、「適者生存」。第四，《進化與倫理》一書的英文原版出版於1893年，嚴復的中譯本只落後五年左右，可以看出嚴復回國之後緊跟著英國出版界的腳步。《進化與倫理》的作者赫胥黎雖是達爾文最主要的擁護者，可是他因為目睹社會達爾文主義「任天為治」──聽任社會競爭、適者生存、弱肉強食，所以希望透過社會的努力來加以救治。因此，用嚴復的語言來說，在「天行」與「人治」之間，赫

胥黎希望以「人治」來濟「天行」，達到兩者之「體合」。然而
嚴復在字裡行間卻較為強調「人治」的重要，譬如說「今者欲治
道之有功，非與天爭勝焉，固不可也」。[4]在中國近代思想界，「天
行」、「人治」之間必要的緊張性並未凸顯出來，反而是兩者相
加相乘，極端突出「人治」的重要。人的努力不再像古代儒家致
力於提升人的自我超越性，以回復本然的「性」作為努力的目
標，而是以人們所構擬的性質作為人性的內容，並以之作為「倫
理歷程」中努力向上的目標。

　　接著我要進入本文的正題。本文所關心的是一個前人較為忽
視的層面，即思想史與生活史之交涉，其中要談時間感、歷史觀
等方面的變化在思想及社會上之作用，也就是進化論所帶來的整
體眼光之變化，使得人們在考慮大大小小的問題時——從社會到
人生、從人的定義到政治的潮流感等，都不可避免地有重大的改
變。這些問題不一定是進化論的作者或譯者原先感到興趣的，但
卻很深刻地改變各種論述的方法與論述的風貌。而在近代中國思
想史中，實在很不容易再找到另一個能與它匹敵的新思想成分。

一

　　在傳統中國，循環觀或黃金古代的觀念很具勢力，兩者也常
常交織存在。雖然有時會出現楊聯陞（1914-1990）在〈朝代間
的比賽〉一文中所講的「古不如今」的現象，[5]但政治思想中，傳

4　赫胥黎著，嚴復譯，《天演論》，頁48。

5　楊聯陞，〈朝代間的比賽〉，收入《慶祝李濟先生七十歲論文集》（台北：清
　　華學報社，1965），上冊，頁139-148。

統士大夫有一種不曾明言的思想傾向，認為最好的時代乃是三代，如李顒（1627-1705）說「顧今時非同古時，今人不比古人。」[6]至於在文化理想或生活品味中也是以古人的行止為最高，所以常有「人心不古」一類的話，或是抱怨某人不以古人對待自己。即使是在進化論的思想勢力席捲大半個中國之際，山西的一個地方仕紳劉大鵬仍在日記上這樣寫著：「當此之時，人情風俗大違於古。」[7]至於基層社會，我想只要翻閱一些通俗文學作品，就能很快找到資料證實崇古心態的普遍性。對他們而言，愈接近「古」就愈符合文化理想。所以在此心態的影響之下，要問的問題往往不是有沒有能力變而趨新的問題，而是應不應該變而趨新的問題。

值得注意的是，中國思想中本有一股「化」的傳統，主張物類之間可以隨其道德修養狀態而進化或退化。[8]我曾經長期注意這一股「觀化」的思想傳統，但並未深入探究，只知道「觀化」的思想在元結（719-772）的〈觀化三篇〉、譚峭（唐末五代人）的《化書》、王一清（明萬曆時人）的《化書新聲》及許許多多的文本中都有所反映。在元結的〈觀化三篇〉中並未討論物種變化

6　李顒撰，陳俊民點校，《二曲集》（北京：中華書局，1996），卷十六〈答王天如〉，頁163。

7　劉大鵬遺著，喬志強標注，《退想齋日記》，頁127。

8　王夫之在《黃書》中有一段文字談到，人如果失去道德修養上的努力，有可能會逐步退化為動物。當然他也模糊地提到人是由動物變來的，而使動物變而為人的主要因素，是道德修養上的努力。王夫之，《黃書》，收入氏著，船山全書編輯委員會編校，《船山全書》（長沙：嶽麓書社，1992），第12冊，〈慎選第四〉，頁519。此外，章炳麟有一段話：「物苟有志彊力，以與天地競，此古今萬物之所以變。變至於人，遂止不變乎？」章炳麟，《訄書》（台北：世界書局，1971），〈原變第十九〉，頁59。

之事，但譚峭的《化書》中則到處充滿「蛇化為龜，雀化為蛤。彼忽然忘曲屈之狀而得蹣跚之質，此倏然失其飛鳴之態而得介甲之體」，[9]「老楓化為羽人，朽麥化為蝴蝶，自無情而之有情也。賢女化為貞石，山蚯化為百合，自有情而之無情也」，[10]「化化不間，由環之無窮」。[11]各種物類之間是連續的，疆界是活動的、可以隨意轉換的。明代王一清的《化書新聲》，也是對《化書》所作的一種新解釋，該書有些地方運用理學的概念，將《化書》的觀念重加詮釋。王氏強調各種類之間是連續的、可以互相變化的：「譬如朽爪為魚，腐草成螢，糞丸生蠐白，人血化野火，后稷生於巨跡，伊尹生於空桑，物之感氣而變化，亦無足怪也。故知天地萬物自一體出，而物即我也，我即物也。孰為有識也？孰為無識也？萬物一物也，萬神一神也，萬氣一氣也，萬形一形也。無物不在太虛之中，又何分別彼此之間哉？」[12]直到近儒熊十力（1885-1968）給胡適的一封長信中，雖然主要在談生民足食的重要性，但同時也在大談《化書》中「化」的觀念的當代意義。[13]而人可以進化也可以退化的思想，在章太炎的《訄書》中也所有表現，他說「人獸之界限程度本無一定」，不一定猴變人，人也可以變回猴子。[14]

9　譚峭撰，丁禎彥、李似珍點校，《化書》（北京：中華書局，1996），卷1，
　　〈蛇雀〉，頁2。

10　譚峭撰，丁禎彥、李似珍點校，《化書》，卷一，〈老楓〉，頁2。

11　譚峭撰，丁禎彥、李似珍點校，《化書》，卷一，〈死生〉，頁13。

12　王一清，《化書新聲》，收入《四庫全書存目叢書》（台南：莊嚴文化事業公
　　司，1995），子部第83冊，卷一，〈老楓〉篇註，頁4b，總頁110。

13　熊十力，〈致胡適並附讀譚子《化書》〉，耿雲志主編，《胡適遺稿及秘藏書
　　信》（合肥：黃山書社，1994），第38冊，頁584-593。

14　章炳麟，《訄書》，〈原人第十六〉，頁34。

　　清代學術思想的基本方向也是「求古」，是回頭看，而不是向現代或向未來看的。漢學的基本興致是盡量了解三代聖人的禮樂制度以及聖人的心志，所以清學中的每一分枝大多以考古為重。這種歷史研究工作與今日學院中的研究有所不同，即它實際上是想以重建上古作為效法的對象，以上古的情狀作為今日的藍圖。但是這裡面馬上就出現一種現象：在經過客觀的歷史重建工作之後，人們發現三代聖人的世界原來是非常樸陋的，是野獸遍地、茹毛飲血的時代，所以黃金古代的美夢雖然不是一下子就粉碎了，不過持古代「樸陋」之說的人漸漸出現了。但他們或者不願明白說出，或者因為受黃金古代典範籠罩太久而根本不想去質疑，所以除了江永（1681-1762）、金鶚（1771-1819）、康有為、章太炎等人外，極少有人正視這一個「怪現象」。前面已經說過，清代學術的前提是想將三代聖人的時代弄清楚之後，盡其可能地施用於當世；然而政治是瞬息萬變的東西，幾千年前的藍圖很不容易在現代付諸實行。所以我們看到一個極為有趣的「裂縫」──即在清代兩、三百年間，中國第一流的腦筋所從事的學術是用後照鏡看未來，學術上是一步步跨過明、元、宋、魏晉、隋唐、兩漢，希望走回到最先出發的那一點，而時代與社會卻是一步步往前走的，最後走到海洋時代的來臨。

　　在初步接觸到現代變局的清儒言論中，我們很快便看到這一個「裂縫」。孫詒讓（1848-1908）是一個不錯的例子。溫州的孫詒讓毫無疑問是清代漢學的殿軍，尤其是他的《周禮正義》，大概是清儒所作經疏中最為精采的一部。可是孫詒讓同時也非常關懷當代事務，他在溫州地區所辦的學堂及各種現代設施，很值得有一篇專文加以討論。從孫氏的思想可以看到，他非常渴切地想將這兩個面向結合在一起，一方面是求古、回頭看的，另一方面

是求今、迎向未來的。但他很快就失望地發現，這兩個面向早就
已經分道揚鑣了。他一方面聲稱「然則古人之跡與習，不必皆協
於事理之實，而於人無所厭惡，則亦相與守其故常，千百歲而無
變。彼夫政教之閔意眇恉，固將貫百王而不敝，而豈有古今之異
哉」，[15] 但是另一方面他也發現考究歷史與講求今日之富強，實屬
南轅北轍。

二

　　接著要談近代中國歷史中的進步觀。近代中國的進步觀大致
粗分成三個時期：晚清今文家的進步觀，受到進化思想影響下的
進步觀，與辯證法結合之後的進步觀。不過，「進步」是一種中
性的觀念，與它相關的其實還有許多層面。首先是進步的速度快
慢之不同，其次是它究竟要「進」到何處去？「進」到什麼樣的
社會？

　　提到近代中國歷史中的進步觀，很快地會聯想到清季今文經
學中所謂的三世進化說：「據亂世」、「升平世」、「太平世」。其
實公羊三世與進化論的思想仍有相當大的距離。譬如魏源（1794-
1857）基本上認為三世是太古、中古、末世，三世的氣運歷經不
斷循環，歷史由太古嬗遞為中古、再為末世，末世之後便又「復
返於太古淳樸之初」。故他提倡變法，其目標是將現實社會復返
於太古淳樸之世，其「太平世」也就是「太古淳樸之世」。[16]

---

15 孫詒讓撰，王文錦、陳玉霞點校，《周禮正義》（北京：中華書局，1987），
　　〈序〉，頁4。

16 魏源，《老子本義・論老子》，收入《魏源全集》（長沙：嶽麓書社，
　　2004），第2冊，頁645-650。

　　晚清著名的變法維新派康有為受三世說的影響非常大。然而他與魏源不同，他曾經大量閱讀翻譯的西書，並且到過香港等地，對西洋社會有相當多的了解，後來又受到進化論的影響，所以他的「太平世」不再是六經、三史中所記述的世界，而是近代西洋的，或是無限可能的烏托邦世界。康氏的例子充分說明：進化論與西學的加入，等於是把一端的口打開了，變成一個沒有瓶塞的瓶子，「最理想的社會」變成是一個開放的、無限可能的問題，只要你敢想，便可能達到，也因此改變了晚清以來尋找烏托邦的模式。我們不應忘了在清季精研墨學的孫詒讓，對時局極為失望，還曾構想著要到海外找到一個島嶼，按照《墨子》一書來構建他心目中的烏托邦世界。此後，烏托邦不必是古代經典中所描繪的世界了，它變成是一個對未來發揮想像力的大競賽，所以康有為的《大同書》就必須放在這個脈絡下去理解。

　　除了一進不復退，或人類可以進向無限完美的觀念外，進化論還強調一個「動的」宇宙觀，鼓舞競爭、甚至鬥爭的思想，鼓舞人定勝天、自強保種，鼓舞人為了利益而奮鬥。此外，它還有許多意涵。譬如由於相信人是猴子變來的，所以「天地之性人為貴」之類的古訓，或是人天生的本體是純善無惡的思想都站不住腳了。傳統思想中影響甚大的「聖人構作說」，認為聖人有計畫地構作人間理想秩序的想法，也面臨挑戰：因為天演是由樸陋逐步進而文明，並不是來自古代聖人的偉大計畫。

　　進化論衝擊著儒家那種和諧的世界觀。前面已經提到達爾文之說早在1870年代已進入中國，不過並未引起後來那樣的震動。嚴譯《天演論》之所以大行，與政治的關係密切，在於它給當時面臨亡國之禍的老大帝國一些警告。在「物競天擇」、「適者生存」的情況之下，種族是可能滅絕的，而且滅絕之後，便不

再出現，這使得當時人對既亡國又滅種有相當強烈的憂慮，認為亡國滅種的可能性是被科學定律所支持的。而且當時人從《天演論》中得到的觀念是群與群爭、種與種爭，在競爭的過程中只有透過不斷的努力——而且是群體的努力，才可能生存。所以人們得到一種印象，認為國人必須集體化，才能在「國」與「國」爭的局面下生存下來，因此集體主義也有了科學的基礎。此外，在爭生存的思想格局下，一種動的、鬥的人生觀變得流行起來，「與人奮鬥，其樂無窮」正是其寫照，[17]競爭逐漸成為新的理想人生觀，與儒家的思想傳統產生極大的反差。與此同時，一批新的詞彙也開始廣為流行，如自強、自助、自立、自存、自治、自主、競存、適存、演存、進化、進步等，有幾代人的姓名或字號中大量出現適、競存、演存、演生，[18]表示了對進化思潮之信仰。

　　由一些無意間流露出來的文字，更可以看出進化思想影響之深廣。這裡我想引一則日記材料作為佐證。前人有詩「恨不早生千載上，古人未道我先說」，詞家夏承燾（1900-1986）說：「憶李仲騫有詩云：生我不於千載上。予欲改上為下，……復生（譚嗣同）亦有惜不遲生之語也。」[19]夏承燾想改他朋友的詩「生我不於千載上」為「生我不於千載下」，過去認為愈古愈能接近聖人之本源，現在則認為愈是未來，愈能目睹最新、最高的進化境界。夏氏不但改詩，同時顯然相信人可以無限進步，所以隱隱中認為烏托邦的社會可能實現，而且不久就將實現，所以在同一天

---

17 「與人奮鬥，其樂無窮」語自毛澤東，見李銳，《毛澤東的早年與晚年》（貴州：貴州人民出版社，1992），頁7。

18 李澤厚，〈論嚴復〉，《中國近代思想史論》，頁268。

19 夏承燾，《天風閣學詞日記》（二），收入《夏承燾集》（杭州：浙江古籍出版社‧浙江教育出版社，1992），第6冊，1945年7月22日，頁609-610。

的日記中便寫「閱康南海《大同書》，其言亦漸將實現。」[20]可見在時人的思維中有一個看不見的未來世界，這個世界是無限可能的，優先於我們生活在其間的、現實的世界。看不見的、未來的人們，也必優於我們，所以譚嗣同才有「惜不遲生」之語。

如果有人想將近代各種人物思想中受進化論影響的痕跡，盡可能地整理出來，必定是一件永遠無法完成的工作，因為它的影響實在是太廣太大。我們甚至可以說，自1859年或更早以來，不管贊成或反對進化論，沒有一位重要的思想家可以繞過它。

三

用Franklin Baumer在《近代歐洲思想史》（*Modern European Thought: Continuity and Change in Ideas, 1600-1950*）中以 "From being to becoming" 來形容1859年以後支配西方思想界的理論，認為「萬物都是變動不居的」，所有凝固的被分解開，所有固定不動的被拆解，所有一切過去被認為是永恆的，都被認為只是暫時，一切是被歷史脈絡所決定的，所謂宗教也成為一種歷史現象。[21]關於學術方法論上，胡適所稱的「歷史的態度」（genetic method）即與此說有關。對歷史、文化及大自然的理解，脫離上帝或冥冥之中的「造物」之觀念，造成文化之歷史化、大自然過程之歷史化。

進化思想為近代中國的學術論述帶進一種「發展」的觀念。

---

20 夏承燾，《天風閣學詞日記》（二），頁609。

21 Franklin Baumer, *Modern European Thought: Continuity and Change in Ideas, 1600-1950* (New York: Macmillan, 1977), pp. 337-366.

中國傳統思想對「發展」一點相當忽略，蒙文通在1952年寫給張瀾（1872-1955）信中說：「儒家之學，自《周易》以下迄宋明，皆深明於變動之說，惟於發展之義則儒者所忽，而義亦不可據。」[22]而進化論則是給中國當時各種學問帶來一種發展的觀點，例如改變了當時許多人對史學之定義，紛紛認為歷史是尋找變遷進化的因果關係或進化之公理的學問。呂思勉於民國十二年出版的《白話本國史‧緒論》中說：「歷史者，研究人類社會之沿革，而認識其變遷進化之因果關係者也。」在此之前，人們不會認為歷史的性質是簡單地認識「變遷進化」之因果關係。我們再看呂書的章節名稱，如「三皇五帝時代社會進化的狀況」一節，即可看出其關懷之所在。[23]此外，在各種範疇中，人們也運用進化的觀念，譬如道德進化論、「六書進化論」[24]等，不一而足。

　　清末以來，由梁啟超等人所提倡的「文明史」，是當時日本極為流行的史學觀念。「文明史」原本不可與進化論畫上完全的等號，可是在晚清中國，兩者卻密切交織在一起，相輔相成。它基本上認為所有人類都在爬同一個（進化的）階梯，所以高與低、文與野都帶有強烈的道德評價的意味，落後者要受到譴責，甚至有負疚的感覺。

　　以下我再從「線性思維」，討論進化思想對社會的影響。進化思維將原先分散開的宇宙人生萬事萬物重新組合，將知識或人生中一種原本自由的連結，或由傳統、習俗等所形成的關聯式

22　蒙文通、熊十力等，〈理學札記與書柬‧致張表方書〉，《中國哲學》，第5輯（北京：三聯書店，1981），頁369。

23　呂思勉，《白話本國史》（上海：商務印書館，1935），頁1、10-12。

24　「六書進化論」係錢玄同所提。見耿雲志等編，《胡適書信集》（北京：北京大學出版社，1996），上冊，「胡適1917年10月26日致錢玄同函」，頁113。

（associated）的關係，篩選，壓縮或刪薙，連結成一條往上進步
的斜線。這一條線的威力真是無遠弗屆，它提供人們看待萬事萬
物（尤其是歷史）的一種全新視角。以史學為例，試想在此之前
最為流行的史籍如《綱鑑易知錄》或《御批通鑑輯覽》，看它們
對歷史事件的鋪陳方式、對事情前後因果關係的組合，何嘗有意
要安排出一條因果緊密相連的向上進化歷程。許多人豔羨能在社
會進化的框架上思考歷史現象，如顧頡剛之於胡適。也有許多人
認為沒有線性架構的歷史觀者即為無歷史觀。這些皆是過去所無
法想像的，因為過去對「歷史」的定義並非如此。

　　這一條線將一些原先散置的、不可比較的，排在一條線上，
以在前或在後定出優劣，使得它們之間形成一種比較關係，且便
於產生高下優劣的判斷，以及行動者現在應有的抉擇。譬如胡適
在〈讀梁漱溟先生的《東西文化及其哲學》〉便一再困惑梁氏
「牢牢的把定著一條線去走」。[25] 把西方、中國、印度放在這一條
線上，西方是向前的，印度是向後的，中國文化是處於中間的。
原先人們不一定會用「放在這一條線上」，並以前、中、後來比
較其發展，但經梁漱溟這一線性化，這三個文明便形成一個新的
比較格局。

　　進化也造成一種新時間觀，「過去」（past）這個東西可以很
簡單，也可以很複雜，它被放在何種架構下來看其意義是不一樣
的。在以前，「過去」可能只是雜亂而互不聯屬的一些案例。在
進化論的架構下，「過去」的意義則有不同，「過去」可以是極
粗陋、野蠻的，而且愈是如此愈為可信，愈是倫理化，愈不可

25　胡適，〈讀梁漱溟先生的《東西文化及其哲學》〉，《胡適文存二集》（上海：
　　亞東圖書館，1923），頁57。

信。研究過去，包括研究最野蠻的過去，是為了了解各種人類發展的現象的律則（law）。「過去」、「現在」以及「未來」，由一些原本混雜、個殊、單獨存在、並列或散置的事例，被排在一條線上形成一個律則。一旦形成律則，便可以適用到各種社會中。總之，「過去」、「現在」、「未來」的意義重新得到安排，獲得新的意義。也就是說再粗陋樸拙的「過去」也可以有啟示作用，因為它是形成律則不可或缺的一部分，所以它在進化架構下的律則的形成過程中占有一個地位。律則與現實的關係不是提供一個一個範例式的，而是因定律而產生的關係，「過去」、「現在」、「未來」如《孫子兵法》所說的「常山之蛇」，「擊其首則尾至，擊其尾則首至，擊其中則首尾俱至。」

　　在這裡請讓我引用梁啟超在一篇題為〈生物學在學術界之位置〉的演講稿中極有意思的觀察，他說：「把生物界生存的共通法則，如遺傳，如適應，如蛻變，如競爭，如淘汰，如互助，如進化等等，都類推到人類生活上去，如何如何的發展個性，如何如何的保存團體，件件都發見出逼近必然性的法則，於是人類社會怎樣的組織，怎樣的變化，歷歷然有線路可尋。」「不惟直接產生社會學而已，凡有關於人事之諸學科，如法律學，如經濟學，如政治學，如宗教學，如歷史學，都受了他的刺激，一齊把研究方向挪轉。試看近五十年來這些學問，那一種不和所謂達爾文主義者發生交涉？」[26]如果採用梁啟超的話：「件件都發見出逼近必然性的法則」，那麼律則（law）式思維產生各式各樣的影響，譬如說：人是大自然的一部分，故人的社會與大自然遵守同一套規則，所以尋找行為律則（laws of conduct），進而找出社會

---

26 夷夏編，《梁啟超講演集》（石家莊：河北人民出版社，2004），頁149。

發展的律則與過程（laws and course of social development），[27]成
為一種既人文又科學的辦法。

　　由綜觀古今歷史所歸納出的「律則」，使得歷史教訓的性質
也有些微妙的改變。以前人認為歷史可以「觀風察勢」，變成是
有「律則」可循，故古往今來的許多史事本身可能毫無教訓意
義，或毫無啟示價值，一經形成律則就可能給予後人有價值的教
訓。而且因為是法則式的教訓，因此可能性非常多。一個看來沒
有什麼倫理意味的歷史過程，一旦形成律則，或是放在開始與結
束這兩端清楚的進化過程中，則這些過程馬上變得有意義、變得
富含歷史教訓。

　　這種律則式的思維，尤其是在詳觀歷史過程而歸納得到的律
則，不但像梁啟超在前面所說的，「凡有關於人事之諸學科」都
變成有「必然性的法則可尋」之學問，人們對自古以來相沿不輟
的「經」或「道」的解釋也律則化了。譬如「經」的意義悄悄發
生了改變，一方面是受了自然科學講「律則」的影響，另一方面
也受到當時人以進化的「律則」作為大經大法的思維的影響，[28]
使得原先不如此理解的「大經大法」，變成是清楚的律則式的東
西。

　　英國史家J. Burrow（1935-2009）指出，進化觀將原先分歧
不能調和的道德情感排出一個序列，[29]原先看來各自有體系而相

27　J. W. Burrow, *Evolution and Society: A Study in Victorian Social Theory* (London: Cambridge University Press, 1966), pp. 92, 100.

28　參見《讀經問題》（香港：龍門書店，1966）一書中所收的論戰文字，便可得到這個印象。

29　J. W. Burrow, *Evolution and Society: A Study in Victorian Social Theory*, p. 58.

互無關或是相互矛盾的德目，因為在進化序列中的前後位置產生高下之判，使得一些道德哲學上的難題得到另一層次的解決。這一類的思維當然也會影響到我們日常生活中最尋常、最細微的判斷，譬如有些人會把緊張感列為比閒散感更為進步的一種情緒，而造成人們應放棄閒散，追求緊張、奮進的決心。梁啟超的文章有時候便隱含這樣的想法。

線性進化觀也提供了一個架構，至少對相信它的人提供了一個新的架構，這個架構的特色是將好壞、美醜、善惡、苦樂排在線性架構中，然後依其位置來為這些帶有高度主觀性，或尚未得到安頓的價值安排一個或高或低的位置，使人們的道德或價值藍圖能有所安頓。人生的意義或工作的意義也得到嶄新的解釋，把積極向上、努力奮進式的人生觀，在這個理論架構上加以安頓，使它變得不言自明。

進化思維在政治方面的影響也是無遠弗屆的，它使得一種線性的、有目標的、化約式的發展成為嶄新的追求。梁啟超在當時許多文章中，幾乎都出現一個模式，一切人類政治皆有一個進化目標，最後要成為西方式的民族帝國主義。而政治歷程是一個由少年到成熟的過程，古代像是少年，逐步進為中年，一切嬗遞而進，不能躐等，形成人類歷史共同的「公理」、「公例」，沒有國家或民族能自外；而此政治進化之軌同時還帶有競爭、排外，自顧其本群或本團體而盡力排斥他群或他團體的意思。

此外，它形成了一種潮流感（墨子刻，Thomas A. Metzger），讓人們覺得進化到下一個階段的政治形式是一個不可抗拒的歷史任務，而且擁有不可挑戰的正當性。孫中山為了對抗晚清的改良派，曾一再駁斥康有為所主張的「各國皆由野蠻而專制，由專制而君主立憲，由君主立憲而始共和」，認為「斷難躐等」。孫中

山反駁說這是「反夫進化之公理也」，[30]值得注意的是孫中山只是反對不能跳級而前，並未反對在進化的軌道上，某種理想政體為未來不可逃過的目標的說法。

進化對生活世界的影響還非常多，譬如受進化觀影響的人在做一件事時，也會傾向將事情本身的實踐一步一步激進化，以激進化作為進化，這一類的影響，不一而足。最後，我想以「人的神化」來說明進化思想各式各樣影響的另一個例子。

清末以來，「人的神化」（anthropocentrism）的思想[31]是三種思想匯集的結果：第一是進化論，第二是宋明理學中「心」的思想，第三是近代西方科學的影響。

人們由當時科學的迅速發展，進而認為未來具有無限可能，過去認為是烏托邦的世界，很快可以不再是烏托邦。由於當今科學的一切創造純然是由「人」而起，則「人」可以無限創造及主宰，而且不再有各種界限（boundary）。「心」的力量是無限的，只要用力夠深，意志夠純，「心」可以在片刻之間完成過去要千萬年才能完成的事物。晚清小說中到處可見這一類思維，而康有為、譚嗣同等人則深深服膺於該思想，並加以體現。

譚嗣同說，人的形體可能無限變化，變到難以想像的樣子。這樣的思維在《仁學》中常可見到，此處只引他在遠遊北方大開科學之眼界時寫給老師歐陽瓣薑（1849-1911）的信，引傅蘭雅（John Fryer, 1839-1928）談到見照相時的感想：

---

30 孫中山，〈中國民主革命之重要〉，《孫中山選集》（北京：人民出版社，1956），頁66-67。

31 有關「人的神化」在近代中國的發展，可參見張灝，〈扮演上帝：二十世紀中國激進思想中人的神化〉，收入氏著，《時代的探索》，頁141-160。

> 今雖萃五大洲人研格致，不過百千萬繭絲，僅引其端焉。
> 久之又久，新而益新，更百年不知若何神妙？況累千年、
> 萬年、十萬、百萬、千萬、萬萬年，殆於不可思議。大約
> 人身必能變化，星月必可通往。[32]

　　他接著說「因思人為萬物之靈，其靈亦自不可思議」，又說
「唯一心是實。心之力量，雖天地不能比擬，雖天地之大，可以
由心成之，毀之，改造之，無不如意。……大約人為至奇之物，
直不可以常理論。古人言冬起雷，夏造冰，以為必無之事；今西
人則優為之。再閱萬萬年，所謂格致之學，真不知若何神奇
矣。」重要的是「然不論神奇到何地步，總是心為之。若能了得
心之本原，當下即可做出萬萬年後之神奇」。[33]

　　同樣地，道德上的感化也可以用「科學」來解釋。譚嗣同也
說「蓋天下人之腦氣筋皆相連者也。此發一善念，彼必有應之
者，如寄電信然，萬里無阻也」，[34]便是具體而微之例。而這些
「不可思議」的神化的人觀，是搭掛在進化論的框架上，是他堅
信在「久之又久」、「更百年」、「況累千年、萬年、十萬……萬
萬年」之後可以實現的。

四

　　我們究竟怎樣評估一種「影響」的效力？通常我們會注意到

32　譚嗣同，《譚嗣同全集》（台北：華世出版社，1977），卷三，〈上歐陽瓣薑
　　書二十二〉，頁317、319。
33　譚嗣同，《譚嗣同全集》，卷三，〈上歐陽瓣薑師書二十二〉，頁319。
34　譚嗣同，《譚嗣同全集》，卷三，〈上歐陽瓣薑師書二十二〉，頁321。

是線性的關係，譬如說甲的成分以某種方式出現在乙。但是「影響」的層面及方式可以遠大於此。進化論的「物競天擇，適者生存」或「優勝劣敗」等道理很容易讓人覺得它在提供「強權即是公理」或「天下無公理，唯有強權」的政論基礎。

「強權即公理」的觀念在當時許多新派人物心中確實具有某種正當性；以梁啟超為例，他與當時很多人一樣，受到強權歷史觀的影響，一再說不能形成為強權帝國的民族，在歷史進化軌道上沒有一席地位，是「非歷史」的民族。這種言論給當時人的觀感是「他外面說的話，還要說強者對於弱者，應該蹂躪。這真是不道德的極點了」、「試想：天下的人，都是人類，為甚麼強者獨生、弱者獨死呢？」[35]

「強權即公理」這種清楚而斬截的言論將論題凸顯出來，使得人們開始搜尋正反兩面的種種思想資源，往議題中心點集中，既有從古今思想哲理中尋找足以印證優勝劣敗之理的，也有人極力向相反的方向思考，凝聚成一種「抑強扶弱」的哲學，這兩種思想的動員在當時都相當清楚，而且具有對抗性的「抑強扶弱」思維，相當程度上也依附在刻意與前者相反的這種思維模式上。我們可以相當肯定地說，在進化論進入中國以前，人們並不如此討論這些議題，即使討論，也並不以這樣的方式討論。「抑強扶弱」思想大多是「啄啐同時」，在進化論的澡盆中洗去身上的進化論積垢，既受影響又想要擺脫其影響，凝聚原先不以那樣方式存在的資源，形成論述來反對其影響。

「扶弱哲學」有現實及思想兩種因素。在現實上，由於清代

---

35 劉師培，〈陳君不浮追悼會演說稿〉，萬仕國輯校，《劉申叔遺書補遺》，頁712。

後期社會離亂，生民塗炭，而在思想上，此時竟來了「扶強抑弱」的進化論。「扶弱哲學」在這個時間點的出現，一方面是要扶助現實上的弱小者，一方面則是要對抗強權思想。康有為說世間苦，求世間樂，《大同書》中提倡不忍人之心，後來譚嗣同《仁學》中特別提倡「仁」，無政府主義者李石曾、吳敬恆（1865-1953）、張繼（1882-1947）等人所提倡的學說，也都可以放在「扶弱哲學」的脈絡裡加以理解。

　　夏曾佑（1863-1924）《中國古代史》中常出現一種言論，即他想發明一種抵抗強權的學說，以扶弱抑強為思考，譬如在「三國末社會之變遷」中說：「循夫優勝劣敗之理，服從強權，遂為世界之公例。威力所及，舉世風靡，弱肉強食，視為公義，於是有具智仁勇者出，發明一種抵抗強權之學說，以扶弱而抑強。此宗教之所以興，而人之所以異於禽獸也。佛教、基督教，均以出世為宗，故其反抗者在天演。」[36]而宋恕似乎表現得最徹底，他說佛家宗旨，一言以蔽之，是「抑強扶弱」，我認為宋恕的文集中，最核心的論點便是「扶弱」；他從這一點出發去發揮同情的思想，去講中國哲學，去分析當時中國社會，講社會救濟，去構建《六齋卑議》中的理想世界等等。又譬如他認為宋儒以來理學傳統是壓抑弱者的哲學，說當時中國最苦之民分別是童養媳、娼、妾、婢者，批判那些深山窮谷之民往往被加以醜名，視若獸類等說法。他最生動的口號是要以歷史上的弱者來「定道統」（這個口號可能與清初顏元〔1635-1704〕有關）。[37]

---

36 夏曾佑，《中國古代史》（台北：臺灣商務印書館，1994），頁383。

37 胡珠生編，《宋恕集》（北京：中華書局，1993），卷三，〈六字課齋卑議〉印本，〈救慘章第三十四〉、〈同仁章第三十六〉，頁152、153。

　　前面提到的幾位思想家，大多是蔡元培在〈五十年來中國之哲學〉中所特別提到的，[38]蔡氏認為他們是清末民初以來最有代表性的哲學家。而這些思想都是「扶弱哲學」。它們當然都與佛學有關，這一點蔡元培在文章一開始即已點出，不過我更認為，它們隱隱然都與進化論之激盪有關。佛學則是以「銅山崩而洛鐘應」的方式成為思想上的解藥。當然，這些時代的佛門中人也表達了「扶弱」的思想。太虛法師在〈論嚴譯〉中從佛家思想鼓吹抑強扶弱，他說：「而近世之競爭進化說出，益鼓舞其我慢劣情，盲騁冥馳，無由返鏡，故喪己役物凌人而不惜自斃也！此真人道殘滅之巨憂哉？」[39]

五

　　進化論在某些時候是熱水，在另外的時候則是冰水；在某些人身上是熱水，在另一些人身上卻是冰水。反對或提出批判、修正進化論的說法真是五花八門，連佛門中人也未缺席。前述太虛法師的〈論嚴譯〉還有一段話，不僅對赫胥黎書中有關佛教的說法提出質疑，也對進化的一些基礎學說，從佛法出發提出反對，譬如他說：「故由佛法完全之理，無往不通！由生物學家偏曲之執，觸處成閡！」[40]此外，我們也經常見到一種不反對進化論的

---

38 蔡元培著，孫常煒編，《蔡元培先生全集》（台北：臺灣商務印書館，1968），〈五十年來中國之哲學〉，頁543-573。

39 太虛大師全書編纂委員會，《太虛大師全書》（台北：太虛大師全書影印委員會，1970），第16編，《雜藏：書評》（二），頁193。

40 太虛大師全書編纂委員會，《太虛大師全書》，第16編，《雜藏：書評》（二），頁197。

基本架構，卻作各種或大或小的修正的現象。

　　進化論最有影響力的思維之一是形成一種向上進行、線性的發展架構（往往還加上競爭的元素），我覺得比較微妙的是一種既搭在這個架構，同時又加以種種修正的理論。這方面的例子很多，展現出當時思想的多樣及微妙性。譬如章太炎的「俱分進化論」，嚴格說來，他雖反對進化論，但是若沒有進化論的線性進步架構，也不會有「善進惡亦進」，以及文明愈進步，而殺傷破壞之力也愈大之類的思維。[41]

　　杜亞泉為修正進化論所作的努力更大，我們可以感受到杜氏花了很大的力氣在回應這個新理論。杜亞泉確切地說：「而我國民乃猶徬徨於唯物論之魔障中，述達爾文、斯賓塞之緒餘，局蹐於此殘酷無情之宇宙中，認物質勢力為萬能，以弱肉強食為天則，日演日劇，不亦可為長太息者乎？」[42]我們似乎難以想像杜氏實際上既依仗進化論，又想擺脫它，種種表現成為一種掩飾或討價還價，而非根本地解離。杜氏並不否認線性向上及「競爭」的架構，他不滿意的是這個架構中過度強調富強論及物質論。故他特意凸顯精神的重要性，說「則生命之是否由物質而進化，尚難定論也」。[43]又說在競爭之外，秩序亦是人群的一種天則。又如在「爭」之外，特別高呼「愛」的重要，或說「競爭之說，達爾文實倡導之；協助之說，達氏已開其端」，「說者謂愛之與爭，雖相矛盾，而均為進化之要素」。[44]

　　在唯物辯證法流行之前，進化論所產生的作用基本上是熱

41　章太炎，〈俱分進化論〉，收於《章太炎全集》，第4冊，頁386-389。

42　許紀霖、田建業編，《杜亞泉文存》，〈精神救國論〉，頁33-34。

43　許紀霖、田建業編，《杜亞泉文存》，〈物質進化論〉，頁8。

44　許紀霖、田建業編，《杜亞泉文存》，〈愛與爭〉，頁24。

水，是促使中國各個方面進行最廣泛而深刻變化的催化劑。可是進化論有一條規律：自然界沒有飛躍的事物。當中國等不及自然天演，而希望快速、飛躍地改變；當中國感受到一點一滴的變化太慢而企求驟變、突變時，進化論便成了一盆冰水。[45]可以確定的是，左派繼承了進化思想卻又不斷使用「庸俗的進化論」的說法來攻擊進化論。

俄國大革命的成功，使得許多人相信歷史可以飛躍前進。如果沒有這場革命的成功，我相當懷疑共產思想是否能快速地虜獲大量中國知識分子的心靈。這一場成功的革命經驗，使得為中國前途上下求索的讀書人相信，透過人的努力，可以為中國的命運造成辯證式的、正→反→合式的突變。

例如，新文化運動內部陣營很快地因俄國大革命而對「進化」有截然不同的看法。胡適與李大釗之分裂，可以經由「問題與主義論戰」等事件充分看出。如果我們留心他們兩人對進化論的觀察和意見，便可以發現一個仍然相信進化論主張，而另一個已經顯得不滿意了。

胡適認為到了實用主義，進化論才被應用到哲學上。在〈介紹我自己的思想〉一文中，他說：「實驗主義從達爾文主義出發，故只能承認一點一滴的不斷的改進是真實可靠的進化」；「達爾文的生物演化學說給了我們一個大教訓，就是教我們明瞭生物進化，無論是自然的演變，或是人為的選擇，都由於一點一滴的變異，所以是一種很複雜的現象，決沒有一個簡單的目的地

---

45 儘管毛澤東一生仍對達爾文保有崇高的敬意。見龔育之，〈毛澤東與自然科學〉，收錄在龔育之、逄先知、石仲泉等著，《毛澤東的讀書生活》（增訂版）（北京：三聯書店，1996），頁81-85。

可以一步跳到,更不會有一步跳到之後可以一成不變。……但狹義的共產主義者卻似乎忘了這個原則,所以武斷的虛懸一個共產共有的理想境界,以為可以用階級鬥爭的方法一蹴即到,既到之後又可以用一階級專政方法把持不變。」[46]反觀李大釗則一再強調人在宇宙瀑流中的主宰地位,以及突變、飛躍性的進步觀。[47]在辯證唯物主義者看來,一點一滴的進化不但對改變現狀沒有助益,反而是一種桎梏,不但不能推進、反而是限制,所以在短短幾十年間,主張進化論者在激進派眼中竟變成不折不扣的反動派了。

---

46 胡適,〈介紹我自己的思想〉,《胡適文選》(台北:六藝出版社,1953),頁3。

47 李大釗,〈「今」與「古」〉,《李大釗選集》(北京:人民出版社,1962),頁433-446。

中國近代思想中的「未來」[*]

* 本文曾在北京師範大學「思想與方法：近代中國的文化政治與知識建構」國
  際高端對話暨學術論壇中宣讀，得到包括Axel Schneider教授、羅志田教授等
  人的批評，深表感謝。評論內容參見註59。本文構思甚久，後來在實際撰寫
  過程中也受到R. Koselleck著作的啟發。

前言

「未來」是一個重大的問題，它包含的子題很多：「未來」會是什麼樣子？如何達到「未來」？是誰的「未來」？是誰決定「未來」應該怎樣？是誰決定要用什麼樣的方式達到「未來」？在「現在」、「過去」、「未來」三際之中，「未來」的分量如何？它只是「過去」、「現在」、「未來」這「三際」中共通的一際，或是它成為壓倒性的、唯一最重要的時間？另外，「未來」究竟是邈遠難知，因而可以置而不論，還是「未來」是能知的，甚至是「已知」的？以上問題不只牽涉到現實、政治、人生，也牽涉到學術等許多方面。

既然「未來」是個包羅廣大的問題，本文不能不對討論的範圍有所限制。在本文中我想要談的不是近代中國對「未來」想像之內容如何，而是從1900年至1930年左右，短短二、三十年間，新派人物的時間意識及其連帶的對未來世界的想像與計畫的巨大變化──「未來」成為一個無以名之的巨大力量，並且盡量將討論局限化，局限在三種與「未來」有關的議題。

第一，「未來」如何浮現成為一個極重要的觀念，「未來」如何成為正面的、樂觀的想像，以及「未來」的內容如何成為無限開放，而且成為隨不同個人或團體擬議的東西。因為「未來」意識的不斷膨脹，使得人們自古以來習以為常的「過去」、「現在」、「未來」三種時間概念的分量發生了重大的變化。第二，探討一種特殊的時間意識及其對未來世界的想像與規畫是如何產生的？這種時間意識與想像隱然認為「未來」為可知的，或甚至是已知的，[1]「過去」反而是未定的，或未知的，並以未來完成式出發去思考生活或思考歷史。第三，上面兩者互相加乘，對近

代中國許多層面，尤其是日常的生活與抉擇產生了重大而無所不在的影響。

這是一個「過去」與「未來」的分量急遽調整的時代。至少在有意識的層面中，「過去」的分量變得愈來愈無足輕重，而「未來」愈來愈占有極大分量，使得這個時代的思考、決定、行動的方式也莫不染上這個色彩。

一、近代思想中的「未來」

「未來」這個觀念在中國古代雖不罕見，但傳統概念中最常使用的詞彙是「來者」，有時候則用「將來」。「來者」、「將來」與「未來」的意思並不相同，意味著三種不同距離的「未來」。「來者」是近而可見的，「將來」是將會來者，或將要來者，「未來」則指離得更遠、更不確定的未來。[2]

傳統概念中「未來」與「現在」的距離很遠，有時候甚至帶有預測性，如「預度未來」、「卜占可以知未來」；有時與圖讖有關，如說「圖讖能知能觀未來」；有時是宗教性的，如佛教「三際」中的「未來際」；還有禪宗的「如何識未來生未來世」，指的是下一世的事情；或者說「未來佛」，指的是下一個階段，不知多少年以後的佛。從中央研究院的漢籍電子文獻資料庫中可以

1　雖然從後來者的眼光看，這些只是種種價值觀，並不代表對未來真有所知，但當時許多人是這樣相信的。

2　清代小說《鏡花緣》裡就出現很多的「將來」，其實「將來」是「將」要「來」的意思，而「未來」則可以想成是「未」「來」或「未」可能「來」，而傳統經典中如《孟子》講「五百年必有王者興」，有點未來世的味道。

看出「將來」遠多於「未來」，[3]而且不像我們今天常三句話不離「未來」。

引發我覺得要好好思考「未來」這個問題的緣由，是因為發現晚清、民國以來，好像偉大的人物都在推銷或買賣對「未來」的想像。台北國立政治大學有個網站的名稱是「未來事件交易所」，[4]我一直對他們做的工作感到好奇——沒有發生的事情為什麼可以交易？這不就是晚清以來偉大人物在推銷或買賣的概念嗎？在傳統概念中，未來才會存在的東西似乎不大可能有交易價值。隨便翻翻古往今來的史書，都絕對不會像現代人那樣處理「未來」，即便談到未來，也是比較想回到「黃金古代」的想法。但晚清以來的「未來」很不一樣，而且愈不一樣愈好，愈不一樣愈吸引人。像康有為《大同書》裡講的「未來」，是所有星球都可以按電鈕投票，所有星球可以選一個共同執行委員會之類的想像——這個「未來」離古書太遠、太遠了。由於過去的歷史與現代的世界相似性太少了，所以許多人宣稱歷史不再有教訓（雖然在現實生活中，人們仍然是從過去中推導未來）。過去是通過「歷史」尋找合法性，現在往往是通過「未來」獲得合法性。康有為的《大同書》也許比較極端，但近代許許多多的概念和想像都帶有沉厚的「未來」性，在現實上產生了極大的影響。令人不禁要問，在過去百年，究竟是什麼促成了新的「未來」觀如此暢行？

---

3 以中央研究院「漢籍電子文獻資料庫」檢索「未來」一詞，大約出現了一千多筆資料，其中有許多是指人沒有出現的意思，至於「將來」與「來者」，則有一萬二千多筆資料。

4 由政治大學預測市場研究中心和未來事件交易股份有限公司合作的網站：http://xfuture.org。

　　描述過近代中國的新未來觀後，在此想簡單地先回顧一下新未來觀形成的幾個因素。一、西方知識的大量引入，近代西方重視未來的思想文化大幅移植到中國。二、進化論思想引導人們想像美好的時代是「未來」，而不是「黃金古代」。[5]三、以「未來」為尊的新型烏托邦思想的引入。傳統的烏托邦理想往往以上古三代為依託，新形式的烏托邦則大抵是依託於未來。當時從西方傳入的一些帶有烏托邦色彩的文學作品，如《萬國公報》自1891年起刊載的〈百年一覺〉這篇烏托邦小說產生了不小的影響，[6]這些帶有烏托邦色彩的文學作品，展示了一個與傳統中國非常不一樣的「未來」想像。四、在近代中國，「未來」常代表極度樂觀、有光、有熱，有主觀能動性，甚至帶有強烈烏托邦的色彩。「未來」往往與變革或革命連在一起，成為變革中一支有利的武器。任何人只要掌握「未來」，就可以有極大的力量。辛亥革命的成功便是最好的例子，它使得歷史跟現在、未來有了完全不同的關係。顧頡剛說：「辛亥革命後，意氣更高漲，以為天下無難事，最美善的境界只要有人去提倡就立刻會得實現」，即是一證。[7]「未來」變成是一蹴可幾的，而且在現世中就可以達到。不論是戊戌變法或辛亥革命都極大幅度地引進全新的事物，並且帶來無限的可能性，使得現在與未來變得和過去完全不再相似，並

5　關於這個方面的研究很多，包括我的幾篇論文，如王汎森，〈時間感、歷史觀、思想與社會：進化思想在近代中國〉，陳永發主編，《明清帝國及其近現代轉型》（台北：允晨文化實業公司，2011），頁369-393。已收入本書。

6　參考熊月之，《西學東漸與晚清社會（修訂版）》（北京：中國人民大學出版社，2011），頁320-323。

7　顧頡剛，〈《古史辨》第一冊自序〉，收於《顧頡剛選集》（天津：天津人民出版社，1988），頁17。

以新的、不相似的為正面價值。所以它們不但帶來一個新的「未來」，也因為人們對過去想像的丕變，帶來一個新的過去。必須注意的是，並非所有人都嚮往新的「未來」，事實上許多人在這個問題上雖然轉步，卻仍未移身，他們不一定都嚮往過去，他們也可能重視未來，但不一定都嚮往如此嶄新的、陌生的「未來」。因而，新型「未來」的出現造成兩種文化，一種是比較嚮往美好的「過去」，一種是嚮往美好的「未來」。這兩者往往成為分裂的派系，文化上如此，政治上亦如此。

這一時期的思想家可以非常粗略地分成兩大類，一類面向過去，一類面向未來。晚清以前，世亂非常厲害的時候，人們往往會想回到更美好、更良善、更道德、更淳樸的古代，道光咸豐年間的許多思想文獻中，便有這個特色。當然像龔自珍（1792-1841）、魏源等人是嚮往未來的，但他們所想像的未來，不是一個與傳統完全不一樣的未來。晚清以後，思想家的世界中，不可知的事物變得更有力量，不可知的「未來」漸漸壓倒了已知，與現實離得愈遠的「未來」吸引力愈大。

如果以光譜上的深淺濃淡作區別，那麼在三民主義陣營中，也有基本上比較面向「過去」與比較面向「未來」兩種類型的區分。戴季陶的《三民主義之哲學的基礎》顯然是比較面向過去，而周佛海（1897-1948）的《三民主義之理論的體系》則是偏向未來理想的構建。相比之下，國民黨的文宣大將葉楚傖（1887-1946）在新文化運動之後，仍然堅稱中國古代是由黃金美德所構成的，胡適在〈新文化運動與國民黨〉中便特地提出葉氏的觀點作為攻擊批評的靶子。[8]

8　胡適，〈新文化運動與國民黨〉，《新月》2：6-7（1929），頁11-25。

以政治領袖來說，也有比較面向新「未來」，和比較不面向新「未來」兩種類型。前者的例子是毛澤東，後者的例子是蔣介石。蔣介石好談四維八德、好談道統、好談中國古代聖賢的美德；而毛澤東則是破除傳統、不斷以未來社會主義的前景來說服同志與人民。蔣介石、毛澤東提到傳統與未來的頻率，也是截然大別的。他們所讀的書也各有代表性。蔣介石好讀哲學書，尤其是宋明理學及先秦諸子。他說自己讀明朝胡居仁（1434-1484）的《居業錄》「不忍釋卷」；讀黑格爾（G. W. F. Hegel, 1770-1831）、賀麟（1902-1992）〈朱熹與黑格爾太極說之比較觀〉及周敦頤（1017-1073）的《太極圖說》，也都表現出很大的興趣。[9] 從蔣介石的《五記》，尤其是《省克記》和《學記》可以看出，蔣介石最根本的想法還是想尋找通向美好過去的途徑，或在有意無意之間揣想著如何把經書裡講的哲理變成現實。毛澤東則是好讀歷史、重視現實，歷史的價值除提供許多可資參考的範例外，辯證唯物論及社會發展史則是了解「未來」、邁向「未來」的指引。嚮往美好的過去和嚮往美好的未來變成兩種非常不同的思想和行動形式，張奚若（1889-1973）在1957年整風運動對共產黨提出如下評論：「好大喜功，急功近利，鄙視既往，迷信將來」，[10]「迷信將來」四字極為傳神地提點出一代思想的特質。

二、歷史書寫與新「未來」觀

「未來」變得重要，與「未來」變成是可知的或已知的是兩

9　參見黃自進、潘光哲編，《蔣中正總統五記》（台北：國史館，2011）。

10　張奚若，《張奚若文集》（北京：清華大學出版社，1989），頁23。

回事，後者是比較令人詫異的，我想在這裡從歷史書寫的角度，試著為這種新「未來」觀提出一些解釋。

近世西方因為革命及各種重大的社會變動，使得過去的歷史與當代社會之間的相似性愈來愈少，故過去那種提供相似的古代範例作為現代人的歷史教訓的方式漸失效用。[11] 此一情形也發生在近代中國，經過晚清以來的歷史巨變，過去與現在變得愈來愈不相似，而範例式史學也變得不像過去吃香了。另一方面，晚清民初流行的幾種新史學，所帶出來的新時間觀與傳統史學有所不同，也使得歷史與未來的關係，以及「未來」的性質產生重大的改變。這些史學帶有尋找並建立公例、律則、規律的特色。它們表現為兩種形式，一種是認為歷史中可以找到規律，一種是以律則或類似律則的方式在寫歷史。

這些律則式的史學使得史學與新的「未來」之間產生了密不可分的關係，新的「未來」觀便從它們的字裡行間浮現出來，到處發生影響，使得人們日用而不自知，尤其是使得新一代的歷史著作中「未來」的意識變得很濃厚。過去士人之間流通最廣的是《綱鑑易知錄》之類的史書，這些書絕對不會告訴人們未來是可知的，只有圖讖、占卜才能預測未來，史學不行。可是現代史學中的律則派卻發展出以前史書所沒有的功能，它不再只是以範例或歷史的趨勢來提供歷史鑑戒，而是信誓旦旦地主張從歷史中可以歸納出事物發展的規律，不管是進化論史學或公例史學都是如此。

---

11 Reinhart Koselleck, "Historia Magistra Vitae: The Dissolution of the Topos into the Perspective of a Modernized Historical Process," *Futures Past: On the Semantics of Historical Time*, tr. by Keith Tribe (Cambridge, Mass. and London The MIT Press, 1985), pp. 21-38.

　　前面已經提到，晚清幾十年對「公例」、「公理」、「公法」的信仰是非常堅強的，它們認為世界各國都在同一個表尺上面，可以找到共有的發展階段與發展規律，即「公理」、「公例」；並認為歷史的功用不僅在於提供個別事件的鑑戒，更重要的是可以從歷史發展的過程中，找到一條又一條的定律，進而推知未來。

　　「公理」、「公例」、「公法」的崛起是有時代背景的。晚清以來，傳統的「大經大法」日漸廢墮，在求索新的「大經大法」過程中，西方科學定律或真理觀產生了遞補作用，成為新的「大經大法」，而在律則式思維的巨大影響下，興起「公理」、「公例」式的真理觀。這種真理觀的影響真是無遠弗屆，從晚清最後二十幾年開始，一直到五四運動之前，可以說是它們當令的時代。在這一真理觀之下，人們可以從任何現象求得「公理」或「公例」。任何學問中皆有「公例」，如「生計學公例」、「智力學公例」。歷史學也是求公例之學，這種新歷史觀也影響了比較具有保守傾向的史學家，柳詒徵（1880-1956）即宣稱史家的任務是「求史事之公律」。[12]

　　仔細追索「公理」、「公例」、「公法」三個概念的來源並不是本文的目的，不過我們可以比較確定這三個詞彙的使用進程：（一）「公法」一詞起源最早，在1850年代的《六合叢談》中就可以看到「公法」一詞，它通常是用來指自然科學的定律；（二）從一開始，這三個詞彙每每互相混用，大抵皆指自然科學中所發現的律則；（三）後來這三個詞彙逐漸分用，「公法」指國際公法，「公例」指定律，「公理」則指具有普遍性的道理。西方自然科學的龐大威力，使得大自然是有律則的思維，給人們

12　柳詒徵，《國史要義》（台北：臺灣中華書局，1957），頁127。

帶來極大的憧憬，而且認為西方的律則可以普遍適用於全世界，正因為西方的即是全人類的，所以它們是「公」的。此時許多人都興奮地找到這個新的「大經大法」，宋育仁（1857-1931）寫過《經術公理學》[13]這樣洋洋灑灑、發揮儒家道理為人類公理之大書，康有為早期幾部野心極大的書，如《康子內外篇》、《實理公法全書》也都是這一思想脈絡下產生的。[14]

「公理」與「公例」固然是自然科學的，但是當時人認為人文社會領域同樣適用。譬如晚清《心學公例》一書，即是講心理學的定律。傳統的「大經大法」是由儒家的經典提供，現在的「大經大法」卻由「公理」、「公例」接手，但兩者之間的性質並不相同。儒家經典提供的「大經大法」是讓人們在它的道理中「涵泳」。或者借用查爾斯‧泰勒（Charles Taylor）在《黑格爾與現代社會》（*Hegel and Modern Society*）中的話是一種表現式的（expressive）真理，[15]而「公理」、「公例」所提供的是律則（law、general law）式的，是將現象歸納、演繹之後所得到的律則式，而且每一件事皆有其「進化之公例」。[16]

綜合言之，「公理」、「公例」式的真理觀常帶有以下特質：一、古今可能是相通的，故並不排除儒家的古典時代的價值，常常主張「經」與「公例」相合。其真理是「律則」式的，不是儒

---

13 宋育仁，《經術公理學》（上海：同文書社，光緒三十年〔1904〕）。

14 參考黃明同、吳熙釗主編，《康有為早期遺稿述評》（廣州：中山大學出版社，1988）。

15 Charles Taylor, *Hegel and Modern Society* (Cambridge, New York: Cambridge University Press, 1979), pp. 1-3.

16 嚴復說：「乃考道德之本源，明政教之條貫，而以保種進化之公例要術終焉。」赫胥黎著，嚴復譯，《天演論》（台北：臺灣商務印書館，1969），頁4。

家原來「表現」式的，故與儒「經」原先又有不同。二、此真理
觀有許多時候是通貫中、西的，「公理」、「公例」既通於西方，
往往也通於中國，但通常是以「西」為主體來評斷「中」，後來
則逐漸發展成「中」是「中」、「西」是「西」，它們不再在一個
「公理」、「公例」的籠罩之下。三、「公例」可以是科學、人事兼
包式的大經大法。四、「公例」觀之影響，可以是激進的理論，
也可以是保守的思維，因為動靜、新舊、中外皆宜，所以如此吸
引人。五、它是「科學」的，但又不純是「科學」，是一群業餘
的自然及人文科學者，而且常常變成人人都可宣稱自己發現了某
一「公例」，或自己代表了某一「公例」。這個時候，誰宣稱
「公例」？如何宣稱「公例」？「公例」的內容是什麼？像帶有強
烈的現實權力意涵。六、「公理」、「公例」與「文明」、「文明
史」或其他價值框架相配擬，成為一個向上發展之階梯式目標。

　　歷史變成是尋求「律則」之學，甚至有人認為能求得「公
例」的史學才是「歷史」，否則是「非歷史」。梁啟超的《新史
學》說：「歷史者，敘述人群進化之現象而求得其公理公例者
也。」[17]西方國家所經驗的歷史階段，雖然東方及其他落後國家尚
未發展到達，但依據「公法」、「公例」、「公理」所預定的步
驟，現在的西方即是我們的「未來」，所以未來是可知的。

　　除梁啟超外，我們還可找到許多相近的例子，譬如呂思勉。
呂思勉曾說：「史學者，合眾事而觀其會通，以得社會進化之公
例者也」，[18]他是一位在梁啟超的新史學、進化史學、左派史學影

17　梁啟超，《新史學》，收入《飲冰室合集》（北京：中華書局，1989），第1
　　冊，頁10。
18　呂思勉，《史籍與史學》，收入《呂著史學與史籍》（上海：華東師範大學出
　　版社，2002），頁41。

響下，但又是比較傳統取向的史家。在他的諸多史學言論中，居然明白地表示「未來」是可知的。未來之所以不可知，是因為沒把過去弄清楚，只要弄清過去，求得「公例」，則「未來」必可知。他說：

> 因為社會雖不是一成不變，而其進化，又有一定的途徑，一定的速率，並不是奔軼絕塵，像氣球般隨風飄蕩，可以落到不知哪兒去的。所謂突變，原非不可知之事，把一壺水放在火爐之上，或者窗戶之外，其溫度之漸升漸降，固然可以預知，即其化汽結冰，又何嘗不可預知呢？然則世事之不可預知，或雖自謂能知，而其所知者悉係誤謬，實由我們對於已往的事，知道得太少，新發展是沒有不根據於舊狀況的。假使我們對於已往的事情，而能夠悉知悉見，那末，我們對於將來的事情，自亦可以十知八九，斷不會像現在一般，茫無所知，手忙腳亂了。……現在史學家的工作，就是要把從前所失去的事情，都補足，所弄錯的事情，都改正。這是何等艱巨的工作？現在史學家的工作，簡言之，是求以往時代的再現。任何一個時代，我們現在對於它的情形，已茫無所知了，我們卻要用種種方法鉤考出這一個時代的社會組織如何，自然環境如何，特殊事件如何，使這一個時代，大略再現於眼前。完全的再現，自然是不可能，可是總要因此而推求出一個社會進化的公例來，以適用之於他處。[19]

---

19 呂思勉，〈史學上的兩條大路〉，《蒿廬論學叢稿》，《呂思勉遺文集》（上）（上海：華東師範大學出版社，1997），頁471。

他又說：

> 然則史也者，所以求知過去者也，其求知過去，則正其所
> 以求知現在也。能知過去，即能知現在，不知過去，即必
> 不知現在，其故何也。曰：天地之化，往者過，來者續，
> 無一息之停。過去現在未來，原不過強立之名目。其實世
> 界進化，正如莽莽長流，滔滔不息，才說現在，已成過
> 去，欲覓現在，惟有未來。[20]

　　從這兩段史論，就可以發現律則化史學，加上「公理」、
「公例」觀點如何為當時中國的歷史意識帶來一個新的範式，即
從史學所發現的「公例」中，我們可能預知「未來」，只要我們
的研究夠精進，「未來」可以是已知的。
　　即使是在「公例史學」流行的時代，仍有兩種區別，一種認
為中國歷史自有其公例，如保守派史家柳詒徵認為史學的新任務
便是「求史事之公律」，但所求的是中國歷史自有之「公例」；
另一種則是認為大部分或全部的公例是西方的，中國或世界其他
各民族都是循這一個普遍的公例前進的。相比之下，前者是極少
數，後者才是主流。梁啟超《新民說》中就曾說：「吾請以古今
萬國求進步者，獨一無二不可逃避之公例」，[21]魯迅說：「據說公
理只有一個，而且已經被西方拿去，所以我已一無所有」，[22]即是

20　呂思勉，〈《史學與史籍》補編〉，《蒿廬論學叢稿》，《呂思勉遺文集》（上），
　　頁279。

21　梁啟超，《新民說》，頁60。

22　參考拙著，〈近代中國的線性歷史觀──以社會進化論為中心的討論〉，《新
　　史學》，19：2（2008.6），頁1-46。

兩個顯例。革命陣營的《民報》上則往往將「公例」、「公理」的層級定位為不可逃的普遍真理：「如謂不能，是反夫進化之公理也」，[23] 把在「公理」、「公例」的階梯上拾級而上規定為個人或國家的道德義務，既然「公例」像表尺一樣精確，且放諸四海皆準，那麼中國的「未來」不就在這隻表尺上刻畫得清清楚楚的嗎？

19世紀是一個歷史的世紀，因為歷史思考瀰浸了人文及科學的各個領域。故英國大史家艾克頓（Lord Acton, 1834-1902）說：「歷史不僅是一門特殊的學問，並且是其他學問的一種獨特求知模式與方法。」[24] 所以在20世紀初年的中國，人們總把史學當作能找到新「大經大法」的資具，史學成為一種新「經」。這個角色是與社會學結盟而取得的，譬如史家劉咸炘（1896-1932）總認為「一縱（史）一橫（社會學）」，正好包括所有人事的縱、橫兩面，[25] 從中所得到的「公例」，事實上即等於六經的「道」。

求得「公例」既然是史學的新任務，當時人所關心的是如何求得這些「公例」。除了傳統的綜觀歷史之大勢外，有的人認為西方的「公例」即是中國歷史的「公例」，所以只需套用西方的觀念、方法即可，有的認為應該運用統計方法。譬如晚清翻譯巴克爾（Henry Buckle, 1821-1862）的《英國文明史》（*History of Civilization in England*）中，便曾連篇累牘地指出，史學也需像自

---

23 過庭，〈紀東京留學生歡迎孫君逸仙事〉，《民報》，第一號（1905年11月25日），頁73。

24 黃進興，《後現代主義與史學研究》（台北：三民書局，2006），頁245。

25 有關劉咸炘史學思想的討論，請參見拙作，〈風──一種被忽略的史學觀念〉，收入《執拗的低音：一些歷史思考方式的反思》（北京：三聯書店，2014；台北：允晨文化實業公司，2014）。

然科學般可以找出「公例」，而找出公例的辦法是運用統計學。巴克爾運用統計學找出的公例非常多，而且將自然環境、物產、人事，甚至心性結合成一個系統，其中無不可求得公例。[26]陳黻宸（1859-1917）的〈獨史〉等文章也大力宣揚統計方法是從歷史中尋得「公例」之重要法門（事實上也就是尋找真理之一種法門），陳黻辰到處宣揚「史」＋「統計」＝「公例」的公式。[27]

「公例」觀使得新派人物宣揚西方式的普遍真理，也讓保守派有一個工具可以拿來與新派人們爭衡，譬如張爾田（1874-1945），他對胡適等新派人物，一貫存有敵意，卻又想在思想上與之爭衡，於是他不斷地用「歷史公例」來重新說明儒家的本質與歷史，他說：「夫天下無無源之水，亦無無因之文化，使其說而成立也，則是各國文化皆有來源，中國文化獨無來源，一切創築於造偽者之手……即以論理而言，世界各國歷史有如此公例乎？」[28]又，〈與人書二〉中論證孔子為宗教家，[29]最重要的是「最普通之公例，求之景教而合，求之孔教亦無不合」。[30]還有〈與陳石遺先生書〉講到讖諱時說：「某嘗病我國上古神祕太少，而違

---

26 巴克爾的影響，參見李孝遷，〈巴克爾及其《英國文明史》在中國的傳播和影響〉，《史學月刊》，2004年8期，頁85-94。

27 陳黻宸，〈獨史〉說：「夫歐美文化之進，以統計為大宗」，「吾又觀於泰西之言史者矣，曰統計史者，非今日所能盡行也」，「斯亦史家之獨例也」。收於陳德溥編，《陳黻宸集》（北京：中華書局，1995），上冊，頁562-563。梁啟超也有類似的史學觀。

28 張爾田，〈論偽書示從游諸子〉，《遯堪文集》（傅斯年圖書館藏古籍線裝書），卷2，頁6a。

29 張爾田說：「然則孔教之為宗教，南山可移，此案殆不可復易矣。」〈與人書二〉，《遯堪文集》，卷1，頁24a。

30 張爾田，〈與人書二〉，《遯堪文集》，卷1，頁26a。

反世界歷史公例。」[31]「公例史學」使得歷史教訓的方式、真理的
性質皆改變了，在這個新真理下，「未來」是可以依「公例」、
「比例」而得的。西方文明所經歷的階梯，即宇宙萬國之階梯，
所以只要能知道目前中國在西方文明史中的哪一階段，便可以知
道「未來」會是如何。另一種與本文所討論的「未來」觀相關的
是「文明史觀」。晚清的文明史觀認為不管中西、不管民族都在
同一條發展的路上，所以只要把歷史弄清楚，人們就知道這一條
定律如何發展。因此那時候人們認為，中國未來某一個階段的文
明大概就會發展到像當時最進步的西方，所以「未來」是可知
的，而且是進步的、樂觀的。

「進化史觀」亦然，當時人認為進化是人類的「公理」，是
「自然規則」，而且「進化」的秩序具有階段性，是世界各國共
遵的階段──「宇內各國，無不准進化之理」[32]，「世界雖變遷而
皆不能出乎公例之外」。[33]那麼中國的「未來」是可以在這個表尺
中很容易找到的，通常就是現在或未來的西方。

不過並不是所有人都有這麼濃厚的「未來」感，此中有非常
顯著的光譜濃淡之別，譬如顧頡剛《寶樹園文存》中的文章，常
可見到「發展」、「未來的發展」，但是程度不深，而且對「未
來」也沒有特定的想像。即使如此，還是有許多人對過度重視
「未來」不以為然，或者認為「未來」不應是史學論著的重要關
懷，這一點是要特別強調的。

---

31 張爾田，〈與陳石遺先生書〉，《遯堪文集》，卷1，頁34a。

32 陳天華，〈中國革命史論〉，收入劉晴波、彭國興編校，《陳天華集》（長
沙：湖南人民出版社，1958），頁214。

33 熊月之主編，《晚清新學書目提要》（上海：上海書店出版社，2007），頁
454。

　　此外，晚清民國各種歷史「階段論」的引入也與本文討論的主題密切相關。從晚清以來各種形式的歷史階段論便相當盛行。從19世紀前半葉即已出現了一種中西歷史「合和」的潮流，[34]即合中西歷史為一家式的寫法，事實上就是把中國納入「普遍歷史」之中。我們不能輕看這個潮流的影響，愈到後來「合和」得愈緊，也愈趨公式化，事實上，其中有不少歷史著作已經是以西方歷史駕馭中國歷史，以西方的「過去」與「未來」取代中國之「過去」與「未來」。首先，蘇格蘭啟蒙運動以來非常流行的階段論，即「漁獵─游牧─農業─商業」[35]，在近代中國有不少信從者，但它與近現代中國思想卻有不大融洽之處。第一，中國人心中對蘇格蘭啟蒙運動哲學中與四階段論密切相關的推測史學

34 章清，〈「普遍歷史」與中國歷史之書寫〉，收入楊念群等編，《新史學：多學科對話的圖景》（北京：中國人民大學出版社，2003），頁236-264。

35 關於蘇格蘭啟蒙運動四階段論的討論文章很多，如最早而有系統的論述參見 Ronald Meek（1917-1978），*Social Science and the Ignoble Savages*（Cambridge: Cambridge University Press, 1976）及其 *Smith, Marx & After*（London: Chapman & Hall; New York: Wiley, 1977）。Meek 認為馬克思之五階段（原始共產、奴隸、封建、資本主義、社會主義／共產）啟迪於亞當・斯密的四階段論。近人 Levine 持不同意見，Norman Levine, "The German Historical School of Law and the Origins of Historical Materialism," *Journal of the History of Ideas* 48:3（1987）, pp. 431-451。歷史方面的考察如 Istvan Hont（1947-2013）的 "The Language of Sociability and Commerce: Samuel Pufendorf and the Theoretical Foundations of the 'Four-Stage' Theory," 收在是氏 *Jealousy of Trade* 第一章（Cambridge, Mass.: The Belknap Press of Harvard University Press, 2005）, pp. 159-184. "Conjectural history" 與達爾文有所關聯，參考 Stephen Alter, "Mandeville's Ship: Theistic Design and Philosophical History in Charles Darwin's Vision of Natural Selection," *Jounral of the History of Ideas*, 69:3（2008）, pp. 441-465.

（Conjectural history）的背景並無了解。第二，如果不是「黃金古代」的觀念被打破了，四階段論之類的想法也不可能被接受。在「黃金古代」沒落之後，如何解釋從野蠻到文明的變化變得很迫切，四階段論式的思維正好填補了它的空隙。第三，四階段論在學術上頗有影響，但在考慮現實問題時並不特別吸引人，因為在一般人的認知中，它的最高階段「商業社會」並未超出當時中國之狀況，因此對中國人未來的前途不具強烈指示性。

　　民國初年，孔德（Auguste Comte, 1798-1857）的三階段論也有一定的地位，當時北京即有孔德學校。孔德的論述是基於人類知識與社會的發展經歷三個階段：神學階段、形上學階段、實證階段。由此孔德認為按照科學發展的序列，就是首先產生作為自然科學基礎的數學，然後用數學方式考察天文，依次會產生天文學、物理學、化學、生物學，最後產生研究人類學問的社會科學（就是社會學）。孔德的第三階段，即「實證階段」，就是以科學取代形而上學的階段，無異於預測這是人類共有的「未來」，這對當時中國思想界產生了一定的影響。1919 年 12 月，蔡元培在「北京孔德學校二週年紀念會演說詞」中強調的即是這一點，他說「我們是取他注重科學精神、研究社會組織的主義，來作我們教育的宗旨」。[36]

　　隨著嚴復所譯《社會通詮》而大為流行的三階段論是：「圖騰─宗法─軍國」，[37]它不只影響到線性歷史觀的寫作，更重要的是在這個階段論架構中，人類最高的發展階段是「軍國社會」。

36　蔡元培著，高平叔編，《蔡元培全集》（北京：中華書局，1984），第 3 卷，頁 373。

37　參考王憲明，《語言、翻譯與政治：嚴復譯《社會通詮》研究》（北京：北京大學出版社，2005）。

這也使得當時許多人認為「軍國社會」必將成為下一個階段的中國，所以「未來」是已知的，「現在」的任務是再清楚不過了，那就是加快軍國社會的到來。但在中國真正帶來彌天蓋地影響的是馬克思主義的五階段論，五階段論在學術與現實政治上的影響，比前述的各種階段論不知大過多少。[38]

三、新「歷史哲學」與「未來」

前面提到過，在新未來觀的影響之下，歷史的角色產生了巨變，由研究「過去」變成照應「未來」。Koselleck說革命解放了一個文化，同時帶動一個「新的過去」（new past），[39]但此處所說的主要是對歷史寫作的影響。在這裡讓我們回味一下海德格（Martin Heidegger, 1889-1976）的說法。海德格提到，「過去」、「現在」、「未來」三種時間時時刻刻都在互為影響、互相建構，人們總是依照想像的（或甚至認為已印證的）「未來」來規畫「現在」並研究「過去」。海德格又說：對於作品的預期性反應，不可避免地會影響哪些內容非被涵蓋，哪些非被排除。或者我們可以認為這與佛經「三世一時」的觀念相近，而在這一時的三世卻以「未來」這一世占了過於突出的地位。在此前提下，

38 潘光哲，〈摩爾根、馬克思、恩格斯與郭沫若——中國馬克思主義史學理論淵源的討論〉，收入李永熾教授六秩華誕祝壽論文集編輯委員會編，《東亞近代思想與社會——李永熾教授六秩華誕祝壽論文集》（台北：月旦出版社，1999），頁363-409。

39 Reinhart Koselleck, "Historical Prognosis in Lorenz von Stein's Essay on the Prussian Constitution," *Futures Past: On the Semantics of Historical Time*, pp. 56-57.

「過去」、「現在」、「未來」之意義與以前不同了。

　　近代幾種史學影響到這種可知或已知的未來觀的形成，即使有程度輕重的不同，但不可否認地，近代有不少歷史著作似乎有過於明顯的「未來」是已知的色彩。在1930年代，中國史學有兩股重要的新潮流，一支是「歷史主義化」，一支是「歷史哲學化」。前者是盡可能地重建古代歷史真象，並在那個歷史重建的過程中，為新文化的建立找到一些基礎；而左翼史家為主的「歷史哲學化」主要是為了建構「未來」，要在「未來」中尋找解釋過去與現在的一切的基礎，它是歷史的，[40] 但也可能是反歷史的，是隱隱然以「未來」為已知，進而形塑對過去歷史的解釋，或者用一個時髦的詞彙說，就是「回憶未來」。[41]

　　在各種新的「歷史哲學」中最為關鍵的是1920年代後期以來流行的「五階段論」。1919年，列寧在《論國家》中介紹了恩格斯的《家庭、私有制和國家的起源》，從「原始公社制」、「奴隸制」、「封建制」、「資本主義制」、「社會主義制」的五階段論，[42] 後來史達林（Stalin Iosif Vissarionovich, 1879-1953）更有具體的表述：「歷史上生產關係有五大類型：原始公社制的、奴隸

40　林同濟和雷海宗的「文化形態史觀」也是新「歷史哲學」的一支。

41　「回憶未來」是Harald Welzer在《社會記憶：歷史、回憶、傳承》的序中說的：「製作歷史總是從『預先回顧』（Antizipierte Retrospektion）出發，就是人們將回顧某種尚待創造性的事情曾經是怎樣的。」但Welzer是從楊・阿斯曼（Jan Assmann）的論文中得此觀念的。哈拉爾德・韋爾策編，季斌、王立君、白錫堃譯，《社會記憶：歷史、回憶、傳承》（北京：北京大學出版社，2007），頁10。

42　列寧，〈論國家〉，收入中共中央馬克思恩格斯列寧斯大林著作編譯局編，《列寧選集》（北京：人民出版社，1972），第4卷，頁41-57。

占有制的、封建制的、資本主義的、社會主義的。」[43] 在中國方面，范文瀾（1893-1969）於1940年5月發表〈關於上古歷史階段的商榷〉，即完全接受此一論述：「人類歷史的發展，要經過原始公社、奴隸占有制度、封建社會制度、資本主義制度，而後達到社會主義的社會。」[44]

有許多人批評這純粹是「反歷史」的，如沃格林（Eric Voegelin, 1901-1985）說的「在20世紀，歷史作為一種根本的偽造，對異化的生存狀態之實在的偽造。」[45] 不過新的歷史哲學並不像沃格林所說的全是「偽造」，譬如在1930年代的中國，它往往是既吸收了當時最新歷史研究的成果，但又宣稱（或實質上）涵蓋之、凌駕之、修正之，並賦予較高層次的科學規律解釋，因而超脫出歷史主義過度問題取向式的零碎性，賦予歷史大圖景、大時段、大跨度的解釋。

更值得注意的是，有一個重要的時代心態在支撐「歷史哲學」派的生存，這個特殊的時代心態從晚清以來已經逐漸出現：既要承認中國落後於西方，應該吸收、模仿西方，但同時又終要能超越西方的一種複合性的心態。而「歷史哲學」藉著歷史發展規律，使得這三種看來互相矛盾的思維形成一個有機體，它「把

---

43 斯大林，《論辯證唯物主義和歷史唯物主義》，收入中共中央馬克思恩格斯列寧斯大林著作編譯局編，《斯大林選集》（北京：人民出版社，1979），下冊，頁446。

44 范文瀾，《范文瀾歷史論文選集》（北京：中國社會科學出版社，1979），頁81-92。

45 艾理斯·桑多茲（Ellis Sandoz）著，徐志躍譯，《沃格林革命：傳記性引論》（第二版）（上海：上海三聯書店，2012），頁107。

構造者及其個人的異化狀態，解釋成所有先前歷史的頂峰」。[46]

　　社會發展的「五階段論」既把前述三種矛盾結合在一起，而且又為「未來」賦予清晰的圖景。由於相關的史料太多，所以我只徵引比較早的作品。蔡和森《社會進化史》〈緒論〉的標題即表明「人類演進之程序」，文中敘說摩爾根（Lewis Henry Morgan, 1818-1881）對美洲土著考察數十年後，得知從「群」到「國家」的形成是「挨次追溯社會的進化」、「我們所知道的一切歷史時代的各民族莫不經過這樣的幼稚時期」，[47]其中四個字「莫不經過」尤值注意，既然「莫不經過」，則中國的「未來」即可在五階段的格局下推定而知。在社會發展史的影響下，許多歷史哲學家對胡適等所代表的實驗主義史學發表強大的批判，批判的層面相當廣泛，其中非常重要的一點就是實驗主義史學不談「未來」。翦伯贊說：「（實驗主義）歷史學的任務就是研究這個社會怎樣一點一滴的和平進化到了現在，而且也只准到『現在』為止，對於歷史之未來的發展傾向，是不許研究的。」[48]

　　在社會發展史中，「未來」不但是可確知的，而且是確定會實現的，詩人聶紺弩（1903-1986）說：「總有一天，誰是混蛋就要倒下去的。當然，馬克思主義的勝利，無產階級的勝利，這是不成問題的，這是歷史確定了的。」[49]「未來」是確定的，是可知

46　艾理斯・桑多茲著，徐志躍譯，《沃格林革命：傳記性引論》，頁107。

47　蔡和森，《社會進化史》（北京：東方出版社，1996），頁1、2、3。

48　翦伯贊，《歷史哲學教程》（石家莊：河北教育出版社，2000），頁249。

49　章詒和在《總是淒涼調》的〈告密〉中說：聶紺弩對抗打擊他的人，用的還是「未來」可知的思維，他接著說：「不過，馬克思主義絕不是這些人，他們什麼馬克思主義，是封建主義。」章詒和，《總是淒涼調》（台北：時報文化出版公司，2011），頁16。

的，或已知的，「過去」反而是未知的；這種思維變得相當普遍，差別只在程度的輕重而已。以1940年代的呂思勉為例，他並非左派史家，但受當時史學思潮的影響就曾經說過我們在前面引過的一段話：「新發展是沒有不根據於舊狀況的。假使我們對於已往的事情，而能夠悉知悉見，那末，我們對於將來的事情，自亦可以十知八九。」[50] 所以這個時候相當流行的一種歷史觀念是弄清「過去」，即可以找出定律，如果能掌握發展規律，那麼這條線上的許多點都可以弄清楚，「未來」當然也就在掌握之中。呂思勉又說：「然則史也者，所以求知過去者也。其求知過去，則正其所以求知現在也」，[51]「過去」、「現在」、「未來」平擺在一條定律上。如果好好把過去的歷史研究清楚了，「未來」就是可知的。

　　另一個例證是「中國社會性質論戰」。在這個論戰中，「未來」也是非常清楚的，「過去」反而不清楚了。「未來」就是五階段論中的某一階段，「過去」則決定於如何定義中國傳統社會的性質？這個論戰中的積極主張者們往往從「未來」一定會前往的地方回過頭去解釋中國歷史，提供了不少因確定的「未來」，而大幅影響對過去歷史重建的例子。

　　不過當時另外有一些歷史學家，像錢穆、柳詒徵、胡適、傅斯年，他們在談歷史與未來時，其敘述方式便不是那麼突出。主要原因之一是他們並不服膺或根本反對進化史觀和階段論史觀。但史觀派的信徒越來越廣大，當「未來」是已知時，做事情的方式就不同了，人們不再是那麼瞻前顧後、猶豫不決了，生命的意

---

50 同註19。

51 同註20。

義也在這裡得到最積極的提升。領導人的任務也變得很清晰，也就是指揮人們向那條路走，因為那條路可到達可知或已知的「未來」。

綜前所述，「未來」還代表了一種對無限樂觀的理性力量（unbounded rationality）的樂觀情緒，想像力有多高、未來就可能有多高，一切由「有限」變「無限」，包括對物質的想像。「未來」是希望的，甚至是判斷是否合乎道德的準則，違反它似乎帶有倫理上的負罪感。人們不應有太多遲疑，應該毫不遲疑地順著這條路往「未來」走，所以這個已知的未來帶有巨大的行為驅動力，政治行動的性質和決策者的思考角度都發生改變，史家與政治家或所有人的任務變得非常清楚。「未來」是已知的，史家或政治家的角色成了「推動者」或「加速者」。

孫俍工（1894-1962）的小說《前途》，就把「未來」當成一列火車往前開，「現在的火車開滿了機器，正向著無限的前途奔放！」、「車上的人或沉默地坐著，或高聲笑談著，或唱著不成調的樂歌：大都是在那里等候著各人所想像的前途到來。」[52]劉少奇（1898-1969）1939年在延安馬列學院演講時，也有類似的這麼幾句話：「馬克思列寧主義整個的理論作了無可懷疑的科學說明；而且說明那種社會由於人類的階級鬥爭的最後結局，是必然要實現的」，「而我們的責任，就是要推動這一人類歷史上必然要實現的共產主義社會更快的實現」，彷彿在告訴他的群眾們說路都幫你指好了，你就往前衝吧。[53]這是有史以來第一次在日常

---

52 孫俍工，〈前途〉，收於趙家璧主編，《中國新文學大系‧小說一集》（上海：上海文藝出版社，1981），頁209。

53 劉少奇，〈論共產黨員的修養〉，《解放》，82期（1939），頁10。

生活文化中出現這樣突出的時間感與未來觀，影響所及的不只是政治，而且廣及人們的日常生活世界。

四、「未來」與日常生活行動

對於過度「未來」性的政治思考，錢穆有扼要的觀察：「不知以現在世來宰制未來世，而都求以未來世來改變現在世。」[54]「未來」不但是已知的，而且如果加以適當地推動，是必然會實現的。政治家的任務便是加快它的實現，而且不向前推動是有道德責任的，恰如《民報》中所說的「如謂不能，是反夫進化之公理也。」或是如同俄國詩人馬雅可夫斯基的名詩〈把未來揪出來〉：「未來／不會自己送上門來」，我們必須採取些辦法，不管是「共青團」、「少先隊」或「公社」都應該計算好，對準目標，才能把未來揪出來。[55]而為了到達那個未來，所有人都應服務於這個任務，轉變成「馴服工具」。

「未來」既是已知的，則有一種與「未來」進程親近的，或可導向其實踐的，或適合當時之情境性質的行動，所以不是處於對作了這個決定究竟與整個未來前景會發生什麼作用完全沒有把握的狀態。因為「過去」、「現在」、「未來」如常山之蛇，首動則尾動、尾動則首動，既然「未來」是已知的，那就使得常山之蛇的另一端也要跟著調整，才能說明已知的「未來」的形成。

新的未來觀也成為近代人人生行為的指標，這裡以一個共產

---

54 錢穆，《現代中國學術論衡》（台北：東大圖書公司，1984），頁102。

55 馬雅可夫斯基著，戈寶權等譯，《馬雅可夫斯基詩選》（北京：人民文學出版社，1959），頁141。

黨的小人物馮亦代（1913-2005）為例。馮亦代是章伯鈞（1895-
1969）後期最信任的後輩，常常在章家走動，可是後來人們從馮
的日記中發現，不斷向中共黨中央報告舉發章伯鈞的人便是他。
馮亦代的例子顯示，按照歷史發展規律，「未來」社會革命一定
會成功，所以反推回來，此時應當舉發章伯鈞才是合乎歷史發展
規律的方向，所以從馮本人的角度看來，他的報告舉發與他和章
伯鈞的私人情誼似乎並不矛盾。[56]從這個例子，我們可以看到對
「歷史發展規律」的信仰，從「未來」完成式出發來作日常生活
的抉擇的實況。

　　社會發展史就好比是一列火車，開向美好的「未來」，作為
個人，安心地坐上車跟著往美好「未來」前進，生命的行為與抉
擇，應該心安地被「未來」所決定。早在新文化運動之後，這種
乘坐火車往「未來」行駛的態度便已非常清楚了。如同前面所引
孫俍工小說中所講的，丟掉過去，面向未來的、前途的，只要向
著這無限的前途走即可，上了火車就不要多問了。

　　此外我還想引1945年7月的一聯詩。民國年間人李仲騫有詩
云「生我不於千載上」，詩人夏承燾說他要把這一聯詩改一個字
──「生我不於千載下」。[57]「上」是過去、「下」是未來，嚮往

56 馮亦代對他的臥底、告密心中有不安，故他常打電話請示一位直接選用他的
　長官──彭奇，傾訴煩悶，如「晚上八時去看彭奇同志，我告訴他我的焦慮
　的心情」，「彭奇同志來電話說他今晚有事，我真想多些時候早些時間和他
　談談，這對於我的改造是有好處的」，「晚上彭奇同志來電話約我去，這真
　是個好機會……思想中還沒有政治掛帥，還沒有真正一切跟著黨的指示走，
　還沒有做黨的馴服工具」。日記中與彭奇有關者甚多，此處不一一列舉。馮
　亦代著，李輝整理，《悔餘日錄》（開封：河南人民出版社，2000），頁95、
　113、121。

57 夏承燾，《天風閣學詞日記》（杭州：浙江古籍出版社．浙江教育出版社，

「未來」式的人生，上下之別，顯現了傳統與近代對人生態度、對事情的看法、對行動的策略等層面的重大不同。

在一種新的時間感與未來觀之下，人們思維世界的憑藉變了，人們閉眼所想已與前人不同，新「未來」觀廣泛滲入日常生活世界。至少，認為最好情況是在「未來」，而不只是在「黃金古代」這一點，就足以產生重大的影響了。

餘論

晚清以來，從新的歷史哲學或各種歷史律則論、歷史階段論中，浮現出一種非常普遍的意識，認為「未來」是已知的，「過去」反而是未知的，這種「未來」觀迅速滲入各個層面。在這一個新的思想格局中，「歷史」與「未來」關係密切，可信的「未來」是由社會發展史所背書的。「歷史」是「未來」的靠山，歷史成為一種「新宗教」。在社會發展史的框架下，形成了一個「大小總匯」，可以解釋人生宇宙的種種困惑，即使在人生觀方面的影響，也非常明顯，包括存在的意義、生命的目標都可以在其中得到安頓。

不過，本文所講的主要是當時的樂觀派、激進派，當時也有許多人並未受此影響（如學衡派）。他們雖然與樂觀派一樣都關心如何建立一個好的社會，但是他們並不把心力用在「未來」之上，而且也有許多人認為這種具有社會達爾文主義色彩的「未來」觀是不道德的。我在另一篇文章中提到近代中國的一種「扶

1992），頁609-610。

弱哲學」，即是一個例子。[58] 對於傾向保守的知識分子，如何不將「時間等級化」（temporal hierarchy），如何不總是接受「線性」的時間格局——即「過去、現在、未來」的格局，使自己的國家與歷史文化總是處在下風，是一個持續關注的問題（譬如梁啟超晚年即有此變化）。

而且上述的「未來觀」與西化激進並不能簡單畫上等號。晚清以來「西化激進派」對「未來」的見解差別很大，[59] 其中並不一定都是如錢穆所說的「求以未來世來改變現在世」，尤其不同的是，以「未來」為「可知」或「已知」的態度，也不一定是西化激進派所共有的。

最後我還想藉機說明幾點：第一，清末民初的中國受到西方武力、經濟、文化的侵略或壓迫，感受到亡國滅種的憂慮，卻意外地對「未來」抱持樂觀的心態，究竟應該如何解釋？對於這個困惑，我個人以為至少可以提出一種說明：各種歷史哲學或階段論，往往強調亡國滅種的危機與充滿希望的「未來」同在一條發展線上，既揭露了現在的落後不堪，也保證努力之後可以達到無限樂觀的「未來」。第二，從今天的「後見之明」來看，本文提到的那些未來說，基本上是套用西方的理論公式，提供國家社會政治改革的方案，實際上仍只是種種主觀的價值信念，並不全然對未來真有所知。但是我們不能忽視當時的人的確樂觀地相信自己對「未來」已完全掌握，而且還能說服廣大群眾相信他們代表著「未來」。這件事當然有很複雜的時代背景，它跟晚清以來的

---

58 參見拙文，〈時間感、歷史觀、思想與社會：進化思想在近代中國〉。

59 當然，關於這一點還有一些問題值得再探討，譬如這些未來觀是不是有中國本土的成分，如佛教、白蓮教對「未來」的想像是不是也對此有所影響等。

現實環境與學術思潮有分不開的關係，值得進一步探究。第三，「未來」究竟是單一的還是多元的。在「公理」、「公例」的時代，「未來」似乎是一元的。當時人們往往宣稱自己掌握了「公例」，但大體而言，「公例」的世界是西方歷史經驗所歸納的「普遍真理」，人們模模糊糊中感覺到「公例」是一元的真理。但是到了後來，尤其是在「主義」的時代，每一個政黨都宣稱它擁有一個具有寡占地位的「未來」。而且「未來」也由學理的探討，變成政治指定，由誰來規畫「未來」等於是由誰來規定新的政治圖景，於是規畫者成為新的政治、道德、秩序的權威；同時，也有不少人靠著「販售」自己所預見的「未來」，為自己謀得一個有權威的角色與地位。第四，由對理想的「未來」的想像，或學理的探討，變成人們被「未來」所挾持。為了達到這個美好的「未來」，人們要用許多政治力去落實它，所有人應該要做的只是「跟上來」，最後，整個國家就形同被「未來」挾持了。60

---

60 2014年冬，於北京師範大學舉辦的「思想與方法：近代中國的文化政治與知識建構」國際高端對話暨學術論壇中，我的評論者Axel Scheneider教授及在場的學者，提出了一些相當有見地的評論。在這裡謹將Axel教授的一部分評論抄錄，其中如有任何錯誤，一概由我負責。一、因為時代變化太快，故難以靠「過去」提供鑑戒，因而寄望「未來」，法、比、荷幾位史學家都特別注意到這一點，西方對這個問題的討論可以追溯到海德格。到了現代，「未來」與「過去」的關係從以「史」為鑑轉變成以「未來」為鑑。但事實上並不如此清楚，仍要靠「過去」。二、「未來」與現代性（Modernity）之關係，「未來」更深一層的變化，背後是人對世界的一種重新的想像、新的關係，世界變成對象，凸顯「人」之力量。笛卡爾式的世界觀認為，可以用規律來解釋這個世界，來控制它，世界成為一個改造的對象，因有主體與客體之分，故才有救贖式的，不再是宿命論的「未來」，是主體創造出來的

　　不過，我們現在對「未來」似乎又由「已知」變成「未知」了。我小時候看過一部漫畫，說未來最快的送信方式是直升機在每個家裡降下來把信放進信箱，萬萬沒想到幾十年後，突然跑出email——「未來」顯然是「未知」的。本文所提到的幾種史學，不管是文明史學、公例史學、進化史學或階段論史學，現在都已退潮或完全沒人聞問了，在現代史學中，「未來」幾乎沒有什麼角色，而且也不再是「可知」或「已知」的了。

　　「未來」，因此「規律」變得如此重要。故「未來」可知，背後是一種「人」把世界對象化轉變的結果。三、現代的時間觀變成抽象的、機械性的、可以計算的時間觀，這個新的時間觀背後是資本主義的發展。Time is money，「時間」變成衡量一切的客觀標準。法蘭克福學派討論了近現代的史觀、時間觀與資本社會的關係。

如果把概念想像成一個結構

——晚清以來的「複合性思維」[*]

[*] 2014年參加北京師範大學「思想與方法：近代中國的文化政治與知識建構」
國際高端對話暨學術論壇，本文是對羅志田兄〈天變：近代中國「道」的轉
化〉一文的回應。

　　最近，因為一個特殊的學術機緣，我開始比較認真地思考王國維的一個論點。王國維認為在近代以前，中國是「道出於一」，而在西方文化進來之後，是「道出於二」。王國維是這樣說的：「自三代至於近世，道出於一而已。泰西通商以後，西學西政之書輸入中國，於是修身齊家治國平天下之道乃出於二。」[1]在王國維之後，對於「道出於一」，或「道出於二」，乃至「道出於多」陸續有所討論。[2]基於對這個問題的探討，我也將一個思索多年的議題寫了出來，在「道出於一」或「道出於二」，甚至是「道出於多」的框架下，我們是不是應該比較深入地考慮，在近代中國這個思想與社會劇烈動盪的時代，思維／概念的本身或其構成方式是否發生了變化？是不是出現了一種激化了的「複合性思維」或「複合性概念」。如果把思維或概念想像成一個結構，那麼從晚清以來，一種概念或是一個人的思維的構成方式、層次、配置、部位，到底呈現什麼樣的狀態？這些思維／概念的樣態與「道出於一」或「道出於多」的格局，有什麼樣的關係。

　　我在這裡所講的「複合性」，是指把顯然有出入或矛盾的思想疊合、鑲嵌、焊接，甚至並置（compartmentalized）在一個結構中，但從思想家本人的角度來看卻是一個邏輯一貫的有機體。它有時是一個多面體，有些面比較與時代相關聯，比較易感，容易受「風寒」。而易感的面便會不斷地嘗試調整，甚至吸收異質的東西，與自己的本體嵌合起來，形成一個史賓格勒（Oswald

---

1　王國維，〈論政學疏稿〉（1924），《王國維全集》（杭州：浙江教育出版社，廣東教育出版社，2009），第14卷，頁212。

2　參見羅志田，〈天變：近代中國「道」的轉化〉，收於方維規主編，《思想與方法：近代中國的文化政治與知識建構》（北京：北京大學出版社，2015），頁23-45。

Arnold Gottfried Spengler, 1880-1936）在《西方的沒落》（*Der Untergang des Abendlandes*）中所說的「偽形」。

受風面與背風面長期暴露於大自然之下產生了改變，被引來嵌合的異質性東西，可以是古、今、中、西的任何資源，但它們基本上有兩個特色：一、在思想穩定的時代，複合性的思維基本上並不受歡迎，可是在思想激烈變動的時代，它不但變得容易接受，而且還可能被視為了不得的創新。二、鑲嵌的諸面基本上常常軼出此前的傳統脈絡。這些被鑲嵌在一起的思維可能看來是矛盾的，相差十萬八千里的，甚至是相反對的。

當然，某種「複合性思維」是人生而具有的能力，而且每一個概念也都像喜馬拉雅山的積雪，有亙古以來的長期積累、也有近時的層層疊壓，觀念史家R. Koselleck就提醒我們，每一個概念中都有若干時間層次的疊合（layers of concept），他用了iterative structure一詞來形容任何概念中，有些層是「反覆的」、「承自過去」的，有些層是後來疊壓上去的。[3]每一個概念不但有不同時間層次的疊合，也有空間性的「複合」。

不過，在「道一風同」而且傳統社會風俗禮教以及儒家思想較具支配力的時代，即使是「複合性思維」，相對而言仍是在一個比較穩定的狀態中。此處要討論的是晚清以來，「複合性思維」以愈來愈突出、集中、激烈的樣態出現的現象。

晚清以來「複合性思維」的特色雖然在傾向保守的思想家身上表現得較為顯著，但是新派人物亦往往有之。在受到時代的震盪、西方勢力的覆壓而不能自持之時，人們往往不停地重整、重

3　Javier Fernández Sebastián, *Political Concepts and Time: New Approaches to Conceptual History*（Santander: Universidad de Cantabria Press, 2011）, p. 423.

塑、吸納或排除各種力量，將中西、多樣，甚至是互相矛盾的思想結合成一個「複合體」。

這種脫離傳統的架構或脈絡，形成複合性概念的情形，有著時代先後，光譜濃淡之別。在最濃的這一邊，是把天差地別、互相矛盾的成分縮合成一個在行動者自身看來自成邏輯的框架之中；在光譜最淡的一邊，則是將傳統思想資源以原先意想不到的方式重組成一個有機體，以回應時代急遽的挑戰。這方面例子很多，此處僅舉清末易佩紳（1826-1906）的《仁書》為例。《仁書》的論證是相當繁複的，但是從它的字裡行間可以感受到作者對於整個社會的渙散與危機四起，人與人之間的矛盾與仇恨、動亂感到不安，所以想發明一套新理論，在新的基礎上塑造新的「共同體」。《仁書》中說：「人，天地合者也」，「溯父母以上至開闢之父母」，「人與父母無間，即與天地無間」，「其一念一息皆與天地無間者」，「人與天地無間，人與人自無間矣」。[4]透過君王祭拜從中國文明開闢以來所有的祖先，即等於從時間的縱深上來建立並鞏固一個廣大共同體的意識。《仁書》成於1885年，時代尚早。他在當時的世局及社會之下改造舊思想體系形成一種「祭→仁→政」體系，他所改造的部分，雖然「怪怪奇奇」，但是並未勉強將原先相矛盾的東西鑲嵌在一起。

晚清國粹學派、國學派或國故派，還包括一些帶有「國」字的概念，每每帶有複合或疊壓的思想特色，而其程度便過於易佩紳的《仁書》了。他們往往改變了許多實際成分，但仍然維持其為「國」或國之「粹」的身分，[5]甚至於把近代的思想內容和傳統

4　易佩紳，《仁書》上篇（光緒十年〔1884〕刻本），頁1b-2a。

5　參見拙作，〈傳統的非傳統性──章太炎思想中的幾個面相〉，收於《執拗

的軀殼做一個奇怪的套接，形成一個他所宣揚的「國」的東西。在此，我想以志田兄文中提到夏震武（1854-1930）與裘可桴（1857-1943）兩人為例。這兩人的思維模式可歸納為廣義的「國粹派」。

夏震武的《人道大義錄》（1900）中，把黃宗羲的《明夷待訪錄》裡提到的以天下為天下人之公產，而非帝王之私產的觀念，進一步發揮。他主張「堯舜以天下為公，立萬世父道之極」，「世襲專制亂世之制」，「一姓之忠臣義士，萬姓之亂臣賊子」，痛斥天子以嫡庶為尊卑是大亂之道。他斥責「公僕」觀念，堅持君權，認為人君如果自認為是人民之父母，則愈能教養人民。同時痛斥女權、痛斥英國女王，認為「男任政治，女任生育，此平等之道」，[6]並以此來維持儒家為至高的思想系統的主體地位。

從裘可桴的文稿中，可以看到他在自己的寫作中，一波又一波地嵌進新名詞，卻又反對新名詞。這裡面的主旋律與許多國粹思想家一樣，認為最能得儒家真意的是漢朝以前三千年的古代以及現代的西方。他堅持認為：白話文，現代西方的科學器械，重鋼鐵、重物質的精神都與先秦真正的儒家相合，認為「夫格致之學，吾古時之國學也」。[7]他既罵胡適，又到處用胡適的想法，這兩者看起來矛盾，卻是二而一的。

當然在帶有啟蒙傾向的人中，我們也經常見到這種例子。如晚清的鄭觀應（1842-1922）、王韜（1828-1897）、湯壽潛（1856-

---

的低音：一些歷史思考方式的反思》。

6　夏震武，《人道大義錄》（民國二年〔1913〕排印本），頁10a、13b、19a、8a、23a、6b。

7　裘可桴，〈與從姪孫維裕書〉，《可桴文存》（無錫裘氏翼經堂藏版），頁29。

1917）、陳熾（1855-1900），他們一方面提倡民權，一方面反對民主。[8]又如胡漢民的思想就結合了民族主義與世界主義（nationalism-internationalism，這是 Anna Belogurova 的論點）；又如中共領袖毛澤東，他的思想中共產世界主義與強烈的民族主義每每合而為一。[9]此外，我們還常常可以見到用階段論或其他巧妙手法，把幾種實際上矛盾的思想縐合在一起，形成一個至少在思想家本人看來並不矛盾的有機體，如宋恕、康有為與嚴復。

此外，晚清以來流行一系列以「公」為始的概念：「公理」、「公法」、「公例」等等，它是一種纖維叢式的複合形態。譬如宋育仁的《經術公理學》（1904），該書內容非常浩博，他把東西方有價值的思想／概念在「公理」這一條主線下交織成一束纖維叢。許多被交織進來的東西，都是傳統儒家所深惡痛絕的，但在最關鍵處，他仍宣稱這一切皆合於「公理」，仍然妥妥帖帖地統轄於儒家的經術之下。[10]我們好像看到一個三面體，從外表看是三面，但對思想家本人而言，它則是一個有機的整體。

上述現象在日本近代的啟蒙思想家身上也常常見到，譬如福澤諭吉（1835-1901）、德富蘇峰（1863-1957）、內村鑑三（1861-1930）等。他們原來都宣揚西方自由民主、宗教自由、思想自由，可是當另一場狂風吹起，另一個綱領性的追求壓倒性地出現

8　詳細討論可參見熊月之，《中國近代民主思想史》（上海：上海社會科學院出版社，2002）。

9　譬如毛澤東在〈中國共產黨在民族戰爭中的地位〉（1938年10月）一文中說：「中國共產黨人必須將愛國主義和國際主義結合起來」，收於中共中央毛澤東選集出版委員會編，《毛澤東選集》（北京：人民出版社，1991），第2卷，頁520。

10　宋育仁，《經術公理學》。

時，激進的國家主義與自由民權方面的追求似乎可以複合在一起，既是激進國家主義的，又是自由、民主的，而且看來好像理事無礙。

通常，我們並不容易從日記之類的私密性資料對「複合性思維」的現象做一個比較貼近的了解。然而《錢玄同日記》的出版，提供了一個觀察他從晚清到1916年至1917年左右思想變化的機會，對他的思維構造中一種層層堆疊的積木般的特性，能有比較細緻的理解。在錢玄同（1887-1939）這一時期的日記中可以看到不同的思想線索，像一塊塊積木堆疊在一起，並各自向前發展延伸，而當事人並未意會到各積木之間的發展可能是矛盾的。

仔細分析錢氏1905年至1916、1917年之間的日記，可以看出最嚴肅的國粹思想與最堅決的今文信仰在他的思想世界裡同時發展，前者使他無比堅持許多傳統的價值與事物，而後者認為古代史事出於偽造，這一條思路後來造成動搖儒家根本的疑古運動。這兩個層面像兩塊積木水平延伸，我們從結果回看過去，認為它們完全矛盾，但當事人卻完全沒有一點警覺。

在1907年間，錢玄同以國粹派自居，對於蔑棄傳統、過度汲引西方思想或渲染西方的行為方式皆痛斥之，甚至主張學校應該祭孔，故孔教會一度邀他入會，錢氏亦曾鄭重考慮。這個時期的錢氏雖然崇敬顏李之說，但對宋儒甚為欣賞，尤其對宋儒講夷夏大防、禮法、修身濟世方面的工作都推重。（但是不滿其言心言性，陸王之學尤不同意。）

也就在同一時期，他的另一個興趣是區分今古文學派。這個時期除了文字聲韻方面的學問仍遵太炎之外，對今古文問題則恪遵今文家崔適（1852-1924）之說，且非常崇拜康有為與廖平（1852-1932），認為古文經全不可信，今文經為孔子所造，態度

愈來愈激烈。如日記中說：「六經皆孔子所作，其中制度皆孔子所定，故《堯典》制度全同《王制》。」錢玄同欲推尊孔子，故他說：「雖然，廖氏謂孔子以前洪荒野蠻，全無禮教，其說亦有大過。蓋經中所言堯、舜、禹、湯、文、武之聖德，誠多孔子所托，非必皆為實事，然必有其人，必為古之賢君，殆無疑義。特文化大備，損益三代，制作垂教，莊子所謂『配神明……無乎不在者』，實為孔子。」[11] 錢氏同意其師崔適認為《左傳》不只書法不可信，全部事實都不可信，但春秋以前之《詩》、《禮》、《易》等仍為大書，孔子只是整之編之。

錢氏反對「六經皆史」之說，對經史子體例宜分的說法不以為然，相信諸子出於孔子之說，此說似亦為崔適所倡導。「案廖氏最精者為諸子皆出孔經，儒亦不能代表孔子，其說最精，與《莊子・天子〈下〉篇》相合，余所謂洞見道本者此也。」[12]

1916年6月前後，是錢氏的重大轉變時期，這個轉變主要是受到袁世凱（1859-1916）稱帝的刺激（袁氏1916年1月稱帝，3月撤銷帝制）。自此他棄國粹，傾向歐化、[13] 無政府主義，搜讀以前看不起的《旅歐雜誌》、《新世紀》，且以胡適、陳獨秀為「當代哲人」，尤其傾心於胡適，並責備青年諸公「亦以保存國粹者自標」。[14]。

---

11 楊天石主編，《錢玄同日記》（整理本）（北京：北京大學出版社，2014），（上），頁284。

12 馬幼漁受其影響，改從今文家言：「幼漁近來於經史異途及堯、舜、禹、湯、文、武之事，《尚書》所載不必是實錄，實是孔子所托之說，頗信之矣。」見楊天石主編，《錢玄同日記》（整理本），（上），頁284-285。

13 楊天石主編，《錢玄同日記》（整理本），（上），頁300。

14 楊天石主編，《錢玄同日記》（整理本），（上），頁303。

　　由前面的討論可以看出，假若我們以「後見之明」來看，錢氏同一時期的尊國粹與尊今文，兩者的思想影響是完全相反的，但當時的錢玄同卻認為兩者並行不悖，甚至不曾警覺到順著今文走下去會動搖國故。這個案例提醒我們，有許多「複合性思維」的案例是從「後見之明」看去才是「複合性的」，在當事人看來則完全是「一」不是「二」。

　　因此，思想的複合性或疊壓性的機轉為何？它發揮的現實功能為何？它是不是有分進合擊、互相支援的作用？或是存在著各種成分相互競爭、相互抵消的情況？或者複合性狀態只是一種順利過渡到新狀態的「方便善巧」的策略？受眾們是否也理解這些概念的複合性及其運作狀況？

　　我的觀察是這樣的，在一個伸手不見五指的倉庫中，注意力、宗旨、意向性、目的性等，像一道強光照亮黑暗。它照射所及之處，纖毫畢現，可是一旦光炬離開，又進入黑暗。上述那些有強烈意向性、目的性的力量，常常會成為一個綱領，將各式各樣的資源整合在這個綱領之下，從當事人的角度看可能是一個合理而沒有矛盾的構造。有時候當事人可能也自覺矛盾，像傅斯年稱呼自己的思想是「一團矛盾」。無論如何，這個構造中的成分可能互相出入、互相矛盾，甚至互相反對，也可能隨時調整改變，或拋、或取、或轉化、或變形，卻在最高的目標、宗旨、綱領之下絪合在一起，隨著所遇挑戰之不同，其中的成分迭為賓主，輪番出面應付時代的不同的挑戰。

　　最後，我要引用柏格森的一個論點，來思考所謂「道出於一」或「道出於二」的問題。柏格森說複合體的存在是有一個原因的，這個原因究竟是什麼？他說：「混合狀態不僅匯集性質不同的成分，而是在一定條件下匯集這些成分。在這種條件之下，

人們無法理解這種成分的『性質』差異。」[15]柏格森似乎是在批評人們誤將「性質」不同的東西，當成是「程度」不同而匯集在一起。也就是說在有「性質」差異的地方，人們卻只願看到「程度」上的差異。

　　從柏格森的論點推展到本文所關心的問題：「複合性思維」中雖然可能包括南轅北轍的成分。但是人們仍然認為它道出於「一」，其中有一個重要的原因：即人們主觀認為或是刻意將這些「性質」不同的東西當作「程度」不同的東西而匯合在一起。我們應當追問的是何以人們會把「性質」不同的看成是「程度」不同，或刻意把「性質」不同的看成「程度」不同？宣稱道出於「一」或道出於「二」，顯然是因為在他們的思想體系中，對「性質」與「程度」有一些更深層的理解。當「性質」截然不同時，便不在同一個「道」之下，所以這個深層的理解決定了在什麼情況下，道出於「一」，在什麼情況下道出於「二」，或道出於「多」。

15　吉爾‧德勒茲著，張宇凌、關群德譯，《康德與柏格森解讀》（*Le bergsonisme La philosophie critique de Kant*）（北京：社會科學文獻出版社，2002），頁121。

「儒家文化的不安定層」

——對「地方的近代史」的若干思考[*]

[*] 本文係根據我在「地方的近代史：州縣士庶的思想與生活」學術研討會（第四期中國近代史論壇，《近代史研究》雜誌社、四川大學歷史文化學院主辦，成都，2014年10月）的演講稿改寫而成。

　　多年前我在《中國近代思想與學術的系譜》一書的自序中提到傅斯年的「儒家文化的不安定層」一語，傅斯年是這樣說的：

> 《禮記‧曲禮》：「禮不下庶人，刑不上大夫。」這兩句話充分表現儒家文化之階級性。因為「禮不下庶人」，所以庶人心中如何想，生活如何作心理上的安頓，是不管的。於是庶人自有一種趨勢，每每因邪教之流傳而發作，歷代的流寇，……就是這一套。佛教道教之流行，也由於此。這是儒家文化最不安定的一個成分。[1]

　　傅氏認為儒家經典即使在士大夫階層中，都已經失去實際引導日常生活的效力了。[2] 儒家學說向來不關心庶民，加上「禮不下庶人」的傳統，使得儒家經典對下層百姓也失去力量。由於下層百姓在精神及思想上缺乏引導，使得傳統社會中產生了一個不安定層，所以下層百姓特別容易被新興宗教席捲而去。我覺得這段話頗有深意，但他沒有繼續說明。這麼多年來，我卻始終在考慮這個問題，下面稍稍闡述我的一些看法。

1　傅斯年，《中國學校制度之批評》，《傅斯年全集》，第6冊，總頁2124-2125。

2　傅斯年說：「所以六經以外，有比六經更有勢力的書，更有作用的書，即如《貞觀政要》，是一部帝王的教科書，遠比《書經》有用。《太上感應篇》是一部鄉紳的教科書，遠比《禮記》有用。《近思錄》是一部道學的教科書，遠比《論語》好懂。以《春秋》教忠，遠不如《正氣歌》可以振人之氣，以《大學》齊家，遠不如《治家格言》實實在在。這都是在歷史上有超過五經的作用的書。從《孝經》，直到那些勸善報應書，雖雅俗不同，卻多多少少有些實際效用。六經之內，卻是十分之九以上但為裝點之用、文章之資的。」〈論學校讀經〉，《傅斯年全集》，第6冊，總頁2050。

一

　　錢穆等人很清楚地指出唐宋以後的中國進入平民社會，[3]余英時也非常有力地論證了明代後期覺民行道、講會、平民教育之發達。[4]近年來羅志田、鄭振滿等學者的文章，也都在說明宋代以下力圖實現「禮下庶人」的努力。羅志田指出了士人通過寓正德於厚生的方式構建下層民間社會，力圖通過使「道」與鄉土的銜接讓「地方」具有更多自足的意義。[5]鄭振滿的研究說明了雖然宗廟、家譜等往往帶有「套利」或其他現實動機，但是不能否認，這些禮儀是下到民間的。[6]從這一點而言，傅斯年的「禮不下庶人」，似乎只能說明宋代以前的情況，對於明清以下的時代似乎並不適用。但是傅斯年行文風格本來就有簡練模糊的特色，他所謂「禮不下庶人」帶有多方面的意義。

　　第一，我認為傅斯年除了指禮儀之外，主要是儒家主流文化並不關心下層人民的文化、思想、心靈、信仰，而佛教、道教、基督教這些宗教卻以下層人民為其主要關心對象，所以民眾動輒被新興宗教席捲而去。基督教在地方上都有教堂，信眾禮拜日去做禮拜是一種下及群眾的宣教活動。但儒家沒有教堂，傳統的府

3　錢穆在許多地方反覆說明此意，例如他說：「政府以考試取士，而進士皆出自白衣。此一形勢，直至清末，余特定為名『白衣社會』。白衣率從農村中崛起，其形勢略同於漢武帝之時。」錢穆，〈再論中國社會演變〉，氏著，《國史新論》（北京：九州出版社，2012），頁45。

4　相關研究請參見余英時的兩本著作：《朱熹的歷史世界：宋代士大夫政治文化的研究》、《宋明理學與政治文化》（台北：允晨文化實業公司，2003、2004）。

5　參見羅志田，〈地方的近世史：「郡縣空虛」時代的禮下庶人與鄉里社會〉，《近代史研究》，2015年第5期，頁6-27。

6　參見鄭振滿，《明清福建家族組織與社會變遷》，尤其是第五章。

州縣學往往都只是士人考試行禮的地方。相對來說，傳統中國的儒學要怎麼維持以庶民為主的地方社會，是一個值得深入思考的問題。

　　第二，地方上長期處於無治狀態，事實上是無政府狀態，故瞿同祖（1910-2008）在《清代地方政府》中說，傳統中國州縣以下是一空虛的狀態，清末的劉師培也認為縣以下是一無政府狀態。所以劉師培說要在中國提倡無政府主義實在太容易了，因為傳統中國的地方社會本來就是鄉紳和縣令聯合治理的一個無政府社會。[7]

　　第三，明清兩代的主流學術跟下層的關係有相當大的變化。明代中期以後有比較通俗的宣講活動，明代許多講會，原本允許士農工商社會各階層的人參加，到了17世紀以後，就不太允許士大夫、有功名者以外的人參加，草根性的講會漸漸萎縮，平民在其中漸漸沒有角色了。清代考證學最盛的時候，所治的學問非常專門，非常菁英，我們可以強烈感覺到上下兩層之間，即主流知識分子的學問和地方上的思維不相聯繫。尤其是對渴望信仰的下層百姓而言，太過抽象，太過與現實抽離，太「明其道而不計其功」，對於重視實效的平民，更處處顯示其不相干性。

　　因此，地方的空虛不只是在統治方面的空虛，同時是地方上的思想、文化、精神、心靈、信仰等層次的內容的空虛、茫然、不安定，或混亂。即使「禮下庶人」，也並不全然解決心靈、精

7　這裡面的問題非常之多，包括它如何形成、治理和運作，如何維持一個如此純樸雷同的社會自行運作。相關研究可參考 Ch'u T'ung-Tsu（瞿同祖），*Local Government in China under the Ch'ing*（Cambridge, Mass.: Harvard University Press, 1962）；王汎森，〈劉師培與清末的無政府運動〉，《大陸雜誌》，第90卷第6期，1995年6月，頁1-9。

神、信仰方面的問題，或是它所發揮的功用不足、僵化，被更強而有力的「資訊」打敗或取代。

這些「上下不相及」、「上下不發生關係」的現象有幾個主要原因。第一是士大夫思想意識中是否曾經將「下」或「地方」放入他們主要的思考中？「地方」是不是始終作為附帶物被考慮，而不曾作為一個「主詞」被了解、被探討？第二，一個時代占主流地位的思想或學術中，對「地方」實際的設想是什麼？實際的行動是什麼？

清季的動亂，譬如像太平天國，讓人感覺除了土地、經濟、種族等問題之外，恐怕還與前述那種上下不相連，在思想、精神、信仰上缺乏引導，沒有出路，而在思想、精神上形成一個「儒家文化的不安定層」有關。洪秀全（1814-1864）仿效《周官》設立隋代已廢的鄉官制度，[8]一方面便是著眼於下層無治、下層空虛。至於他以基督教教義為基礎建立地上的天國，在我看來也是在思想、精神上提供豐沛的資源與引導。

而且有不少思想家已注意到「儒家文化的不安定層」的問題而謀補救，而且形成一條主線，「下」成為部分儒家士大夫思考重點。譬如龔自珍的《明良論》、康有為的《孔子改制考》中提出儒家設教堂、設宣教師等，宋恕由「同情心」出發的整個哲學體系，尤其是反覆強調下層人民的「教」、「養」二事，並在某種程度上與現代的社會福利思想結合起來，都可視為這方面的表示。當然，這個問題相當複雜，比較深入的探討，當俟他日。而對「儒家文化不安定層」這個問題的關懷，促發了我以「地方」

8　簡又文，《太平天國典制通考》（香港：簡氏猛進書屋，1958），上冊，「職官制」，頁118-120。

出發來看歷史變動的想法。

探討「儒家文化的不安定層」時，首先要承認我們對「地方」了解的層次不夠深。但是如果從不同的視角、注意力、主詞、意向入手，我們對很多事情的看法將會有所轉變。

首先，歷史上永遠都有地方，但「地方」何時自覺自己為「地方」，譬如永遠都有「青年」，但為何有時某一代人會自己強調為「青年」，這種突出自覺與強調，即帶有重要的歷史意義。

「地方」往往沒有充分的書寫文獻以表達自己的思想，也往往是一個限制性、封閉性的區域。但限制性並非就沒有歷史，地方有他們表達思考（intellections）的方式。我們應該從此有限性、限制性為出發點來探討。此外，有沒有「地方」與「全國性舞台」的區分？如果有，這個「全國性舞台」是如何產生的？如何變動的？在變動時代，這兩者又是如何形成、如何互動的？

「地方」或「全國性舞台」的地位並不是固定的，一股思想運動中的核心不一定是政治中心，也不一定在大都會。而且在地的有時在受到核心區的引導之後，「顛倒正面」成為其他地方仿效的對象。如李贄學說盛行時，新學術、新思想的中心，除了北京、南京之外還有麻城等小地方；或如新文化運動時，在北京大學之外，思潮的中心有杭州、上海等地方。

探討儒家文化不安定層時，首先要處理的便是「注意力」的問題。2014年的諾貝爾獎化學獎得主們的主要貢獻，是用超高解析螢光顯微術來窺探細胞內部分子的活動，將注意力集中於細胞內部複雜而細緻的活動。所以，從「地方」出發來看歷史，可以看到地方社會中非常細緻的活動。當然，歷史也不可能只寫各個地方，最後還是要回到大的發展脈絡下來看。但是經過這一層的努力後，再回來看整體，視野、境界就變得不一樣了，所以我

從不認為只把細胞內的活動看得很清楚就足夠了，因為細胞只是人體的一部分，最後還是要關照到整體。[9]

威廉‧詹姆斯（William James, 1842-1910）《心理學原理》中很重要的一章就是講「注意力」，現象學中也討論「注意力」的問題。[10]一旦「注意力」轉變，看到的景象便不大一樣，「注意力」所及之處，很多事情就會變得清楚起來。沒有預期性的注意力，對很多事件的觀察及回憶都不一樣。注意力所及的地方才有歷史，一如調顯微鏡，追求聚焦，才能看得到許多原先看不到的東西。如胡塞爾（Edmund Husserl, 1859-1938）所言，注意力集中的地方，好比光會有光暈及餘光、殘餘光之分。或如柏格森的研究指出，人的注意力有一個濃淡的光譜，最核心的地區最為濃密。沒有注意力，即使某事發生了，也不會被看到，即使看到了，也較少去面對它，或動手處理它。[11]只有當地人才會有當地的角度，這是從整體來看時看不到的。這也就是為什麼要轉一個彎看一下地方後，再回來看整體。

在研究一個地方時，必須先有一個前題，即它一方面是與各地聯繫的，另一方面它有一套以自己為主體出發的考慮——儘管這個考慮可能包括盡量開放自己，或強化自己的特色來贏取某種

9　我們現在幾乎都居住在城市裡頭，對地方的運作、活動並不了解，沒有看到細胞中分子之間的作用。我們現在的史學研究習慣從人體全部來看歷史，而沒有從細胞的角度來看歷史，中間少了一個環節。所以我講的從「地方」出發，是一種補充，而非推翻舊有。

10　William James, *The Principles of Psychology* (Chicago: Encyclopaedia Britannica, 1952); Margaret Knight ed., *William James* (UK: Penguin Book, 1950), pp. 111-116.

11　Henri Bergson, *Matter and Memory* (NY: Zone Books, 1988); Edmund Husserl, *On the Phenomenology of the Consciousness of Internal Time* (*1893-1917*) (Boston: Kluwer Academic Publishers, 1990), pp. 119-124.

利益，但它自己仍是一個方案，不純粹只是光源的邊暈，或中央的剩餘物。

　　接著要談到「視角」的問題。我個人認為霍布斯邦談「由下而上的歷史」（history from below）時所討論的角度，[12]並未完全超出傳統的注意力與視角：還是以全國性的、整體性的角度，或從動亂出發來看，並沒有轉換視角。以前我對農民叛變的史料相當注意，因為承平時期很少注意下層，但一有動亂，注意力就開始轉移。然而這一類史料仍然有很大的局限，尤其是它們記載的往往是不服從，而且只有不服從而又爆發問題時才有史料，不能非常深入地了解服從時的狀態。從「地方」出發牽動了歷史書寫中「主詞」的變化。首先，「主詞」是誰往往帶有強烈的評價性。當「主詞」轉變時，觀看事件的角度就會跟著產生巨大的變化。譬如在清代，我們都忘了主詞應該是滿人的政府，忽略了以「清」而非以「漢」為主詞。兩者有很大的不同，如盛元光的《樂府章》裡說：「太祖義旗既建」，「明督師楊鎬帥五道之兵侵東夏」。[13]此外，從特定主詞出發探討問題，跟不是主詞而只是受詞，也將產生角度的變化，使得人們看到的現象有很大的不同。當主詞轉變為「地方」時，所見亦將有所不同。[14]

　　將「地方」凸顯出來成為「主詞」，可以為我們打開許多值

---

12 E. J. Hobsbawm, "History From Below: Some Reflection", Frederick Krantz ed. *History from Below: Studies in Popular Protest and Popular Ideology*（NY: B. Blackwell, 1988）, pp. 13-27.

13 楊鍾羲撰集，雷恩海、姜朝暉校點，《雪橋詩話全編》（北京：人民文學出版社，2011），第1卷，頁194。

14 19世紀中期以後，在很多西方傳教士的報紙如《中國叢報》（*Chinese Repository*）中可以看到傳教士眼中的廣州跟傳統中國的視角是不一樣的。

得進一步探索的問題。以辛亥革命為例，如果各個「在地」基本上反對或懷疑革命，何以最後革命仍然會成功？在這個大事件發展的過程中，「在地」社會如何倉皇失措，如何調動、適應、重組，或徹底打破舊有結構？新的在地菁英如何浮現？一旦「主體」、「主詞」改變了，所產生的歷史視野也會隨之變化。

在進入討論之前，我必須強調本文並不是像清代的凌廷堪或黃文暘（1736-？）那樣在宣揚某種以歷史上的異族作為主體的歷史觀，而純粹是為了討論上的方便。

日本學者杉山正明的《大漠：游牧民族的世界史》一書即以「匈奴」為主詞，看到了許多我們所看不到、所忽略、所曲解、所不解的歷史現象。不管這些觀點是否完全站得住，但是它們刺激我們進一步去思考許多相沿不變的成說，豐富了我們原先的歷史理解。杉山正明是以匈奴為主體由北往南看，則匈奴不再是隨漢朝起舞的，或是附屬的敘述，而可能許多時候是漢隨匈奴起舞，為了應付匈奴，而有許多的作為。陳寅恪在《唐代政治史述論稿》中的「外族盛衰理論」，認為歷史上所謂「盛世」往往只是異族互相牽制的結果，其實已多少說出這層意思了，只是沒有更進一步以匈奴為主體看史局。如果暫時退出傳統的史觀，而以匈奴等外族為主角，則歷史有不同的寫法。

以匈奴為「主詞」來看漢帝國，則漢武帝為何要到朝鮮設樂浪、玄菟、臨屯、真番四郡的歷史意義似乎就比較清楚了，因為北方的游牧民族已經開始影響到韓國。杉山正明說百濟到西元5世紀時還在用「左賢王」、「右賢王」，這是標準匈奴的稱謂，漢朝因為看到匈奴的勢力已經到了朝鮮，才趕快去經營並設郡。我們所讀的史書大多是從漢人的角度出發，一旦換了主詞，則歷史可能會有出入。許多史事的發動者其實是北亞游牧民族，先是匈

奴、拓跋、突厥，後來是蒙古、滿洲。如哥倫布發現新大陸，人
們皆習慣於從外面宏觀地看這個歷史性事件，但作為當事人，當
時實際想法及過程究竟如何？我們不得而知。如果以清朝的某一
個地方的角度看自己，和從中央看地方那般純樸雷同，可能也是
不一樣的。[15]

二

　　在討論了不同的主詞、視角、注意力、意向所可能產生的轉
變之後，由於我對「地方」並無專門的研究，所以此處只能針對
連結性的關係、資訊與知識的向下或向上擴散、如何在一個不以
文人為主體的「地方」追索無聲的語言，以及「地方」上無所不
在的文化「傳訊機制」（signaling system）四個方面，結合東西方
的史例，提出一些觀察。也就是在沉默的世界中，如何察知地方
上心態的變化，以及如何在一個沉靜的「寓意系統」（allegorical
system）中維繫一個地方的道德秩序。

（一）連結性角色（linkage）

　　我注意到近代幾個大變動時期都存在著「連結性」人物或者
「仲介性」人物這類角色。閱讀五四或辛亥時期的人物回憶，我
們會發現在特定地方，往往有一個或幾個連結點，也許是同學、
朋友或師長之類的人物扮演連結性角色，使得核心區的活動能擴

---

15 以日本德川幕府末年為例，當時日本約有二百多個藩，每個藩都是用自己的
　　角度在看國家的變化，沒有統一的視野，但為何最後還是形成以天皇為中心
　　的國家發展？如果以每一個藩為主詞去觀照，還是可以看到很大的不同。

散到某些小地方。

法國年鑑學派的莫里斯‧阿居隆（Maurice Agulhon, 1926-2014）在他的《共和國在鄉村：從法國大革命到第二共和時期的瓦爾居民》這本名著中，[16] 主要關注瓦爾（Var）地區的政治意識之變化。瓦爾地區原是保皇黨的大本營，可是在1810年至1850年間，本來如此尊重王權的地方，竟然變成激進社會主義思想的溫床，這中間的改變究竟是怎樣發生的？阿居隆的解答非常清楚，這個地區有一群在地的小知識分子，他們接引了法國當時文學與教育的風潮、語言、沙龍、共和政治、通俗文化，他們仿照巴黎文人社會，組成各種沙龍及形形色色的小組織，他們成為瓦爾與巴黎之間資訊思想交通的管道，將鄉村地方「巴黎化」，巴黎的思潮、文士關心的主題透過這些在地小知識人引入這個鄉村地區，掀起莫大的變化。當然也有人認為阿居隆上述論點不一定完整、周全，但這是一個很有力量的解釋。而且，對於這個問題，必須從出發到到達，兩邊都有所研究才可能回答，也就是必須同時了解巴黎引領全國風騷的那一方，以及在地的這一方。

這裡面有一個重點就是「連結」，一群地方上的小讀書人透過酒館、沙龍、閱報社等等，使得鄉村「巴黎化」，就像五四運動時很多小地方也有閱報社或其他連結性的人物或組織，使得地方與全國性的資訊得以傳遞。透過這些連結，透過小的組織、在地的小知識分子，使得原本相當保守的鄉村地方，與巴黎或北京「連結」，進而產生變化。當然，回鄉文人也是重要的連結人物

---

16 Maurice Agulhon, *The Republic in the Village: the People of the Var from the French Revolution to the Second Republic*（Cambridge: Cambridge University Press, 1982）, pp. 112-225.

（如陳翰文與回浦高等小學），而且「連結」不一定是「從上」下滲到地方，有時候透過「連結」，也使得地方的流行上升到全國性舞台。這個在下一點會談到。

以五四新文化運動為例，扮演「連結」性角色的人物、組織、刊物非常之多。五四時期各地的書社、閱報所、社團、歌唱隊等都是。地方上的小知識分子以它們為節點與全國風潮中心相連結。連結者的身分、連結的組織、連結的方式都很值得注意。如毛澤東、惲代英等人早期的文稿中反覆提到的湘江書社、利群書社都是。許多研究也都顯示了地方熱烈響應五四，改變了地方原先的思想氛圍，將一個偏鄉、小地方的文化氛圍一如發生在北京般「學運化」了。[17] 又如大革命時期，許多地方上的連結團體——尤其是帶有濃厚社會主義色彩的小組織，如雨後春筍般出現在地方，如尚鉞（1902-1982）青年時在河南所參與組織的「窮黨」，[18] 常熟、鎮江各地也有「窮社」之類的組織（風起雲湧組成的無數小社團）。[19] 此外，北伐時期各地連結性的組織，如「黨義研究會」、「中山俱樂部」也是。中國傳統社會中也有一些「連結」性的東西，如京官，地方上要推動重大事情，往往要透過京官在北京疏通，紳民與地方官衝突時，也要透過北京的京官對地方官施壓；又如明代地方上的鄉宦與北京的連結也都是這方面的例子。

此外，我們應該注意連結性的在地人物不只「模仿」核心

---

17 在辛亥、五四的回憶錄中可以找到許多這方面的材料。

18 毛佩琦，〈尚鉞年表〉，《尚鉞史學論文選集》（北京：人民出版社，1984），頁589。

19 顧蓮邨，〈從「窮社」命名想起——緬懷呂鳳子先生〉，《鎮江文史資料》，第17輯（政協鎮江市文史資料研究會編印，1990），頁109-111。

區，對他們而言，模仿同時是一個「創造」，而且地方整體是一個方案，不僅僅只是核心區的殘餘或變樣。

（二）在地知識的向上擴散

接著我們要談另一個面向，即連結是「下」的或「邊緣」的吸收了「上」的或「核心」的。長期以來，我們習慣於「下滲式」（trickle down）的思維。在此思維之下，大都會是上位的，地方是下位的；核心是擴散的一端，地方是接受的一端。譬如在明代，人們常常要到蘇州去「觀赴」，而且日常用品中有「蘇趣」、「蘇樣」等一系列以「蘇州」為核心的詞彙。但是我們卻也不能忽視有許多後來大範圍廣泛流行的技術、知識或物品，是從地方上來的，或是由下往上升的。

過去我們講思想文化時，也多將注意力集中在思想往下滲透、往下擴散，忽略了思想文化有向上擴散的力量。且讓我們仔細想想胡適的《白話文學史》，書中不斷地提到所有這些東西都來自民間，這不就是地方知識往上擴散的例子嗎？包括像魏晉時期《孔雀東南飛》這樣的樂府敘事詩，很多人說是受到佛教「佛本行贊」的影響，但胡適認為它是來自地方的，不是外來的。

歐洲史上也有很多這方面的例子。喬治‧杜比（George Duby, 1919-1996）在一篇文章中討論歐洲封建社會中下層的品味如何逐步上升成為貴族風格。杜比說14世紀的歐洲，基督教致力於通俗化後，許多原本屬於菁英的文化下降到平民。但是因為他們刻意面向下層信眾，所以亦從下層文化中吸取許多觀念或心靈圖像（mental image）。在梅羅文加王朝時期可以看出這個現象，在13、14世紀，當道明會（Dominican）與聖方濟會（Franciscan）努力使得基督教成為城鎮日常生活中之一部分時，

也有同樣的情形。在15世紀，貴族階級則刻意學習許多牧人及農村的娛樂形式，這也是從下層往上傳遞的例子。杜比舉的另一個例子說，一方面是貴族之風習下傳，另一方面是武士的風習上傳，勇氣、武功、忠誠在10世紀時愈來愈往上傳，並成為貴族之風習。到了1200年，即使最高位的貴族或國王也以武士之風為尚。[20]

另一種形式是主流文化將在地文化吸收成為主流的一部分。在〈現代主義菁英文化的大眾維度：以世紀末慕尼克的戲劇為例〉這篇研究中，作者彼德・傑拉維奇（Peter Jelavich）說19世紀以來戲劇、繪畫、音樂等菁英文化的生產者，日益依賴被他們認為是通俗文化的主題與形式。彼德・傑拉維奇說當時有一個潮流，藝術家轉向通俗文化，以對抗布爾喬亞的菁英文化，對抗19世紀形式化的文化。他們認為19世紀劇場盛行古典劇，脫離群眾，年輕作家對此相當不滿，形成一種「自我普羅化」運動，主動將通俗形式引入菁英舞台，用雜耍來瓦解高級劇院的品味。「木偶劇、默劇、歌舞雜耍表演與馬戲節目的元素，農民或城市下層民眾的體裁和風格，都出現在劇作家、導演和舞台設計者的作品中。」同樣，「大眾木刻和與宗教有關的圖畫、農民藝術和玻璃彩繪的風格與內容也影響了現代主義繪畫」，「現代音樂也揉合了歐洲的民歌旋律與美洲的爵士樂」。[21]

---

20 George Duby, "The Diffusion of Cultural Patterns in Feudal Society," *Past & Present*, No. 39 (1968), pp. 3-10.

21 Peter Jelavich, "Popular Dimensions of Modernist Elite Culture: The Case of Theater in Fin-de-Siécle Munich," Dominick LaCapra, Steven L.Kaplan eds., *Modern European Intellectual History: Reappraisals and New Perspectives* (Ithaca: Cornell University Press, 1982), pp. 220-250，尤其是 pp. 220-236。此

　　以下我要借助於彼得・柏克（Peter Burke）的《知識社會史》一書來說明知識由下向上的流動。彼得・柏克的書強調知識如何體系化、一元化，如何疏通與擴散。如果我們換個角度讀這本書，可以注意到許多專業知識是從下層匠人而來的，譬如繪畫與建築的傳統，礦工與採礦的知識，商人的實用知識與經濟學等。彼得・柏克在這本書中重視的是各地知識的彙整，經過一個整齊、劃一化的處理，而成為一般知識的過程。而我們更想知道的是這些知識原先在各個地方的狀態，及從地方知識向上擴散並成為普遍知識的實例與過程。在這個上升的過程中存在著「轉換」性角色。在西方，它們通常在城市、大學、圖書館進行「轉換」，譬如在亞歷山卓圖書館，地圖學家們將各地的地理知識彙整為地圖。又如字典、百科全書、醫學百科、萬用書、教科書往往也彙整各地的地方知識而成，中心「轉換」之後，以印本形式散布各地。這些整理或轉換的中心之間是互相競爭的，但後來有一個「學科化運動」（disciplinary movement）或「專業化運動」。它把地方知識一致化了、定本化了。當知識世界產生「樹狀圖」時，即表示一種從各地而來的地方知識匯合、整理成一個一元的體系了。[22]

　　前面提到胡適的《白話文學史》。胡適寫作這本書的主旨，是想說明中國文學史中「上」的，其實都是從「下」來的。而我

　　處參考了中譯本（王加豐、王文婧、包中等譯，《現代歐洲思想史：新評價和新視角》〔北京：人民出版社，2014〕，頁195）。

22 值得注意的是，許多殖民專家靠在地通報人（local informant）整合殖民地之傳統知識，當然也不時衍生出新的「另類知識」。Peter Burke, *A Social History of Knowledge: from Gutenberg to Diderot*（Cambridge: Polity Press, 2000）, pp. 75, 77, 110.

的解讀有些不同，我認為以下的引文，可能可以看到我所提到的地方知識向上擴散的現象。胡適指出，歷史進化之趨勢是白話化。他說：「一切新文學的來源都在民間。民間的小兒女、村夫農婦、痴男怨女、歌童舞妓，彈唱的、說書的，都是文學上的新形式與新風格的創造者」，而且「古今中外都逃不出這條通例」。他說：「《國風》來自民間，《楚辭》裡的《九歌》來自民間，漢魏六朝的樂府歌詞也來自民間。以後的詞是起於歌妓舞女的，元曲也是起於歌妓舞女的，彈詞起於街上的唱鼓詞的，小說起於街上說書談史的。」

胡適問道：「中國三千年的文學史上，哪一樣新文學不是從民間來的？」胡適認為「上」的忍不住要模仿「下」。「文人忍不住要模仿民歌，因此文人的作品往往帶著『平民化』的趨勢。」他也提到「韻文」既抒情可唱，又最容易表達百姓的情感，又是非常實用的，「所以容易被無聊的清客文丐拿去巴結帝王卿相，拿去歌功頌德，獻媚奉承，所以韻文又最容易貴族化，最容易變成無內容的裝飾品」。[23] 胡適在這裡特別指出「下」的影響到「上」時，常常一方面是文人文學的「民眾化」，但同時也有可能使下層文學「貴族化」或「文人化」。「到了東漢中葉以後，民間文學的影響已深入了已普遍了，方才有上流文人出來公然仿效樂府歌辭，造作歌詩。」胡適舉了許多例子來說明這種情況，如漢代的樂府詩，如「故事詩」，它的產生亦在民間。文人仿作這種民間的故事詩，才有《孔雀東南飛》這一類的傑作。此外像陶淵明一掃建安以後的「辭賦化」、「駢偶化」、「古典化」的惡習，也是因為他生在民間，做了幾次小官，仍回到民間。唐

23　胡適，《白話文學史》，季羨林主編，《胡適全集》，第11卷，頁233、244。

代詩歌文學的黃金時代也是來自民間。[24]當然，中國文學史往往是多元的發展，胡適所指出的是其中一個突出的脈絡。他的研究基本上呼應了本文所強調的一個由「下」而「上」的、由「弱勢」而影響了「強勢」、由邊緣影響了核心的現象。[25]

　　新鮮而陌生的知識不是令人覺得不可信的，而是不相干的。譬如唐代征服安南，非常陌生，他們的了解多被舊有的觀念所囚。對美洲大陸的了解，一開始也是盡量放在舊的認識範疇之中，到了1650年左右才逐漸擴大到能認識這些新的東西。而將新世界組入舊思維中，卻對歐洲大地帶來重大改變：新大陸改變了母國，遙遠的「地方」改變了古老的歐洲。如野蠻人的存在，加強了線性史觀的說服力量。影響不只及於知識，還及於經濟與政治系統、國家力量、行為方式、工業、政府，它們造成經濟與社會變遷，與歐洲資本主義興起有關。此外美洲的需求刺激歐洲的製造工業，造成消費。艾略特（J. H. Elliot）在《舊世界和新世界，1492-1650》一書中描述了因為美洲殖民地，使得人們可以將「權力」放在全球的架構中看，譬如因龐大的海外傳教機會，使得教會得到重振的機會，又因殖民地，使得皇權大振，足以壓服敵人。以西班牙為例，加泰羅尼亞地區喪失自由，即與王權坐大有關。作者認為美洲扮演了一部分孕育16世紀歐洲國家主義的角色。此處並不是要詳述艾略特的觀點，主要是想藉此說

---

24 胡適認為文學演變有兩種趨勢，「文人仿作民歌，一定免不了兩種結果，一方面是文學的民眾化，一方面是民歌的文人化」。胡適，《白話文學史》，頁260、265、283、296、319。

25 還有許多「影響」是從四面八方來的，像「風」的吹拂一般。相關論點請參見拙文，〈「風」──一種被忽略的史學觀念〉，《執拗的低音：一些歷史思考方式的反思》。

明邊緣如何牽動、改變核心。[26]

（三）追索無聲的世界

　　接著我要討論一個我很感興趣的問題。討論地方，常常碰到的一個問題是沒有材料。我們研究的是一群不大以文字表述自己的人，該如何勾稽他們的思想世界，這成了一道難題。但法國年鑑學派發展了一些非常巧妙的方法，探索心態史的世界，從中也許可以得到些啟發。[27]在這裡我要以中國為主，提出我的一些觀察，而我所提出的，往往不只適用於草根層次。

　　在這裡我要做的是透過一些方法，了解看似沉默的地方社會有什麼思維活動正在發生。或是透過其間之差異，了解其意向之不同。我的構想都是來自一個簡單的想法。威廉・詹姆斯說：「古人說人是由三個部分組成的──靈魂、肉體和服飾。」[28]但我認為除了上述三者，還有許多行為、象徵活動等都是「自我的延伸」，而歷史研究者可以透過它們來求索行動者無聲的世界。譬如，1945年，毛澤東從延安飛重慶，周恩來則由陸路從延安到重慶，周在路上只看張良廟與武侯祠，而張良與武侯都是所謂「二把手」，兩人都缺乏帥才，都是追隨主公籌謀策劃的軍師。[29]

26　J. H. Elliot, *The Old World and the New, 1492-1650* (Cambridge: Cambridge University Press, 1970), pp. 41, 51, 54.

27　Nathan Wachtel有一篇名文，討論南美被征服者透過對通俗歌曲的微妙改動，察知他們的心態世界的變化。Nathan Wachtel, "The Vision of Vanquished: the Spanish Conquest of America Represented in Indian Folkore", in Marc Ferro ed., *Social Historians in Contemporary France: Essays from Annales* (NY: Harper and Row, 1972), pp. 231-260. 這篇文章也影響到本文對戲曲的文本變動的討論。

28　Margaret Knight ed., *William James*, p. 102.

29　權延赤，《走下聖壇的周恩來》（北京：光明日報出版社，2004），頁12、

周恩來的參拜行動，即是一種「自我延伸」。[30]

　　這裡還要進一步引用Kenneth Burke的象徵行動理論。Burke說不管我們講話、行為、穿衣、吃或其他生活中的行為，既反映自己，也在與自己溝通、說服自己，同時也都是在說服、溝通其他人。Burke稱之為「各種情境中之策略」。既然是說服，則有「意義」蘊含其間，故他提醒我們注意地方上的日常生活行為的意圖說服性。這包括精神病院病人私藏小東西的行為，在一個自我認同與尊嚴被威脅與剝奪的環境下，即可能代表他的自我認同。一個人掛畫或照片等等，可能也是自我延伸的一種方式，欺騙性行為也是如此。角色扮演有時也可以理解為一種欺騙行為，希望別人相信自己就是自己所號稱的「我」，同時也希望自己如此相信。[31]

　　象徵或象徵性行為既是反映（reflect）現實的，同時也是在某種情境下用來溝通的。[32]衣著、象徵、符號等與角色扮演一樣都表達某種思想、意義，譬如法國大革命時期百姓的衣著[33]，如在國喪期間刻

19、20。

30 此外，像閱讀經典、點歌等，都可能帶有對話性質。我曾經觀察一群人點歌，發現即便在某一個情境下所點的歌曲，其歌詞好像都貼近他們目前的心境與心情，並形成一種對話關係，往往也是一種「自我的延伸」。

31 Kenneth Burke, Joseph R. Gusfield eds., *On Symbols and Society* (Chicago: University of Chicago Press, 1989), p. 17.

32 一個歷史上傳下的文本，如果在某些時候再度出版或以其他方式冒出來也常常有此類意涵，公共儀式（public ritual）是一種社會活動，不只要問什麼儀式（ritual），還要問如何表演這些儀式。

33 如Daniel Roche, *A History of Everyday Things: The Birth of Consumption in France, 1600-1800* (New York: Cambridge University Press, 2000), pp. 3, 193-205.

意穿紅衣服都有濃厚的政治意涵。在那麼多顏色中，何以在喪禮期間選取紅色，在無數的選項中，「選取」這個動作便代表政治的態度。人們描述晚明亡國時，鄉間突然流行一些儀式、歌舞、演出、劇碼可以如是觀。日常生活中的衣著、象徵符號、角色扮演的意義亦可以如是觀。而了解其意義幫助我們重建地方上沉默世界中的思維活動。[34]

錢穆在《理學與藝術》中提出一個重要的論點，即漢代藝術是教化的一部分，宋代以下，藝術則畫與畫家是合一的[35]，也就是說畫與畫後面的人是合一的。畫與畫家心靈境界合一，本身並未獨立。我要進一步提出一點，那就是將畫掛在牆上的人，與畫也是合一的，掛畫也是一種自我延伸，也是一種「象徵行動」。人生活在一個豐富的「寓意／比喻系統」（allegorical system）中，「寓意／比喻」充滿在生活空間中。而在這樣一個空間中生活，藝術不純粹只是欣賞或娛樂，一方面主人用它來顯現他自己的認同，另一方面它是主人想用來傳達、溝通的象徵。

這裡我要舉幾個例子。民初桂林梁濟（1858-1918）在決定投水自殺之前的遺書中有處說：「余尚須料理家事，檢點裝殮衣物，安排客廳字畫，備吊者來觀，以求知我家先德」，旁有注云：「字畫上有先德可征，故欲求來吊者觀之。」[36]梁濟的遺書前後寫了很

---

34 他們也有某種思維活動，只是與我們不同，或是沒有發出聲音來。年鑑學派在這個主題上有貢獻，如Daniel Roche的 *The People of Paris: An Essay in Popular Culture in the 18th Century*（Berkeley: University of California Press, 1987）。

35 錢穆，〈理學與藝術〉，氏著，《中國學術思想史論叢》（合肥：安徽教育出版社，2004），第6冊，頁208-232。

36 梁濟，〈遺筆匯存〉，梁濟著，黃曙輝編校，《梁巨川遺書》（上海：華東師

久，篇幅非常大，他仔細反省，酌量安排，而其中有一段就是安排客廳字畫，讓來弔唁者知道「我家先德」。「我家先德」語意雖不甚顯豁，但我認為客廳的字畫是他所傳承的，所認同的，所要表達的，所想向弔客溝通的。

這種「寓意／比喻系統」充斥在整個儒家文化的生活空間中。旅遊手冊中提供最多這方面的材料。這裡僅舉山西王家大院為例，它的整座建築與裝飾都是一個寓意的系統。透過「諧音」或是「寓意」，表達主人的道德要求或人生祈向：蓮花與小兒圖案——意指「連生貴子」；石雕鯉魚及閘是「鯉魚躍龍門」；兩隻石猴子是「輩輩封侯」；石雕的兩個瓜是「瓜瓞綿綿」；或以六隻圍繞壽字的蝙蝠強調福壽的主題；以鵪鶉和菊花諧音而成「安居樂業」；又如簾架間雕三戟插於瓶內，取二者諧音為「平升三級」；以三枚圓柿組成的圖景為「連中三元」。當然還有各種牌匾、坐右。[37]這類象徵系統甚至大量出現於許多地方華僑的民居，這些民居上所見的牌匾、木刻、石雕、窗花、文字等都是一種以傳統儒家道德教化為主體的自我塑造（self-fashioning）。而由它們所想表達、溝通的內容可以多少窺見他們無聲的世界。

此外，地方上有許多帶有濃厚象徵意味的活動也值得注意。

範大學出版社，2008），頁67。

37 如和義堡在門頭題：「凡語必忠信，凡行必篤敬，飲食必慎節，字畫必楷正，容態必端莊，衣冠必肅整，步履必安詳，居處必正靜，做事必謀始，出言必顧行，常德必固持，然諾必重應，見善如己出，見惡如己病。凡此十四者，我皆未深省。書此當座隅，朝夕視為警。」或如匾題司馬光《獨樂園詩》：「吾愛董仲舒，經術守幽獨。所居雖有園，三年不遊目。邪說遠去耳，聖言飽充腹。發策登漢庭，百家始消伏。」以上見張昕、陳捷，《畫說王家大院》（太原：山西經濟出版社，2007），頁135-142。

在這裡要從一段小的討論開始。在一篇討論高夫曼〈日常生活中的自我表演〉的文字中，孫中興一再強調，自我表演、面具等是一幕欺騙劇。[38]但我的看法與此稍有不同，它除了是一種欺騙之外，有時可能同時也是自我期望的表達，是自我想塑造的形象。即使是想遮掩真實的自我，選來遮掩的面具也不是毫無意義的。「面子」亦是如此，面子是這個文化使得自己想成為的那樣。欺騙在某種情況下也有可能是自我形象的塑造。

　　紀念或祭拜歷史名人的活動也與此相關。我認為這類行為與角色扮演有相近的意義，借著紀念或祭拜表達自己對心目中英雄或人物的認同。既表達自己，同時也說服別人或與別人溝通。除了扮演什麼，如何扮演之外，是誰熱情於扮演，在什麼驅動下扮演，每次扮演時的差異等，都非常值得注意。是對時俗不滿？尋找自我？表達自我的焦慮？定位自我？尋找方向？從這些五顏六色的象徵性活動中是不是可以找出一些反映時代的趨向？

　　從而我們要思考地方上的廟會、八家將等，乃至近代的新劇、合唱團、歌詠隊等代表什麼意義？正如紀爾茲所強調的禮儀或戲曲演出是「一群人對他們自己說自己的故事」（story a group tells itself about itself），或是說人們演出他們自己現在的生活狀況（the living now perform their lives），或是特納（Victor Turner）所說的「將自己展現給自己」（showing ourselves to ourselves）。[39]所以搬演什麼，突出什麼角色，每每是在訴說社群自己。即使這些

---

38 孫中興，〈導讀〉，高夫曼著，徐江敏、李姚軍譯，《日常生活中的自我表演》（台北：桂冠圖書公司，2004），頁17-18。

39 Victor Turner, "Acting in Everyday Life and Everyday Life in Acting," *From Ritual to Theatre: The Human Seriousness of Play* (NY: Performing Arts Journal Publications, 1982), pp. 104,108.

象徵行為、角色一成不變，但一成不變的「格套」，本身即富含意義，它們是一個社會中共用的「精神貨幣」（spiritual currency）。[40]更何況，在每次扮演中，一成不變的「格套」中間仍有細微乃至重大的改變，因而顯示了重要的意義。就像巴里島的戲劇化人物。紀爾茲說，凡爪哇人用哲學來表達者，巴里島人皆以戲劇表達之。他們發展出半打以上的格套、頌詞、名詞學等等，模塑個體的存在來遷就那種規範的狀態。[41]

晚清以來的新劇社團，尤其是新文化運動之後，地方上新知識分子（相對於舊知識分子）的演戲，往往就是一種角色扮演（cosplay）。而所扮演的角色，往往也富含深意，故《色戒》中的學生一面演救亡戲，一面殺漢奸。再以《終身大事》一戲為例，娜拉不只是戲中的女主角，同時也是各地無數女性的角色扮演，而扮演本身往往也是一種說服自己並傳達給別人的過程。一個反對新思潮的青年不易念「你該自己決斷」這句台詞，一般守舊的女學生也不易扮娜拉。《終身大事》用英文寫，後來有幾位女學生要排演，胡適才譯成中文，但因為這戲裡的女主角田女士跟人跑了，「這幾位女學生竟沒有人敢扮演田女士」。[42]張春田觀察說：正如《娜拉》一開始多是由男生扮演，女生不敢扮演，一直到1923年才被打破。[43]演娜拉與祭拜某位古人一樣，都有角色

---

40 精神貨幣（spiritual currency）是Kenneth Burke提出的概念。參見Kenneth Burke, *Attitudes toward History* (Berkeley: University of California Press, 1984), p. 179.

41 吉爾茲著，王海龍、張嘉瑄譯，《地方性知識：闡釋人類學論文集》（北京：中央編譯出版社，2000），頁81-82。

42 胡適，〈〈終身大事〉跋〉，《新青年》，第6卷第3號，1919年3月。

43 張春田，《思想史視野中的「娜拉」》（台北：秀威資訊科技公司，2013），

扮演的意味。後來江青扮娜拉，一舉成名，她甚至宣稱「我就是娜拉」，而觀其一生思想行事，確實與娜拉有幾分神似之處。在這裡，我還想舉溥儀（1906-1967）在《我的前半生》中說的一段話為例。溥儀說他祖父最愛演的一齣戲是「卸甲封王」，他認為祖父之所以如此愛扮演這齣戲中的角色，「如果不是一種有意的迂迴表白，至少也是某種郭子儀的心理反映」。[44]「象徵性行動」尚可包含具有高度象徵主義的物件式行動。2012 年我曾在加拿大英屬哥倫比亞大學做過一個講座，題為「豆腐、鏡子、水」，其詳細內容此處不能贅述，我主要是想闡述地方上的百姓如何透過一些高度象徵性的東西，如豆腐、鏡子、水、萬民傘、脫鞋等，在官員離去時，沉默地表達他們的評價，並借著這一類象徵性的活動，表達他們的標準及要求。[45]

最後，我還要舉一個例子來說明，我們如何從一些蛛絲馬跡來探索一個時代集體心態的變化。譬如歌曲、民謠在不斷的傳唱過程中有心或無意的改變，或戲曲在流傳過程中不斷地修改，有些可能是演出者為了適應時代氛圍或地方差異所作的修改，有些可能是地方上的搬演者無心的改變，而兩者都是追索無聲世界的線索。從各種版本的細緻修改，有時可以看出時代及地域的差異，有時可以看出階層、家族力量的興起。田仲一成在《古典南戲研究——鄉村、宗族、市場之中的劇本變異》一書中通過鉅細靡遺的版本比較，展示了幾個例子。[46]隨著在不同場域的演出，

頁94-95。

44 溥儀，《我的前半生》（北京：群眾出版社，2013），頁8。

45 請見我的待刊稿〈明清時期地方民眾的幾種儀式性活動〉。

46 請參考田仲一成著，吳真校譯，《古典南戲研究——鄉村、宗族、市場之中的劇本變異》（北京：中國社會科學出版社，2012），頁207。

劇本的版本也會有所不同,如在鄉村、宗族、市場三種場域,《琵琶記》的細節有微妙變動。市場演出本的《琵琶記》強調蔡文姬的辛苦,批評蔡伯喈,反映出老百姓的想法,富有諷刺官吏的意味,市場百姓喜歡這種諧謔風格的戲劇。以地域為例,吳本傾向脫離禮教,反映下層民眾的想法;閩本則重視上下尊卑關係,在身分稱呼上表現嚴格。閩本《琵琶記》認為兒子不應在父親面前自稱「蔡邕」,而改為「男邕」;重視婦德,故原來牛氏的丞相女居高臨下稱丈夫為「窮秀才」,改為「一秀才」,將「親把墳塋掃,也與地下亡魂添榮耀」,將「添榮耀」改為「安宅兆」,表示雖為丞相女,但為自己公婆掃墓,仍不能用「添榮耀」。[47]

　　總而言之,在一個鮮少文字直接表達的地方社會,其禮儀、象徵性活動,文本的微妙改動,除了反映其潛在的狀態外,還帶有說服他人、與人溝通的意味,特別值得我們注意。

(四)地方文化的「傳訊機制」(signaling system)

　　在基本上靜默的地方社會,人們也有一些潛在的表示。首先,人們生活在一個「可見」與「不可見」(visible與invisible、seen與unseen)交織的世界中,其中有許多是看得見的,如山川、風景、遺跡、牌坊、祠廟,也有許多是看不見的,但仍實際存在那裡,產生微妙的影響。在這個系統中,意思的表達往往需要經過深刻的解讀才能領會。在這裡,且讓我引用日本柳宗悅

---

47 此外,田仲一成對《荊釵記》、《白兔記》、《拜月亭記》、《殺狗記》等皆有此類比較分析,見《古典南戲研究──鄉村、宗族、市場之中的劇本變異》,頁34-35、52、61。

（1889-1961）的一段話：「大津繪區別於其他民間繪畫的特色，就是其中包含的諧謔」，「其中也蘊含著對浮世的觀察，從中可以看出對人類社會喜怒哀樂的種種評判，也能看出民眾之心對世象的態度」，「由於當時普通的百姓不能公開批評世事，因此只能用這樣的方法。」[48]但我們應注意，何時一件大津繪是對時局的批評，何時它只是一件作品。象徵系統是「精神貨幣」，人們取用這個貨幣與別人分享、交換，既然有貨幣，也同時存在一個我稱之為自動櫃員機（ATM）式的支付系統。

　　我認為在地方近似空虛無治的狀態下，仍然可以維持某種程度的道德秩序，其權力臨在的方式，不是物理能力隨時隨地臨場純展示式的方式，而是一種自動櫃員機式的，也就是銀行櫃檯或櫃員機式的方式。行員或是提款機不把款項擺出來，可是任何時間要提款，錢就馬上到位，如果有人發現自己從視窗放進提款單，而居然領不到錢，消息一旦傳出，馬上會引起擠兌，最後銀行可能關門。[49]而常民社會的道德素質，透過努力，人們可以在一個「自動存取所得帳」中得到盈餘。

　　這種權力展現的方式是隱藏的，但發現時又是絲毫沒有商量餘地的。而中國歷史中政治權力與道德權力通常都是這樣的。所以我一方面用自動櫃員機，一方面用「可見」（seen）與「不可見」（unseen）來形容它，即可見的與不可見的是並存的，顯現

---

48 柳宗悅著，石建中、張魯譯，《民藝四十年》（桂林：廣西師範大學出版社，2011），頁126。

49 譬如卓負聲譽的書畫出版社，突然出版一本三流的作品，人們不只對這本畫冊指指點點，還要進一步問：「XXX是什麼意思？」「XXX想做什麼？」出版一本不夠格的書，是表示傳訊系統改變了（或故障了）。一如ATM，人們一旦領不到錢，馬上會問「這是怎麼回事？」

的與潛在的是同樣重要的。而維繫這個「不可見」，使得它隨時
「可見」的是一種機制。它使得「地方」上在道德、秩序、文
化、心靈方面能維持一定的運作。這裡牽涉到無所不在的「傳訊
機制」，[50]人們生活在無所不在的「傳訊系統」中。

　　這世界評判價值的高下，或是道德水準的高低，並不是天然
的，也不是透明的。好似一個皇帝不能從大臣的臉相看出他的忠
與奸，也不能從一次見面中判斷他行政能力的高低。這時候需要
一個「傳訊機制」，譬如科舉考試中對四書五經的熟悉度；譬如
學歷、文憑、英文能力的高低。這些「傳訊機制」帶有相當程度
的任意性，並不必然與當事人的能力有關係。而地方上維持其道
德或秩序，常靠無所不在的「傳訊機制」。譬如某些地方的習
俗，把臉遮住是比較道德的表現，人們可以根據這個標準將人分
出高、低或善、惡。從外人的眼光看，它們有時「可見」，有時
「不可見」，但對生活於其間的人而言，卻都是看得見、可運作
的。就像一個寄信者，他只需要在一個信封上寫上位址、貼上郵
票，他可以完全不了解郵局的運作，但信件最後總會到達某一國
家某個人手上。

　　「傳訊機制」是一套潛在的大劇本，地方的人生活在一個潛
在的大劇本中，即使沒有明白說出的，人們仍然照著運作，後來
這個潛在的大劇本破裂了，沒有明白說出的，就不一定能做。譬
如，近代的「社會」與「契約」兩個觀念就與這個潛在的大劇本
相出入。對許多人而言，「社會」的概念很難理解，尤其是個人

50「傳訊機制」（signaling system）是經濟學中的概念，在這裡我作了擴充的使
　用，未必與原先的理論完全相同。理論的原始定義可參考朱敬一、林全，
　《經濟學的視野》，頁81。

的善行對整個社會不一定有利，對許多百姓來說簡直不可理解，而且對千百年來的善良風俗也是一個不小的挑戰。過去許多以祝頌或祝禱為基礎的人際行為，現在一律改為「契約」，而「契約」也是許多人所不解或不能適應的。

　　維護「傳訊系統」與「傳訊機制」運作的，是一些我稱之為「道德鎮守使」的人，他們是「可見」世界及「不可見」世界的維護者。且讓我引日本德川封建時期水戶藩第二代藩主德川光圀（1628-1700）一段對士或武士的描述──雖然兩國情形不盡相同，但仍有參考價值：士或武士「其唯一的任務，就是保護或維護『情義』，其他階級的人與可見之物交往，而武士則與不可見、無色和非實體之物交往……如果沒有武士存在，情義便會從人類社會中消失，人們也會喪失廉恥之心，邪惡與不正將橫行於世。」[51]在中國，「道德鎮守使」包括鄉宦、有科舉功名者、紳董、局董、地方上的讀書人，甚至作一手好詩、寫一手好字的人。[52]當然地方上的貞節牌坊、烈女祠、鄉賢祠等，還有政府的其他評價活動，如掛匾，也都發揮某種作用。這裡且舉清代名詩人黃仲則的女婿顧麟瑞的一段話，說明地方上的「道德鎮守使」怎樣發揮其影響力。他說：「余憨直負氣，裡黨間有越禮事，余必面爭之，詞色不稍假。」[53]

　　「道德鎮守使」所維護的，還有「文化理想」。「文化理想」

---

51 貝拉（Robert Bellah）著，王曉山、戴茸譯，《德川宗教：現代日本的文化淵源》（香港：牛津大學出版社，1994），頁97。

52 賦詩、書法等文化權力（culture power）是杜贊奇（Prasenjit Duara）在《文化、權力與國家：1900-1942年的華北農村》一書中所未提及的，卻是重要的「權威」之來源，如李立三寫一手好字，成為安源煤礦工人中的權威。

53 許雋超，《黃仲則年譜考略》（上海：上海古籍出版社，2008），頁347。

不一定是已實現的東西，但是人們總企求向它趨近。「文化理想」是一些潛規則，是一些隱蔽的篩選原則，是一些標竿，是地方上的評價系統，是一些「說法」。做任何事要給一個「說法」，而這個「說法」即像是一種「精神貨幣」。「說法」與「作法」不一定完全相應，但一件事能做與否決定於是否能給出一個「說法」。「道德鎮守使」也靠「說法」鎮守地方社會。在地方社會中，當「說法」尚未大變之前，它是相對比較穩定的。[54]

除了「道德鎮守使」，地方也透過街口巷尾的議論，甚至匿名揭帖來表達意見。[55]《先秦漢魏晉南北朝詩》中《魏詩》卷十二「雜歌謠詞」，多是歌謠官吏有善政者，其實也就是一種評價官吏的手段。此外，有一類的文本常常被當作裝飾性文本或俗套，但是除了有心人操作阿諛官員之外，有時它也有其社會功能，譬如官吏離任時送行的歌詠集。康熙十四年（1675）海寧148位士紳歌頌知縣許三禮的《樂只集》即是一例。[56]這些帶有格套意味的文書非常流行，一直到清末民初仍然相當流行。

前文曾提到，這種評價系統有時是透過一些象徵符號來表示，如在官吏離任時，家家戶戶擺一個香案，供一杯清水，或一塊豆腐，以表示其為官清貧或一清如水，或是在官吏啟程離任時，強行將其靴脫下，並以木盒將靴掛在城門口，以示不忍其離去之意。這一類「被治者」（相對於官員而言，可以說是弱者）

---

54 用錢穆的話說，是「中國社會之文化傳統與其心理積習之一種無形潛勢力」，見錢穆，《八十憶雙親・師友雜憶》（北京：三聯書店，1998），頁287。

55 陳慶年，《橫山鄉人日記》中所說之匿名帖，即代表一種評價意見。明光，〈《橫山鄉人日記》選摘〉，《鎮江文史資料》，第17輯，頁196。

56 鄧之誠著，鄧瑞整理，《鄧之誠文史札記》，頁461。

的象徵性行為，案例極多，一直到民國時期仍有其痕跡。[57]一般都只將之視為無用之具文，而忽略了它能有的現實功能。譬如清代後到民初，在一些下層讀書人的日記中，都記錄了縣官離任時的場景。有些人憤憤不平地指摘地方官員離任時，雖有一些送行的場面，但是那些場面是勢利小人幫忙做出來的，有些則以詩、畫嘲諷官員離任的場面，這都代表了一種當地人的潛在評價。[58]

　　近代地方「輿論社會」的出現，大幅度改變了前述的格局。隨著各種報紙、刊物湧入地方，地方上出現許多新政治語言，對大部分人而言，陌生的思想如潮水般湧來。在這方面，佐藤仁史的研究值得注意。[59]佐藤藉由《陳行鄉土志》，研究上海陳行地方菁英中的下層讀書人兼領導人，指出他們所使用的措辭值得注

---

57 如山東臨沂縣長范築先（1882-1938）之例。范築先離任時，地方上家家戶戶在路旁擺上香案，「香案上並不燒香，擺著清水一碗，鏡子一面，豆腐一塊，青蔥幾棵，用以象徵范縣長的『清似水、明似鏡』，『一清二白』。還有清酒兩杯，主人的名片一張，表示餞別。只見縣長在許多人簇擁下一路行來，──區長、鎮長、警察局長、小學校長，少不了還有隨從護衛，──鞭炮震天，硝煙滿地。這一次他沒有多看我們，一逕來到香案之前。香案上有兩杯酒。範氏站立桌前，端起右面的一杯，──右面是賓位，──灑酒於地。就這樣，一桌又一桌。蘭陵本來就滿街酒香，這天更是熏人欲醉。隨員取出范氏的一張名片放在桌上，把主人擺在桌上的名片取回來，放進手中的拜盒。就這樣，鞭炮聲中，範氏一桌挨一桌受禮，臨之以莊，一絲不苟。」王鼎鈞，《昨天的雲》（北京：三聯書店，2013），頁12。

58 趙鈞撰，周夢江整理，〈趙鈞《過來語》輯錄〉，《近代史資料》，總第41號（北京：中國社會科學出版社‧中華書局，1979），頁124。張樹撰，俞雄選編，《張樹日記》（上海：上海社會科學院出版社，2003），頁128-129、187、215。

59 佐藤仁史，《近代中国の郷土意識──清末民初江南の在地指導層と地域社会》（東京：研文出版，2013）。

意。一方面，新思想的下滲一般到小市鎮為止；另一方面，可以比較恰當地評價究竟有哪些啟蒙語言被市鎮中的菁英層次所運用。《陳行鄉土志》中連篇累牘地鋪陳「愛國」、「國民」之義，「空談愛國之士，讀各國書，睥睨一世，問其本鄉土一、二掌故，則瞠目不能對。夫愛生於情，情生於知，不知其鄉，何能愛鄉？不愛其鄉，何能愛國？」「為我鄉造成愛國國民者，當以是編為之基本。」[60]有意思的是，過去人們從這部書中是看不出「國民」這些意義的，但是在新概念、新思想的時代，出現了不同的認識框架。

這讓我們想起肯尼斯‧伯克（Kenneth Burke）的論點，這些新概念形成「詞幕」（terministic screens），人們用這些「詞幕」來觀察詮釋他們的日常生活世界。[61]當新概念如潮水般湧入時，形成新的「詞幕」，使得人們看待數百年來不怎麼變化的生活世界有了很不一樣的意義。如果我們把這一地區從明到清的各種村志、鎮志，當作一層又一層的切面，就可以看出從明到清，每一本志書對這一個地方的看法與意義都不盡相同。由此更可以看出「詞幕」之變化所產生的重大影響。

此外，在新的「詞幕」出現時，也浮現了一個議題。地方上的人並不熟悉一些報刊雜誌所帶來的新觀念，如國家、政黨、社會、契約等。以「社會」來說，這是一個陌生的觀念，尤其是為什麼一個一個人的努力，卻不一定能促成整個社會的美好。這個問題在尼布林（Reinhold Niebuhr, 1892-1971）《道德人與不道德

60　孔祥百等編著，石中玉整理，《陳行鄉土志》（上海：上海社會科學院出版社，2006），頁1。

61　Kenneth Burke, Joseph R. Gusfield eds., *On Symbols and Society*, pp. 114-125.

的社會》中曾經提出來。

　　且讓我們回想一下尼布林是怎麼說的。從個人的道德到社會之間有一個重大的際縫，需要一個跳躍，也就是說行為自身的價值不一定是社會的價值，尼布林形容這是「道德的個人」與「不道德的社會」。[62] 上述兩者的共同後果，即是以前人們認為老實努力守住一己的德行，即可以得到好的回報，即可成為鄉里中被尊敬的人，或是對整個社會、秩序有正面貢獻的人。但是在近代「社會」觀念引入後，卻發現它與上述這個相沿數千年的認知南轅北轍。相似的情形在德川後期的日本也曾經歷過。在德川後期，如「社會」、「契約」之類的觀念，鋪天蓋地而來；鄉民之間原先所循守的「常民倫理」以及「道德經濟」式的借貸關係被徹底改變了。德川後期大量的農民叛變，往往是因為農民發現自己即使在「常民倫理」之內推到極端也沒有辦法時才爆發的。[63]

三

　　還有幾點是來不及在正文中申論，但值得在餘論中提出的。

　　第一，在地人的觀點並不總是比較高明的。最明顯的例子是，災難發生時，資訊流動有不同的方式。由社群內部看（etic），並不總是比由社群外部看（emic）看得更清楚，有時反而會出現「燈下黑」的情形，故必須循環往復才能看得更深入。地方有它自己的方案，有它自己的「接近感知經驗」，這種「接

62　Reinhold Niebuhr, *Moral Man and Immoral Society: A Study in Ethics and Politics*（New York: Charles Scribner's Sons, 1960）.

63　Irokawa Daikichi, translation edited by Marius B. Jansen, *The Culture of the Meiji Period*（N.J.: Princeton University Press, c1985）, p. 23.

近感知經驗」與「遙距感知經驗」是有不同的，[64]有許多是「說」比「做」容易的事。故應該既由內部看，又時時由外部看，兩者周流往復。

　　第二，解救出「地方」之後，下一步呢？可能有人會誤以為從地方出發，即是滿足於「地方之見」，要完全去中心化或除去大的歷史框架。事實當然不是如此。但是多這一道工作，有利於對全域的歷史的了解。如果地方是如此，何以後來歷史的發展卻如彼，從「地方」到「全國」的局勢如何調整變化，這就會產生許多新的、饒富意味的課題。譬如在五四時期，如果從地方出發看，大多數地方是保守的，那麼何以仍有全國性的運動風潮？地方輿論動向與全國性運動如何發生關係？這好像是用螢光納米顯微鏡觀察內部分子作用的過程，最後還是要回到整個「人」的運作，否則歷史會變得非常零碎，而且有狹窄化的傾向。

　　第三，地方的思維活動。地方的封閉性與局限性，「蟲蟲之氓」的識見，範圍有限，但也可能在這種地方、這種方式下形成一種思維特色。[65]清季在鎮江已出現一種既不支持太平軍，亦不滿清朝的意識。[66]此外，譬如地方知識人的組織、地方上的詩社，他們的詩歌往往反映地方上小讀書人的思想、意態，值得深入分析。這些詩社的失勢，有相當重要的時代意義。

---

64 吉爾茲，《地方性知識：闡釋人類學論文集》，頁72。

65 2014年諾貝爾文學獎得主艾莉絲‧門羅（Alice Munro）就是寫小地方。我們必須先承認地方的封閉性，而且封閉有時候是自己希望的，譬如德川時代的封閉性就是自己希望的，是自我希望維持在這樣的狀態之下。

66 忻元章，〈一份記太平軍在鎮江的珍貴文獻──介紹館藏善本《苹湖筆記》〉，《鎮江文史資料》，第7輯（政協鎮江市文史資料研究會編印，1984），頁159。

　　第四，討論地方上的文化問題時，仍應設想三個時間層次或多個時間層次。即地方上的文化存在著多個層次，其中有的是長時段的、較穩定的，有的是隨著時代而變的。

　　第五，我想在全球化的效應下，整個世界的「地方」都在消失，變得只有城內、郊區的差別而已。以台灣的「老街現象」為例，所有「地方」都在一致化。本文提到19世紀發生在慕尼克的藝術運動，許多藝術品、劇作品，原來都是「地方」的，最後成為全國、全世界的，上下之間應該互相流動，有的往上走，有的往下走。多樣性的地方，可能滋養社會，若地方枯竭且一致化時，社會便少了許多活力與資源。

　　此外，我必須鄭重強調，關於「地方」，可以討論的問題還非常多。譬如，地方上的公共空間或神聖空間。文廟常是地方上的公共空間、精神堡壘，有其道德、政治、社會、文化功能。譬如前面提到，原本布置藝術是一種象徵性活動，既是說服自己，亦是說服別人。但是從某一個時間開始，自我與這個象徵系統之間不再是有機的關係，藝術不再是「寓意系統」，而是純粹欣賞的物件，是物件化、主客二分的。

　　最後，我覺得研究歷史好比觀看一個選手帶球上籃，一般只注意他上籃的動作及是否得分，而忽略了他一路拍打著球，每一次拍擊，球的內部承受的力量、撞擊地板的角度都不同，球的內部有著不同的變化，球的反彈也相當不一樣。拍打得太過用力，球可能彈得太高而失控；拍打得不夠，球可能彈跳不起來。一方面球撞擊地板，一方面地板將之反彈而起，這些變化，就像是地方社會的變化。如果我們一直只從全國性的角度，或僅從制度著眼，等於只注意帶球上籃，是否得分，忽略了拍打時籃球內部的變化。多年來我一直都在想著，我們如何既觀賞帶球上籃，又

注意拍動的籃球，也就是說既不忽略地方社會的脈動，又能兼顧
到整體的歷史。

人的消失?!

——兼論二十世紀史學中「非個人性歷史力量」

　　本文是對20世紀史學中一種「非個人性力量」的反思。文章的前半部，著重在討論近代新史學中對「非個人性歷史力量」的強調，以及歷史書寫中「人」的分量的遞減。後半部則是在講「非個人性歷史力量」的更激烈展現，即忽視個人在歷史中的角色，而且是忽略「人格性力量」在歷史中的作用，甚至極端地宣稱「人的消失」。

　　在著手研究這個問題時，我的出發點非常簡單，就是感覺到近代人文與社會科學中普遍出現一種「人的消失」的現象。然而，一旦動手寫這篇文章時，我發現問題非常複雜。[1]不過在這個階段我選擇對史學中「人的消失」這個現象作一梳理。我以為「人物」有幾層意義：一、是有自由意志、有主動力量的；二、可以是個人，但也可以是人人；三、不只是英雄，也包括許多平民或不知名的人物、人格與事件。[2]「人」的消失，當然也會牽連到在歷史變遷中「人」所扮演的角色問題。這個問題分成幾個層次，第一層是史學著作中關係到個人的比重之減少。第二層是刻意否認個人，或人在歷史中的重要性。第三層是宣稱「人的死亡」，使得人只是從歷史中蒸發掉的氣體。不過，我並不是在講全部史學實踐之狀態，而是比較重視新派，而且敘述也有畸輕畸重之別。譬如說傳統史學陣營中「人」的書寫仍是主角，在新派人物中，吳晗（1909-1969）編寫了《朱元璋傳》，又如左派也不至於只重物質而不談人，他們也承認少數人會理解歷史的趨勢。然而，「人」的分量的逐漸消失卻是一個不可忽略的現象，這是

1　至於仔細區別「人物的消失」與各種不同面相之間的關係，則有俟他日。

2　「人」與「事件」原先不是等號，可是後來到了結構主義時期，又幾乎可以畫上等號。

首先要說明的。

一、傳記史學中的「人」

　　中國史學傳統一向強調人，尤其是《史記》，其最異於先前史體者，就是人物紀傳，此後紀傳體成為歷史書寫的主體。有時甚至到只有人而沒有制度的地步，如李延壽的《南史》、《北史》，只有傳記性質的「本紀」和「列傳」，到了後來有些史書，基本上也都是人物傳記，即是一例。而且傳統史學在分析歷史時，往往將歷史的變動歸於「人」。[3] 對此一以「人」為主的歷史書寫傳統，錢穆也屢屢強調：「中國歷史有一個最偉大的地方，就是它能把人作中心」、「紀傳之主要特徵，乃一種人物史。故中國史書傳統，可謂人物傳記乃其主要之中心。亦可謂中國史學，主要乃是一種人物史。此語決無有誤。」[4] 又如史論方面的書，也往往將歷史的成敗起伏，局限到幾個人身上，如宋代葉適（1150-1223）的《習學記言序目》中講到歷史起伏時，往往皆因個人，而且對歷史發展之成敗的解釋，往往也歸因為用某人，或不用某人，或某人如何，某人不如何。[5] 早在晚清，一本從

3　但是古代史書不重視平民，《竹書紀年》中就沒有一句與平民有關。

4　錢穆，《中國史學發微》（台北：東大圖書公司，1989），頁84、264。中國傳統史學重「人」的傳統，正如錢穆說的：「記人一體，更為中國史書主要精神所寄」（頁53），「中國史主要所在，還是在人物」（頁56），「中國社會之重視人物，則遠自上古已然」（頁264），「然而人的影響勝過了事的影響」（錢穆，《國史新論》〔台北：東大圖書公司，1984〕，頁274）

5　譬如葉適說：「然則尚書為天子私人，事歸台閣，公卿充位，蓋有由來。至於人主不能親覽，台閣遂成朝廷，古今之變，微而不自知也。」葉適，《習學記言序目》（北京：中華書局，1977），頁380。

英文翻譯過來的英國史即提醒它的中國讀者們，西方歷史不是以人物為主。《大英國志・凡例》表示：「英史體例與中國不同」，「中國史記列傳用紀事體較詳」，「英史有本紀而無列傳」，作者希望讀者不要以中國史的體例來想像英國史。[6]以「人」為主的歷史書寫傳統，一直持續到晚清，直到清末梁啟超的史學革命，才打破了這個傳統。

二、新史學：「團體」與「社會勢力」

中國近代「新史學」的開山祖師梁啟超的幾篇里程碑文件，替以「人」為主體的歷史書寫敲下喪鐘。梁啟超在1902年發表了〈新史學〉與〈中國史敘論〉，這兩篇文章所傳達的訊息很多，其中最為人津津樂道的是中國的傳統歷史是「相斫書」、是「帝王將相的家譜」，詳於政治，忽於社會；詳於帝王將相，忽於人民；只重個人，忽略團體的歷史；只褒貶個人，不褒貶團體。[7]梁啟超的歷史主張與現實主張往往是一致的，從晚清以來他就認為傳統中國社會一向最缺乏「團體」，沒有「社會」。梁氏雖然未曾明顯反對個人在歷史中的地位，但實際上因為他嚴厲批判二十四史，而二十四史就是以人物為主的紀傳體，所以痛責二十四史也就是間接反對以「人」為主的歷史書寫傳統。

梁啟超雖然批評傳統史學，宣揚社會優於個人，團體優於個人，但在他的議論中，「人」仍然是歷史的要角。他強調要褒貶

6　慕維廉，《大英國志》（台北：中央研究院歷史語言研究所傅斯年圖書館藏，清咸豐六年江蘇松江上海墨海書院刊本），頁2。

7　梁啟超，《新史學》，收入《飲冰室文集》（台北：臺灣中華書局，1983），第4冊。他在文章中談到之處甚多，如頁9-10、27。

一個「時代」,「時代」才是有意義的單位,而不是像傳統史書那樣褒貶個人,個人不是一個有意義的單位。在今天,人們對梁啟超的論點已耳熟能詳,但在當時,二十四史的傳統仍然具有籠罩性的地位,他的論點當然是石破天驚的。

梁啟超在1920年代初期的兩本小書《中國歷史研究法》及《中國歷史研究法補編》中,對「人」在歷史書寫中的角色看法已經有所改變,對歷史中的「公例」的想法也已經放棄,但是在畸輕畸重之間,梁氏仍然認為「社會」高於個人。

梁啟超在《中國歷史研究法》中強調的不是「人」的活動,而是「人類社會」的活動,他說:「不曰『人』之活動,而曰『人類社會』之活動者,一個人或一般人之食息、生殖、爭鬥、憶念、談話等等,不得謂非活動也;然未必皆為史蹟。史蹟也者,無論為一個人獨力所造,或一般人協力所造,要之必以社會為範圍;必其活動力之運用貫注,能影響及於全社會,最少亦及於社會之一部,然後足以當史之成分。質言之,則史也者,人類全體或其大多數之共業所構成,故其性質非單獨的,而社會的也。」[8] 不是每一個人或每一件事都能成為歷史(「史蹟」),要一個人或一件事能在「社會」造成影響,才能成為歷史。梁啟超在當時主張區分「歷史的」與「天然的」,歷史的是指有意志的、進化的,而「天然的」是昨日如此,今日如此,明日亦是如此的,所以「天然的」是沒有歷史的。[9] 到了1920年代,這個區分得到進一步釐清,即成為「社會的」一部分,才是「歷史的」,否則是「非歷史的」。

8　梁啟超,《中國歷史研究法》(台北:臺灣商務印書館,1966),頁2。

9　梁啟超,《新史學》,頁7、8。

　　他又說今後的歷史，殆將以「大多數之勞動者」或「全民」為主體。不過這個時期的梁啟超並未忽視有一種「首出的人格者」的地位。這些「人格者」將其力量傳遞於「群眾」，他有時稱他們為「群眾的人格者」。[10]這個概念在他這個時期的歷史著述中常常得到發揮。他分析這些「歷史的人格者」的定義與歷史功能時說：「然所謂『歷史的人格者』，別自有其意義與其條件，史家之職，惟在認取此『人格者』與其周遭情狀之相互因果關係而加以說明」，[11]「何以謂之『歷史的人格者』？則以當時此地所演生之一群史實，此等人實為主動——最少亦一部分的主動——而其人面影響之擴大，幾於掩覆其社會也。」他又說：「吾以為歷史之一大祕密，乃在一個人之個性，何以能擴充為一時代一集團之共性，與夫一時代一集團之共性，何以能寄現於一個人之個性？申言之，則有所謂民族心理或社會心理者，其物實為個人心理之擴大化合品，而復借個人之行動以為之表現。」[12]

　　梁啟超在《中國歷史研究法補編》中又說：「一個人一群人特殊的動作，可以令全局受其影響。」[13]雖然在說這一段話的同時，他仍然堅持批評傳統史書只重個人的歷史，失去了歷史的性質。[14]但是很明顯地，這與他將近二十年前的論點已經有很大的

10　梁啟超，《中國歷史研究法》，頁171、172。

11　梁啟超，《中國歷史研究法》，頁44。

12　梁啟超，《中國歷史研究法》，頁170、172。

13　梁啟超，《中國歷史研究法補編》（台北：臺灣商務印書館，1966），頁30。

14　梁啟超說：「歷史不屬於自然界」，「專以人為主的歷史，用最新的史學眼光去觀察他，自然缺點甚多，幾乎變成專門表彰一個人的工具。許多人以為中國史的最大缺點，就在此處。這句話，我們可以相當的承認：因為偏於個人的歷史，精神多注重彰善懲惡，差不多便成了修身教科書，失了歷史性質了。」梁啟超，《中國歷史研究法補編》，頁40。

不同。以他在《中國歷史研究法補編》中寫到王陽明的一段為例，梁啟超很想寫包括全部的中國文化史的一百篇傳記，王陽明是其中一篇，他說：「前人的思想似乎替他打先鋒，後人的思想都不能出他的範圍，所以明代有他一個人的傳便盡夠包括全部思想界。」[15]所以，晚期的梁啟超顯示出一種所謂「互體」式的歷史觀，即偉大人物與偉大時代為「互體」，進而形成一個時代的歷史。[16]梁啟超認為，每個時代都有一個代表人物，而種種的事變都可以歸納到他身上，譬如他說：「先於各種學術中求出代表的人物，然後以人為中心，把這個學問的過去未來及當時工作都歸納到本人身上。」這種作法的好處在於：「歷史不外若干偉大人物集合而成，以人作標準，可以把所有的要點看得清清楚楚」，另外還能培養人格，「知道過去能造歷史的人物，素養如何，可以隨他學去，使志氣日益提高」。[17]

　　歸根究柢，我們可以說這個時期的梁啟超並不忽視「人」，也主張以「人」為中心把一個時代相關的東西匯聚在「此人」身上，或是以「此人」作為傳遞，擴充成一種社會勢力，是歷史的發動機。所以他想寫百人傳。但在這個時代，他最常用的史學措詞仍是「團體活動」、「社會勢力」、「事蹟的團體」、「史蹟團

---

15 梁啟超，《中國歷史研究法補編》，頁134。

16 梁啟超說：「前人總是說歷史是偉大人物造成，近人總是說偉大人物是環境的胎兒……我們主張折衷兩說，人物固然不能脫離環境的關係，而歷史也未必不是人類自由意志所創造。」他又說：「事業都是人做出來的」，「集中到一二人身上，用一條線貫串很散漫的事迹」。《中國歷史研究法補編》，頁128、132。

17 梁啟超，《中國歷史研究法》，頁42。

體」、「時代集團」、「史蹟的集團」、「社會趨勢」等。[18]而梁啟超
後來的史學措詞，好用佛學詞彙，如「業力」，[19]亦顯示其中有一
種「非個人」的意味。在講梁啟超史學的時候，我們不能忽略，
這不只是他一個人的思想，事實上晚清以來非常流行「群學」、
「社會」等觀念，使得人們的思考中，常常偏向「群」、「團
體」、「社會」，而明火執杖地反對「個人」。不過這一波思想在
史學上的代表人物仍要推梁啟超。

　　梁啟超的《中國歷史研究法》及《中國歷史研究法補編》寫
成於五四之後不久。這裡有一個值得注意的現象：一般認為五四
新文化運動是一個個人主義覺醒的時代，可是這個時期，提到
「人」時常帶著引號，表示當時的知識分子覺得這個階段的中國
人尚未做成一個真的「人」，所以是處於引號的狀態。但在當時
歷史解釋中，對個人在歷史中的角色與地位並沒有相應的強調。
這一方面是因為反傳統思維居於主位，而歷代正史是最被批判的
傳統之一，二方面是梁啟超的影響很大，三方面是當時新一波史
學主要來自西方（或假手日本傳入的西方史學），而在西方史學
傳統中「個人」並不重要。

　　當時從西方傳入的新史學的主要特色之一，是以「事」為本
位的歷史學。在這個階段中，批判傳統仍是思想學術界的主流，
所以不僅僅是「事」本位，同時是以「事」本位來批判「人」本
位的中國傳統史學。當時人覺得趙翼（1727-1814）的《二十二
史箚記》，以及每一件事獨立成篇的「紀事本末體」比較符合

---

18 譬如梁啟超說：「眼光銳敏的歷史家，把歷史過去的事實看成為史蹟的集
　　團，彼此便互相聯絡了」，「要從新把每朝種種事實作為集團」等等，《中國
　　歷史研究法補編》，頁43。

19 梁啟超，《中國歷史研究法》，頁11。

「事」本位的史學,所以群相推挹。梁啟超即在《中國歷史研究法補編》中說:「紀事本末體是歷史的正宗方法」,並希望以「事」本位的歷史書寫為基礎改善舊史。[20]章學誠史學在這個時期,特別受到人們推重,而章學誠即是特別推重以事件獨立成篇的紀事本末體。在以「事」為主的歷史寫作中,對歷史上「個人」作用的敘述減少,也是值得注意的。「事」本位的史學敘述,可以以何炳松(1890-1946)在〈中國史學之發展〉中的一段話為例:「(袁樞《紀事本末》)因事命篇,首尾完具,其所得結果無意中與現代史學上所謂主題研究法者不約而同,實為吾國史籍中最得通意之著作。」[21]

　　1920年代後期成立的中研院歷史語言研究所是「新史學」的旗手,以求知為目標,以歷史「問題」為本位,對歷史求「整個的」了解,並不重視歷史的鏡鑑作用。[22]在傅斯年這篇〈歷史語言研究所工作之旨趣〉的里程碑文章中,雖然沒有像梁啟超那幾篇史學宣言中那樣撻伐只重個人的舊史,但他所要建設的新史學,是像生物學、化學那般科學、嚴謹的史學研究,新材料、新問題、新工具為他關心的重點。凡是他所正面主張的,都是針對歷史「問題」作「整個的」研究時所要用上的東西。他雖不突出批評舊史的「人」本位,但是他這篇〈旨趣〉的最末一段,與Lewis Namier(1888-1960)的名言:「把心性從歷史中趕出去」(taken the mind out of history)的意趣頗近。

---

20 梁啟超,《中國歷史研究法補編》,頁43。

21 何炳松,〈中國史學之發展〉,收入劉寅生、房鑫亮編,《何炳松文集》(北京:商務印書館,1997),第2卷,頁312。

22 一如伯倫漢(Ernst Bernheim, 1850-1942)所說的德國蘭克學派,以求知為其目標,並不在於借鑑之作用。

　　傅斯年說：「一、把些傳統的或自造的『仁義禮智』和其他主觀，同歷史學和語言學混在一氣的人，絕對不是我們的同志！二、要把歷史學語言學建設得和生物學地質學等同樣，乃是我們的同志！三、我們要科學的東方學之正統在中國！」[23]從上面這段宣言看，他所要驅逐的正是過度道德化或甚至是個人化（personalized）的舊史。傅斯年所提倡的「問題」本位的史學研究，當然與「事本位」的新史學有合拍之處。當時有一位受到這個學派薰陶的人便這樣描述他所接觸到的新史學：「到所（史語所）時，多聆（傅斯年）教誨，兼得諸同事講習，略窺老舊史家與今日史家之異趣，似舊日多以書為本位，現代則多重歷史問題。」[24]

　　在這一波新史學風潮中，胡適並未突出地提倡他的史學主張。作為當時全中國最有影響力的學者，胡適的任何主張都會被特別注意。基本上，他的史學研究屬於科學的考證學派，以客觀地解決歷史問題為導向。顯然曾經有人批評他的史學不重視個人，所以他在〈介紹我自己的思想〉這一篇重要的文字中說：「這樣說法，並不是推崇社會而抹殺個人，這正是極力抬高個人的重要。個人雖眇小，而他的一言一動都在社會上留下不朽的痕跡，芳不止流百世，臭也不止遺萬年，這不是絕對承認個人的重要嗎？」[25]1930年代左翼史家便非常清楚地指出胡適的實驗主義太過重視個人在歷史中的位置，「最後實驗主義者在歷史中極端

---

23 傅斯年，〈歷史語言研究所工作之旨趣〉，《中央研究院歷史語言研究所集刊》，第一本第一分，1928年8月，頁10。

24 〈陳述致傅（斯年）〉，1938年2月25日，傅檔Ⅳ：230。

25 胡適，〈介紹我自己的思想〉，收入《胡適文存》，第4集，頁615。

強調『個人』的作用,而否認『大眾』之歷史的創造作用」。[26]

綜上所述,民國新史學有兩個傾向,一是「事本位」,一是「問題本位」,雖然「事本位」或「問題本位」者都未明白反對「人本位」,但其實際影響都是對「人本位」的史學的批評或抵消,使得史家的注意力在此不在彼,這種影響是不可輕忽的。

三、左翼史學中的「個人」

1920年代後期逐漸崛起的左翼史學,是另一個具有關鍵性影響的史學流派,這個流派的重點是以社會發展史的規律決定人的意志、意識與意向。在講社會發展史時,社會經濟的變遷是主體,生產力的發展才是社會進化的基點,它極少或甚至不是由個人所決定的。當時流行的社會發展史編譯本非常多,就以講羅馬帝國衰敗的原因為例,其中往往強調不能只講人的因素,講其他歷史的大起大落,也往往看不到幾個人名。[27]

在這裡,我想引用兩種文獻為例來說明左派史家對「個人」的看法。一是在馬克思主義陣營中討論「個人」與「歷史」的經典文獻──普列漢諾夫(Plekhanov, Georgiĭ Valentīnovīch, 1856-1918)的《論個人在歷史上的作用問題》;一是中國的馬克思主義理論家李大釗、翦伯贊(1898-1968)等人的著作。

普列漢諾夫認為任何一種現象,任何一種東西,都有它自己發展的規律,都是客觀的,都有它的必然性,不能由人的主觀思

---

26 翦伯贊,〈評實驗主義的中國歷史觀〉,《歷史哲學教程》,頁253。

27 此處只舉一例,如劉瑩編譯,《人類社會發展史》(上海:春秋書店,1932),頁45。

想隨便改變的。[28] 但是普列漢諾夫理論的巧妙之處在於，他非常
精細地論證了個人不等於偶然性，而在「歷史規律」下個人仍可
發揮主觀能動性，並將個人的才能發揮到極致。關於偶然性，他
說偶然性出現在諸必然過程的交合點。關於偉大的個人如拿破
崙，他說那是社會關係網的產物，[29] 而不是像18世紀史家霍爾巴
赫（Paul-Henri Thiry, Baron d'Holbach, 1723-1789）所說，人的一
個想法或作法即可改變歷史的進程。為了說明上述的觀點，普列
漢諾夫不厭其煩地再三申述：「歷史事變的進程遠不僅僅是由人
們的自覺行為所決定的；單是這個情況就必定要使人想到，這些
事變是在某種潛藏的、像自發的自然力量那樣盲目地然而按照某
些確定不移的規律起作用的必然性影響下發生的」、「俾斯麥能
不能把德國拉回到自然經濟去呢？」、「可以用必然性的眼光看
現象，同時又成為很有權力的活動家。」[30]

　　在介紹完普列漢諾夫的觀點之後，要回過頭來討論近代中國
幾位代表性左翼史學理論家這方面的言論，他們的言論對近代史
學發揮了重要的影響力。

　　李大釗的《史學要論》是早期左翼史學的里程碑之作，他的
主要對話對象之一顯然包括梁啟超。他說：「史學是專研究關於

28　有關普列漢諾夫對於個人在歷史上的角色的研究，可以參考 William H.
　　Shaw, "Plekhanov on the Role of the Individual in History," *Studies in Soviet
　　Thought*, Vol. 35, No. 3 (Apr., 1988), pp. 247-265.

29　普列漢諾夫說：「現實中出現的任何人才，即成為社會力量的任何人才，都
　　是社會關係的產物。」普列漢諾夫著，王蔭庭譯，《論個人在歷史上的作用
　　問題》（北京：商務印書館，2010），頁49。

30　普列漢諾夫著，王蔭庭譯，《論個人在歷史上的作用問題》，頁26、21。

團體的生活者,而不涉及個人的生活。是亦不然。」[31]李大釗對個人在歷史中的作用顯然採取比較緩和的態度,故他雖然一方面強調馬克思主義史學重群眾、重團體,但如果說完全輕視個人,他也並不能同意。在翦伯贊《歷史哲學教程》中的〈目前歷史教學中的幾個問題〉,也提到當時左翼的歷史教學出現了一種「避免提到個別歷史人物的現象」,他說:「有些教師把商鞅變法改為秦國變法。凡是講到漢高祖的地方,都用『漢初』二字代替他的名字。講林則徐焚毀鴉片,也認為可以不提林則徐的名字。甚至講儒家學說,有人不提孔子。在世界史講授中也有這樣的現象,個別的教師把亞歷山大東征改為馬其頓東征,把革拉哥兄弟的改革,改為農民為保持土地而鬥爭。理由都是一樣,即認為上述歷史事件和學術思想,都是歷史的必然性或社會經濟發展的規律性所引出的結果,和個別歷史人物沒有關係。」他反對全部否定個人在歷史創造中的作用,他說:「全面地講述歷史,應該是在肯定歷史必然性和人民群眾是歷史的主人的原則下,承認個人在歷史上所起的一定作用。」[32]

綜前所述,李大釗的史學觀念強調社會發展規律、社會經濟之決定性,並以之修正以政治歷史為中心的歷史觀。他強調下層建構決定上層結構,主張思想意識隨時代社會經濟基礎的變動而變動,強調歷史中有法則等。但李大釗對「個人」在歷史中的角色仍持較為調停之論。後來所流行的各種唯物辯證史觀的譯著就激烈得多了,譬如說:「拿破崙也不過為在經濟的條件所驅使的

31　李大釗,《史學要論》(石家莊:河北教育出版社,2000),頁13。

32　翦伯贊,〈目前歷史教學中的幾個問題〉,《歷史哲學教程》,頁320-321、322。

範圍內，出現在歷史舞台上的自動傀儡之一罷了。」[33]

　　至於翦伯贊，他關心的是：「中國歷史發展的動力不是『卓越人物』的願望，更不是神的啟示，而是社會經濟。社會經濟的結構是歷史的真實基礎」，「政治、法律、宗教、哲學及其他觀念都是社會經濟的派生物」。歷史的重心不是皇帝們的宮廷生活、貴族的姻婭關係，「而是生產力與生產關係」。他認為「只有根據生產力與生產關係，然後才能對於某一時代的政治現象、文化思想以及一切複雜紛亂的歷史現象給予正確的本質的說明。」[34]他認為偉大人物的出現只是偶然性的，歷史規律才具統制性。既然，偉大人物只是偶然，會有替代者，所以在特定的必然性──歷史規律之下，即使沒有拿破崙也會有別的人出現來代替他的地位。[35]

　　翦伯贊認為只有偶然性與必然性合一才能出現傑出的人物與傑出的成果，他反對胡適的實驗主義突出「個人」之重要性，而忽略大眾。他說：「社會的發展最後地計算起來，不是傑出人物的意志和思想來決定，而是社會生存所必須的物質條件的發展來決定的，由社會生存所必須的物質財富的生產方式的變遷來決定。」[36]值得注意的並不是有沒有大人物，而是說大人物的出現也是歷史的必然。他引申了普列漢諾夫的說法：「一個歷史上偉大人物在某一個國家某一時代之出現，是那個國家那個時代的社會之需要，這件事是必然的。」他說即使在中國歷史上刪去了秦始皇、漢武帝、忽必烈、朱元璋、洪秀全、楊秀清、孫中山這一些

---

33 劉瑩編譯，《人類社會發展史》，頁87。

34 翦伯贊，〈怎樣研究中國歷史〉，《歷史哲學教程》，頁285、290。

35 翦伯贊，〈群眾、領袖與歷史〉，《歷史哲學教程》，頁24。

36 翦伯贊，〈評實驗主義的中國歷史觀〉，《歷史哲學教程》，頁254。

大人物，在中國的社會經濟發展的一定階段上，「也必然會出現另一些英雄或民族革命的領袖來替代他們。中國歷史決不會因為沒有他們而改變其發展規律。」而且「只有在歷史的必然性中，才能使這些歷史上的偉大人物的偶然性表現出來。」[37]

翦伯贊反對沒有「人」的機械論，但他主張個人要在歷史發展規律之下才能表現自己；他不忽視史實的重建，但認為史實是探索歷史發展規律的基礎，他希望用這個宗旨來改造中國史學。翦伯贊等人主要批評的是胡適所領導的實驗主義。在舊史家眼中，胡適的實驗主義是不重視「個人」的，但在翦伯贊等人眼中，胡適卻太重視個人，完全忽略了群眾與歷史發展規律的作用。

尚鉞是另一左翼史學代表性學者，他認為史學書寫的目的在於：「闡明中國歷史的發展規律」，「歷史學要成為科學，就在於闡明規律，闡明真理」，[38]故輕視歷史人物的作用。他說像爭論明惠帝的生死下落這一方面的問題，即使提出千百個，寫出千萬篇論文，仍是沒有價值的。[39]此外，如范文瀾（1893-1969）說歷史的發展不是由英雄決定，「而是由於生產力的增長發展」。[40]左翼史學的實際影響是非常大的。譬如在1920年代末到1930年代初期的「社會史論戰」，和前後出現的中國社會性質問題論戰，中

---

37 翦伯贊，〈群眾、領袖與歷史〉，《歷史哲學教程》，頁25、26。

38 尚鉞，〈《中國奴隸制經濟型態的片斷探討》序言〉，《中國歷史綱要》（石家莊：河北教育出版社，2002），頁498。

39 尚鉞，〈《中國奴隸制經濟型態的片斷探討》序言〉，《中國歷史綱要》，頁499-500。

40 范文瀾，〈誰是歷史的主人〉，《范文瀾全集》（石家莊：河北教育出版社，2002），第10卷，頁159。

國農村社會性質論戰的大量文章幾乎都很少出現人名，整個歷史像一部往前駛的火車，駕駛、乘客是誰不重要，重要的只是車廂、鐵軌。事實上，這種火車與乘客的意象，即經常出現在當時的新文學作品中。

　　這一思想也反映在實際行動中。在蔣介石清黨後，柳亞子（1887-1958）曾經提議刺殺蔣介石，惲代英卻回答柳亞子說：「共產黨相信群眾，不重視個人」，[41] 故殺蔣沒有必要性。當然在分析現實局勢時，這類思維是根深柢固的。在這裡且讓我跳出時間序列，舉幾個1950年代之後的相似論述，以見其影響之延續性。[42] 1982年，有一篇左翼學者的文章討論大特務戴笠（1897-1946）時說：「戴笠從一個侍衛隨從，竟成了蔣介石獨裁統治下的中國的『希姆萊』，絕非偶然。這是半封建半殖民地社會這一特定歷史條件下的產物。」[43] 在這方面的史學論著中，不是沒有個人，而是將其作用降到極低，最後都歸納到一個大的歷史規律中。鄧之誠在1950年代的日記中提到俄國《真理報》，「報載，《真理報》論崇拜個人為違反馬列主義」，鄧之誠的言詞中頗為訝異。[44]

　　在過去幾十年中，中國大陸史學界有過幾次史學理論的爭

---

41 張明觀，《柳亞子史料札記》（上海：上海人民出版社，2008），頁122。

42 到了1950年代，李澤厚在分析孫中山思想時這樣說：「孫中山的思想的這種弱點與其看作是其個人的缺陷，還不如看作是其所處的社會歷史條件和階級立場的限制的表現，是中國落後的社會關係（資本主義還很不發達，階級關係還很不成熟）所必然帶來的小資產階級的幻想的表現。」李澤厚，《中國近代思想史論》，頁353。

43 章微寒，〈戴笠與「軍統局」〉，收入《浙江文史資料選輯》，第23輯（杭州：浙江人民出版社，1982），頁131。

44 鄧之誠著，鄧瑞整理，《鄧之誠文史札記》，頁926。

論，都與「人」在歷史中的角色與分量有關。1970年代史學理論中的爭論「合力說」，認為歸根究柢所謂「合力說」或「平行四邊形」之說，仍然不承認個人的意志可能產生重要的歷史作用。1980年代，以黎澍（1912-1988）為代表的「歷史創造者問題」的討論，突破了傳統唯物史觀，認為只有人民群眾是歷史創造者之命題。這個問題的提出，也反映了當時史學實踐中普遍忽略「人」在歷史中的作用。值得注意的是蔣大椿教授在2000年前後，發表了兩篇文章反思馬克思主義史學過度輕視「人」的現象。[45]他在這兩篇文章中反覆地論證，就是為了從馬克思主義經典中找出蛛絲馬跡，說明「人」在歷史中是有作用的，雖然這個作用非常有限，但還是存在的。作為一位馬克思主義的史學理論家，蔣大椿確實想突破層層束縛，提醒大家「人」在歷史中之重要。雖然話說得有些含糊，但意思是很清楚的。他的論證非常曲折，這一論證方式，其實反映了原來的史學理論束縛之大。由此可以反證出近五十年正統的馬克思主義史學中相當輕視「人」。蔣大椿說馬克思重視「複數的人」，又說馬克思是重視「人」的，他將「現實的人」作為歷史研究的出發點，但他們都沒有來得及專門地研究「現實的人」自身。[46]說馬克思沒有來得及，即代表著希望從馬克思主義史學理論內部找出「人」的急切心聲。

---

45 蔣大椿，〈歷史與人的意志支配的實踐〉，《安徽史學》，2004年第1期，頁22-33；〈當代中國史學思潮與馬克思主義歷史觀的發展〉，《歷史研究》，2001年第4期，頁3-21。

46 蔣大椿，〈當代中國史學思潮與馬克思主義歷史觀的發展〉，頁14。

四、錢穆等人的駁議

　　從1930年代起，錢穆的著作中每每零星出現一些反對歷史去「人」化的論點，我形容之為歷史是一場沒有人踢球的足球賽。

　　在新史學大盛之後，傳統史學家中明火執杖加以對抗者並不少，但是關於「人」或「個人」在歷史中的作用，並沒有非常顯著的論述。相比之下，錢穆恐怕是一個例外。在這方面，錢穆所寫的文字甚多，而且持續的時間很長，一直到他生命晚期的著作中仍然堅持此意。可惜因為文字比較分散，人們對他這方面的言論並不特別注意。

　　錢穆一生都在強調中西之分，認為「人中心」主義或「事中心」主義是中西史學最大差異。所以他標舉「人」為歷史的中心，不只是為了對抗當時中國的各種新史學，事實上也是與他所認為的西方史學的特色相頡頏。錢穆說：「中國歷史有一個最偉大的地方，就是它能把人作中心」，「我們如把一部西洋人寫的歷史同中國人寫的歷史作比，他們似乎看重事更過於看重人。中國人寫歷史，則人比事更看重。」[47]錢穆反覆強調「人」才是歷史的發動者，「人」才是世運興衰的關鍵，沒有「人」便沒有「事」，不是沒有「事」便沒有「人」。他認為西方史學是反其道而行，譬如他說：「歷史只是記載人事。但究是人在做事，並不是事在做人。平心而論，當然人為主，事為副。」他又說：「一切世運興衰，背後決定全在人。決定人的，不在眼前的物質條件，乃在長久的精神條件。」[48]從這段話也可以看出他主要的批判

47　錢穆，〈史學導言〉，《中國史學發微》，頁84、83。

48　錢穆，〈史學導言〉，《中國史學發微》，頁56、63。

對象之一是以「物質」為基礎的左翼史觀。

重「人」的史學才有辦法進行歷史的課責與褒貶,著史才有個入手之處。他說:「若重事而輕人,則褒者或有貶,貶者或有褒」,「故治中國史,則斷不當重事而輕人。尤不當於人無褒貶。而其於褒貶,尤當有深義。」[49]

錢穆甚至認為,所謂歷史人物分成許多種,有成大事立大功的,但也有並未成「事」的人,卻在歷史中占有極重要的地位,而且影響千古。這是一個重要的面相。首先是孔子,孔子一生沒有什麼「事」可記,《左傳》裡面提到孔子的分量微不足道,遠遠比不上其他幾位人物,但孔子的影響卻是如此深遠。顏淵亦然,顏淵雖不見於《左傳》,但他對後來的中國歷史仍有重大影響。[50]錢穆常舉三個歷史上的人物說明人不必因事之大小而決定其歷史地位:介之推、公孫杵臼、程嬰。這三個人只是當時社會普通的平常人,卻同為歷史的大人物。[51]他又好舉三國時代的管寧為例,說管寧沒有什麼事功,卻是三國一大人物。他又常舉歷史上的失敗人物,強調失敗人物仍有極大的歷史作用,對後世有極大的影響,如文天祥。錢穆甚至激烈地說:「單只一件事,事是留不下來的。」[52]

以上幾組人物可以說是錢穆在講「人」重於「事」時最常出現的主角。這裡彰顯出一種範例式的、潛在性的人物觀念,這些人物或為無事功之人,或為隱遁之人,或為失敗之人,但因其人本身行為體現一種文化標準,他即可在歷史上發揮極大作用。我

---

49 錢穆,〈國史館撰稿漫談〉,《中國史學發微》,頁279。

50 錢穆,《國史新論》,頁269。

51 錢穆,〈略論中國歷史人物之一例〉,《中國史學發微》,頁269。

52 錢穆,《國史新論》,頁271-272。

認為它們反映了錢穆有一種本體論式的，或我稱之為「歷史潛在勢力」的史學觀點。我想在這裡試著對這種史學觀點作一些詮釋：第一，整個「歷史」是一部要一直演下去的大戲，不在這部大戲中的人不是「歷史」的人，只是自然的人。[53] 他說：「退出了歷史，還是一個人，可是只成了一個無歷史的自然人。他們的人生，多半只是仰賴著別人家的歷史來過活。」[54] 既然同在一部綿延不絕的「歷史」大戲中，就有一時的「事」與永遠的「事」之分。一時的大「事」當然可以影響千古，但另外有一種永遠的「事」，這種「事」在當時看可能沒有什麼現實的重要性，但卻對未來千年發生潛在的作用，故「歷史的潛在勢力」是指那些絕無法成就一時的「事」，但其精神、意識卻將永遠發揮影響的「事」；而從整部「歷史」的大戲看來，後者反而是更有力量的。所以他動輒云一人之心如何代表世世代代千萬人之心，[55] 或一人可能與千古之人共享一種人格或心性的類型，而能彰顯此類型的人，不管其為何人，都有重大的歷史意義。

　　歷史「潛在勢力」的觀點，還可以從下面這一段話看出。從政治史的層面上看是唐盛宋衰，但從歷史整體來看，宋代思想文化的影響則勝於唐代，故錢穆說：「唐代人物，就不如後面的宋朝」，「開元之治以前的人物，實不如天寶之亂以後的人物來得多，來得大，表現得更像樣。」[56] 其實章太炎在1930年代也發表

53　這一點他可能多少受到梁啟超「歷史的」與「非歷史的」分別的影響。

54　錢穆，〈史學導言〉，《中國史學發微》，頁83。

55　錢穆在〈略論中國歷史人物之一例〉中以南宋程鵬飛為例，認為：「當時此女一人之心，實乃我中華民族五千年來世人人人之心，而此女則得此心之同然。」《中國史學發微》，頁271-272。

56　錢穆，《國史新論》，頁267。

過類似的議論。他在一篇演講稿中認為當時新史學所力倡的紀事本末體，有其不足之處，他說：「只是要緊的事，並不在事體大小。紀事本末，只有大事，沒有小事，就差了。」[57] 此語與錢穆所說有可比觀之處：即歷史上有些小事、小人物，也有重要的歷史意義。而近代西方史學談到「人」的歷史作用時，往往將「人」與「能動者」（agency）畫上等號，沒有產生現實重大作用的人就不是「能動者」了嗎？而錢穆或章太炎卻同時注意到「潤物細無聲」之類的歷史作用，這一點頗值得注意。在我所讀到有關能動者與歷史的討論中，有一個明顯的出入點值得在此提出，即西方或近代史學所重視的是大事、大人物，但是章太炎、錢穆都不約而同地說，即使小事也有重要者，所謂小人物或在歷史上沒有事功之人物，亦有非常重要者。

除了「人」或「事」之外，錢穆還痛斥近代史學中有重「物」的傾向，而且因為重「物」而傾向於輕「人」。「重物輕人」的批評主要針對1930年代的左翼史學，以物質經濟為下層建築，且上層建築由下層建築決定的唯物辯證史觀。新史學提倡新史料，尤其重視考古發掘所得的地下材料，在錢穆看來也是「重物輕人」的表現。在《中國歷史精神》、《中國史學發微》、《現代中國學術論衡》等書中皆時時表示此意。但是錢穆這方面的言論也多少反映他在新史學大量發掘史料（尤其是地下史料），宣揚新史料的重要意義時，有一種特殊的情結——既然他沒有機會接觸這些史料，乾脆宣稱沒有這些新史料一樣可以研究歷史，而且研究所得不一定不如新史家們。

史學就是現實。人在歷史敘述中的作用及分量即是「人」在

---

57 章念馳編訂，《章太炎演講集》（上海：上海人民出版社，2011），頁56。

現實中的作用和分量。沒有「人」的歷史，等於昭告讀者「人」在歷史的發展中不起作用，也等於宣告歷史發展純任無名的力量所左右。人沒有著力之處，人沒有可以入手的把柄，等於是想開電燈時卻找不到開關。錢穆在《國史新論》的最後一章〈中國歷史人物〉中一再說：「若我們不注意人物，重事不重人，那麼天下衰了亂了，更沒有人了，此下便會沒辦法。希臘、羅馬之沒落便在此。」[58] 讀者千萬不要以為我全然同意錢穆的史學觀點，事實上錢穆反覆說的似乎是「事」並不重要，而且認為不必在史料或史學上有任何革新或擴充。不必「上窮碧落下黃泉，動手動腳找材料」，也不必在那些不能體現歷史價值或歷史教訓的枝節史實上下不必要的功夫。事實當然不是這樣。

五、「人的死亡」

1949年之後，中國歷史學分成兩脈。在中國大陸的是馬克思主義史學，在臺灣的情形則有點複雜。1949年之後，臺灣史學先是以胡適、傅斯年所領導的歷史考證學派為主，但從1960年代開始，西方史學潮流的影響愈來愈大，歷史學界往往以吸收當時西方最流行的史學作為自己的史學思考。這個情形在1980

58　錢穆，《國史新論》，頁266。錢穆在耶魯與一位歷史教授爭論歷史以人或事為主，更反映出兩人所代表的史學傳統之間的重大差異。（錢穆，《師友雜憶》〔台北：東大圖書公司，1983〕，頁296）而民國時期較具傳統心態的史學家傾向的「史學」即「人事學」，錢穆說：「史學只是一種人事學」（《中國史學發微》，頁51），劉咸炘也說，史學是「人事學」，兩人的主張相近。有關劉咸炘對史學的看法，可參考拙著，《執拗的低音：一些歷史思考方式的反思》。

年代後的中國大陸也開始發生。

在進入這些討論時，我要強調一點：以下所述不管是哲學思潮或史學運動都多少影響到歷史書寫，即使不受理論的影響，也可能受到西方史學著作本身的影響。但因為「西方的」、「新的」，往往代表價值框架中「上」的部分。它們被標舉在那裡，常常是人們心嚮往之，或是認為應該追求的一種風格。但這並不表示它們實際上已經改變了大部分的歷史書寫，在西方如此，在中文歷史學界更是如此。

前面已經提到，西方史學傳統本來就不特別重視人物，尤其是西方近代史學，先是受到自然科學的洗禮，迷信律則，喜好尋找模式，故輕視個人在歷史中的作用。較早的譬如史賓塞（Albert Spencer, 1892-1975）與涂爾幹（Émile Durkheim, 1858-1917）等都是反個人、反政治、反事件，強調規律，嚮往沒有人名的歷史（history without names）；較晚的如那米爾（Lewis Namier, 1888-1960）則強調史學要去人化（depersonalized），要將心性從史學趕出去都是顯例。當然，也有人持強烈相反的態度，如心理學家威廉·詹姆斯就刻意強調個人，尤其是偉大人物，但相較之下畢竟是少數。

過去五、六十年，這個情形更為激烈。1960年代到1970年代以來，有五股力量使「個人」變得蒼白無力，分別是：一、馬克思主義的復返；二、「從下而上」的歷史；三、結構主義；四、年鑑學派；五、1980年代到1990年代的「語言學轉向」影響下的歷史學派，此處主要討論後面三者。

首先要談結構主義的歷史書寫。結構主義的開山祖師索緒爾（Ferdinand de Saussure, 1857-1913）強調，一個訊息的意義並不決定於傳遞這個訊息的人的意圖，而是在於一些造成這些「符

碼」（codes）的規律，也就是結構。受到結構功能主義的影響，
1960年代開始流行「結構史學」風潮，在這個思潮影響下所寫
的歷史，其中主角的功能是由他們在結構中的相對關係所產生
的。關於結構主義的文獻太多，不知引用何者為好。所以在這
裡，我只用一部權威的《二十世紀社會思潮》（*The Blackwell
Dictionary of Twentieth-Century Social Thought*）中的「結構主義」
的條目。看它對於我所關心的問題，提供了什麼樣的描寫。在巴
托莫爾（Tom Bottomore, 1920-1992）編的這部辭典中，是這樣
說的：結構主義及個人主體意志，它意在找尋在一般可觀察現象
下的深層結構。它反人文主義，因為意識、個人或社會團體中有
目的的行動被排除在尋找結構因果觀之外。在有意向的行動與無
意向的行動之間，傾向於後者。結構主義通常反「歷史主義」，
結構主義重視的是共時性的結構，而非歷時性的發展；重視發現
人類社會中的結構，認為人只是結構關係中的一環，反實際經
驗；重視深層的結構、深層的因果關係。[59] 故個人的意志與其行
為的後果不一定相關，甚至常常出現弔詭的現象。「弔詭」是道
德教訓的敵人，它使得人的道德抉擇不一定產生預期的後果，它
使得意志與行為後果的好壞不相干了，故以歷史作為對人的教訓
這個古老的任務變得模糊起來。另一方面，在結構主義史學風潮
下，是「人」從屬於「結構」，是結構在發生作用，而不是個人
的意志在發生作用。而且要認可人的自我中不可逃避的矛盾性，
不可調和的差異性，以前談人的自我太重視一致性、理性、非矛
盾性，故壓下了許多內在的衝突。「人的死亡」是結構主義的產

---

59 Tom Bottomore, William Outhwaite ed., *The Blackwell Dictionary of Twentieth-Century Social Thought*（Cambridge, Mass.: Blackwell Press, 1993）, pp. 648-649.

物，在這個結構主義當令的舞台上，沒有人的位置。1960年代，幾乎所有重要的結構主義理論家都匆忙地致力於闡發「人的死亡」。[60]結構主義的風潮的盛行，使得社會學家杜蘭（Alain Touraine）後來大聲呼籲「人物」的復返。[61]

對於結構主義在史學方面的影響，我們可以拿當代流行的西方史學史的觀察為例，在Ernst Breisach的《史學史》（*Historiography: Ancient, Medieval & Modern*）中，作者便斷然地說，受到結構主義影響的史學著作，是「人的去中心化」（decenter the subject），而後來在解構主義的影響下，則是「人的死亡」（the death of subject）。[62]

接著要講「年鑑學派」。布勞岱（Fernand Braudel, 1902-1985）深受結構主義大師李維史陀（Claude Lévi-Strauss, 1908-2009）的影響，他反對法國當時的主流歷史學派，[63]尤其是深受蘭克學派影響的法國巴黎大學索郡校區舊派史家們。布勞岱有意對抗他

---

60 見汪民安，《福柯的界線》（北京：中國社會科學出版社，2002），頁107中的討論。

61 見Alain Touraine, *Return of the Actor: Social Theory in Postindustrial Society* (Minneapolis: University of Minnesota Press, 1988). 如同Philippe Desan在書評中所說：在他看來，社會學已成為一種現代性的意識型態，但卻用過時的模型來理解社會的結構發展。他發現，這一基本悖論導致了當代社會學中行動者（actor）的消失。事實上，由於發達的工業社會趨於貶低個人的作用，現代社會學常常取消社會行動者，在某些情況下，甚至將行動者與社會視為彼此截然對立的，而非緊密相關。*American Journal of Sociology* 91:2 (1985), p. 437.

62 Ernst Breisach, *Historiography: Ancient, Medieval and Modern* (Chicago: The University of Chicago Press, 1983), p. 330.

63 Admir Skodo, "Fernand Braudel and the Concept of the Person," *Historisk Tidskrift*, 130:4 (2010), p. 722.

們，故他不重英雄、個人、政治、事件，他重視的是「non-people person」，是地理、氣候、人口等，他認為歷史的「長時段」最有價值，喜好可以跨時間與空間使用的模式（model）。布勞岱認為人是「歷史的囚徒」，事件沒有價值。「人」是最消極的，雖然說人創造歷史，但歷史也創造人。[64] 布勞岱也受到涂爾幹的影響。布勞岱在二次世界大戰期間曾被囚禁在戰俘營，認識到個人的無能為力。他在《論歷史》（*On History*）一書中多處談到歷史中個人的角色，他說：「我想起在巴伊亞（Behia）附近的一個晚上，當時我入迷地看著螢火蟲的『燈火表演』。它們微弱的磷光發亮，熄滅，再發亮，但並沒有發出任何真正的光明來刺破黑夜。事件也是如此。在它們的光輝之外，黑暗依然籠罩著。」[65] 所以他覺得個人在歷史中像是泡沫，不起作用；或像是在黑夜中拋擲到夜空中的煙火，它的光亮瞬間便被黑夜吞噬。布勞岱不但將「人」從歷史趕出去，也將「事件」從歷史中趕出去。他說：「一個事件是一次爆炸，……它的迷人煙霧充滿了當時代人的心靈，但是它不可能持久，人們剛剛勉強看到它的光亮。」[66] 他說「結構」才真正有力量，它左右歷史的發展，而且往往是以「阻礙力」的方式在形塑歷史的發展。幾個世紀來，人們都是氣候、

---

64 有學者認為過去五十年的西方史學界，忽略「人」在歷史中的作用，是受年鑑學派的影響。可參考 Admir Skodo, "Fernand Braudel and the Concept of the Person," pp. 719-723.

65 Fernand Braudel, translated by Sarah Matthews, *On History* (London: Weidenfeld and Nicolson, 1980), pp. 10-11. 中文翻譯參見，劉北成、周立紅譯，《論歷史》（北京：北京大學出版社，2008），頁11。

66 Fernand Braudel, *On History*, p. 27. 中文翻譯參見，劉北成、周立紅譯，《論歷史》，頁30。

植物、動物、農業的,某種緩慢速度形成的平衡的囚犯──而人們並不能脫逃它們的決定。[67]

彼得‧柏克在《歷史學與社會理論》(*History and Social Theory*)中便直接指出馬克思與布勞岱的史學信徒「把人趕出了歷史」(leaving people out of history),其中的極端分子甚至可以說是「非歷史的」(unhistorical)。因為他們強調不變的結構(static structure)勝過於變動的歷史。在布勞岱當紅時,許多評論者也有類似的評論。史家艾略特在評論《地中海世界》一書時說,布勞岱筆下的地中海世界,是一個「對人的支配力完全不予理會的世界」。彼得‧柏克注意到在《地中海世界》中,「監獄」這個象徵一再出現,人們就像囚徒一樣,被囚禁在自然環境與心態的架構之中。

在1967年至1979年出版的三卷本《15至18世紀物質文明、經濟和資本主義》中,布勞岱也反對經濟史家博蘭尼(Karl Polanyi, 1886-1964)的論點。博蘭尼認為19世紀有一次大規模的經濟革命,但在布勞岱的這部巨著中,他仍然不願賦予人的思想及其主觀能動性有轉移歷史的力量。包括韋伯在討論資本主義時所涉及的「資本主義精神」,像勤勞、節儉、紀律、冒險等,布勞岱都一概不提,他仍然認為以資本主義的發展過程而言,人依然是被物質環境所囚禁的。

布勞岱式史學引起不少人的反對,例如他對義大利歷史的處理方式,顯然引起義大利史家們的不滿。金茲堡(Carlo Ginzburg)等人所領導的「小歷史」的崛起與對年鑑學派的批判有關,而「小歷史」中一個非常重要的主題便是重新重視人物在歷史中的

---

67 Fernand Braudel, *On History*, p. 31.

重要性。[68]

前面引用Ernst Breisach的《史學史》中提到，結構主義在史學中的影響是「人的去中心化」，而解構主義的影響則是「人的死亡」，其中一個代表人物是傅柯（Michel Foucault, 1926-1984）。傅柯在他的《知識考古學》（*The Archaeology of Knowledge*）中宣布「人的死亡」。[69] 上帝死了，人死了，主體性死了。「人的死亡」這一思想，並不容易掌握，在這裡我試著綜合相關的研究。

在 "The 'Death of Man': Foucault and Anti-Humanism" 一文中，作者指出在存在主義之後，受到海德格影響，反人文主義之風興起，在這個思潮下，「人文主義」是一個貶義詞。阿圖瑟（Louis Althusser, 1918-1990）反對「人」在歷史中之作用，認為人只是歷史的「承受者」（bearers），而不是歷史的「行動者」（actor）。傅柯認為自己不是結構主義者，但他明顯地受到結構主義影響；傅柯認為「人」的觀念出現甚晚，始於19世紀。「人」可能無意識地受早已存在的結構制約卻完全無能為力。[70] 傅柯關於「人的死亡」方面的意見，包括了幾層意思。第一，「人」是個近代的發現物，18世紀末葉之前，「人」並不存在。

---

68 參考Carlo Ginzburg and Carlo Poni, "The Name and the Game: Unequal Exchange and the Historiographic Marketplace," Edward Muir and Guido Ruggiero ed., translated by Eren Branch, *Microhistory and the Lost Peoples of Europe*（Baltimore: Johns Hopkins University Press, 1991），pp. 1-10.

69 傅柯認為「人的死亡」是歷史學的產物，在現代知識裡，作為主體的人和作為客體的人是一回事。人文科學實際上已經完結，這意味著人的滅亡。于奇智，《傅科》（台北：東大圖書公司，1999），頁140。

70 Beatrice Han-Pile, "The 'Death of Man': Foucault and Anti-Humanism," in Timothy O'Learry & Christopher Falzon ed., *Foucault and Philosophy*（Malden, Mass.: Wiley-Blackwell, 2010）pp. 118, 119, 122, 124.

第二，人文學科並不能完整地研究「人」，由於這些學術，「人」從這些學問之間的縫隙溜掉了。[71]第三，人無法認識自己，「人與其復位」是「既經驗又超越的雙重面向」。[72]傅柯認為，人文科學並未發現人的本質，他說：「歷史使人碎片化」，「我們沒有揭示出人的本質，只找到了一些實證性經驗：生命、勞動和語言。這些實證性經驗還遠離人的本質」，「人是起源衰退與起源復還的雙重存在者」，「與其說近代知識發現了人的起源，不如說它只弄清了人的起源的有限性，虛無或衰退，人在近代知識裡擁有的

---

71 「詞與物的這次結合，不是文藝復興時代相似性關係的簡單重複，也不是相似性和代表性在知識內部關係上的承續，而是偶然來到，毫無準備……語言的代表功能終結了，同時留下了一個荒原。雖然人已有漫長的生命史，但此時才在這個荒原上出現，也才成為認識的對象。於是，關於人的科學才得以建立。」人是一項最近的發現，「因為長期以來被誤認為是一件珍品的人來自於知識內部的突變，只是突變性知識沉積深處的簡單褶皺或暫時性產物。」《詞與物》之序言：「自蘇格拉底以來，研究得最久的人原來竟是存在於事物秩序中的一塊碎片，無論怎樣，人的這一形象，是最新的知識布局產生的……人僅僅是最近的發明物。它的誕生還不足兩個世紀，是我知識裡一個簡單的褶皺，隨著新的知識形式的出現，即將消亡。」研究人文主義是為了拯救人，重新發現人。「人的出現是建立人文科學的可能條件。人文科學並沒有發現『人』──人的真相、本性、出生及命運。」人文科學僅僅處於這個知識三面體的空隙裡。人在人文科學中找到了「家」，這個「家」同時是墓地。于奇智，《傅科》，頁123、124、129、132、135。亦可參考Noam Chomsky and Michel Foucault, "Human Nature: Justice versus Power," in Arnold I. Davidson ed., *Foucault and His Interlocutors* (Chicago: University of Chicago Press, 1996), pp. 107-144.

72 Beatrice Han-Pile 在 "The 'Death of Man': Foucault and Anti-Humanism," 裡也集中討論這一議題，他說：「超越的與經驗的有限性之間的關係，形成一種惡性循環」(p. 126)，「人的雙重性，既是被研究對象又是研究的主體」(p. 128)。

美景十分短暫。」[73]第四，人沒有本質，是語言的附帶現象，其意義由相對關係所決定。語言是結構的，所以「人」的思想或主觀意向並沒有任何作用，人受到語言的限制，人是在「語言支離破碎的夾縫中構築了自己的形象。」[74]雖然傅柯的「人的死亡」是一個相當複雜的說法，卻絕不可輕易化約為他是在宣稱「人真正的死亡」。但這句口號給人的感覺是，人是無足輕重的對象，人不是歷史、知識和他人的主體，[75]它對寫作及史學的無形影響是清楚存在的。

在傅柯之後，有關「個人」與歷史的這個問題，最值得注意的是「語言轉向」（the Linguistic turn）之後的歷史書寫。一般認為在1967年羅蒂（Richard Rorty, 1931-2007）所主編的《語言學轉向——哲學方法論文集》（*The Linguistic Turn: Essays in Philosophical Method*）出版之後，「語言轉向」的說法得到廣泛的認同。這個轉向的涵義很多，非我所能盡述，此處只談其中與「人的消失」有關的部分。

在「語言轉向」的脈絡中，任何語言都是一個封閉的系統，「能動者」（agency）被嵌入這個語言系統中，語言是囚牢，人沒能改變什麼，人不是能動者，語言才是。「人」是語言的產物，受語言控制。[76]語言轉向使得過去三十年的歷史研究中，「人」的

73　以上皆引自于奇智，《傅科》，頁139、137、149、152。

74　黃進興，《後現代主義與史學研究》，頁25-27。

75　見李曉林，《審美主義：從尼采到福柯》（北京：社會科學文獻出版社，2005），頁136中的討論。

76　「人」的主體性是被建構的，「自我」受系統、語言左右，故不能為自己的行為、道德負責。Elizabeth Dees Ermarth, "Agency in the Discursive Condition," *History & Theory*, Vol. 40, No. 4, Theme Issue 40: Agency after Postmodernism

角色被大為貶低，將人說成是歷史的病人，而不是主角。[77]語言轉向之後，將「人」趕出歷史的幾個例子。一、認為「人」沒有改變歷史的能力，如Patrick Joyce的 *Democratic Subjects: The Self and the Social in Nineteenth-Century England*。[78] Joan Scott講法國女性時，認為法國女性是受限於架構之中，人們只能順從語言系統而動，難能有主觀意志上的作為。Joan Scott在最後對「能動者」的問題相當沒把握，相當之灰色。[79]二、態度比較緩和，認為「人」尚有其他位，如Jay M. Smith認為應將信仰及價值與語言分開，它們不受語言決定，故仍可促發歷史變遷。

當然，史學的專業化也是「人的式微」的重要因素。史學專業化不必關心非專業社群之外的讀者，所以對於人及故事便不如此在意了。史學專業化在20世紀的一個重要成果，便是將歷史中的非個人性因素充分滲入其歷史書寫中。

歷史中「人的式微」或「消失」的一個重要現象，即是不相信人的意志（或意圖）、思想，或人的作為可以改變歷史。歷史也不再成為人的智慧與道德的資源，人們無法從歷史中學到人的意志、努力與抉擇可以如何改變歷史的發展，甚至不認為人可以造成重要的改變，能把奄奄一息的時代翻轉過來。當然西方史學

(Dec., 2001), p. 45.

77 Michael L. Fitzhugh & William H. Leckie Jr., "Agency, Postmodernism, and the causes of change," *History & Theory* Vol. 40, No. 4, p. 59.

78 Patrick Joyce, *Democratic Subjects: The Self and the Social in Nineteenth-Century England* (Cambridge; New York: Cambridge University Press, 1994).

79 Micael L. Fitzhugh and William H. Leckie, Jr., "Agency, Postmodernism, and The Causes of Change," p. 74.

家中，仍有不少人反對上述輕視「人」的潮流，[80] 但是從時代思潮上，是可以得到前述論斷的。

　　研究西方史學理論發展的學者認為新文化史崛起之後，「人」有逐漸復活之跡象。新文化史的「經驗轉向」，強調「偶然性」（contingency）的重要，企圖將人放回歷史的中心，代表著史學放棄「語言轉向」。在 Jay Smith 的一篇文章中，作者認為新文化史既想要保留「人」的主觀能動性，又想保留客觀的、結構性的「格套」（grid）。他認為即使個人也不能全然擺脫結構之類客觀的東西，是主觀「理解」、「經驗」這個世界時所必經的，所以不是任意性的。故一方面是個人的主觀能動，一方面是強調個人在了解現實世界，賦予意義時有種種「格套」，而這些「格套」是結構性的、客觀性的、溝通性的，不是隨個人意志轉移的。另外，他也觀察到因為反「結構」而轉向另一個極端，轉向「經驗」（experience）。[81]

　　當然另外還有一種呼聲，是不反對「個人」，但要重新定義「個人」，如傅柯認為「個人」（individual）是一個散漫的主體，希望要恢復北方人文主義那種非固定的、非一元的、非必然理性的，甚至內部充滿矛盾的主體。[82] 另一明顯的轉變，當然是「年

80　譬如 Carlo Ginzburg、Stephen Jay Greenblat 等。

81　Jay M. Smith 在 1997 年觀察到存在一種放棄語言轉向，轉而發生經驗轉向的現象。這個「經驗轉向」重視真實人生中的機會、社會的情境、生命的經驗，想將語言結構與人結合在一起。Jay M. Smith, “Between *Discourse* and *Experience*: Agency and Ideas in the French Pre-Revolution,” *History & Theory* Vol. 40, No. 4, pp. 117, 119.

82　他們強調的是一個新的「自我」，這個「自我、主體係一個語言系統。主體也是 differential 不是 referential。」自我受系統、語言所制，何能為自己的行為、道德負責？Elizabeth Dees Ermarth, “Agency in the Discursive Condition,”

鑑學派」第三代的轉變,他們對人物又發生了興趣。彼得·柏克形容這是從「地牢」到「閣樓」的轉變,譬如David Crouch撰寫了 *William Marshal: Court, Career, and Chivalry in the Angevin Empire, 1147-1219*；勒·高夫（Jacques Le Goff, 1924-2014）則撰寫了一部《聖路易傳》（*Saint Louis*），都是明顯的例子。當然,即使有人認為新文化史代表「人」的復返的某些跡象,有人仍認為新文化史消泯「人」,使「人」在歷史解釋中沒有地位。[83]

結論

20世紀的新史學認識到在個人及個人意志之外,尚有更深、更廣、更長、更複雜或更強大的決定力量,這些力量往往不隨個人意志而轉移,我稱之為「非個人性歷史力量」（impersonal force）的發現。這些力量可以是經濟的、社會的、心態的,也可以是結構的、長程的,不一而足。此外,對歷史中律則性力量的了解與強調,也是過去一個世紀史學中一個不可忽視的面相。當然也有人認識到歷史的各個部分是萬戶千門般的關係,每一個門戶都會牽動其他千門萬戶,形成了極大程度的互相連結（interconnected）。此外,當然還有另一種發展,充分認識到歷史發展與個人意志之間存在著「弔詭性」的關係。「弔詭性」的敵對面便是能貫徹自由意志的「個人」,既然是弔詭的,那麼個人的道德性抉擇,便可能出現不道德的結果,而使得道德教訓不再

---

pp. 39, 40, 43, 45.

83 Michael L. Fitzhugh and William H. Leckie Jr., "Agency, Postmodernism, and The Causes of Change," pp. 60-61.

386 思想是生活的一種方式：中國近代思想史的再思考

有功效。或是發現歷史發展有像亞當‧斯密（Adam Smith, 1723-1790）所說的「看不見的手」，故「人」在其中並沒什麼角色。上述這些史學思潮傾向於看輕個人、看輕思想與意志的作用，而且在過去一個世紀裡，愈能朝這些新方向努力的著作，往往愈能得到史學界的認可。弔詭的是，一部宣稱是為了沒有歷史的人而寫的傑作，其結果竟然是成了「沒有人的歷史」。[84]

這裡形成了一個矛盾現象。一般民眾渴盼讀到有「人」的歷史，專業史學界則反其道而行，認為愈沒有「人」的歷史，層次愈高，人名太多的歷史是「軟」的歷史，反之才是「硬」的歷史。只好把「人」的歷史交給通俗傳記作家或文史工作者。

然而，正如前面說到的，20世紀史學最大的創獲便是發現「非個人性的歷史力量」，發現「宇宙如網」、互相交織的歷史，發現「結構」的力量等。我們並不能假裝它們不曾發生過，或者把它們「塞」回子宮，因此，此時如要討論人的「復返」，首要之務便是不能天真地認為可以完全別過頭去，不理會20世紀史學的發展，假裝近代一波又一波的新史學都不曾發生過。而且我們還應正面積極地承認對歷史中非個人性力量的發現是一個重要的創獲，現代史家貴在能將「人」與這種非個人性歷史力量交織在一起考慮。如果只是平淺地狀寫人的故事，可能尚嫌深度不夠，或只能成就一些軼話式的歷史，或是折回到另一個極端，即毫無保留地讓所謂「傳統的」史學復返。

錢穆在談到「人」的問題時，一直有一個隱約之見：凡涉及

---

84 David Gress 認為 Eric Wolf 的書事實上是沒有「人」的歷史。請見 David Gress, "A review of Europe and the People Without History by Eric Wolf". （http://www.newcriterion.com/）

社會的、物質的，凡脫離傳統史學的歷史書寫，都是對「人」的背叛。但我個人認為我們不可能完全回到傳統史學，或錢穆先生所設想的歷史。我們不大可能再回到葉適《習學記言序目》中所說的，將歷史的成敗、起伏都歸因於人。但是重人並不一定是指回到人物傳記或通俗歷史的書寫，雖然人物是其中不可忽視的一環，在所有的歷史書寫中都應更積極考慮「人」的因素與「人」的角色。

在此，我想舉兩個例子說明「結構」和「長時段」的優點。歷史上有一些亡國之君，其實非常想力圖有為，但是因為結構性因素的阻撓，最終一事無成。因此講「人」時，也不能不考慮結構性因素。又如，近來以《二十一世紀資本論》（*Capital in the Twenty-First Century*）一書而享譽全球的法國經濟學家湯瑪斯·皮凱提（Thomas Piketty），便是運用了「長時段」的觀點，其研究的時間跨越兩、三百年，因而對資本社會貧富不均的成因，及愈來愈嚴重的態勢看得更清楚、更深入，這就是「長時段」的好處。

不管是社會經濟史、心態史、結構史學或是強調各種歷史因素的互聯關係，都可以增益我們歷史解釋的深度，使我們不再天真地以為幾個孤零零的個人就足以成為一切歷史的發動機。但是我們也都莫忘了「人」是歷史的主角，結構雖然是沉甸甸的鐵板，但是十幾個有志一同的人也可能造成風潮、翻轉結構。以此為例，歷史研究要告訴我們改變歷史的「總電掣」（梁啟超語）在何處？怎麼開啟？而不只是反覆地說人是「歷史的囚徒」。

在結構主義的影響下，我們可以進一步問，在結構強而有力的時代，「人」的角色與作用是什麼？個人與結構之間的關係是什麼？個人如何與結構互動（interplay）？個人如何在結構中運作？史家仍應積極客觀，盡其在我地重新評估「人」在歷史中的

角色與作用。

　　我個人覺得我們要「重新論述」（reformulate），在充分採用近代新史學的長處之後，重新尋找「人」在這些結構性歷史因素中的角色與地位，是有機地嵌入，而不是強制地焊接。這樣歷史會變得更有機，也更有挑戰性。最重要的是，讀者也可以重新在這種歷史著作中找到「人」的角色與地位，即使這個「人」已經變成是一個極度複雜的主詞。反過來那一面也相當重要，即不只重視「人」的角色與作用，同時也要討論如何造就「人」、捧出「人」，而且一旦結構變了，被捧出的「人」往往便會被放在一邊。

　　不管是「我們記憶自己的方式就是我們自己所成為的樣子」（we are what we remember），或是同意「史學即是現實」，重新正視歷史中「人」的角色有許多方面的意義。這裡只談其中幾點。第一，近人不信個人在歷史中的作用，所以也不大相信個人可以在現實世界中起著關鍵性，甚至是旋乾轉坤的角色。但在過去，當人們閱讀歷史時，可以從中看到「人」的角色，也等於看到自己在現實世界中的角色。譬如說當我們看到「人」在歷史中具有主動的作用時，也將影響到我們思考人在現實中的可能作為，如果相信在現實世界中人的積極作為可以改變或完成歷史，或認為個人內心世界的狀態可以轉移現實世界，那麼對於它的讀者會有莫大的作用。第二，因為近代歷史著作中往往沒有人，所以人們在歷史著作中也找不到相應的、可以追體驗的主詞，所謂「歷史教訓」也往往難以有著力之處。第三，關於「人」在歷史中的角色，當然也涉及歷史褒貶或歷史責任的課責問題，而褒貶與課責曾經是歷史的重要任務。進行「歷史課責」時要考慮幾個前提，如原因、狀況、個人的動機、計畫、意識形態、官僚結構

的角色等，當然還有許許多多的因素都應該列入考量。

有人舉了1990年代三位史家的著作為例，說明他們的史學風格一無例外的都是「去個人化」（depersonalized），他們將一些群體或結構性力量擬人化（pesonification），成為一個歷史趨勢、群體等的工具。他們的書中移除了個人的意向（removing interest）、限制了個人的自由度、擴大背景，使之包括更大的結構或過程，或藉無限「連結」來去個人化。[85]1990年代四本寫希特勒（Adolf Hitler, 1889-1945）、史達林的傳記可以看出近代史學的輕「人」之風，造成「歷史課責」方式的轉變。譬如希特勒屠殺猶太人，如果將之歸為結構性因素，[86]那麼全德國人都有責任，意即加害者若是官僚機構與行政程序，那麼就是漢娜・鄂蘭（Hannah Arendt, 1906-1975）所謂「凡庸的罪惡」（banal evil）；如果是希特勒的計畫，則與大部分德國人無關，那麼課責的對象就是希特勒個人，史達林也是一樣。[87]譬如Deutsch用非常消極的口吻講史達林的角色，他說：史達林是巨大政治機器的工具、史達林只是時代的「代言人」（mouthpieces），他。[88]Getty說：史達

---

85 藉Issac Deutscher、A. J. P Taylor、J. Arch Getty三位史家的著作展示了史學界如何消滅或取消個人在歷史中的力量。但Robert Tucker關於史達林的著作給了另一面，即個人與結構之互動。Philip Pomper, "Historians and Individual Agency," *History and Theory* Vol. 35, No. 3 (Oct., 1996), pp. 286-287.

86 Taylor說：在大屠殺中，希特勒只是將大多數德國人心中想的付諸實現；希特勒是被動的，他的外交是沒有政策的；沒有辦法啟動大計畫。Philip Pomper, "Historians and Individual Agency," pp. 293-295.

87 A. D. Moses, "Structure and Agency in the Holocaust: Daniel J. Goldhagen and His Critics," *History and Theory* Vol. 37, No. 2 (May 1998), p. 201.

88 Philip Pomper, "Historians and Individual Agency," pp. 289-291.

林是沒什麼計畫的，「大清洗」背後有結構性問題。[89]如果照這樣看，史達林對於「大清洗」就不負什麼太大的責任了。

從上面兩個例子可以看出「人」在歷史中的角色，深刻影響到歷史的褒貶與課責的問題。而褒貶與課責是在現代史學中幾乎已經被忘掉，但事實上仍是不可忽視的任務。我們不能忘記「史學」存在幾種基本任務，其中之一便是提供歷史的教訓，而其中有一大部分是對「人」的教訓。史家有所謂「史權」，[90]意即史家有責任也有權力提供歷史判斷。

在歷史許許多多的功能中，如何從歷史中獲得智慧與與勇氣是重要的一環，此中包括了如何透過「人」的力量，挽救幾乎不可挽回的頹局，在低迷不振的環境中，使出可能翻轉這一切的努力。「人」的決定與作為曾如此重要，即使決定在這個階段不作為，也仍然是一種「作為」。歷史上充滿了這一類的實例，譬如五代的張全義，史書上雖然嘲笑他媚事朱溫的種種醜行，卻不能忽略在黃巢之亂後，他以十八屯將為基礎，在五年之後，使洛陽一帶成為富庶之區。[91]荷蘭史家 Frank Ankersmit 在他的《歷史表現中的意義、真理和指稱》中給我們一個例子。在拿破崙征俄時，俄國元帥庫圖佐夫（Mikhail Kutuzov, 1745-1813）始終避免與拿破崙軍隊交火，他認為明智的政治家或將軍首先應謙卑地順從巨大力量的作用，小心和謙卑的試著與之合作，利用它實現自己的目的。庫茲佐夫柔和地為這些巨大的力量的運行鋪設道路，成功擊敗了拿破崙。表面看起來是無名的「巨大的力量」在起作

---

89 Philip Pomper, "Historians and Individual Agency," pp. 297-298.

90 柳詒徵，《國史要義》，頁19-38。

91 錢穆，《國史大綱》（台北：臺灣商務印書館，1975），頁388。

用，但是不是要像庫茲佐夫那樣順從並利用這個無名的「巨大的力量」，仍是取決於庫茲佐夫本人。[92]

另外一個值得注意的現象，是近代史學著作中連史家的主體性也消失了，歷史著作中幾乎不再出現「我」、「史氏」、「外史氏」這類主詞。史書中最常出現的詞彙是「歷史的評斷」、「歷史的懲罰」，但這個「歷史」是誰呢？有時候，人們喜歡使出一個遁詞，開一張無限的支票，說某某事情，將來歷史一定會給予評斷，但是真的有這個評斷嗎？這個評斷是由某一位或某一群史家所給出的嗎？或只是指一個抽象的歷史進程？主詞成了「歷史」而不是史家，而且是一個遁詞化或抽象化的主詞。

最後，我要跨出歷史專業對近代人文社會科學的發展說幾句話。大體而言，近代人文及社會科學中往往也出現「人的消失」的現象。社會科學尤其如此。張灝先生在他的自選集序中就如此反思道，在1960年代，他隱約覺得近代社會科學失掉了「人」，後來他在神學中找到「幽黯意識」。[93] 20世紀史學者對學術社群的忠誠是不是背離了對廣大人們的忠誠，值得我們鄭重的思考。

---

92 Frank Ankersmit, *Meaning, Truth, and Reference in Historical Representation* (Ithaca: Cornell University Press, 2012), p. 248. 此外，參考了周建漳的中譯本《歷史表現中的意義、真理和指稱》（南京：譯林出版社，2015），頁271。

93 當時西方社會科學強調各種structure movement vs. human，只有trend、movement、structure，沒有「人」（being）。張灝先生說，他剛到美國時以為可以在美國找到了解「人的行為與思想的鑰匙」，但1960年代的美國社會學界流行實證主義和行為主義，在那裡「找不到人」。見張灝，〈序〉，《張灝自選集》，頁2。另，William H. Sewell Jr.的 *Logics of History* 一書中，若干章也在討論相近的問題；或可參考羅志田，〈近代中國思想史研究的兩點反思〉，《社會科學研究》，2009年第2期，頁150-158。

附錄

中國近代思想文化史
研究的若干思考[*]

* 本文在2003年3月蔣經國基金會於普林斯頓召開的「中華文化與社會研究新
視野」研討會中發表。

「太陽底下沒有新鮮事」，這句話對於史學家尤其適用，研究歷史的人，即使觀點再新，也不能新到宣稱滿洲人從來沒有入關（李濟語）！但是，過去一、二十年來，史學界的新發展，也是有目共睹的。

或許國科會人文處歷史學門通過計畫的名單是觀察國內史學趨勢的一項好材料。從近年來所通過的專題計畫名單，我們可以看出，整體而言，臺灣史學界對種種西方新史學風氣非常敏感，尤其受到新文化史的影響最大，其特點有幾個：第一是認識到文化的建構力量之強大，從而對各種界域的歷史建構的過程，或是對過去被視為是本質式的或約定俗成的種種現象，以文化史的建構性角度加以解釋。第二是各種過去所忽略的新問題的討論（如出版史、生態史、情欲史、閱讀史等）。第三是與性別、後殖民主義，以及與國族主義有關之研究。

沒有人能否認以上種種新發展大幅地擴大了歷史的視界，我在此不想重複這些新動向。此處所談的，純粹是我個人實際進行研究工作時的一些反思。

近一、二十年來，不管是與近代思想文化史有關的文集、出版史料等都出版得很多，但更值得注意的是，因為歷史眼光的改變以及政治氣候的變化，使得原先不被注意的材料大量出土。尤其是中國大陸，正在經歷一個「恢復歷史記憶」的時期，也就是對民國時代非左派的歷史人物與歷史事件的好奇與興趣，連帶地，也使得與這些人物相關的各種材料大量問世。在林林總總的材料中，「私密性的文件」（private document）很值得注意。譬如大量日記被整理出版，我個人印象比較深刻的，如《胡適的日記》[1]

1　胡適，《胡適的日記》（台北：遠流出版公司，1989-1990），共18冊。

（臺灣）、王闓運的《湘綺樓日記》[2]、劉大鵬的《退想齋日記》[3]、《吳宓日記》[4]、金毓黻（1887-1962）的《靜晤室日記》[5]、朱峙三的《朱峙三日記》[6]、陳範予的《陳範予日記》[7]、繆荃孫（1844-1919）的《藝風老人日記》[8]等。此外當然還有許許多多未被印出的日記，從晚清以來，估計在一、兩千部以上，許多存在縣、鎮級的圖書館，如果能審慎而有效地使用這些日記，幾乎可以按年按日排纂出各個階段、不同階層的人對歷史事件的看法、心態的變化、思想資源的流動等等問題，使得我們可以不局限於探討思想家的言論，而能從一個新的廣度與縱深來探討思想、文化史。書信也是一宗值得注意的新材料。如《胡適遺稿及秘藏書信》[9]、《羅振玉王國維往來書信》[10]、《陳垣來往書信集》[11]、陳寅恪的書信[12]等等皆是。

――――――――――

2　王闓運，《湘綺樓日記》（長沙：嶽麓書社，1997），共5冊。

3　劉大鵬遺著，喬志強標注，《退想齋日記》。

4　吳宓著，吳學昭整理注釋，《吳宓日記》（北京：三聯書店，1998），共10冊；《吳宓日記續編》（北京：三聯書店，2006），共10冊。

5　金毓黻著，金毓黻文集編輯整理組校點，《靜晤室日記》（瀋陽：遼瀋書社，1993），共10冊。

6　《朱峙三日記》刊於《辛亥革命史叢刊》（武漢：湖北人民出版社，1999），頁223-337。

7　陳範予著，坂井洋史整理，《陳範予日記》。

8　繆荃孫著，李一華等編，《藝風老人日記》（北京：北京大學出版社，1986），共10冊。

9　耿雲志主編，《胡適遺稿及秘藏書信》，共42冊。

10　長春市政協文史和學習委員會編，王慶祥、蕭立文校注，《羅振玉王國維往來書信》（北京：東方出版社，2000）。

11　陳垣著，陳智超編著，《陳垣來往書信集》（上海：上海古籍出版社，1990）。

12　陳寅恪著，《陳寅恪集‧書信集》（北京：三聯書店，2001）。

　　除了「私密性文件」之外，地方性的材料也值得注意。過去因為史學界將較多的心力放在全國性的事件，或在全國舞台上扮演重要角色的思想人物，比較忽略地方的材料。除了地方士人的著作外，各種地方小報、宣傳冊子、習俗調查、通俗書刊，如果善加利用，都可能投射出新的光彩，它們有許多仍然保存在各地的檔案館、文史館中。近年來，中國大陸整理了清末民初各地的報紙，包括了許許多多晚清以來地方上的小報紙，從中很可以觀察到一個時代的變化如何在一個極不起眼的地方社會中發生作用，以及地方與全國性舞台的關係。

　　此外，也有一大批未參與近代的主流論述的所謂保守派或舊派人物的著作，陸續引起注意，劉咸炘的《推十書》[13]即是一例。劉咸炘是四川成都一位「足不出里閈」的舊派人物，他獨立發展出一整套以章學誠的思想為基礎的著作，其豐富性與獨特性相當值得注意。此外像王闓運、王先謙（1842-1917）等人的作品也被陸續整理出來，提供許多的方便。

　　最後，一些始終被注意、但史料卻很零散的社團材料，也陸續被整理出版。像清季在文化與政治上都起過關鍵性作用的「南社」，近年來因著《南社叢書》的出版，提供了遠比一、二十年前豐富得多的素材，可以比較深入地進行分析。

　　在研究方法方面，首先我要談思想的社會功能，我想說的是「思想的形形色色使用」，這個詞是從英國哲學家奧斯汀（John Austin, 1911-1960）的 *How to Do Things With Words*[14] 發展出來

---

13 劉咸炘，《推十書》（成都：成都古籍書店，1996）。

14 John Austin, *How to Do Things With Words*（New York: Harvard University Press, 1975）.

的。我們除了探討思想的意蘊，還應留心這一思想的形形色色使用以及它們的社會、政治功能。思想有時被用來劃分群體，甚至與權力的得到或失去息息相關，有些是用來幫助維繫社會菁英地位，有些是合法化世俗的願望等等，不一而足（譬如周作人《知堂回想錄》中描述「革命」一詞在學校裡如何被作為低班的人反抗高班同學的思想依據）。[15] 既然要談思想的社會功能，則思想與自我利益（self interest）之間的關係便值得釐清，在思想的傳播過程中，人們的理性選擇（rational choice）也值得注意。

　　此處我想舉一個例子來說明思想的形形色色的使用。[16] 儒家的經典除了我們所熟知的道德教化功能之外，[17] 在民間有時還被當作宗教經典使用，用來驅鬼、祈雨、敬神等，上層菁英在詮釋儒家經典，下層百姓或讀書人，也用他們的生活經驗在詮釋、使用儒家經典，[18] 還有像清初潘平格以《孝經》祈雨，[19] 像《綠野仙

15　周作人，《知堂回想錄》（香港：敦煌文藝出版社，1998），頁76-77。

16　我注意到，人們在探討下層民眾文化時，有意無意間出現一種錯覺，認為真正值得注意的只有通俗宗教，通俗化的儒家是不值得注意的。

17　有時儒家經典還被當成養生訣。陸世儀，《思辨錄輯要》（台北：廣文書局，1977），《後集》，卷10：「先君少時曾授儀以儒家養生訣云，於鄒學師屏上得之，其言曰：『動靜必敬，心火斯定；寵辱不驚，肝木以寧；飲食有節，脾土不洩；沉默寡言，肺金乃全；澹然無欲，腎水自足。其言極平易，極精微，極簡要，極周市，通於大道，絕勝導引諸家。』」（頁6）

18　以明代來集之的《對山堂續太平廣記》中蒐集的一些故事為例，可以看到它們如何被用來治病驅鬼。在《風俗通》中有一則說：「武帝迷於鬼神，尤信越巫。董仲舒數以為言。帝驗其道，令巫沮仲舒。仲舒朝服南面，誦咏經論，不能傷害，而巫者忽死。」那麼儒家的經書可以抵抗巫。在儒家經典中，似乎《易經》與《孝經》特別具有這種能力，來集之引某一部《江西通志》，說德安有一位江夢孫（字聿修），家世業儒，博綜經史，他出任江都令時，聽說縣廳經年鬧鬼，歷任皆遷於別廳。江夢孫不管，他升廳受賀，在

蹤》中齊貢生以《大學》來趕鬼，並且認為《大學》是比道教經典更有力的驅鬼利器，[20] 像清季太谷學派以宗教性質來重新詮釋大部分儒家經典，皆是這方面的例子。

　　不過，此處要強調一點，我們不能過度將思想化約為只是現實操作的一部分，思想家的作品及獨特性仍值得最認真看待，即使是思想或概念與各種現實事務緊密纏繞，但我們看待這個問題時必須承認，行動者一方面是深深涉足於現實的糾葛，同時也仍然可能是思想的真誠信持者。我個人的看法是，思想與政治等層面不能互相化約，在歷史行動者身上，它們根本是層層套疊的，即是某些抽象形上思想的信持者，同時也在具體的行動中運用它們，不能因後者而否定前面那個領域的存在，反之亦然。而且不同的思想派別，其實也可能起著區分不同政治派別的作用，形上的與世俗的層面總是互相套疊、互相滲透，人的意識本來就是如此複雜。

　　第二，馬克・布洛克（Marc Bloch, 1886-1944）曾經說，研究古代的歷史要像「倒著放電影」（regressive method）[21]，要從古

夜間則「具袍笏端坐，誦《易》一遍，怪息」。此外，《說頤》一書也記載北齊時權會夜間乘驢出東門，突然覺得有一人牽著驢頭，有一人隨後，走入迷路，權會覺得有異，乃「誦《易經》上篇一卷未盡，前二人忽然離散。」吳均的《齊春秋》則記載顧歡以《孝經》去病的故事。書中說「有病邪者，以問歡。歡曰：『君家有書乎？』曰：『惟有《孝經》。』歡曰：『可取置病人枕邊，恭敬之，當自差。』如其言，果愈。」以上轉引自鄭振鐸，〈經書的效用〉，《鄭振鐸文集》（北京：人民文學出版社，1988），第6卷，頁344。

19 見我的〈潘平格與清初思想界〉，《亞洲研究》，23（1998），頁224-268。

20 李百川，《綠野仙蹤》（上海：上海古籍出版社，1996），頁617。

21 Peter Burke, *The French Historical Revolution: Annals School 1929-1989* (Stanford: Stanford University Press, 1990), pp. 23-24.

代建築物在地面上所留下的陰影倒回去追索該建築的模樣，對於史料稀少零碎像法國農村史的研究而言，他的方法很有道理。

但近代思想文化史是一個史料非常多的領域，而且整體的歷史輪廓也比較清楚，我個人認為，在方法論上應該是順著放電影，也就是努力回到最初的「無知之幕」，一步一步展向未來。

我們對百年來的歷史知道得太熟了，所以我們已逐漸失去對所研究問題的新鮮感，需要「去熟悉化」（defamiliarized），才能對這一段歷史產生比較新的了解。對某一個定點上的歷史行動者而言，後來歷史發展的結果是他所不知道的，擺在他面前的是有限的資源和不確定性，未來對他而言是一個或然率的問題，他的所有決定都是在不完全的理性、個人的利益考量、不透明的資訊、偶然性，夾雜著群眾的囂鬧之下作成的，不像我們這些百年之後充滿「後見之明」的人所見到的那樣完全、那樣透明、那樣充滿合理性，並習慣於以全知、合理、透明的邏輯將事件的前後因果順順當當地倒接回去。

換言之，「事件發展的邏輯」與「史家的邏輯」是相反的，在時間與事件順序上正好相反，一個是A→Z，一個是Z→A。太過耽溺於「後見之明」式的思考方式，則偏向於以結果推斷過程，用來反推回去的支點都是後來產生重大歷史結果的事件，然後照著與事件進程完全相反的時間順序倒扣回去，成為一條因果的鎖鏈。但是在歷史的發展過程中，同時存在的是許許多多互相競逐的因子，只有其中的少數因子與後來事件發生歷史意義上的關聯，而其他的因子的歧出性與複雜性，就常常被忽略以至似乎完全不曾存在過了。如何將它們各種互相競逐的論述之間的競爭性及複雜性發掘出來，解放出來，是一件值得重視的工作。在近代中國，原有的秩序已經崩解，任何一種思想都有一些機會成為

領導性論述，同時也有許許多多的思潮在競爭，必須擺脫「後見之明」式的，或過度目的論式的思維，才能發掘其間的複雜性、豐富性及內在的張力。

此外，一個大致知曉全幅歷史發展的人，與一個對未來會如何發展一無所知的歷史行動者，對事件中各個因子之間的複雜情況與各因子之間的關係的了解與分析明顯不同。我們可以想像後代史家會多麼容易對「事件發展邏輯」所特有的非透明性、歧出性、偶然性，作出錯誤的解讀與詮釋。同時也能意會到想要「去熟悉化」是一件多麼艱難，甚至永遠不可能達到的目標。但是對這兩種邏輯之間重大差異的自覺，恐怕是史家所應時刻保持的。

第三，我們已經充分了解韋伯所說的思想、習俗等所構成的「世界圖像」對歷史發展所扮演的類似火車「轉轍器」的功能，[22] 但是如果更深入地看，思想與政治、社會、教育、出版、風俗、制度之間，是一種佛家所謂的互為因緣，或是用諾伯特・埃利亞斯（Nobert Elias）的話說，是一種「交互依存」（interdependence）的關係。[23]

韋伯也曾經說過，人是搭掛在自己所編織的意義網絡之上的動物，此話誠然，但人同時也是搭掛在其生活網絡與社會網絡之上的動物，後面兩者與思想有非常深刻的關係。當社會生活形式產生深刻變化之時，便與一種新的思想產生親和性（affinity）的關係，思想像一株樹木，它生活在社會生活的土壤之中。如果我

22　Max Weber, *From Max Weber: Essays in Sociology*, tr. H. H. Gerth and C. Wright Mills（NY: Oxford University Press, 1958）, p. 280.

23　Robert van Krieken, *Nobert Elias*（London: Routledge, 1998）, pp. 11-12, 49, 55-61, 103-104.

們比較深入地了解舒茲（Alfred Schutz, 1899-1959）對日常生活世界的分析，[24]或許可以把握「思想」與「生活」之間交互依存的關係。

　　遠的不說，是什麼樣的社會生活變化，使得「過去」成為一個陌生的國度，[25]使得「傳統」成為一個流行的概念，使得形形色色的新思潮得以越閘而出。是什麼樣的社會生活變化，使得較早一批出身於港澳或租界或沿海通商口岸的思想家，把他們生活中所見所感的東西化為歆動一時的思想言論。

　　思想與社會、政治、教育等複雜的「交互依存」性關係，使得跨領域的研究變得相當迫切。近來自然科學已經出現了學科重組的新發展，19世紀以來逐漸定型的一些學科劃分，面臨了改組的命運，而新出現的學科常常是跨領域研究的進一步發展，在思想史研究中，跨領域研究也是一條值得重視的路。（譬如近幾十年來，有關中國上古思想史的一些新看法是與人類學分不開的。）

　　在研究課題方面，首先，我們在研究近代思想文化史時，太過注意浮沉於全國性舞台的人物或事件，或是想盡辦法爬梳庶民的心態，但比較忽略了「中層」的思想文化史，如果地方上的人物被史家注意到，通常也是因為他後來成為舉國所矚目的人物，像新文化運動時期的成都的吳虞（1872-1949），或杭州一師的施

---

24 Schutz這方面的著作很多，如 *Collected Papers* vol. I: *The Problem of Social Reality*（The Hague: Nijhoff, 1962）；還有他與Thomas Luckmann的 *The Structure of the Life-World*（Northwestern University Press, 1973）。

25 David Lowenthal, *The Past is a Foreign Country*（Cambridge: Cambridge University Press, 1985）.

存統，但是除了這些後來上升到全國舞台的思想人物外，許多小
地方都有它豐富而多采多姿的變化，在地的讀書人也敏感地尋找
思想文化上的出路。瑟圖（Michel de Certeau, 1925-1986）說，
在大波浪之下的海底魚兒們游水的身姿也值得我們注意。[26]這裡
所指的是縣或鄉鎮這一級的思想文化活動。有幾個立即可以探究
的問題：沒有這些在地的讀書人，通文墨的種種身分（如陰陽
生）的人，菁英的論述可能下及在地社會嗎？他們是不是被動
「啟蒙」的一群？他們與主流論述的大知識分子之間的關係如
何？他們在大思潮風行草偃之時，是否維持其在地性的思想特
色？或者根本應該反過來思考，上升到全國舞台的大知識分子，
事實上始終帶著在地性的思想色彩？

　　以江南一些古鎮中的小讀書人與整個時局變化的關係為例，
江蘇的幾個古鎮像南潯、周莊、同里、黎里、甪直，它們都是一
些富含明清江南古典氣息的小鎮，但在清末民初，其地的讀書
人，醞釀了一些動能，在地方上也都興辦了許多新的事業，這些
動能並不全然與主流論述相合拍，但他們都有摸索各種出路的努
力（以周莊為例，《峴聲》、《新周莊》這類地方小報紙是了解當
地思想文化動態的好材料）。其中只有後來與南社有關的詩人，
如柳亞子、陳去病（1874-1933）等較為大家所知。

　　如果我們比較仔細地觀察，這些原本十分古老、封閉的地方
社群中思想與知識的生產與流動，他們如何得到書刊，他們讀什
麼書報，訊息溝通的網絡，地方新興起的輿論，幾個零星的「有
機型知識分子」如何獲得外部訊息，如何把外面的主流思想議論

---

26 Michel de Certeau, *The Practice of Everyday Life*（Berkeley: University of
California Press, 1988）.

變造成淺白的語言，傳達給在地的人民，如何成為組織者與宣傳者，並使自己取得了原先舊科舉功名擁有者在地方上所享受的優越地位等，都很值得注意。[27]

　　第二，過去，我們似乎將太多注意力放在新派人物，即使被注意到的所謂保守派，也常常是與新派人物保持密切對話的人（如梁漱溟之《東西文化及其哲學》[28]，其中牽就陳獨秀與胡適之處甚多），對於舊派人物的豐富性了解相對較少。尤其是他們的論點常常隱晦地表達在他們對經書的注解或詩詞之中，更增加其了解的困難。

　　受舊文化薰陶較深的讀書人，有一整套價值觀，對於自己所屬這個文明的「理想的自我形象」有一套看法，對於種種長期積累的「文化理想」也有其堅持，故對許多舊派人物而言，所謂進步的東西，在他們看來是一種墮落與破滅。所以常常是社會文化已經變得面目全非，但是舊讀書人掛在口頭上的始終是「理想上」應該如何如何。只要這「理想上應該如何如何」的心理不曾變化，則不管現實的變化有多大，他們心目中仍將以這些「文化理想」衡量、評判現實，想盡一切努力回到那個「文化理想」。所以，這些「文化理想」的內容，舊派人物的思想世界與傳統的「文化理想」的關係，以及在什麼時候、在什麼情況下，主流論述嚴重地挑戰或破壞了這些「文化理想」，都值得探究。此外，我們已經知道「新派」不停地在變，但我們較忽略的是舊派人物

27　這些地方上較早的一批舊讀書人，譬如周莊的諸福坤，南社的最早幾位先驅，早年皆受學於他，他們的思想意態顯然已經醞釀著一些變化了，但我們對此等人物卻只有吉光片羽的了解。

28　梁漱溟，《東西文化及其哲學》（台北：里仁書局，1983）。

也不停在變，他們也在以獨特的方式回應時局。

第三，「一隻燕子能否代表一個春天」？如果一種想法只是出現在某位思想家的筆下，而沒有傳播開來，那也就只是一隻燕子而已。

因為我們討論的是思想史，所以不能太心安理得地以為一隻燕子就代表一個春天，也就必需要考慮思想傳播的問題，而考慮這個問題時，便不能不注意新式報刊及印刷的流行所帶來的革命性的變化。胡適曾說，一個商務印書館遠比一個北大有力量，即因為他認識到這一個現象。

此處只舉幾個簡單的例子。首先，新報刊與各種印刷物將思想帶到原先所到不了的地方，形成了一個網絡，而且深入到原先不可能接觸到這些思想資源的大眾，形成了一個縱深，新刊物是定期出版的，所以形成了時間的持續感。作者與讀者之間形成了一種超越親緣、地緣的聯絡網與對話關係，而且形成一種聲氣相通的擬似社團，原先對事情的零星反映可能透過報刊而形成了集體輿論，它們所產生的影響非常廣泛而複雜。

以「官」與「民」的關係為例，掌握在非官方手裡的傳播網提供了表達各種軼出官方正統的思想，人們不必透過上書的方式，而是直接在報刊上表達。當時人不免產生一種不解，即社會上出現一種怪現象，下層官員或百姓有意見時，不循正常的書奏管道，而是逕交各種報刊發表。當時人的不解正好反映了一種新的訊息網絡的興起，這種新網絡促成新式「輿論」的出現，造成一種公共輿論，這種公共輿論和以前官方的采詩采風不同，成為一種相對於官方而言具有獨立意味的領域，甚至與官方的意識形態競爭，並常常拂逆或左右官方的意志。我覺得在晚清轟傳一時的「楊乃武與小白菜」的事件，便已透露出《申報》等大媒體所

形成的公共輿論，如何挑戰官府的判決，而官方的權威、官方的意識形態等，也都廣泛地受到這一類公共輿論的新挑戰。[29]

新報刊與印刷物的流傳，也使得菁英的上升管道逐漸多元，在科舉之外，有些人靠著在報刊發表文章成為言論界的驕子，即使沒有功名，也可以迅速積累象徵資本，成為新的社會菁英。思想上「主流論述」的產生與運作方式也產生了新的變化。不過，報刊與印刷固然使得多元的思想可以公開表達流傳，並與官方正統意識形態競爭，但反過來說，某些論述也可能憑藉強勢媒體的力量，壓抑了在地的、多元的聲音。

第四，近代中國感覺世界（structure of feeling）[30] 與「自我感知的框架」（frames of self-perception）[31] 的變化也值得注意。此處再以南社為例，柳亞子、陳去病這群震動清末歷史的人，整天聚會飲酒，流連於酒樓、古墓、遺跡，寫詩作文，做的完全是舊文人的事，寫的都是舊體的詩詞，他們較少發表時論，但他們的詩詞展現一種不安於現在、不滿於現狀，一種激情、悲憤與豪興，鼓吹活潑淋漓的少壯風氣，其中固然少不了革命的、民族主義的想法，但是這些思想都在《民報》等刊物中闡述再三了，他們的詩詞所發揮的作用毋寧是以文學催促舊的漸漸消滅，暗示民族的更生，整體而言是在帶動一種感覺世界的變化，而這種變化歙動了一時的文化界，與革命思想交互作用。從這個例子看來，如何

---

29 關於此案之過程，見劉志琴主編，《近代中國社會文化變遷錄》（杭州：浙江人民出版社，1998），第1卷，頁379-383。

30 Raymond Williams, *The Long Revolution* (New York: Vintage Books, 1973), pp. 45-48.

31 借自 Clifford Geertz, *The Interpretation of Cultures* (New York: Basic Book, Inc., 1973), p. 239.

捕捉感覺世界的變化，是一件值得注意的事。

此外，「自我感知的框架」也在變。形形色色的新思想、新概念、新名詞，紛紜呈現，而又層層交疊，生活在這個由新概念、新名詞所編織而成的政治文化之下的人，看待世界的方式與行動的方向都起了變化。年輕的讀書人所理解的常常只是幾個粗淺浮泛的概念，可是因為對舊的已經失去信心，對新的、未知的世界無限嚮往，一兩個名詞、一兩個概念，便成為一種形塑個人與社會的重要思想資源。我們應如何捕捉這些飄移的訊息，從而勾勒出晚清以來「自我感知的框架」的情狀？

克塞勒克（Reinhart Koselleck）在一篇文章中說了一個故事，他說在德國的一個小地方，古來的習俗是未成年的子女不能上桌吃飯，有一天一個少年從外面回來，他父親先是賞了他一個耳光，然後告訴他，從今以後，他可以上桌吃飯，家人對此突發事件非常錯愕，忙問父親這到底是為什麼，這位沒有什麼知識的父親回答說：「人們說這是進步！」[32] 這本來是一個平凡無奇的小故事，但在這代中國隨時隨地在發生。舉一個例說，晚清書刊中滿紙的「公理」、「公法」……，五四以後，青少年的口頭禪「向上的生活」、「進步」、「反動」、「主義」，或是他們在詩文中常用的「自然的」與「有意識的」之對立，便發生這種作用。「向上的生活」、「有意識的生活」，成為塑造「自我感知的框架」的關鍵詞，就像那位父親一知半解地說「人們說這是進步」。

最後，我想以四點作為這篇短文之結束。

---

32 Reinhart Koselleck, *The Practice of Conceptual History: Timing History, Spacing Concepts,* translated by Todd Samuel Presner and others（Stanford, California: Stanford University Press, 2002）, p. 218.

　　第一，比較研究也是不可忽視的，這方面前輩史家已經作過種種努力，但是大多是以現代化的理論為基礎來進行，我們應該擺脫這個理論支架，把近代中國思想和同一段時期印度、東歐等地區的思想發展進行比較。此外，我們如果更加深入地了解近代歐洲思想學術，並把中國放進當時世界思想脈絡中去理解，必然會得到較為深刻的見解。

　　第二，從年代上來說，1950年代以後的臺灣與中國的思想歷史，目前仍是一片相當荒蕪的園地，而這五十年中海峽兩岸所經歷的思想變化非常複雜、深刻，應該得到特別的重視。

　　第三，有許多普遍感到興趣的問題，像隱私的觀念、人權、友誼、宇宙觀、時間、空間的觀念等，還較少被放在近代思想文化史的脈絡中加以探討，值得進一步開拓。

　　第四，雖然我在前面談了這麼多，但是，最後、也是最重要的是，我們仍然不能忽略對於一群又一群思想家們的原典的閱讀與闡釋，如果把康有為、梁啟超、孫中山、陳獨秀、胡適等人的思想從近代歷史上抽掉，那麼，近代中國歷史的發展就是另外一回事了。所以，對於重要思想家的著作進行縝密的閱讀，仍然是思考思想史的未來發展時最優先、最嚴肅的工作。

思想是生活的一種方式：中國近代思想史的再思考

2019年8月二版　　　　　　　　　　　　定價：精裝新臺幣650元

有著作權・翻印必究

Printed in Taiwan.

著　　者	王　汎　森
叢書主編	沙　淑　芬
校　　對	吳　淑　芳
封面設計	萬　勝　安

出　版　者	聯經出版事業股份有限公司	總編輯	胡　金　倫
地　　　址	台北市基隆路一段180號4樓	總經理	陳　芝　宇
編輯部地址	台北市基隆路一段180號4樓	社　長	羅　國　俊
叢書主編電話	(02)87876242轉212	發行人	林　載　爵
台北聯經書房	台北市新生南路三段94號		
電　　　話	(02)23620308		
台中分公司	台中市北區崇德路一段198號		
暨門市電話	(04)22312023		
台中電子信箱	e-mail：linking2@ms42.hinet.net		
郵政劃撥帳戶第0100559-3號			
郵撥電話	(02)23620308		
印　刷　者	世和印製企業有限公司		
總　經　銷	聯合發行股份有限公司		
發　行　所	新北市新店區寶橋路235巷6弄6號2樓		
電　　　話	(02)29178022		

行政院新聞局出版事業登記證局版臺業字第0130號

本書如有缺頁，破損，倒裝請寄回台北聯經書房更換。　　ISBN　978-957-08-5359-9 (精裝)

聯經網址：www.linkingbooks.com.tw

電子信箱：linking@udngroup.com

國家圖書館出版品預行編目資料

思想是生活的一種方式：中國近代思想史
的再思考/王汎森著．二版．臺北市．聯經．2019年
8月（民108年）．408面．14.8×21公分
　ISBN　978-957-08-5359-9（精裝）

1.思想史　2.文集　3.中國

112.07　　　　　　　　　　　　　　108012002